부동산감정평가론

REAL ESTATE APPRAISAL THEORY

이상훈 · 이현표

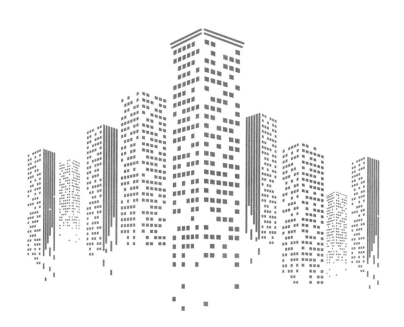

박영사

2023년은 모두에게 길고 지루했던 코로나가 끝나가고, 폭우와 무더운 여름을 힘겹게 이겨내는 시간이었으나, 저자는 부동산감정평가론 출간작업을 미국 조지아주에서 안식년 기간 동안 할 수 있게 되어 매우 기쁘게 생각한다.

저자는 부동산감정평가론이 부동산학에서 기본적이면서 중요한 부동산의 가치(가격)가 어떻게 발생 및 형성되어 화폐단위로 평가, 결정되는 과정과 절차를 체계적으로 설명한 교재로서 부동산학과 재학생이나 부동산에 관심이 있는 분들을 위한 이론적, 실무적인 지침서가 되기를 바란다.

먼저 제1장 감정평가의 이해를 통해 감정평가의 개념, 제도, 기능 등, 제2장 부동산의 이해에서는 감정평가의 대상인 부동산의 법률적, 경제적, 기술적, 사회적 개념 등, 제3장 가치 및 가격에 대한 이해에서는 부동산의 경제적 가치가 무엇인지, 즉 감정평가의 목적에 대하여 설명하였다. 제4장 부동산가치형성에 대한 이해에서는 부동산가치의 발생요인인 유용성, 상대적 희소성, 유효수요에 대하여 이해하고, 가치발생요인에 영향을 미치는 부동산가치 형성요인의 변동이 부동산이라는 공간의 범위에서 일반적 요인·지역적 요인·개별적 요인으로 구분할 수 있다. 제5장 부동산시장에 대한 이해에서는 부동산의 가치는 각 요인에 의해 발생하고 형성되며 상호작용에 의해 끊임없이 영향을 주고받는 피드백관계에 있는데, 이러한 작용이 일어나는 장소, 공간인 부동산시장에 대하여, 제6장 부동산분석에 대한 이해에서는 부동산과 관련한 현상이나 활동을 분석하는 것으로서 다양한 분석 영역이 있으며, 최유효이용분석이 필수적이며 최유효이용의 판단기준과 특수상황에서의 최유효이용 등에 대하여, 제7장 감정평가원칙에 대한 이해에서는 감정평가를 할 때 준수해야 할 원칙과 기준을 규정한 감정평가에 관한 규칙의 내용인 시장가치기준 원칙, 현황기준 원칙, 개별물건기준 원칙을 살펴보고자 한다. 제8장 감정평가방법에 대한 이해에서는 부동산의 경제적 가치를 판정하는 감정평가의 방식인 원가방식, 비교방식, 수익방식 및 공시지가기준법을, 제9장 감정평가의 절차에서는 감정평가실무에서 정형화된 평가 절차인 기본적 사항의 확정, 처리계획 수립, 대상물건 확인, 자료수집 및 정리, 자료검토 및 가치형성요인의 분석, 감정평가방법의 선정 및 적용, 감정평가액의 결정 및 표시에 이르는 일련의 감정평가 절차를, 제10장 감정평가서에서는 감정평가 의뢰와 수임으로부터 시작하여 감정평가서를 작성하는 것에 대하여 알아본다. 제11장 물건별 감정평가 및 제12장 목적별 평가에서는 앞의 내용을 종합하여 이론 및 실무적인 평가 방법에 대하여 설명하였다.

본서의 내용은 감정평가사를 준비하는 부동산학과 재학생이나 수험생들에게도 좋은 길잡이가 되었으면 한다. 이번 작업을 마치며 다소 아쉬운 부분이나 부족한 부분 등은 추후 개정 작업을 통하여 보완해 나가도록 하겠다.

끝으로 이 책이 나오기까지 물심양면으로 지원해 주신 박영사 회장님과 임직원분들에게 깊은 감사를 드리며, 공동저자로서 책 전반에 걸쳐 힘써주신 이현표 감정평가사에게도 진심으로 감사의 마음을 표한다.

2023년 8월

이 상 훈

CONTENS
차례

PART 02
부동산감정평가의 과정

Chapter 03
가치 및 가격에 대한 이해

Chapter 04
부동산가치형성에 대한 이해

PART 03
부동산감정평가의 방법

Chapter 07
감정평가원칙에 대한 이해

Chapter 08
감정평가방법에 대한 이해

PART 04
부동산감정평가의 활동

Chapter 09
감정평가의 절차

Chapter 10
감정평가서

Chapter 11
물건별 감정평가

Chapter 12
목적별 감정평가

부동산감정평가론

REAL ESTATE APPRAISAL THEORY

부동산감정평가론

PART

01

부동산감정평가의 기초

Chapter 01
감정평가의 이해

　　감정평가란 무엇인가? 부동산감정평가에 대한 기초이론으로서 감정평가의 개념, 제도, 기능과 필요성에 대하여 알아보고, 감정평가를 어떻게 분류할 수 있는지, 그리고 부동산가격공시제도와 갈수록 중요성이 더해지고 있는 감정평가(사)의 윤리에 대하여 살펴보기로 한다.

　　먼저 감정평가의 개념을 이론적·제도적인 측면에서 살펴보고 감정평가의 본질적인 의미와 기능을 명확히 이해한다. 감정평가는 우리나라에서 「감정평가 및 감정평가사에 관한 법률」에 의하여 '감정평가사'라는 국가전문자격으로 제도화 되어있으며 존재이유 및 제도화되어 있는 이유는 감정평가가 정책적·경제적 측면에서 중요한 기능을 하며 사회적·행정적 등의 요구에 의해 필요하기 때문이다.

　　한편, 감정평가의 제도 중 한축을 담당하는 것이 부동산가격공시제도이다. 「부동산 가격공시에 관한 법률」에 의하여 지가의 공시(표준지공시지가, 개별공시지가), 주택가격의 공시(표준주택가격, 개별주택가격, 공동주택가격), 비주거용 부동산가격의 공시(비주거용 표준부동산가격, 비주거용 개별부동산가격, 비주거용집합부동산가격)으로 구분되며, 이 중 현재 시행되고 있는 지가와 주택가격에 대하여 간략하게 살펴본다.

　　마지막으로, 감정평가(사)의 윤리에 대하여 살펴본다. 감정평가의 주요 업무대상은 사회성·공공성이 매우 큰 자산인 부동산이기 때문에 그에 대한 직업윤리가 강조되고 있다. 또한 자격자 수의 증가, 부동산시장의 불안정 등으로 윤리에 대한 중요성이 날로 커지고 있다. 이에 대한 윤리 규정 및 문제점 등에 대하여 살펴보기로 한다.

1. 개요

감정평가의 개념은 크게 이론적인 측면과 제도적인 측면에서 살펴볼 수 있다. 이론적인 측면의 논의는 감정평가의 업무영역을 확대시키는 데 기여하였고, 제도적인 측면의 논의는 감정평가업무의 기능에 대한 이해를 촉진시켜 각종 부동산 활동을 효율적으로 수행하는 데 기여하였다고 볼 수 있다. 또한 감정평가의 개념에 대한 논의는 감정평가의 본질을 이해하는 기초가 되는데, 감정평가의 본질은 평가대상인 토지 등에 관하여 합리적인 시장이 있다면 합리적 시장에서 형성될 경제적 가치를 감정평가사가 시장을 대신하여 도출하는 작업이라고 할 수 있다.

2. 이론적인 측면에서

일반적으로 감정(appraisal)은 물건의 상태나 사실관계를 조사·확인하여 그 진정성, 적합성 등을 판정하는 과정을 말하고, 평가(valuation)는 물건의 경제적 가치를 판정하여 화폐단위로 측정하는 작업을 말한다. 따라서 평가는 물건의 내용을 판정하는 감정을 토대로 하여 물건의 경제적 가치를 판정하고 그 결과를 가액으로 표시하는 작업으로 볼 수도 있다. 이러한 이유로 인해 감정기능과 평가기능이 일련의 과정을 이루는 동일한 개념인지 아니면 독립된 기능을 가진 별개의 개념인지에 대한 논의가 있으며, 이는 일원설과 이원설로 분류할 수 있다. 일원설은 감정평가라는 업무측면에서 볼 때 감정이 평가에 선행되어야 하므로 양자의 기능을 구분하지 않고 동일한 개념으로 이해하는 입장이다. 이원설은 감정과 평가는 독립적으로 존재하는 활동으로서 그 기능이 다른 별개의 개념으로 이해하는 입장이다.

한편, 감정평가의 개념이 감정과 평가 이외에도 비가치평가(evaluation)나 감정평가컨설팅(appraisal consulting)도 포함하고 있다고 이해하는 입장인 삼원설이 있다. evaluation은 수요공급예측, 토지이용계획 연구, 개발타당성 검토, 최유효이용분석, 부동산의 유용성 분석, 시장성분석 및 투자타당성 연구 등과 같은 광범위한 영역에서의 평가개념으로 볼 수 있다. appraisal consulting은 평가가액에 대한 평가사의 의견이 컨설팅 의뢰 목적의 일부인 경우에 문제해결 방안, 권고안, 분석 결론 등을 제시하는 행위나 과정으로 정의할 수 있다.

3. 제도적인 측면에서

「감정평가 및 감정평가사에 관한 법률」 제2조 제2호에 의하면 감정평가란 토지등의 경제적 가치를 판정하여 그 결과를 가액(價額)으로 표시하는 것을 말한다. 이러한 감정평가의 제도적인 개념에 대한 다음과 같은 분설은 감정평가의 본질과 기능을 명확히 이해하는 데 도움이 되고 감정평가활동을 효율적으로 수행하는 데 기여하는 바가 크다고 볼 수 있다.

1) 감정평가의 대상 : 토지등

감정평가의 대상은 "토지등"이다. "토지등"이라 함은 토지 및 그 정착물, 동산, 그 밖에 대통령령으로 정하는 재산과 이들에 관한 소유권 외의 권리를 말한다(「감정평가 및 감정평가사에 관한 법률」 제2조 제1호). 여기서 "그 밖에 대통령령으로 정하는 재산"이란 다음과 같다(「감정평가 및 감정평가사에 관한 법률」 시행령 제2조).
① 저작권·산업재산권·어업권·양식업권·광업권 그 밖에 물권에 준하는 권리
② 「공장 및 광업재단 저당법」에 따른 공장재단과 광업재단
③ 「입목에 관한 법률」에 의한 입목
④ 자동차·건설기계·선박·항공기 등 관계 법령에 따라 등기하거나 등록하는 재산
⑤ 유가증권

감정평가의 대상과 관련하여 유의해야 할 점은 다음과 같다.

첫째, 토지, 건물 등의 토지정착물, 복합부동산 상품·원재료·반제품·재공품·제품·생산품 등과 같은 동산, 의제부동산과 같이 경제적인 가치를 지니고 있는 모든 물건이 감정평가의 대상이 된다. 특히, 「감정평가에 관한 규칙」은 제14조 내지 제27조에서 중요한 평가대상을 규정하고 있다. 이러한 평가대상으로는 토지, 건물, 구분소유건물, 산림, 과수원, 공장재단, 광업재단, 자동차, 건설기계, 선박, 항공기, 상품 등의 동산, 임대료, 광산 및 광업권, 어장 및 어업권, 영업권 등 무형자산, 주식 및 채권, 기업가치, 기타 물건·권리 등이 있다. 또한 소음·진동·일조침해·환경오염 등으로 인한

토지 등의 가치하락분에 대한 평가와 조언·정보 등의 제공에 관한 업무도 감정평가의 대상으로 하고 있음에 유의해야 한다.

둘째, 감정평가의 대상은 주로 토지와 건물 등 부동산이므로 각 부동산이 가지는 특성에 대한 이해가 요구된다. 특히, 거의 모든 부동산은 토지를 기반으로 하여 존재하므로 토지의 자연적 특성과 인문적 특성에 대한 고찰이 선행되어야 한다. 자연적 특성은 인간의 가공이 있기 전부터 토지 자체가 지니고 있는 물리적 특성으로서 본원적·고정적·경직적이다. 인문적 특성은 토지와 인간과의 관계, 즉 토지를 인간이 이용함으로 인해 발생되는 특성으로서 자연적 특성을 완화시키는 역할을 하며, 인위적·가변적·신축적이다. 자연적 특성에는 지리적 위치의 고정성, 부증성, 영속성, 개별성, 인접성이 있으며, 인문적 특성에는 용도의 다양성, 병합 및 분할 가능성, 사회적·경제적·행정적 위치의 가변성이 있다.

2) 감정평가의 목적 : 경제적 가치

감정평가의 목적은 토지등의 경제적 가치를 판정하는 것이다. 경제적 가치는 수익(효용)을 추구하는 경제활동에서의 교환가치로서 시장에서 화폐액으로 표시되는 가치를 말하며, 시장가치, 적정가격, 정상가격 등으로 표현되는 가치개념이다. 특히, 「감정평가에 관한 규칙」에서는 감정평가의 기준이 되는 가치를 기준가치로 정의하고, 시장가치를 기준가치로 규정하고 있다. 이러한 시장가치는 감정평가의 대상물건이 통상적인 시장에서 충분한 기간 동안 거래를 위하여 공개된 후 그 대상물건의 내용에 정통한 당사자 사이에 신중하고 자발적인 거래가 있을 경우 성립될 가능성이 가장 높다고 인정되는 대상물건의 가액(價額)을 말한다. 하지만 법령에 다른 규정이 있는 경우나 감정평가 의뢰인이 요청하는 경우, 감정평가의 목적이나 대상물건의 특성에 비추어 사회통념상 필요하다고 인정되는 경우에는 평가대상물건의 감정평가액을 시장가치 외의 가치를 기준으로 결정할 수 있다. 감정평가법인등은 법령에 다른 규정이 있는 경우를 제외하고는 시장가치 외의 가치를 기준으로 감정평가할 때에는 해당 시장가치 외의 가치의 성격과 특징, 시장가치 외의 가치를 기준으로 하는 감정평가의 합리성 및 적법성을 검토하여야 한다.

경제적 가치를 파악하기 위해서는 지대·지가이론, 도시성장 구조이론, 가치이론 및 가격이론, 부동산가치 발생요인과 가치형성요인, 가치형성과정 및 가치 제 원칙에 대한 이해가 요구된다. 또한 경제적 가치가 결정되는 부동산시장과 이것에 영향을 주는 부동산경기변동을 분석하고 이해하여야 한다.

3) 감정평가의 방식 : 평가절차 준수 및 평가3방식 적용

감정평가는 경제적 가치를 판정하기 위하여 평가절차를 준수하고 평가3방식을 적용한다. 경제적 가치를 판정하기 위하여 「감정평가에 관한 규칙」 제8조에 규정되어 있는 일정한 순서에 따라 평가를 진행하여야 한다. 다만, 합리적이고 능률적인 감정평가를 위하여 필요할 때에는 순서를 조정하여 평가할 수 있다. 이러한 감정평가의 절차는 기본적 사항의 확정, 처리계획 수립, 대상물건 확인, 자료수집 및 정리, 자료검토 및 가치형성요인의 분석, 감정평가방법의 선정 및 적용, 감정평가액의 결정 및 표시 순으로 규정되어 있다.

감정평가는 경제적 가치를 구하기 위하여 평가대상물건의 성격, 평가목적 또는 평가조건에 따라 비교방식, 원가방식, 수익방식과 같은 감정평가 3방식을 적용한다. 또한, 회귀분석법, 노선가식 평가법 등과 같은 기타 평가방식을 적용하기도 하며, 필요에 따라 지역분석 및 개별분석, 시장분석 및 시장성분석 등을 행하기도 한다. 「감정평가에 관한 규칙」은 토지, 건물, 공장 등의 중요 물건에 대한 평가방법을 규정하고 있으며, 오늘날은 감정평가영역의 확대와 함께 새로운 평가기법들이 시도되고 있다.

4) 감정평가의 가액 : 화폐가치 및 감정평가서 작성

감정평가는 토지등의 경제적 가치를 판정하여 이를 화폐가치로 표시하는 것이다. 감정평가액은 감정평가 대상물건별로 정한 주된 감정평가방법 및 다른 감정평가방법으로 산출한 시산가액의 조정을 통해서 최종적으로 결정된 것이며, 하나의 수치로 표시하는 점가격과 범위로 표시하는 구간가격이 가능하다.

감정평가서에는 감정평가법인등의 명칭, 의뢰인의 성명 또는 명칭, 대상물건(소재지, 종류, 수량, 그 밖에 필요한 사항), 대상물건 목록의 표시근거, 감정평가 목적, 기준시점, 조사기간 및 감정평가서 작성일, 실지조사를 하지 않은 경우에는 그 이유, 시장가치 외의 가치를 기준으로 감정평가한 경우에는 그 이유, 감정평가조건을 붙인 경우에는 그 이유 및 감정평가조건의 합리성, 적법성 및 실현가능성, 감정평가액, 감정평가액의 산출근거 및 그 결정 의견, 전문가의 자문등을 거쳐 감정평가한 경우 그 자문등의 내용 등이 포함되어야 한다. 감정평가서에 기재된 감정평가액은 의뢰인뿐만 아니라 제 3자에게도 영향을 주어 합리적인 가격형성의 기초가 된다.

II. 감정평가제도

1. 개요

1) 도입배경

우리나라의 감정평가사제도는 토지평가사와 공인감정사제도로 이원화되어 있었으나 그 업무의 본질이나 내용이 동일하였고 적용법규와 소관부처의 통일성 문제가 제기되어 1989년 양 자격제도가 감정평가사로 일원화되었다. 이는 업무의 중복 문제를 해결하고 평가의 일관성을 향상시켜 국민의 신뢰성을 회복하고 부동산공시제도의 효율적 운영을 도모하는 취지를 가진다.

2) 감정평가사의 직무와 감정평가법인등의 업무

감정평가사는 「감정평가 및 감정평가사에 관한 법률」 14조에 따른 감정평가사시험에 합격한 자로서 동법 제4조에 의하면 감정평가사는 타인의 의뢰를 받아 토지 등을 감정평가하는 것을 그 직무로 하고, 감정평가사는 공공성을 지닌 가치평가 전문직으로서 공정하고 객관적으로 그 직무를 수행한다. 직무(job, duty)는 직업상 감정평가사가 책임을 지고 맡은 사무로서 법률의 직접적인 규정에 의거하여 발생한 것이다. 이는 공법의 규율을 받는 공법관계에 기인하며 재산권자와의 관계에서 정의된다. 따라서 감정평가사는 감정평가권이 인정되고, 토지 등의 재산권자는 재산권이 보호된다.

감정평가업은 타인의 의뢰에 따라 일정한 보수를 받고 토지 등의 감정평가를 업으로 행하는 것으로서 「감정평가 및 감정평가사에 관한 법률」 제10조에 규정된 업무를 말한다. 업무(business, task)는 계약에 의해 맡아서 하는 일로서 법률행위에 의해 발생하며, 사법의 규율을 받는 사법관계에 기인한다. 이는 의뢰인과의 관계에서 정의되므로 감정평가사에게는 보수청구권과 손해배상의무가 발생하고 의뢰인에게는 손해배상청구권과 보수지급의무가 발생한다.

2. 감정평가사

1) 의의

감정평가사는 「감정평가 및 감정평가사에 관한 법률」이 정하고 있는 일정한 요건에 의해 자격을 취득한 자를 말한다.

2) 자격의 취득 및 결격사유, 자격의 취소

(1) 자격의 취득

감정평가사자격시험은 국토교통부장관이 실시하며, ① 감정평가사 제1차 시험 및 제2차 시험에 합격한 사람과 ② 다음의 기관에서 5년 이상 감정평가와 관련된 업무에 종사한 사람으로서 감정평가사 제2차 시험에 합격한 사람(업무종사기간의 산정기준일은 제2차 시험 시행일로 하며, 2 이상의 기관에서 당해 업무에 종사한 자에 대하여는 각 기관에서 종사한 기간을 합산할 수 있다)에 해당하는 자는 감정평가사의 자격이 있다.

- ㉠ 감정평가법인
- ㉡ 감정평가사사무소
- ㉢ 협회
- ㉣ 「한국부동산원법」에 따른 한국부동산원
- ㉤ 감정평가업무를 지도하거나 감독하는 기관
- ㉥ 「부동산 가격공시에 관한 법률」에 따른 개별공시지가·개별주택가격·공동주택가격 또는 비주거용 부동산가격을 결정·공시하는 업무를 수행하거나 그 업무를 지도·감독하는 기관
- ㉦ 「부동산 가격공시에 관한 법률」에 따른 토지가격비준표, 주택가격비준표 및 비주거용 부동산가격비준표를 작성하는 업무를 수행하는 기관
- ㉧ 국유재산을 관리하는 기관
- ㉨ 과세시가표준액을 조사·결정하는 업무를 수행하거나 그 업무를 지도·감독하는 기관

한편, 감정평가사 시험과목은 다음과 같으며, 제1차 시험은 선택형으로 하고 제2

차 시험은 논문형으로 하되, 기입형을 병행할 수 있다.

제1차시험	• 민법 중 총칙, 물권에 관한 규정
	• 경제학원론
	• 부동산학원론
	• 감정평가 관계 법규(국토의 계획 및 이용에 관한 법률, 건축법, 공간정보의 구축 및 관리 등에 관한 법률 중 지적에 관한 규정, 국유재산법, 도시 및 주거환경정비법, 부동산등기법, 감정평가 및 감정평가사에 관한 법률, 부동산 가격공시에 관한 법률 및 동산·채권 등의 담보에 관한 법률)
	• 회계학
	• 영어
	  토플(TOEFL) ⓐ PBT:530점 이상 ⓑ IBT:71점 이상
	  토익(TOEIC) 700점 이상
	  텝스(TEPS) 625점 이상
	  지텔프(G-TELP) Level 2의 65점 이상
	  플렉스(FLEX) 625점 이상
	  토셀(TOSEL) Advanced 640점 이상
	  아이엘츠(IELTS) Overall Band Score 4.5 이상

제2차시험	• 감정평가 및 보상법규(감정평가 및 감정평가사에 관한 법률, 공익사업을 위한 토지 등의 취득 및 보상에 관한 법률, 부동산 가격공시에 관한 법률) • 감정평가이론 • 감정평가실무

또한 합격기준은 다음과 같다.

① 제1차 시험 과목 중 영어과목을 제외한 나머지 시험과목의 합격기준은 과목당 100점을 만점으로 하여 모든 과목 40점 이상, 전 과목 평균 60점 이상의 득점으로 한다.

② 국토교통부장관은 감정평가사의 수급 상황 등을 고려하여 제2차 시험의 최소합격인원을 정할 수 있다. 이 경우 감정평가관리·징계위원회의 심의를 거쳐야 한다.

③ 제2차 시험과목의 합격기준은 과목당 100점을 만점으로 하여 모든 과목 40점 이상, 전 과목 평균 60점 이상을 득점으로 한다. 다만, 모든 과목 40점 이상, 전 과목 평균 60점 이상을 득점한 사람의 수가 최소합격인원에 미달하는 경우에는 모든 과목 40점 이상을 득점한 사람 중에서 전 과목 평균점수가 높은 순으로 최소합격인원의 범위에서 합격자를 결정한다.

④ 동점자로 인하여 최소합격인원을 초과하는 경우에는 그 동점자 모두를 합격자

로 결정한다. 이 경우 동점자의 점수는 소수점 이하 둘째자리까지만 계산하며, 반올림은 하지 아니한다.

(2) 실무수습기간 및 실무수습사항

감정평가사자격시험에 합격하여 감정평가사의 자격이 있는 자가 감정평가 업무를 하려는 경우에는 1년(5년 이상 감정평가와 관련된 업무에 종사한 사람으로서 감정평가사 제2차 시험에 합격하여 감정평가사시험에 합격한 사람인 경우에는 4주)의 실무수습을 마치고 국토교통부장관에게 등록하여야 한다.

실무수습을 받는 자는 실무수습기간중에 감정평가에 관한 이론·실무, 직업윤리 및 그 밖에 감정평가사의 업무수행에 필요한 사항을 습득해야 한다. 실무수습은 감정평가에 관한 이론과 직업윤리를 강의·논문제출 등의 방법으로 습득하는 이론교육과정 및 실무를 현장실습근무의 방법으로 습득하는 실무훈련과정으로 나누어 시행하며 이론교육과정은 4개월간, 실무훈련과정은 8개월간 시행한다. 실무훈련과정은 이론교육과정의 이수 후 시행한다.

(3) 자격의 결격사유

다음의 어느 하나에 해당하는 자는 감정평가사가 될 수 없다.

① 파산선고를 받은 사람으로서 복권되지 아니한 사람

② 금고 이상의 실형을 선고받고 그 집행이 종료(집행이 종료된 것으로 보는 경우를 포함한다)되거나 그 집행이 면제된 날부터 3년이 지나지 아니한 사람

③ 금고 이상의 형의 집행유예를 받고 그 유예기간이 만료된 날부터 1년이 지나지 아니한 사람

④ 금고 이상의 형의 선고유예를 받고 그 선고유예기간 중에 있는 사람

⑤ 「감정평가 및 감정평가사에 관한 법률」 제13조의 규정에 의하여 감정평가사 자격이 취소된 후 3년이 지나지 아니한 사람

⑥ 「감정평가 및 감정평가사에 관한 법률」 제39조 제1항 제11호 및 제12호의 규정에 의하여 감정평가사 자격이 취소된 후 5년이 지나지 아니한 사람

(4) 자격의 취소

국토교통부장관은 감정평가사가 부정한 방법으로 감정평가사의 자격을 받은 경우, 자격취소에 해당하는 징계를 받은 경우에는 그 자격을 취소하여야 한다. 국토교통부장관은 감정평가사의 자격을 취소하였을 때에는 그 사실을 공고하여야 하며, 감정평가사자격취소를 공고하고자 하는 때에는 감정평가사의 성명 및 생년월일, 자격취소 사실, 자격취소 사유를 관보에 게재하여야 한다. 감정평가사자격이 취소된 자는 그 처분을 받은 날부터 7일 이내에 국토교통부장관에게 감정평가사자격증(등록한 경우에는 등록증을 포함한다)을 반납하여야 한다.

3) 자격등록 및 갱신등록, 자격등록의 취소

(1) 자격등록 및 갱신등록

감정평가사 자격등록이란 「감정평가 및 감정평가사에 관한 법률」에 따른 감정평가사의 자격을 갖춘 자가 감정평가업무를 수행하기 위해 실무수습 또는 교육연수를 마치고 국토교통부장관에게 등록하여야 한다. 등록한 감정평가사는 5년마다 그 등록을 갱신하여야 한다. 등록을 갱신하려는 자는 등록갱신신청서를 등록일부터 5년이 되는 날의 60일 전까지 국토교통부장관에게 제출하여야 한다. 국토교통부장관은 감정평가사 등록을 한 사람에게 감정평가사 등록을 갱신하려면 등록갱신 신청을 하여야 한다는 사실과 등록갱신신청절차를 등록일부터 5년이 되는 날의 120일 전까지 통지하여야 한다.

(2) 자격등록 및 갱신등록의 거부

국토교통부장관은 자격등록 또는 갱신등록을 신청한 사람이 다음의 어느 하나에 해당하는 경우에는 그 등록을 거부하여야 한다. 국토교통부장관은 갱신등록을 거부한 경우에는 감정평가사의 소속, 성명 및 생년월일, 등록 또는 갱신등록의 거부사유를 관보에 공고하고, 국토교통부 인터넷 홈페이지에 게시하는 방법으로 한다.

   ① 「감정평가 및 감정평가사에 관한 법률」 제12조 결격사유의 어느 하나에 해당하는 경우
   ② 「감정평가 및 감정평가사에 관한 법률」 제17조 제1항에 따른 실무수습 또는

교육연수를 받지 아니한 경우

③ 「감정평가 및 감정평가사에 관한 법률」 재39조에 따라 등록이 취소된 후 3년
이 지나지 아니한 경우

④ 「감정평가 및 감정평가사에 관한 법률」 제39조에 따라 업무가 정지된 감정평
가사로서 그 업무정지 기간이 지나지 아니한 경우

⑤ 미성년자 또는 피성년후견인·피한정후견인

(3) 자격등록의 취소

국토교통부장관은 등록된 감정평가사가 다음의 어느 하나에 해당하는 경우에는
그 등록을 취소하여야 한다. 국토교통부장관은 등록을 취소한 경우 감정평가사의 소
속, 성명 및 생년월일, 등록의 취소사유를 관보에 공고하고, 국토교통부 인터넷 홈페이
지에 게시하는 방법으로 하며, 등록이 취소된 사람은 등록증을 국토교통부장관에게 반
납하여야 한다.

① 「감정평가 및 감정평가사에 관한 법률」 제12조 결격사유의 어느 하나에 해당
하는 경우

② 사망한 경우

③ 등록취소를 신청한 경우

④ 「감정평가 및 감정평가사에 관한 법률」 제39조 제2항 제2호 등록의 취소에 해
당하는 징계를 받은 경우

4) 감정평가사에 대한 징계

국토교통부장관은 감정평가사가 다음의 어느 하나에 해당하는 경우에는 감정평가
관리·징계위원회의 의결에 따라 자격의 취소, 등록의 취소, 2년 이하의 업무정지, 견
책의 징계를 할 수 있다.

① 「감정평가 및 감정평가사에 관한 법률」 제3조 제1항을 위반하여 감정평가를
한 경우

② 「감정평가 및 감정평가사에 관한 법률」 제3조 제3항에 따른 원칙과 기준을 위
반하여 감정평가를 한 경우

③ 「감정평가 및 감정평가사에 관한 법률」 제6조에 따른 감정평가서의 작성·발

급 등에 관한 사항을 위반한 경우

④ 「감정평가 및 감정평가사에 관한 법률」 제7조 제2항을 위반하여 고의 또는 중대한 과실로 잘못 심사한 경우

⑤ 업무정지처분 기간에 「감정평가 및 감정평가사에 관한 법률」 제10조에 따른 업무를 하거나, 업무정지처분을 받은 소속 감정평가사에게 업무정지처분 기간에 제10조에 따른 업무를 하게 한 경우

⑥ 「감정평가 및 감정평가사에 관한 법률」 제17조 제1항 또는 제2항에 따른 등록이나 갱신등록을 하지 아니하고 제10조에 따른 업무를 수행한 경우

⑦ 구비서류를 거짓으로 작성하는 등 부정한 방법으로 「감정평가 및 감정평가사에 관한 법률」 제17조 제1항 또는 제2항에 따른 등록이나 갱신등록을 한 경우

⑧ 「감정평가 및 감정평가사에 관한 법률」 제21조를 위반하여 감정평가업을 한 경우

⑨ 「감정평가 및 감정평가사에 관한 법률」 제23조 제3항을 위반하여 수수료의 요율 및 실비에 관한 기준을 지키지 아니한 경우

⑩ 「감정평가 및 감정평가사에 관한 법률」 제25조, 제26조 또는 제27조를 위반한 경우

⑪ 「감정평가 및 감정평가사에 관한 법률」 제47조에 따른 지도와 감독 등에 관하여 업무에 관한 사항의 보고 또는 자료의 제출을 하지 아니하거나 거짓으로 보고 또는 제출한 경우, 장부나 서류 등의 검사를 거부 또는 방해하거나 기피한 경우

⑫ 감정평가사의 직무와 관련하여 금고 이상의 형을 2회 이상 선고받아(집행유예를 선고받은 경우를 포함한다) 그 형이 확정된 경우. 다만, 과실범의 경우는 제외한다.

⑬ 「감정평가 및 감정평가사에 관한 법률」에 따라 업무정지 1년 이상의 징계처분을 2회 이상 받은 후 다시 제1항에 따른 징계사유가 있는 사람으로서 감정평가사의 직무를 수행하는 것이 현저히 부적당하다고 인정되는 경우

협회는 감정평가사에게 징계사유가 있다고 인정하는 경우에는 그 증거서류를 첨부하여 국토교통부장관에게 징계를 요청할 수 있다. 징계의결은 국토교통부장관의 요구에

따라 하며, 징계의결의 요구는 위반사유가 발생한 날부터 5년이 지나면 할 수 없다. 자격이 취소된 사람은 자격증과 등록증을 국토교통부장관에게 반납하여야 하며, 등록이 취소되거나 업무가 정지된 사람은 등록증을 국토교통부장관에게 반납하여야 한다.

3. 감정평가법인등

1) 의의

"감정평가업"이란 타인의 의뢰에 따라 일정한 보수를 받고 토지등의 감정평가를 업으로 행하는 것을 말하며, "감정평가법인등"이란 사무소를 개설한 감정평가사와 인가를 받은 감정평가법인을 말한다.

2) 감정평가법인등의 업무

감정평가법인등의 업무는 세부적으로 담보평가, 경매 및 소송평가, 국공유 재산의 처분 및 매수평가, 공익사업을 위한 보상평가, 표준지공시지가의 평가, 일반거래목적의 평가 등이 있다. 한편 「감정평가 및 감정평가사에 관한 법률」 제10조에서 감정평가법인등의 업무를 규정하고 있는데, 다음과 같다.

① 「부동산 가격공시에 관한 법률」에 따라 감정평가법인등이 수행하는 업무
② 공공용지의 매수 및 토지의 수용·사용에 대한 보상, 국유지·공유지의 취득 또는 처분, 「국토의 계획 및 이용에 관한 법률」 또는 그 밖의 법령에 따라 조성된 용지 등의 공급 또는 분양, 「도시개발법」에 따른 도시개발사업, 「도시 및 주거환경정비법」에 따른 정비사업, 「농어촌정비법」에 따른 농업생산기반 정비사업, 토지의 관리·매입·매각·경매·재평가 목적의 토지가격 산정
③ 「자산재평가법」에 따른 토지등의 감정평가
④ 법원에 계속 중인 소송 또는 경매를 위한 토지 등의 감정평가
⑤ 금융기관·보험회사·신탁회사 등 타인의 의뢰에 의한 토지등의 감정평가
⑥ 감정평가와 관련된 상담 및 자문
⑦ 토지등의 이용 및 개발 등에 대한 조언이나 정보 등의 제공
⑧ 다른 법령에 따라 감정평가법인등이 할 수 있는 토지등의 감정평가
⑨ ①~⑧의 업무에 부수되는 업무

3) 감정평가법인등의 권리와 의무

(1) 감정평가법인등의 권리

① 감정평가권

감정평가는 전문적 지식을 요하는 업무로서 「감정평가 및 감정평가사에 관한 법률」은 사무소를 개설한 감정평가사와 인가를 받은 감정평가법인에게만 토지등의 감정평가권을 부여하고 있다.

② 타인토지출입권(「부동산 가격공시에 관한 법률」 제13조)

표준지가격의 조사·평가 등을 위하여 필요한 때에는 타인의 토지에 출입할 수 있다. 이는 부동산 가격공시제도의 적정성 확보를 위하여 인정되는 권리이다.

③ 명칭사용권(「감정평가 및 감정평가사에 관한 법률」 제22조)

사무소 개설한 감정평가법인등은 그 사무소의 명칭에 "감정평가사사무소"라는 용어를 사용하여야 하며, 법인은 그 명칭에 "감정평가법인"이라는 용어를 사용하여야 한다. 감정평가사가 아닌 자는 "감정평가사" 또는 이와 유사한 명칭을, 감정평가법인등이 아닌 자는 "감정평가사사무소", "감정평가법인" 또는 이와 유사한 명칭을 사용할 수 없다. 이를 위반한 자는 300만원 이하의 과태료에 처한다.

④ 보수청구권(「감정평가 및 감정평가사에 관한 법률」 제23조)

감정평가법인등은 의뢰인으로부터 업무수행에 따른 수수료와 그에 필요한 실비를 받을 수 있다. 수수료의 요율 및 실비의 범위는 국토교통부장관이 감정평가관리·징계위원회의 심의를 거쳐 결정한다. 감정평가법인등과 의뢰인은 수수료 요율 및 실비에 관한 기준을 준수하여야 한다.

⑤ 신분보장권(청문권)(「감정평가 및 감정평가사에 관한 법률」 제45조)

국토교통부장관은 감정평가사 자격의 취소, 감정평가법인의 설립인가 취소에 해당하는 처분을 하려는 경우에는 청문을 실시하여야 한다. 따라서 감정평가사의 신분은 법에 의하여 보호되며 감정평가법인등은 청문을 요청할 수 있는 권리를 가진다.

(2) 감정평가법인등의 의무

① 감정평가준칙 준수의무(「감정평가 및 감정평가사에 관한 법률」 제3조 제3항)

토지 등의 감정평가에 있어서 그 공정성과 합리성을 보장하기 위하여 감정평가법인등이 준수하여야 할 원칙과 기준을 따라야 한다.

② 감정평가서 교부 및 보존의무(「감정평가 및 감정평가사에 관한 법률」 제6조)

감정평가법인등은 감정평가를 의뢰받은 때에는 지체 없이 감정평가를 실시한 후 감정평가 의뢰인에게 감정평가서를 발급하여야 하며, 감정평가서에는 감정평가법인등의 사무소 또는 법인의 명칭을 적고, 감정평가를 한 감정평가사가 그 자격을 표시한 후 서명과 날인을 하여야 한다. 이 경우 감정평가법인의 경우에는 대표사원 또는 대표이사도 서명이나 날인을 하여야 한다. 감정평가법인은 감정평가를 한 소속 감정평가사가 작성한 감정평가서의 적정성을 같은 법인 소속의 다른 감정평가사에게 심사하게 하고, 그 적정성을 심사한 감정평가사로 하여금 감정평가서에 그 심사사실을 표시하고 서명과 날인을 하게 하여야 한다. 감정평가법인등은 감정평가서의 원본은 그 발급일부터 5년, 관련서류는 2년 보존하여야 한다. 감정평가법인등은 해산하거나 폐업하는 경우 보존을 위하여 감정평가서의 원본과 그 관련 서류를 국토교통부장관에게 제출해야 한다.

③ 성실의무 등(「감정평가 및 감정평가사에 관한 법률」 제25조)

㉠ 감정평가법인등은 감정평가업무를 하는 경우 품위를 유지하여야 하고, 신의와 성실로써 공정하게 하여야 하며, 고의 또는 중대한 과실로 업무를 잘못하여서는 아니 된다.

㉡ 감정평가법인등은 자기 또는 친족 소유, 그 밖에 불공정하게 감정평가업무를 수행할 우려가 있다고 인정되는 토지등에 대해서는 그 업무를 수행하여서는 아니 된다.

㉢ 감정평가법인등은 토지등의 매매업을 직접 하여서는 아니 된다.

㉣ 감정평가법인등이나 그 사무직원은 수수료와 실비 외에는 어떠한 명목으로도 그 업무와 관련된 대가를 받아서는 아니 되며, 감정평가 수주의 대가로 금품

또는 재산상의 이익을 제공하거나 제공하기로 약속하여서는 아니 된다.

ⓜ 감정평가사, 감정평가사가 아닌 사원 또는 이사 및 사무직원은 둘 이상의 감정 평가법인(같은 법인의 주·분사무소를 포함한다) 또는 감정평가사사무소에 소 속될 수 없으며, 소속된 감정평가법인 이외의 다른 감정평가법인의 주식을 소 유할 수 없다.

ⓗ 감정평가법인등이나 사무직원은 유도 또는 요구에 따라서는 아니 된다.

④ 비밀엄수 의무(「감정평가 및 감정평가사에 관한 법률」 제26조)

감정평가법인등이나 그 사무직원 또는 감정평가법인등이었거나 그 사무직원이었 던 사람은 업무상 알게 된 비밀을 누설하여서는 아니 된다. 다만, 다른 법령에 특별한 규정이 있는 경우에는 그러하지 아니하다.

⑤ 명의대여 금지의무(「감정평가 및 감정평가사에 관한 법률」 제27조)

감정평가사 또는 감정평가법인등은 다른 사람에게 자기의 성명 또는 상호를 사용 하여 감정평가업무를 수행하게 하거나 자격증·등록증 또는 인가증을 양도·대여하거 나 이를 부당하게 행사하여서는 아니 된다. 또한 누구든지 이를 알선해서는 아니 된다.

⑥ 지도 감독에 따를 의무(「감정평가 및 감정평가사에 관한 법률」 제47조)

국토교통부장관은 감정평가법인등 및 협회를 감독하기 위하여 필요할 때에는 그 업무에 관한 보고 또는 자료의 제출, 그 밖에 필요한 명령을 할 수 있으며, 소속 공무 원으로 하여금 그 사무소에 출입하여 장부·서류 등을 검사하게 할 수 있으므로 이에 따라야 한다.

⑦ 공무원에 준하는 청렴의무(「감정평가 및 감정평가사에 관한 법률」 제48조)

공적평가업무를 행하는 감정평가사는 「형법」 제129조부터 제132조까지의 규정을 적용할 때에는 공무원으로 본다.

4) 감정평가법인등의 책임

(1) 민사상 책임

감정평가법인등이 감정평가를 하면서 고의 또는 과실로 감정평가 당시의 적정가격과 현저한 차이가 있게 감정평가를 하거나 감정평가 서류에 거짓을 기록함으로써 감정평가 의뢰인이나 선의의 제3자에게 손해를 발생하게 하였을 때에는 감정평가법인등은 그 손해를 배상할 책임이 있다.

감정평가법인등은 손해배상책임을 보장하기 위하여 보험에 가입하거나 한국감정평가사협회가 운영하는 공제사업에 가입하는 등 필요한 조치를 하여야 한다. 감정평가법인등은 개설 또는 설립등기를 한 날부터 10일 이내에 보증보험 가입을 증명하는 서류를 협회에 제출해야 한다. 감정평가법인등은 보증기간의 만료 또는 보증보험금에 의한 손해배상 등으로 보증보험계약을 다시 체결한 경우에는 그 사실을 증명하는 서류를 지체 없이 협회에 제출해야 한다.

감정평가법인등이 보증보험에 가입하는 경우 해당 보험의 보험 가입 금액은 감정평가사 1명당 1억원 이상으로 한다. 감정평가법인등은 보증보험금으로 손해배상을 하였을 때에는 10일 이내에 보험계약을 다시 체결해야 한다.

(2) 행정상 책임

① 행정처분

행정처분에는 설립인가취소 및 업무정지가 있다.

국토교통부장관은 감정평가법인등이 다음의 어느 하나에 해당하는 경우에는 그 설립인가를 취소(감정평가법인)하거나 2년 이내의 범위에서 기간을 정하여 업무의 정지를 명할 수 있다.

　　㉠ 감정평가법인이 설립인가의 취소를 신청한 경우

　　㉡ 감정평가법인등이 업무정지처분 기간 중에 제10조에 따른 업무를 한 경우

　　㉢ 감정평가법인등이 업무정지처분을 받은 소속 감정평가사에게 업무정지처분 기간 중에 제10조에 따른 업무를 하게 한 경우

　　㉣ 제3조 제1항을 위반하여 감정평가를 한 경우

ⓜ 제3조 제3항에 따른 원칙과 기준을 위반하여 감정평가를 한 경우

ⓗ 제6조에 따른 감정평가서의 작성·발급 등에 관한 사항을 위반한 경우

ⓢ 감정평가법인등이 제21조 제3항이나 제29조 제4항에 따른 감정평가사의 수에 미달한 날부터 3개월 이내에 감정평가사를 보충하지 아니한 경우

ⓞ 제21조 제4항을 위반하여 둘 이상의 감정평가사사무소를 설치한 경우

ⓩ 제21조 제5항이나 제29조 제9항을 위반하여 해당 감정평가사 외의 사람에게 제10조에 따른 업무를 하게 한 경우

ⓒ 제23조 제3항을 위반하여 수수료의 요율 및 실비에 관한 기준을 지키지 아니한 경우

ⓚ 제25조, 제26조 또는 제27조를 위반한 경우. 다만, 소속 감정평가사나 그 사무직원이 제25조 제4항을 위반한 경우로서 그 위반행위를 방지하기 위하여 해당 업무에 관하여 상당한 주의와 감독을 게을리하지 아니한 경우는 제외한다.

ⓣ 제28조 제2항을 위반하여 보험 또는 한국감정평가사협회가 운영하는 공제사업에 가입하지 아니한 경우

ⓟ 정관을 거짓으로 작성하는 등 부정한 방법으로 제29조에 따른 인가를 받은 경우

ⓗ 제29조 제10항에 따른 회계처리를 하지 아니하거나 같은 조 제11항에 따른 재무제표를 작성하여 제출하지 아니한 경우

ⓐ 제31조 제2항에 따라 기간 내에 미달한 금액을 보전하거나 증자하지 아니한 경우

ⓑ 제47조에 따른 지도와 감독 등에 관하여 업무에 관한 사항의 보고 또는 자료의 제출을 하지 아니하거나 거짓으로 보고 또는 제출한 경우, 장부나 서류 등의 검사를 거부, 방해 또는 기피한 경우

ⓒ 제29조 제5항 각 호의 사항을 인가받은 정관에 따라 운영하지 아니하는 경우

다만, ⓛ 감정평가법인등이 업무정지처분 기간 중에 제10조에 따른 업무를 한 경우, ⓢ 감정평가법인등이 제21조 제3항이나 제29조 제4항에 따른 감정평가사의 수에 미달한 날부터 3개월 이내에 감정평가사를 보충하지 아니한 경우에는 그 설립인가를 취소하여야 한다.

한국감정평가사협회는 감정평가법인등에 설립인가 취소 및 업무정지의 어느 하나에 해당하는 사유가 있다고 인정하는 경우에는 그 증거서류를 첨부하여 국토교통부장관에게 그 설립인가를 취소하거나 업무정지처분을 하여 줄 것을 요청할 수 있다.

국토교통부장관은 설립인가를 취소하거나 업무정지를 한 경우에는 그 사실을 관보에 공고하고, 정보통신망 등을 이용하여 일반인에게 알려야 한다. 설립인가의 취소 및 업무정지처분은 위반 사유가 발생한 날부터 5년이 지나면 할 수 없다. 국토교통부장관은 설립인가의 취소에 해당하는 처분을 하고자 하는 경우에는 청문을 실시하여야 한다.

② 과징금

국토교통부장관은 감정평가법인등이 업무정지처분을 하여야 하는 경우로서 그 업무정지처분이 표준지공시지가의 공시 등의 업무를 정상적으로 수행하는 데에 지장을 초래하는 등 공익을 해칠 우려가 있는 경우에는 업무정지처분을 갈음하여 5천만원(감정평가법인인 경우는 5억원) 이하의 과징금을 부과할 수 있다. 국토교통부장관은 과징금을 부과하는 경우에는 위반행위의 내용과 정도, 위반행위의 기간과 위반횟수, 위반행위로 취득한 이익의 규모를 고려하여야 한다. 국토교통부장관은 이 법을 위반한 감정평가법인이 합병을 하는 경우 그 감정평가법인이 행한 위반행위는 합병 후 존속하거나 합병에 의하여 신설된 감정평가법인이 행한 행위로 보아 과징금을 부과·징수할 수 있다.

③ 행정질서벌(과태료)

「감정평가 및 감정평가사에 관한 법률」 제52조의 각 행위에 해당하는 자는 각 500만원 이하, 400만원 이하, 300만원 이하, 150만원 이하의 과태료를 부과한다.

(3) 형사상 책임

「감정평가 및 감정평가사에 관한 법률」 제49조 및 제50조의 규정을 위반한 자는 징역 또는 벌금에 처하게 된다. 또한 감정평가법인등이 공적평가업무를 수행하는 경우에는 벌칙적용에 있어 공무원에 의제되어 알선수뢰죄(「형법」 제129조 내지 제132조) 등 가중처벌을 받게 된다. 이는 형법이 적용되는 책임으로서 행정형벌이다.

그리고 법인의 대표자나 법인 또는 개인의 대리인·사용인 그 밖의 종업원이 그 법인 또는 개인의 업무에 관하여 「감정평가 및 감정평가사에 관한 법률」 제49조 및 제50조의 규정에 의한 위반행위를 하면 그 행위자를 벌하는 외에 그 법인 또는 개인에게도 해당 조문의 벌금형을 부과한다. 다만, 법인 또는 개인이 그 위반행위를 방지하기 위하여 해당 업무에 상당한 주의와 감독을 게을리하지 아니한 경우에는 그러하지 아니하다.

III. 감정평가의 기능과 필요성

1. 개 요

감정평가의 존재이유는 감정평가의 기능과 필요성에서 찾을 수 있다. 감정평가는 부동산의 경제적 가치를 판정하여 그 결과를 화폐액으로 표시하는 부동산 활동으로서 정책적 측면과 경제적 측면에서 중요한 기능을 가진다. 또한 부동산의 소유, 거래, 개발활동을 지원하는 구체적 측면의 기능도 가지고 있다.

감정평가의 주요 대상인 부동산 특히 토지는 경제적으로 양면성이 있다. 구체적으로 부동산은 생산활동에서는 중요한 생산요소 중 하나이고 자산활동에서는 개인의 자산축적의 수단이므로 객관적 가치 추계가 필요하다. 그러나 부동산은 고유의 자연적 특성과 인문적 특성이 있어 그 특성이 부동산가치와 부동산시장 등에 일반재화와는 다른 영향력을 행사하므로 일반인이 그 가치를 자세히 인식하는 것이 곤란하다. 따라서 부동산 가치에 대한 전문가의 활동인 감정평가가 요구되는 것이다.

2. 감정평가의 기능

1) 정책적 측면의 기능

첫째, 감정평가는 평가과정에서 부동산의 최유효이용을 모색하여 유용성을 극대화하므로 개별 부동산 및 국토공간의 효율적인 이용과 관리를 지원한다. 또한 감정평가의 결과는 지역분석 및 사업성 분석 자료로 활용되어 부동산의 이용과 관리에 실질적인 도움을 준다.

둘째, 감정평가는 부동산의 객관적 가치를 판정하여 화폐액으로 제시하므로 비정상적인 가치형성이나 과도한 지가상승을 억제하고 나아가 부동산가치의 적정화에 이바지한다.

셋째, 감정평가는 공용수용 등에 있어서 부동산의 경제적 가치를 적정하게 평가하여 피침해재산이 가지는 객관적인 재산가치를 정당하게 보상하게 함으로써 피침해자의 권리보호 및 공익목적 사업의 원활한 수행에 이바지한다.

넷째, 감정평가는 재산권 가치에 따른 적정한 세금을 부과할 수 있도록 부동산의 적정한 가치를 평가하여 합리적인 과세부과의 기준을 마련한다.

2) 경제적 측면의 기능

첫째, 감정평가는 불완전한 부동산시장에 적정한 균형가격을 제시함으로써 시장기능에 의존해서는 불완전한 자원배분을 효율적이 되도록 지원한다. 또한 감정평가의 공정한 가치 지적은 부동산 거래활동의 합리화와 능률화에 기여하여 거래질서를 유지시킨다.

둘째, 감정평가의 결과는 부동산의 이용과 개발, 투자와 금융 등 관련된 의사결정에 있어 합리적인 판단기준을 제시해 준다.

셋째, 감정평가는 정보의 가치가 투명하게 부동산 가치에 반영되는데 기여함으로써 부동산시장의 효율성을 제고한다. 효율적 시장은 정보의 가치가 즉각적으로 반영되는 시장을 말하며, 감정평가는 합리적인 가치를 시장에 제시하고 부동산에 대한 각종 분석 정보를 시장에 공개하여 시장의 효율성에 기여하는 것이다.

넷째, 감정평가는 거품 및 정보의 독점에 의한 가격 상승분을 배제하여 부동산시장의 안정화에 기여한다.

3) 구체적 활동 측면의 기능

감정평가는 부동산의 소유활동과 관련하여 소유 부동산의 경제적 가치를 판정하고 개량에 대한 투자효율을 측정하며 대체부동산과의 경쟁관계를 판단한다. 또한 부동산의 거래활동과 관련하여 매도와 매입가격을 결정하고 임대료의 적정성 여부를 판정하고 담보가치와 기초경매가치를 판정한다. 한편 부동산의 개발활동과 관련하여 개발에 대한 투자여부 결정과 개발계획의 변경여부를 결정하고 개발이익을 측정한다. 마지막으로 부동산의 정책활동과 관련하여 보상액과 과세액 산정의 기초가 되고 국토의 이용계획 수립에 기여한다.

4) 결론

감정평가는 정책적으로는 효율적인 부동산 정책의 수립과 집행을 가능하게 하며, 경제적으로는 불완전경쟁시장인 부동산시장의 결함을 보완함으로써 부동산 자원의 효율적 분배와 유통질서 확립에 기여한다.

또한 감정평가는 부동산의 소유·개발·거래·공공사업활동 및 개인 사업의 운용과 관련하여 중요한 기능을 담당하고 있다. 평가활동은 그 자체가 다른 부동산 결정에 도움을 주는 윤활유와 같은 기능을 하며 인간의 다양한 경제활동에 있어서 일정한 행위수행의 가부를 알리는 표시기능을 한다고 볼 수 있다. 이러한 감정평가의 기능과 중요성을 고려할 때 감정평가사의 전문인·공인으로서 직업윤리의 자율적 준수가 요구된다.

3. 감정평가의 필요성

1) 부동산의 특성으로 인한 필요성

부동산은 부증성, 고정성의 특성으로 수요와 공급의 조절이 곤란하여 균형가격 성립이 제한되며 개별성의 특성으로 일물일가의 법칙이 적용되지 않는다. 즉 부동산의 특성은 부동산가격과 유용성의 제약을 야기하므로 전문가에 의한 가치평가의 필요성이 발생하는 것이다.

부동산은 그 자체로서 국토공간을 구성하며, 용도가 다양하고, 환경성이 있으며, 상대적으로 경제적 비중이 큰 이른바 사회성·공공성이 있다. 따라서 적정한 지가를 산정하여 국토의 합리적 개발 및 이용을 유도하며, 토지의 최유효이용에 기여하고 적정한 환경의 형성 및 거래사고 방지에 이바지하는 바가 큰 감정평가제도가 필요하다.

2) 부동산가치의 특성으로 인한 필요성

부동산가치는 유용성·상대적 희소성·유효수요의 상호작용에 의해 발생하고, 이에 영향을 미치는 일반적·지역적·개별적 요인에 의해 복잡·다양하게 변화한다. 또한 거래 당사자의 개별적인 동기나 특수한 사정이 개입되기 쉽고 가격과 용도의 변화가 능성을 장기적인 관점에서 파악해야 한다. 따라서 일반인이 거래가격을 통해 부동산의 적정가격을 발견하는 것은 매우 어렵기 때문에 가치추계에 전문적 지식을 갖춘 자에 의한 감정평가가 필요하다.

부동산은 평가목적이나 동기, 관점이나 조건에 따라 다양한 가치개념이 인정되는 가치의 다원성의 특성이 있으므로 전문가에 의한 평가가 필요하다.

3) 부동산시장의 특성으로 인한 필요성

부동산시장은 구체적이고 합리적 시장이 결여되어 있고 수요와 공급의 단기적인 조절이 곤란하며 부동산 거래가 대체로 공개적이지 않다는 특징이 있다. 또한 부동산 시장에서 가치는 외부적 영향을 많이 받는 외부시장성의 특징이 있으므로 누구나 활용할 수 있는 적정가치가 쉽게 식별되지 않으므로 전문가에 의한 인위적인 가치지적이 필요하다고 할 수 있다.

4) 사회적·경제적 요구에 의한 필요성

부동산의 매매나 개발, 부동산에 대한 투자나 과세, 부동산을 공익사업의 목적으로 매수하거나 수용, 기업의 합병과 분할, 기업자산의 재평가, 부동산과 관련한 분쟁이나 소송의 경우에 사회적·경제적으로 감정평가의 지식과 기술 및 가치 결정이 필요하다. 감정평가는 대상부동산의 유용성을 극대화하고 최유효화하는 수단으로서 일반인의 경제활동과 정부의 정책활동을 원활히 하기 위해서 필요한 제도이다. 또한 부동산은 사회적·경제적으로 미치는 파급효과가 매우 큰 재화로서 도시화 및 공업화의 급격한 진행과 함께 부동산 값이 불안정하고 불균형하게 변동하게 되었고 이에 따라 부동산값을 매개로 하는 각종 경제활동에 있어 비능률의 문제가 늘어나게 되면서 이를 해결하기 위한 제도적 장치로서 전문적인 감정평가제도가 등장하게 되었다.

5) 결론

부동산은 그 자연적·인문적 특성 및 사회성·공공성으로 인하여 부동산의 가치판정에는 일반재화와는 다른 특정한 지식과 경험 및 윤리성이 요구되므로 고도의 전문

지식과 경험과 능력을 갖춘 전문가로 하여금 감정평가활동을 담당케 함으로써 부동산 가치형성의 합리화 및 부동산 활동의 능률화에 기여할 수 있으므로 감정평가가 필요하다. 또한 자본주의 경제에서 심장과 같은 역할을 하고 있는 부동산 활동이 단순한 가치판정에 머무르지 않고 다양하게 전개되고 있는 상황에서 건설, 재무와 금융, 투자 등의 영역과 상호 연계한 전문적인 감정평가의 필요성은 더욱 커지고 있다.

IV. 감정평가의 분류

1. 분류의 필요성

감정평가는 평가목적, 평가조건, 대상물건의 성격 등에 따라 다양하게 분류할 수 있는데, 이는 부동산가치가 평가목적이나 조건 등에 따라 다양하게 분류된다는 가치의 다원적 개념에서 기인한다. 감정평가의 다양한 분류는 감정평가실무활동을 능률화시키고 감정평가의 사회성·공공성을 요구하는 제도적 요청에 부응하여 평가의 신뢰성을 향상시킨다. 또한 세부적인 분류는 감정평가활동의 목표를 명백히 하며 감정평가방법의 체계화에 기여한다.

2. 제도에 따른 분류

1) 공적평가와 공인평가

평가주체에 따른 분류이다. 공적평가는 공적기관에 의한 평가를 말하며 평가활동 자체가 공무수행으로 필요한 경우를 말한다. 따라서 법원이나 행정부 등에 협조를 요구할 수 있는 권리가 부여된다. 공인평가는 국가나 공공단체가 부여하는 일정한 자격을 갖춘 자에 의해 행해지는 평가를 말한다.

2) 필수적 평가와 임의적 평가

감정평가의 강제성(필요성) 여부에 따른 분류이다. 필수적 평가는 보상이나 경매 등 일정한 요건이 되면 의무적으로 감정평가를 행하는 경우를 말한다. 임의적 평가는 개인의 자유의사에 의하여 평가가 행하여는 일반적인 거래 목적의 평가를 말한다.

3) 공익평가와 사익평가

평가의 사용목적에 따른 분류이다. 공익평가는 평가주체가 누구인가와는 무관하며 평가결과를 공익목적에 사용하는 경우를 말한다. 공시지가나 보상을 위한 평가 등의 필수적 평가는 대부분 공익평가에 속한다. 사익평가는 평가의 결과가 사익목적에 사용되는 경우를 말하며, 담보나 일반거래를 위한 평가 등이 있다.

4) 법정평가

법정평가는 법규에서 정하고 있는 평가방법에 의해 행해지는 평가를 말하며 평가목적이 일반거래활동을 위한 평가와는 차이가 있어 그 가치를 시장가치와 다르게 구할 필요가 있는 경우에 행해진다. 법정평가는 토지관련 정책에서의 효율성 추구와 공정한 가치의 도출, 평가의 객관성과 형평성 확보, 지가 상승의 억제 등을 위해 필요하다. 법정평가의 분야에는「부동산 가격공시에 관한 법률」상 표준지공시지가 평가,「공익사업을 위한 토지 등의 취득 및 보상에 관한 법률」상 보상평가,「국토의 계획 및 이용에 관한 법률」상 수용 및 공공용지 매수 평가, 과세를 위한 평가, 기타 공익 목적상 관계법령에 의한 평가가 있다. 이는 토지의 사회성·공공성에 의한 토지공개념 도입 등에 따라 증가추세에 있다.

법정평가에 의한 법정평가가치는 통상적인 시장에서 수요와 공급의 원리에 의해 형성되는 시장가치와 괴리될 가능성이 크고, 그 결과 가치의 혼돈을 가져와 민원의 대상이 될 수 있다. 또한 법정평가가치에서 개발이익과 투기가치를 배제하는 문제, 법정평가별로 기준시점이 상이함에 따른 문제 등이 있으므로 평가의 공신력 제고를 위한 제도적인 개선책 마련이 요구된다.

3. 업무기술에 따른 분류

1) 단독평가, 합의제평가, 복수평가

평가주체의 수에 따른 분류이다. 단독평가는 평가주체가 단독으로 행하는 평가를 말한다. 합의제 평가는 동일한 대상물건에 대해 합의체에 속한 개개의 평가주체가 행한 평가결과를 합의체 구성원들의 합의를 통해 하나의 평가결론을 도출하는 것을 말한다. 복수평가는 동일한 대상물건에 대해 복수의 평가주체가 행한 각각의 평가결과를 평가자 이외의 자가 조정하여 하나의 최종 평가결론을 도출하는 것을 말한다.

2) 참모평가

참모평가(Staff Valuation)는 평가주체가 피고용 관계에서 그가 속한 단체의 업무를 위해 행하는 평가이다. 이는 보험회사, 금융기관, 공공기관, 국가 또는 지방자치단체 등에 고용되어 하는 평가이며, 주로 보상액 산정, 대출금액 산정, 세금부과 등을 위해 평가한다.

3) 수시적 평가

수시적 평가(Occasional Valuation)는 평가성격상 특별한 사안이 발생하였을 경우 또는 고도의 전문 지식이 필요한 경우에 감정평가사가 관련된 분야의 전문가들과 함께 행하는 일시적인 평가이다. 대규모 플랜트 사업, 대규모 공유수면매립 사업, 대규모 쇼핑몰 개발에서의 감정평가가 그 예이다.

4) 현황평가와 조건부평가

(1) 개요

감정평가의 전제조건에 따른 분류이다. 현황평가는 대상물건의 상태, 지상물의 구조, 이용방법, 제한물권의 설정, 환경, 점유상태 등을 현황대로 유지할 것을 전제로 하는 평가를 말한다. 즉 대상물건이 있는 그 상태대로의 가치판정을 말한다. 조건부평가는 일정한 조건, 부동산가치의 증·감가 요인이 되는 새로운 상태를 상정하여 그 상황이 성취된다는 것을 전제로 한 평가로서 현황평가의 예외이다. 조건부평가는 크게 협의의 조건부평가, 기한부평가, 소급평가 등으로 분류할 수 있다.

(2) 현황평가의 원칙

「감정평가에 관한 규칙」제6조는 현황기준 원칙을 규정하고 있다. 즉, 감정평가는 기준시점에서의 대상물건의 이용상황(불법적이거나 일시적인 이용은 제외한다) 및 공법상 제한을 받는 상태를 기준으로 한다. 대상물건이 불법적인 이용인 경우에는 합법적인 이용을 기준으로 감정평가하되, 합법적인 이용으로 전환하기 위하여 수반되는 비용을 고려한다. 대상물건이 일시적 이용 등 최유효이용에 미달되는 경우에는 최유효이용을 기준으로 감정평가하되, 최유효이용으로 전환하기 위하여 수반되는 비용을 고려한다.

(3) 소급평가

소급평가는 과거의 일정시점을 기준시점으로 하여 대상물건의 가치를 평가하는 것을 말하는데, 이는 자료수집 및 감정평가 기법상 어려움이 있다. 감정평가에서 기준시점은 대상물건의 감정평가액을 결정하는 기준이 되는 날짜를 말하며 가격조사 완료일이 원칙이나, 기준시점이 미리 정하여진 때에는 가격조사가 가능한 경우에 한하여 그 일자를 기준시점으로 할 수 있다. 소급평가는 토지수용 등에 따른 보상평가, 민·형사사건에서 증거로 활용되는 소송평가 등에서 적용되고 있다.

소급평가는 대상부동산의 물적상태·권리상태 등에 대한 과거시점의 자료를 이용해야 한다. 따라서 과거상태와 현재상태가 다른 경우 과거시점에서 대상부동산의 존재여부, 가치변동 등의 자료 수집 가능성, 각종 가치형성요인의 파악가능성, 지역 및 개별분석 가능성, 평가기법의 적용가능성 여부 등을 면밀하게 검토해야 한다. 또한 현재가격을 역진적으로 시점수정하는 것은 과거시점의 가치형성요인이 반영되지 않으므로 허용되지 않는다.

(4) 기한부평가

기한부평가는 미래에 확실하게 도래할 상황이나 일정시점을 전제로 하여 행하는 평가로서 소급평가와 마찬가지로 자료수집 및 감정평가 기법상 어려움이 있다.

이는 분양시점이 확실하게 정해진 아파트나 조성지의 평가에서 행해진다.

기한부평가는 미래에 확실하게 도래하는 사안이 상정된 것이므로 원칙적으로 금지되지 않으며, 일반적으로 기한부적 기대가치의 반영을 배제하지 않고 평가한다.

(5) (협의의)조건부 평가

조건부평가는 미래에 발생이 불확실한 조건이 성취되는 것을 전제로 한 현재시점의 평가로서 현황평가의 예외이다. 이는 조건의 발생시점이 미래라는 점에서 기한부평가와 유사하나 조건에 불확실성이 내포되어 있다는 점에서 기한부평가와 구별된다. 부동산은 위치의 가변성과 용도의 다양성 때문에 그 위치와 가치도 가변적이고 권리의 태양도 다양하다. 따라서 고정된 권리관계만으로는 실제적으로 발생하는 여러 가지 부동산 문제와 다양한 부동산 활동에 따른 감정평가의 사회적 수요에 적응할 수 없기 때문에 조건부평가가 필요하다. 또한 적정한 조건설정을 통해 복잡한 가치형성요인을 합리적으로 반영하여 감정평가의 타당성과 적정성 제고가 가능하고 다양한 의뢰자의 요구에 대응하여 유용한 정보제공이 가능하다.

제시되는 조건에는 일반적으로 기본적 조건과 부가적 조건이 있다. 기본적 조건은 대상부동산의 주어진 상태 그대로 내용을 확정하는 조건으로서 부동산의 종별과 유형, 소재지·지번 등의 물적 관계, 권리형태 등 법적 관계, 평가범위에 관한 것이다. 부가적 조건은 현황과 상이한 상황을 부가하는 조건으로서 일괄·구분·부분평가 등 의뢰목적에 부응하는 상정상의 조건과 지역요인·개별요인 등 가치형성요인에 관한 조건이 있다. 조건부 평가를 적용하는 예로는 지상건물이 없음을 전제하는 나지상정평가인 공시지가평가, 제한물권, 불법점유 등의 해제를 전제로 하는 평가, 택지조성의 완료를 전제로 하는 평가 등이 있다.

이러한 조건들은 일정한 기준을 충족해야 당위성이 인정되고 설정이 가능하다.

구체적으로 조건은 공사법상의 제한이나 관습에 부합하는 합법적인 것이어야 하고, 일반인의 이용능력이나 관점에서 볼 때 합리적이고 객관적이어야 하며 물리적·사회적·경제적으로 실현가능성이 있어야 한다. 조건은 대상물건의 성격, 의뢰주체, 의뢰목적에 따라 필요성과 타당성이 달라지므로 부동산거래의 실태와 이해관계인에 대해서도 충분한 조사를 하여 개개 조건의 가부를 판단하여야 한다.

조건을 설정한다는 것은 대상부동산의 내용을 확정하거나 지역요인·개별요인 등에 부가된 상정상의 조건을 명확히 하는 것이다. 조건부평가는 불확실한 미래상황을 상정하여 행하는 것이므로 조건의 제시는 의뢰자가 하여도 조건의 확정은 감정평가사가 수행하여야 한다. 따라서 제시된 조건이 불합리하여 관계인을 해할 우려가 있거나 비현실적인 경우 재차 의뢰자에게 확인하여 조건을 변경하거나 평가를 반려해야 한다. 또한 조건이 합리적이지만 자료수집이 곤란하거나 평가방식의 적용이 곤란한 경우에는 평가를 사절하여야 한다. 조건설정은 타당한 평가의 범위와 감정평가사의 책임범위를 나타내므로 감정평가서에 설정된 조건을 명확히 기재하고 타당성과 판단근거도 병기한다. 또한 조건이 없는 경우의 가치도 기재함이 타당하다.

「감정평가에 관한 규칙」 제6조 제2항에 의하면 감정평가법인등은 법령에 다른 규정이 있는 경우, 의뢰인이 요청하는 경우, 감정평가의 목적이나 대상물건의 특성에 비추어 사회통념상 필요하다고 인정되는 경우에는 기준시점의 가치형성요인 등을 실제와 다르게 가정하거나 특수한 경우로 한정하는 조건을 붙여 감정평가할 수 있다. 다만, 감정평가조건을 붙일 때에는 감정평가조건의 합리성, 적법성 및 실현가능성을 검토하여야 하며, 감정평가조건의 합리성, 적법성이 결여되거나 사실상 실현 불가능하다고 판단할 때에는 의뢰를 거부하거나 수임을 철회할 수 있다.

4. 평가기법에 따른 분류

1) 개요

「감정평가에 관한 규칙」 제7조 제1항은 "감정평가는 대상물건마다 개별로 하여야 한다"고 규정하여 개별평가 원칙을 취하고 있으며, 이에 대한 예외로서 일괄평가(제2항), 구분평가(제3항), 부분평가(제4항)를 규정하고 있다. 이는 평가기법에 따른 감정평가의 구분이다.

2) 개별평가

개별평가는 여러 개의 물건을 각각 평가하는 것을 말한다. 즉, 토지와 건물로 구성된 복합부동산의 경우 토지와 건물을 각각 독립된 부동산으로 보고 토지는 공시지가 등을 기준으로 평가하고, 건물은 원가법 등에 의해 평가한 뒤 양자의 합으로 부동산가액을 구하는 방법을 말한다.

3) 일괄평가

2개 이상의 대상물건이 일체로 거래되거나 대상물건 상호간에 용도상 불가분의 관계가 있는 경우에는 일괄하여 평가할 수 있다.

예로서, 토지와 건물이 일체로 거래되어 평가의뢰된 경우, 2필지 이상의 토지가 일단지로 이용되고 있는 경우, 입목과 임지가 동시에 평가의뢰된 경우, 아파트나 상가 등 구분소유건물을 대지권과 건물을 일괄하여 평가하는 경우가 있다. 다만 표준지 공시지가 평가의 경우처럼 법적으로 일괄평가가 금지되는 경우도 있다.

4) 구분평가

한 개의 대상물건이라도 가치를 달리하는 부분은 이를 구분하여 평가할 수 있는데, 이 경우 감정평가서에 그 내용을 기재하여야 한다.

예로서, 1필지의 토지가 광평수인 관계로 노선상가지대와 후면주거지대로 확연히 구분되어 가격차가 심한 경우, 증축건물의 기존부분과 증축부분의 평가, 도시계획도로에 저촉된 토지에서 접한 부분과 저촉된 부분의 가격차가 발생하는 경우가 있다.

5) 부분평가

일체로 이용되고 있는 대상물건의 일부는 평가하지 않음을 원칙으로 한다. 다만, 일체로 이용되고 있는 대상물건의 일부분에 대하여 특수한 목적 또는 합리적인 이유가 있는 경우에는 부분평가를 할 수 있다. 즉, 전체가액을 기준으로 일부분만을 평가하는 경우를 말한다.

예로서, 도로사업에 편입되는 토지의 보상평가에 있어 200㎡ 대지 중 40㎡만이 도로에 편입될 때 40㎡ 토지는 과소면적으로 감가요인이 있으나 전체면적을 기준으로 한 가치를 적용하여 부분가액을 구하는 경우(즉, 토지의 일부 편입시 감가요인이 발생하나 전체 토지가액을 적용하여 편입부분의 가액을 평가)가 있다.

구분평가는 물건의 일부분의 가치가 다른 부분과 가치수준이 다른 경우의 평가이고 부분평가는 모든 구성부분의 가치수준이 같은 물건의 일부분만을 별도로 평가한다는 점에서 차이가 있다.

5. 기타 분류

다양한 감정평가의 목적에 따른 보상, 담보, 경매, 소송, 일반거래, 과세 등의 평가가 있다. 보상평가는 공익사업에 필요한 토지 등을 협의 또는 수용에 의하여 취득하거나 사용함에 따른 손실의 보상을 위한 평가를 말하며, 담보평가는 금융기관·보험회사신탁회사 그 밖에 대통령령이 정하는 기관의 대출과 관련하여 물적담보물을 평가하는 것이다. 경매평가는 경매물건에 대한 법원의 의뢰로 이루어지는 평가를 말하며, 소송평가는 재산상의 분쟁관계로 인해 법원에 계속중인 민사소송 및 행정소송을 위한 평가이다. 과세평가는 부동산에 부과되는 종가세를 위해 과세대상 부동산의 개별적인 가치 또는 가격수준의 산정에 수반하는 평가를 말하며, 일반거래평가는 사적 주체 간에 이루어지는 매매, 교환, 임대차 등과 관련하여 행해지는 평가이다. 이 밖에도 국공유재산의 관리, 취득, 처분, 교환을 위한 감정평가가 있으며, 유형자산에 대한 자산재평가 등 다양한 목적에 의한 감정평가가 가능하다.

평가주체의 전문성 수준에 따른 1차, 2차, 3차 수준의 평가가 있다. 이는 감정평가활동의 이론적 수준의 차이, 주의의무의 차이, 신뢰도 및 윤리수준의 차이 등에서 구별이 된다. 1차 수준의 평가는 가장 낮은 수준의 지식과 정보를 요하는 평가를 말하며, 부동산의 소유자 및 투자자 등이 부동산의 매매나 임대, 투자와 관련된 의사결정을 하기 위해 스스로 행하는 평가이다. 2차 수준의 평가는 부동산 관련 업무에 종사하는 중개업자, 건축업자, 금융기관 종사자, 공무원 등이 자신의 업무와 관련하여 행하는 평가를 말한다. 3차 수준의 평가는 부동산 평가에 대한 공인된 능력을 인정받은 배타적 전문가인 감정평가사에 의해 이루어지는 평가를 말한다.

Ⅴ. 부동산가격공시제도

1. 현황

1) 도입배경 및 공시제도의 종류

토지라는 재화는 일반재화와 달리 부동성, 부증성, 영속성, 개별성 등의 특성이 있으며, 이로 인하여 토지시장은 국지적이고 불완전하여 균형가격의 형성이 어렵고 일물일가의 법칙이 적용되지 않는다. 또한 지가형성요인이 복잡 다양할 뿐만 아니라 늘 변동하여 일반국민이 적정지가를 인식하기란 쉽지 않으며 사회성과 공공성이 높다.

종전 우리나라의 지가체계는 기준지가 및 기준시가, 과세시가표준액, 감정시가 등 행정기관별로 행정목적에 따라 각기 다른 기준에 의거 산정·평가하는 다원화된 지가체계였다. 그 결과 조사·평가에 인력 및 재정의 낭비를 가져왔을 뿐만 아니라 상호 연계성이 결여되어 객관적인 가격수준을 제시하지 못하였고, 지가정보의 구축이 이루어지지 못하였다. 또한 동일 토지에 대한 지가가 상이하여 공적지가 상호간의 충돌과 공적지가에 대한 국민의 불신을 초래하였고, 효율적인 부동산정책의 수립과 집행을 어렵게 하였다.

그리하여 정부에서는 다원화되어 있던 공적 지가체계의 일원화로 지가의 활용성 및 신뢰도를 제고하고, 공적지가에 대한 혼란 및 비효율성, 공신력 실추 등의 문제를 해소하며, 나아가 토지공개념 제도의 합리적인 시행기반을 마련하기 위하여 지가공시 제도를 도입하였다. 또한 주택의 시장가치에 근거한 보유세 강화 및 공평과세 실현을 위해 주택을 토지·건물 일체로 평가하여 과세표준으로 활용하는 주택가격공시제도를 도입하였으며, 현재는 「부동산 가격공시에 관한 법률」로서 제정된 상태이다.

부동산가격공시제도는 「부동산 가격공시에 관한 법률」에서 정한 절차에 따라 전국의 토지와 주택에 대한 적정가격을 공시하는 것으로서 조사대상은 주로 과세대상인 토지와 주택이며, 국토교통부와 시군구는 매년 1월 1일을 기준으로 부동산가격을 결정 ·공시하고 있다. 공시지가는 국토교통부장관이 조사·평가 및 공시하는 표준지공시지가와 시군구청장이 결정·공시하는 개별공시지가로 나누어진다. 주택가격은 국토교통부장관이 조사·산정 및 공시하는 표준지주택가격과 시군구청장이 결정·공시하는 개별주택가격, 국토교통부장관이 결정·공시하는 공동주택가격으로 구분한다. 비주거용 부동산가격의 공시에 관하여 규정하고 있으나 실제 시행되고 있지는 않다.

2) 평가·산정 절차 및 가격수준

공시지가 및 주택가격의 조사·평가 절차의 제1단계는 기준가격인 표준지와 표준주택을 조사·평가하는 단계이고, 제2단계는 조사·산정을 위한 기준인 토지가격비준표와 주택가격비준표를 작성하는 단계이며, 제3단계는 최종적인 가격인 개별공시지가와 개별주택가격을 산정하는 단계로 구성되어 있다. 국토교통부장관은 매년 공시기준일 현재의 표준지 및 표준주택의 적정가격을 조사·평가하고 이를 공시한다. 적정가격은 토지, 주택 및 비주거용 부동산에 대하여 통상적인 시장에서 정상적인 거래가 이루어지는 경우 성립될 가능성이 가장 높다고 인정되는 가격으로서 미실현 이익이나 투기적 요소 등이 배제된 가격을 말한다. 표준지공시지가는 과세표준으로 사용될 경우에는 보정이 불가능하나, 보상 및 일반거래 등 평가목적에 따라 시점수정, 그 밖의 요인의 보정이 가능하다. 부동산공시가격은 과세표준으로 활용되는 경우 과세가치로 산정하되, 국민들의 조세부담 등을 고려하여 주택의 경우에는 시장가격의 일정비율을 공시하며, 토지의 경우에는 시장가치의 파악이 어려우므로 과세가치로 평가하여 그대로 공시하되 주택가격 공시비율과 균형을 유지하고 있다.

표준주택가격은 과세표준으로만 활용되고 있으며, 표준지공시지가는 토지거래의 지표가 되고, 국가 등 지가 산정의 기준이 되며, 감정평가법인등이 평가기준으로 활용하게 된다. 구체적으로 표준지공시지가는 공공용지 협의매수 및 수용시 보상액 산정, 개별지가의 산정에 활용되고, 개별공시지가는 상속세, 증여세, 양도소득세, 취득세, 종합부동산세, 토지분 재산세의 과표, 개발부담금 산정 기준, 국민건강보험료 산정 기준이 되며, 주택공시가격은 상속세, 증여세, 양도소득세, 취득세, 종합부동산세, 주택 재산세의 과표, 재건축부담금 산정 기준, 국민건강보험료 산정 기준이 된다.

2. 지가공시제도

1) 표준지공시지가

(1) 표준지공시지가의 조사평가 및 공시

① 국토교통부장관은 토지이용상황이나 주변 환경, 그 밖의 자연적·사회적 조건이 일반적으로 유사하다고 인정되는 일단의 토지 중에서 선정한 표준지에 대하여 매년 공시기준일(매년 1월 1일) 현재의 단위면적당 적정가격을 조사·평가하고, 중앙부동산가격공시위원회의 심의를 거쳐 이를 공시하여야 하며, 해당 토지 소유자의 의견을 들어야 한다.

② 표준지공시지가를 조사·평가하는 경우에는 인근 유사토지의 거래가격·임대료 및 해당 토지와 유사한 이용가치를 지닌다고 인정되는 토지의 조성에 필요한 비용추정액, 인근지역 및 다른 지역과의 형평성·특수성, 표준지공시지가 변동의 예측 가능성 등 제반사항을 종합적으로 참작하여야 한다.

③ 국토교통부장관이 표준지공시지가를 조사·평가할 때에는 업무실적, 신인도(信認度) 등을 고려하여 둘 이상의 감정평가법인등에게 이를 의뢰하여야 한다. 다만, 지가 변동이 작은 경우 등에 해당하는 표준지에 대해서는 하나의 감정평가법인등에 의뢰할 수 있다. 국토교통부장관은 조사·평가를 의뢰받은 감정평가업자가 공정하고 객관적으로 해당 업무를 수행할 수 있도록 하여야 한다.

(2) 표준지공시지가의 조사협조

국토교통부장관은 표준지의 선정 또는 표준지공시지가의 조사·평가를 위하여 필요한 경우에는 관계 행정기관에 해당 토지의 인·허가 내용, 개별법에 따른 등록사항 등 관련 자료의 열람 또는 제출을 요구할 수 있다. 이 경우 관계행정기관은 정당한 사유가 없으면 그 요구를 따라야 한다.

(3) 표준지공시지가의 공시사항

① 표준지의 지번
② 표준지의 단위면적당 가격
③ 표준지의 면적 및 형상
④ 표준지 및 주변토지의 이용상황
⑤ 표준지의 지목, 용도지역, 도로 상황, 그 밖에 표준지공시지가 공시에 필요한 사항

(4) 표준지공시지가의 열람 등

국토교통부장관은 표준지공시지가를 공시한 때에는 그 내용을 특별시장·광역시장 또는 도지사를 거쳐 시장·군수 또는 구청장(지방자치단체인 구의 구청장에 한한다)에게 송부하여 일반인이 열람할 수 있게 하고, 이를 도서·도표 등으로 작성하여 관계 행정기관 등에 공급하여야 한다.

(5) 표준지공시지가에 대한 이의신청

표준지공시지가에 대하여 이의가 있는 자는 그 공시일부터 30일 이내에 서면으로 국토교통부장관에게 이의를 신청할 수 있다.

국토교통부장관은 이의신청기간이 만료된 날부터 30일 이내에 이의신청을 심사하여 그 결과를 신청인에게 서면으로 통지하여야 한다. 이 경우 국토교통부장관은 이의신청의 내용이 타당하다고 인정될 때에는 해당 표준지공시지가를 조정하여 다시 공시하여야 한다.

(6) 표준지공시지가의 적용

국가 또는 지방자치단체, 「공공기관의 운영에 관한 법률」에 따른 공공기관, 그 밖에 대통령령으로 정하는 공공단체가 공공용지의 매수 및 토지의 수용·사용에 대한 보상, 국유지·공유지의 취득 또는 처분, 그 밖에 지가의 산정을 위하여 지가를 산정할 때에는 그 토지와 이용가치가 비슷하다고 인정되는 하나 또는 둘 이상의 표준지의 공시지가를 기준으로 토지가격비준표를 사용하여 지가를 직접 산정하거나 감정평가법인 등에 감정평가를 의뢰하여 산정할 수 있다. 다만, 필요하다고 인정할 때에는 산정된 지가를 목적에 따라 가감 조정하여 적용할 수 있다.

(7) 표준지공시지가의 효력

표준지공시지가는 토지시장에 지가정보를 제공하고 일반적인 토지거래의 지표가 되며, 국가·지방자치단체 등이 그 업무와 관련하여 지가를 산정하거나 감정평가법인 등이 개별적으로 토지를 감정평가하는 경우에 기준이 된다.

2) 개별공시지가

(1) 개별공시지가의 결정·공시 등

① 시장·군수 또는 구청장은 국세·지방세 등 각종 세금의 부과, 그 밖의 다른 법령에서 정하는 목적을 위한 지가산정에 사용되도록 하기 위하여 시·군·구부동산가격공시위원회의 심의를 거쳐 매년 공시지가의 공시기준일 현재 관할구역 안의 개별공시지가를 결정·공시하고, 이를 관계 행정기관 등에 제공하여야 한다.

② 표준지로 선정된 토지, 조세 또는 부담금 등의 부과대상이 아닌 토지, 그 밖에 대통령령으로 정하는 토지에 대하여는 개별공시지가를 결정·공시하지 아니할 수 있다. 이 경우 표준지로 선정된 토지에 대하여는 해당 토지의 표준지공시지가를 개별공시지가로 본다.

③ 시장·군수 또는 구청장은 공시기준일 이후에 분할·합병 등이 발생한 토지에 대하여 1월 1일부터 6월 30일까지의 사이에 사유가 발생한 토지에 대하여는 그

해 7월 1일을 기준, 7월 1일부터 12월 31일까지의 사이에 사유가 발생한 토지에 대하여는 다음 해 1월 1일을 기준으로 하여 개별공시지가를 결정·공시하여야 한다. 공시기준일을 다르게 할 수 있는 토지는 다음과 같다.

ㄱ 「공간정보의 구축 및 관리 등에 관한 법률」에 따라 분할 또는 합병된 토지

ㄴ 공유수면 매립 등으로 「공간정보의 구축 및 관리 등에 관한 법률」에 따른 신규등록이 된 토지

ㄷ 토지의 형질변경 또는 용도변경으로 「공간정보의 구축 및 관리 등에 관한 법률」에 따른 지목변경이 된 토지

ㄹ 국유·공유에서 매각 등에 따라 사유(私有)로 된 토지로서 개별공시지가가 없는 토지

④ 시장·군수 또는 구청장이 개별공시지가를 결정·공시하는 경우에는 해당 토지와 유사한 이용가치를 지닌다고 인정되는 하나 또는 둘 이상의 표준지의 공시지가를 기준으로 토지가격비준표를 사용하여 지가를 산정하되, 해당 토지의 가격과 표준지공시지가가 균형을 유지하도록 하여야 한다.

⑤ 시장·군수 또는 구청장은 개별공시지가를 결정·공시하기 위하여 개별토지의 가격을 산정할 때에는 그 타당성에 대하여 감정평가법인등의 검증을 받고 토지소유자, 그 밖의 이해관계인의 의견을 들어야 한다. 다만, 시장·군수 또는 구청장은 감정평가법인등의 검증이 필요 없다고 인정되는 때에는 지가의 변동상황 등 대통령령으로 정하는 사항을 고려하여 감정평가법인등의 검증을 생략할 수 있다. 시장·군수 또는 구청장이 검증을 받으려는 때에는 해당 지역의 표준지의 공시지가를 조사·평가한 감정평가법인등 또는 감정평가실적 등이 우수한 감정평가법인등에 의뢰하여야 한다.

⑥ 국토교통부장관은 지가공시 행정의 합리적인 발전을 도모하고 표준지공시지가와 개별공시지가와의 균형유지 등 적정한 지가형성을 위하여 필요하다고 인정하는 경우에는 개별공시지가의 결정·공시 등에 관하여 시장·군수 또는 구청장을 지도·감독할 수 있다.

(2) 개별공시지가에 대한 이의신청

개별공시지가에 이의가 있는 자는 그 결정·공시일부터 30일 이내에 서면으로 시

장·군수 또는 구청장에게 이의를 신청할 수 있다. 시장·군수 또는 구청장은 이의신청 기간이 만료된 날부터 30일 이내에 이의신청을 심사하여 그 결과를 신청인에게 서면으로 통지하여야 한다. 이 경우 시장·군수 또는 구청장은 이의신청의 내용이 타당하다고 인정될 때에는 해당 개별공시지가를 조정하여 다시 결정·공시하여야 한다.

(3) 개별공시지가의 정정

시장·군수 또는 구청장은 개별공시지가에 틀린 계산, 오기, 표준지 선정의 착오, 그 밖에 명백한 오류가 있음을 발견한 때에는 지체 없이 이를 정정하여야 한다. 그 밖에 명백한 오류란 다음과 같다.

① 개별공시지가 결정·공시 등의 절차를 완전하게 이행하지 아니한 경우
② 용도지역·용도지구 등 토지가격에 영향을 미치는 주요 요인의 조사를 잘못한 경우
③ 토지가격비준표의 적용에 오류가 있는 경우

(4) 타인토지에의 출입 등

관계 공무원 또는 부동산가격공시업무를 의뢰받은 자는 표준지가격의 조사·평가 또는 토지가격의 산정을 위하여 필요한 때에는 타인의 토지에 출입할 수 있다.

관계공무원등이 택지 또는 담장이나 울타리로 둘러싸인 타인의 토지에 출입하고자 할 때에는 시장·군수 또는 구청장의 허가를 받아 출입할 날의 3일 전에 그 점유자에게 일시와 장소를 통지하여야 한다. 출입을 하고자 하는 자는 그 권한을 표시하는 증표와 허가증을 지니고 이를 관계인에게 내보여야 한다. 다만, 점유자를 알 수 없거나 부득이한 사유가 있는 경우에는 그러하지 아니하다.

일출 전·일몰 후에는 그 토지의 점유자의 승인 없이 택지 또는 담장이나 울타리로 둘러싸인 타인의 토지에 출입할 수 없다.

3. 주택가격공시제도

1) 표준주택가격

① 국토교통부장관은 용도지역, 건물구조 등이 일반적으로 유사하다고 인정되는

일단의 단독주택 중에서 선정한 표준주택에 대하여 매년 공시기준일 현재의 적정가격(이하 "표준주택가격"이라 한다)을 조사·산정하고, 제24조에 따른 중앙부동산가격공시위원회의 심의를 거쳐 이를 공시하여야 한다.

② 표준주택 공시사항

    ㉠ 표준주택의 지번

    ㉡ 표준주택가격

    ㉢ 표준주택의 대지면적 및 형상

    ㉣ 표준주택의 용도, 연면적, 구조 및 사용승인일(임시사용승인일을 포함한다)㉤ 지목, 용도지역, 도로 상황, 그 밖에 필요한 사항

③ 국토교통부장관은 제1항에 따라 표준주택가격을 조사·산정하고자 할 때에는 「한국부동산원법」에 따른 한국부동산원(이하 "부동산원"이라 한다)에 의뢰한다.

④ 국토교통부장관이 제1항에 따라 표준주택가격을 조사·산정하는 경우에는 인근 유사 단독주택의 거래가격·임대료 및 해당 단독주택과 유사한 이용가치를 지닌다고 인정되는 단독주택의 건설에 필요한 비용추정액, 인근지역 및 다른 지역과의 형평성·특수성, 표준주택가격 변동의 예측 가능성 등 제반사항을 종합적으로 참작하여야 한다.

⑤ 국토교통부장관은 제17조에 따른 개별주택가격의 산정을 위하여 필요하다고 인정하는 경우에는 표준주택과 산정대상 개별주택의 가격형성요인에 관한 표준적인 비교표(이하 "주택가격비준표"라 한다)를 작성하여 시장·군수 또는 구청장에게 제공하여야 한다.

2) 개별주택가격

① 시장·군수 또는 구청장은 시·군·구부동산가격공시위원회의 심의를 거쳐 매년 표준주택가격의 공시기준일 현재 관할 구역 안의 개별주택의 가격(이하 "개별주택가격"이라 한다)을 결정·공시하고, 이를 관계 행정기관 등에 제공하여야 한다.

② 표준주택으로 선정된 단독주택, 국세 또는 지방세 부과대상이 아닌 단독주택에 대하여는 개별주택가격을 결정·공시하지 아니할 수 있다. 이 경우 표준주택으로 선정된 주택에 대하여는 해당 주택의 표준주택가격을 개별주택가격으

로 본다.

③ 개별주택가격의 공시사항

　㉠ 개별주택의 지번

　㉡ 개별주택가격

　㉢ 개별주택의 용도 및 면적

　㉣ 그 밖에 개별주택가격 공시에 필요한 사항

④ 시장·군수 또는 구청장은 공시기준일 이후에 토지의 분할·합병이나 건축물의 신축 등이 발생한 경우에는 1월 1일부터 5월 31일까지의 사이에 사유가 발생한 토지에 대하여는 그 해 6월 1일을 기준, 6월 1일부터 12월 31일까지의 사이에 사유가 발생한 토지에 대하여는 다음 해 1월 1일을 기준으로 하여 개별주택가격을 결정·공시하여야 한다. 공시기준일을 다르게 할 수 있는 단독주택은 다음과 같다.

　㉠「공간정보의 구축 및 관리 등에 관한 법률」에 따라 그 대지가 분할 또는 합병된 단독주택

　㉡「건축법」에 따른 건축·대수선 또는 용도변경이 된 단독주택

　㉢ 국유·공유에서 매각 등에 따라 사유로 된 단독주택으로서 개별주택가격이 없는 단독주택

⑤ 시장·군수 또는 구청장이 개별주택가격을 결정·공시하는 경우에는 해당 주택과 유사한 이용가치를 지닌다고 인정되는 표준주택가격을 기준으로 주택가격비준표를 사용하여 가격을 산정하되, 해당 주택의 가격과 표준주택가격이 균형을 유지하도록 하여야 한다.

⑥ 시장·군수 또는 구청장은 개별주택가격을 결정·공시하기 위하여 개별주택의 가격을 산정할 때에는 표준주택가격과의 균형 등 그 타당성에 대하여 부동산원의 검증을 받고 토지소유자, 그 밖의 이해관계인의 의견을 들어야 한다. 다만, 시장·군수 또는 구청장은 부동산원의 검증이 필요 없다고 인정되는 때에는 주택가격의 변동상황 등 대통령령으로 정하는 사항을 고려하여 부동산원의 검증을 생략할 수 있다.

⑦ 국토교통부장관은 공시행정의 합리적인 발전을 도모하고 표준주택가격과 개별주택가격과의 균형유지 등 적정한 가격형성을 위하여 필요하다고 인정하는

경우에는 개별주택가격의 결정·공시 등에 관하여 시장·군수 또는 구청장을 지도·감독할 수 있다.

3) 공동주택가격

① 국토교통부장관은 공동주택에 대하여 매년 공시기준일 현재의 적정가격(이하 "공동주택가격"이라 한다)을 조사·산정하여 중앙부동산가격공시위원회의 심의를 거쳐 공시하고, 이를 관계 행정기관 등에 제공하여야 한다. 다만, 국세청장이 국토교통부장관과 협의하여 공동주택가격을 별도로 결정·고시하는 경우는 제외한다.

② 국토교통부장관은 공동주택가격을 공시하기 위하여 그 가격을 산정할 때에는 공동주택소유자와 그 밖의 이해관계인의 의견을 들어야 한다.

③ 국토교통부장관은 공시기준일 이후에 토지의 분할·합병이나 건축물의 신축 등이 발생한 경우에는 1월 1일부터 5월 31일까지의 사이에 사유가 발생한 토지에 대하여는 그 해 6월 1일을 기준, 6월 1일부터 12월 31일까지의 사이에 사유가 발생한 토지에 대하여는 다음 해 1월 1일을 기준으로 하여 공동주택가격을 결정·공시하여야 한다. 공시기준일을 다르게 할 수 있는 공동주택은 다음과 같다.

　　㉠ 「공간정보의 구축 및 관리 등에 관한 법률」에 따라 그 대지가 분할 또는 합병된 공동주택

　　㉡ 「건축법」에 따른 건축·대수선 또는 용도변경이 된 공동주택

　　㉢ 국유·공유에서 매각 등에 따라 사유로 된 공동주택으로서 공동주택가격이 없는 주택

④ 국토교통부장관이 제1항에 따라 공동주택가격을 조사·산정하는 경우에는 인근 유사 공동주택의 거래가격·임대료 및 해당 공동주택과 유사한 이용가치를 지닌다고 인정되는 공동주택의 건설에 필요한 비용추정액, 인근지역 및 다른 지역과의 형평성·특수성, 공동주택가격 변동의 예측 가능성 등 제반사항을 종합적으로 참작하여야 한다.

⑤ 국토교통부장관이 공동주택가격을 조사산정하고자 할 때에는 부동산원에 의뢰한다.

⑥ 국토교통부장관은 공시한 가격에 틀린 계산, 오기, 공동주택가격의 조사·산정 및 공시 등의 절차를 완전하게 이행하지 아니한 경우, 공동주택가격에 영향을 미치는 동·호수 및 층의 표시 등 주요 요인의 조사를 잘못한 경우가 있음을 발견한 때에는 지체 없이 이를 정정하여야 한다.

4) 주택가격 공시의 효력

표준주택가격은 국가·지방자치단체 등이 그 업무와 관련하여 개별주택가격을 산정하는 경우에 그 기준이 된다. 개별주택가격 및 공동주택가격은 주택시장의 가격정보를 제공하고, 국가·지방자치단체 등이 과세 등의 업무와 관련하여 주택의 가격을 산정하는 경우에 그 기준으로 활용될 수 있다.

VI. 감정평가(사)의 윤리

1. 개 요

부동산은 인간생활에 필수불가결한 기반이 되는 사회적·공공적 의미를 지닌 경제재로서 개인의 행복과 사회의 성장·발전에 중대한 영향을 미치는 재화이다. 따라서 부동산의 가격이 사회의 가격질서 속에서 어떠한 지위에 있는가를 지적하고 부동산의 상태를 판정하는 감정평가 또한 높은 사회성과 공공성을 지니므로 감정평가사의 역할과 직업윤리가 강조된다. 직업윤리는 특정의 직업에 종사하는 사람들이 지켜야 하는 행동규범이다. 감정평가사에게는 평가관련 직무를 수행함에 있어서 윤리적·법률적으로 준수해야 할 전문직업인으로서의 행위규범이 있으며, 이를 자율적으로 준수하여야 감정평가의 전문성과 신뢰성 제고가 가능하다. 또한 부동산, 특히 토지는 국가존립의 토대이고 용도 및 환경 측면에서 사회성과 공공성이 인정되며 부동성·부증성·개별성 등의 자연적 특성으로 인하여 부동산시장은 국지화되고 불완전하다. 따라서 일반상품처럼 수요와 공급을 중심으로 하는 균형가격이 자연적으로 성립하지 못하고 일물일가의 법칙도 적용되지 않는다. 따라서 부동산의 시장가치를 도출하려면 전문가의 감정평가활동이 요구되며, 이 가치는 부동산 활동의 기반이 되고 나아가 사회복지 및 발전을 좌우하므로 감정평가사의 사회적 책임이 크다고 할 수 있다.

2. 윤리가 강조되는 이유

1) 감정평가제도의 목적과 평가과정의 주관개입

감정평가제도는 자본주의 경제의 중심축 중 하나인 부동산시장에 부동산의 적정 가격을 공시하여 부동산가치산정의 기준이 되게 하고, 부동산의 적정한 가치형성을 도모하며, 나아가 국토의 효율적인 이용과 국민경제의 발전에 이바지하므로 감정평가사의 직업윤리가 강조되고 있다. 또한 감정평가사는 직무적으로 고도의 전문적 지식, 풍부한 경험과 상식, 정확한 판단력 등이 요구되며, 감정평가과정에는 필연적으로 주관이 개입될 수밖에 없다. 즉 사정보정, 지역·개별요인의 비교, 장래수익의 예측 등에는 주관적 판단이 필수적이므로 성실성·정확성·신뢰성 등 높은 직업윤리가 요구된다.

2) 감정평가의 사회성과 공공성

직업윤리의 이론적 근거가 되는 감정평가의 사회적·공공적 의미는 감정평가의 주요 대상인 부동산이 주거기반인 동시에 생산요소이며 투자대상이기 때문에 논의되는 것으로서 구체적으로는 다음과 같다.

첫째, 부동산의 사회성과 공공성으로 인하여 감정평가도 사회성과 공공성을 가진다. 부동산은 국가구성의 필수적 요소로서 물리적 절대량이 유한하므로 효율적 이용이 필요하고 주변 환경의 영향을 받음과 동시에 지대한 영향을 주므로 사회성과 공공성을 가진다. 또한 부동산은 용도가 다양하나 비가역성이 있으므로 최유효이용이 요구되고 거래사고 방지가 중요한 경제적 비중이 큰 재화이므로 사회성과 공공성을 가진다. 특히 토지는 불로소득이 있는 공공재적 특징을 가지므로 이를 다루는 감정평가의 사회성과 공공성이 대두된다.

둘째, 감정평가가 가지는 기능으로 인하여 감정평가의 사회성과 공공성이 논의된다. 감정평가는 부동산의 객관적 가치를 평가하여 부동산정책을 효율적으로 수행하게 하는 공적 부동산 활동과 관계를 가지고 있다. 또한 불완전경쟁시장인 부동산시장의 결함을 보완하여 부동산 자원의 효율적인 배분에 기여하는 등 다양한 기능을 가진 부동산 활동이다. 따라서 잘못된 평가는 공적으로 큰 경제적 혼란과 재정적 손실을 가져올 수 있고 효율적 자원배분을 방해하며 부동산 거래질서에 혼란을 초래하여 사적인 손실을 야기할 수 있다.

셋째, 감정평가의 필요성으로 인하여 감정평가의 사회성과 공공성이 논의된다.

부동산시장은 부동산 거래가 행해지는 곳으로 장소가 아닌 매도인과 매수인이 서로 만나는 장을 의미한다. 부동산은 토지의 자연적 특성중 하나인 개별성 때문에 일반적 거래 시장을 갖는 것은 곤란하며, 고정성 때문에 대부분 국지적으로 한정된 불완전 시장으로 머물게 된다. 따라서 일반인의 거래가격을 통한 적정한 부동산가치의 판단은 매우 힘들게 되며 여기에 부동산감정평가의 필요성이 있다.

3. 감정평가(사)의 윤리

1) 윤리규정의 준수

감정평가업자는 감정평가제도의 공공성과 사회성을 충분히 이해하고, 전문인으로서 부여된 책임과 역할을 인식하여 행동을 스스로 규율하여야 한다. 감정평가사는 감정평가관계법규 및 감정평가 실무기준에서 정하는 윤리규정을 준수하여야 한다.

2) 기본윤리

(1) 품위유지

감정평가업자는 감정평가 업무를 수행할 때 전문인으로서 사회에서 요구하는 신뢰에 부응하여 품위 있게 행동하여야 한다.

(2) 신의성실

① 부당한 감정평가의 금지

감정평가업자는 신의를 좇아 성실히 업무를 수행하여야 하고, 고의나 중대한 과실로 부당한 감정평가를 해서는 아니 된다.

② 자기계발

감정평가업자는 전문인으로서 사회적 요구에 부응하고 감정평가에 관한 전문 지식과 윤리성을 함양하기 위해 지속적으로 노력하여야 한다.

③ 자격증 등의 부당한 사용의 금지

감정평가업자는 자격증·등록증이나 인가증을 타인에게 양도·대여하거나 이를 부당하게 행사해서는 아니 된다.

(3) 청렴

① 감정평가업자는 「감정평가 및 감정평가사에 관한 법률」 제23조의 규정에 따른 수수료와 실비 외에는 어떠한 명목으로도 그 업무와 관련된 대가를 받아서는 아니 된다.

② 감정평가업자는 감정평가 의뢰의 대가로 금품·향응, 보수의 부당한 할인, 그 밖의 이익을 제공하거나 제공하기로 약속하여서는 아니 된다.

(4) 보수기준 준수

감정평가업자는 「감정평가 및 감정평가사에 관한 법률」 제23조 제2항에 따른 수수료의 요율 및 실비에 관한 기준을 준수하여야 한다.

3) 업무윤리

(1) 의뢰인에 대한 설명 등

① 감정평가업자는 감정평가 의뢰를 수임하기 전에 감정평가 목적·감정평가조건· 기준시점 및 대상물건 등에 대하여 의뢰인의 의견을 충분히 듣고 의뢰인에게 다음 각 호의 사항을 설명하여야 한다.

  ㉠ 대상물건에 대한 감정평가 업무수행의 개요

  ㉡ 감정평가 수수료와 실비, 그 밖에 의뢰인에게 부담이 될 내용

② 감정평가업자는 대상물건에 대한 조사 과정에서 의뢰인이 제시한 사항과 다른 내용이 발견된 경우에는 의뢰인에게 이를 설명하고 적절한 조치를 취하여야 한다.

③ 감정평가업자가 감정평가서를 발급할 때나 발급이 이루어진 후 의뢰인의 요청이 있는 경우에는 다음 각 호의 사항을 의뢰인에게 설명하여야 한다.

  ㉠ 감정평가액의 산출 과정 및 산출 근거

  ㉡ 감정평가 수수료와 실비, 그 밖에 발생한 비용의 산출 근거

  ㉢ 감정평가 결과에 대한 이의제기 절차 및 방법

4. 그 밖에 의뢰인이 감정평가 결과에 관해 질의하는 사항

(2) 불공정한 감정평가 회피

① 감정평가업자는 객관적으로 보아 불공정한 감정평가를 할 우려가 있다고 인정되는 대상물건에 대해서는 감정평가를 해서는 아니 된다.
② 불공정한 감정평가의 내용에는 다음 각 호의 사항이 포함된다.
   ㉠ 대상물건이 담당 감정평가사 또는 친족의 소유이거나 그 밖에 불공정한 감정평가를 할 우려가 있는 경우
   ㉡ 이해관계 등의 이유로 자기가 감정평가하는 것이 타당하지 아니하다고 인정되는 경우

(3) 비밀준수 등 타인의 권리 보호

감정평가업자는 감정평가 업무를 수행하면서 알게 된 비밀을 정당한 이유 없이 누설하여서는 아니 된다.

4) 자동가치산정모형 사용 윤리

(1) 정의

실거래자료, 부동산 가격공시자료 등을 활용하여 토지등 부동산의 가치를 자동으로 추정하는 컴퓨터 프로그램을 말한다.

(2) 감정평가와의 관계

① 감정평가법인등은 감정평가의 효율성 제고를 목적으로 자동가치산정모형을 활용할 수 있으나 감정평가의 보조적 수단으로 활용하여야 한다.
② 자동가치산정모형에 의한 추정가치는 감정평가액으로 볼 수 없다.

(3) 활용 시 유의사항

실거래자료, 부동산 가격공시자료 등을 활용하여 토지등 부동산의 가치를 자동으로 추정하는 컴퓨터 프로그램을 말한다.

감정평가법인등은 자동가치산정모형을 활용할 경우 다음 각 호의 사항을 이해하고 검토하여야 한다.

① 자동가치산정모형의 알고리즘

② 자동가치산정모형에 사용되는 데이터의 종류 및 범위, 적합성

③ 자동가치산정모형을 통해 산출된 결과물의 적정 여부

5) 이론적 준수사항

감정평가사는 기여성, 성실성, 공정성, 신뢰성을 지녀야 하며, 비밀엄수 등을 준수하여야 한다. 전문적인 지식과 경험, 판단력을 가지고 감정평가업무에 임하여 사회와 국민경제발전에 기여하여야 하고, 이론과 경험, 실무면에서 성실성을 발휘하여야 하며, 평가의뢰인과의 이해관계 유무 등에 구애됨 없이 공정한 자세로 업무수행을 하여야 한다. 특히 자기능력에 의해 업무수행이 불가능하거나 극히 곤란하다고 판단되는 물건과 특별한 이해관계가 있는 물건은 평가하지 말아야 한다. 또한 사기성이 있다고 간주되거나 의뢰인을 오도할 수 있는 행동을 삼가고, 평가관련 제 규정을 준수하여 일반인의 이해를 얻고 신뢰성 제고를 위해 노력해야 하며, 감정평가결과를 사전에 누설하거나 직무상 알게 된 비밀을 함부로 누설하여 사회적 물의를 야기해서는 아니 된다.

감정평가사는 부동산의 가치를 결정하는 직업이므로 자신의 감정평가결과가 사회, 경제, 행정 전반에 미치는 영향이 크며, 사회적으로 공공성을 지닌다는 인식을 새롭게 하여야 한다. 감정평가사는 그 업무에 있어 가액산출근거, 가치형성 및 가치변동요인 등에 대한 전문적 지식을 보유하고 향상시켜야 하며, 가격관련 자료의 수집 및 조사능력, 정확한 판단력을 지녀야 한다. 또한 부동산학은 종합적인 학문이고 부동산 가치형성과정과 부동산시장은 다양하고 복잡하므로 현실과 밀접한 감정평가를 위해서는 풍부한 경험과 다양한 상식을 함양하여야 한다.

6) 법률적 준수사항

(1) 감정평가에 관한 규칙

「감정평가에 관한 규칙」 제3조에서는 감정평가법인등의 의무를 규정하고 있다. 감정평가법인등은 ① 자신의 능력으로 업무수행이 불가능하거나 매우 곤란한 경우,

② 이해관계 등의 이유로 자기가 감정평가하는 것이 타당하지 않다고 인정되는 경우에는 감정평가를 해서는 안 된다.

(2) 감정평가 및 감정평가사에 관한 법률

「감정평가 및 감정평가사에 관한 법률」 제25조에서는 성실의무 등을 다음과 같이 규정하고 있다.

① 감정평가법인등은 제10조에 따른 업무를 하는 경우 품위를 유지하여야 하고, 신의와 성실로써 공정하게 하여야 하며, 고의 또는 중대한 과실로 업무를 잘 못하여서는 아니 된다.

② 감정평가법인등은 자기 또는 친족 소유, 그 밖에 불공정하게 제10조에 따른 업무를 수행할 우려가 있다고 인정되는 토지등에 대해서는 그 업무를 수행하여서는 아니 된다.

③ 감정평가법인등은 토지등의 매매업을 직접 하여서는 아니 된다.

④ 감정평가법인등이나 그 사무직원은 제23조에 따른 수수료와 실비 외에는 어떠한 명목으로도 그 업무와 관련된 대가를 받아서는 아니 되며, 감정평가 수주의 대가로 금품 또는 재산상의 이익을 제공하거나 제공하기로 약속하여서는 아니 된다.

⑤ 감정평가사, 감정평가사가 아닌 사원 또는 이사 및 사무직원은 둘 이상의 감정평가법인(같은 법인의 주·분사무소를 포함한다) 또는 감정평가사사무소에 소속될 수 없으며, 소속된 감정평가법인 이외의 다른 감정평가법인의 주식을 소유할 수 없다.

⑥ 감정평가법인등이나 사무직원은 제28조의2에서 정하는 유도 또는 요구에 따라서는 아니 된다.

「감정평가 및 감정평가사에 관한 법률」은 이러한 성실의무 등을 강조하기 위해 여러 가지 규정을 두고 있다. 손해배상책임, 손해배상책임을 보장하기 위한 보증보험 가입 또는 한국감정평가사협회가 운영하는 공제사업 가입, 자격취소, 자격등록취소, 자격등록 및 갱신등록 거부, 설립인가취소, 업무정지, 과징금, 행정질서벌(과태료), 행정형벌(징역, 벌금) 등이 있다.

7) 기타 윤리규정

한국감정평가사협회에서도 자체적인 윤리규정에 윤리강령, 일반윤리, 직무에 관한 윤리, 의뢰인에 대한 윤리, 회원 상호간의 윤리, 협회와의 윤리, 보수기준 준수 윤리, 교육 및 자기계발 윤리로 나누어 규정하고 있다.

외국의 윤리규정은 미국의 AI의 code of ethics, 일본의 부동산 감정평가에 관한 법률과 감정평가기준, 필리핀 부동산감정협회의 윤리규정 등이 있으며, 이를 집약하면 감정평가업무를 수행하는 주체는 전문적 지식, 정확한 판단력, 풍부한 경험 및 비밀유지에 관한 노력, 공정한 정신, 책임, 명예의식 등을 지니고 평가활동을 행할 것을 강조하고 있다.

4. 윤리규정의 문제점과 보완점

현행 윤리규정의 가장 큰 문제점은 각 조항별 윤리기준이 지나치게 추상적이라는 점이다. 따라서 최소한의 사항만 규정하고 있는 법규만을 준수하고, 전문직업인으로서 지켜야 할 직업적 순결성, 지성, 도덕성 등은 소홀히 하게 된다. 또한 평가윤리강령이 지나치게 선언적이고 추상적이다 보니 평가사가 실제 평가업무를 수행함에 있어 비윤리적 행위인지 여부의 판단이 곤란한 경우가 많다. 그리고 업무에 있어서 평가사가 비윤리적인 행위를 저지른다고 하더라도 이를 사전에 예방하거나 시정할 수 있는 시스템이 없다는 문제점이 있다.

따라서 다음과 같은 윤리규정에 대한 보완이 필요하다고 할 수 있다.

① 객관적 가치평정에 대한 중립적인 자세를 함양하고, 전체적인 부동산 활동에 대한 서비스적인 활동으로서 감정평가의 질과 창조성, 공정성을 향상시키며, 도덕적인 이윤추구 등 평가주체의 의식을 성숙시켜 감정평가의 사회성·공성을 확립하여야 한다.

② 평가서비스의 능률성과 평가서비스의 질적 향상을 동시에 추구하여야 하며, 윤리규정과 강제는 필요한 최소한도에 그치고 무엇보다도 평가주체가 스스로 책임지려는 방향으로의 인식전환이 중요하다. 또한 선언적인 의미를 갖는 기본윤리강령 이외에 이를 구체화시키는 실무윤리기준을 제정하고 그에 대한 해설이나 사례연구가 있어야 한다.

Chapter 02
부동산의 이해

　　감정평가란 토지등의 경제적 가치를 판정하여 그 결과를 가액으로 표시하는 것을 말한다. 이제부터 알아보고자 하는 것은 토지등, 즉 감정평가의 대상이다. 앞서 살펴보았듯이 감정평가의 대상은 토지를 포함하는 부동산 외에 동산, 준부동산, 권리, 유가증권 등 사실상 경제적 가치가 존재한다면 그 대상이 될 수 있다. 다만, 감정평가의 대상으로서 업무비중이 높고 중요성이 큰 것이 부동산이고 본서는 부동산감정평가론이므로 감정평가 대상으로서의 범위를 부동산으로 한정하여 살펴보기로 한다.

　　먼저 부동산은 무엇인지에 대한 개념을 법률적·경제적·기술적·사회적 측면으로 살펴보고 복합개념으로서의 부동산과 부동산권리에 대하여 명확하게 이해하여야 한다. 부동산은 행정적, 법률적 등의 이유로 다양하게 분류할 수 있다. 특히 감정평가상 분류로서 종별과 유형이 있고, 주거여부, 수익성여부, 각 법률내용에 따른 구분 등 분류에 따라 가치에 영향을 미치므로 중요한 부분이다.

　　마지막으로는 부동산의 특성에 대하여 살펴본다. 부동산은 일반 재화와는 다른 자연적인 특성, 사회적인 특성 등이 있는데 이는 경제학에서 부동산을 별도로 다뤄야 하는 이유이자 부동산의 감정평가가 필요한 이유이기도 하다. 또한 이러한 부동산의 특성은 앞으로 다룰 부동산의 가치, 부동산시장, 감정평가의 방법 등 부동산감정평가론 전반에 걸쳐 영향을 미친다.

Ⅰ. 부동산의 개념

1. 복합개념의 부동산

부동산은 일반적으로 토지와 그 정착물을 말하며, 토지는 우주, 자연, 위치, 공간, 환경이라는 본질을 지닌 고유한 유용성 때문에 모든 인간의 생활과 활동에 필요불가결한 자원이다. 부동산은 인간의 필요와 욕망을 충족시켜 주고, 인간은 각각의 목적을 위하여 부동산을 여러 용도 및 형태로 이용한다. 부동산과 인간의 관계는 부동산이 어떻게 구성되고 인간의 생활에 어떻게 공헌하고 있는가 하는 부동산의 상태에 따라 구체적으로 나타난다. 이러한 부동산의 상태는 자연적, 사회적, 경제적, 행정적 요인의 상호작용에 의해 결정되고, 또한 부동산의 경제가치의 본질을 결정하게 된다. 부동산과 부동산 현상, 그리고 부동산 활동을 둘러싼 요인들은 법률, 행정, 경제, 사회 등 인간의 활동과 관련된 여러 측면들과 직접적·간접적으로 관련을 맺고 있다. 따라서 부동산은 단편적인 측면이 아니라 다양한 측면에서 관찰하고 인식되는 복합개념으로 파악되어야 하며, 부동산은 보는 관점에 따라 크게 물리적, 경제적, 법률적 측면으로 나누어 개념을 정의할 수 있다. 부동산은 물리적으로는 자연적인 상태, 즉 지세, 지질, 지형, 위치, 환경 등을 말하고, 경제적으로는 자산 또는 자본, 생산요소, 소비재를 의미하며, 법률적으로는 토지와 건물, 복합부동산과 그 소유권 등 권리의 양태를 말한다.

2. 법률적 측면의 부동산

법률적 측면(Legal aspect)에서 부동산은 소유의 대상, 재산권의 대상으로서의 존재이다. 부동산의 가치는 소유권 기타 권리·이익의 가치이다. 우리 민법 제99조는 부동산을 "토지 및 그 정착물"로 정의하고 있으며, 부동산 이외의 물건은 동산으로 간주하고 있다. 토지의 정착물은 기본적으로 모두 부동산이기는 하지만 크게 두 가지 유형으로 구분할 수 있다. 하나는 건물 등과 같이 토지와 독립하여 거래될 수 있는 것이 있고, 다른 하나는 담장 등과 같이 토지의 일부에 지나지 않는 것이 있다. 민법에서 정한 것을 협의의 부동산이라 하고, 협의의 부동산을 포함하여 공시수단을 갖추고 독립된 거래의 객체로서 인정되는 것을 광의의 부동산이라 한다.

1) 협의의 부동산

협의의 부동산은 토지 및 그 정착물이다. 민법 제212조는 토지의 소유권은 정당한 이익이 있는 범위 내에서 토지의 상하에 미치는 것으로 규정하고 있다. 토지는 무한히 연속하고 있으나 일정범위의 지면을 구획하여 1필의 토지로 하며, 필지마다 지번을 붙여서 토지대장에 기재한다. 각 필지의 토지는 분할 또는 합병의 절차를 거쳐 한 개 필지의 토지를 수개의 필지로 하거나, 수개의 필지를 한 개의 필지로 할 수 있다.

정착물이란 토지와는 별개의 물건이었으나 이 물건이 일정한 토지 위에 그 수명 또는 기능이 다할 때까지 정착되어 존재할 것이라는 사회적 통념 아래 있는 물건이다. 건물, 공작물, 수목의 집단, 농작물 등은 대표적인 정착물이며, 이들 정착물을 구성하고 있는 설비나 기타 물건들도 정착물로서 간주된다. 거래의 객체를 기준으로 할 때 건물은 토지와 별개의 부동산이며, 공작물은 건물의 일부가 되는 담장, 우물, 상하수도, 지하철, 고가도로, 철도, 다리, 댐 등의 시설물이 모두 포함한다.

2) 광의의 부동산

협의의 부동산에 준부동산 또는 의제부동산을 포함한 것을 광의의 부동산이라 한다. 의제부동산이란 특별법에 의해 부동산과 같이 취급되는 동산 또는 동산과 부동산의 집단이라 할 수 있으며 이는 선박, 입목, 공장재단, 광업재단, 어업권, 항공기, 자동차 등을 말한다. 토지와 그 정착물은 부동산이지만 법률상의 취급에 있어서 오늘날 동산과 구분되는 차이는 주로 거래상의 공시수단에 있다고 볼 수 있다. 그러나 공시수단을 기준으로 양자의 구별을 한다고 하더라도, 실제로 이루어지는 거래의 현실은 언제나 새로운 문제를 발생시키므로 그 기준이 확실하고 뚜렷한 것은 아니다. 그렇더라도 이러한 공시수단의 유형을 갖추어 독립된 거래의 객체가 되면 부동산으로 취급하기도 한다.

「감정평가 및 감정평가사에 관한 법률」 시행령 제2조에서도 "그 밖에 대통령령으로 정하는 재산"이라고 규정하면서 이를 구체적으로 예시하고 있다.

① 저작권·산업재산권·어업권·양식업권·광업권 및 그 밖에 물권에 준하는 권리
② 「공장 및 광업재단 저당법」에 따른 공장재단과 광업재단
③ 「입목에 관한 법률」에 의한 입목

④ 자동차·건설기계·선박·항공기 등 관계 법령에 따라 등기하거나 등록하는
　 재산

⑤ 유가증권

3) 복합부동산

토지와 토지정착물인 건물은 각각 독립된 거래의 객체이면서도 결합하여 하나의
부동산으로 다루어져 부동산 활동의 대상이 되며, 가치 등에 서로 영향을 미치는 결합
관계를 구성하는데 이를 복합부동산이라 한다. 이는 주거와 상업 등이 결합하여 복합
적 기능을 수행하는 복합건물과는 다른 개념이며, 부동산 활동상 부동산의 유형적인
측면과 무형적인 측면이 결부된 개념이다. 부동산은 공간으로서 존재하므로 법률적으
로는 토지와 건물이 별개의 독립된 객체로 취급되지만, 이용목적이나 가치형성 등 차
원에서는 복합부동산으로 인식되는 경우가 상당하다.

3. 경제적 측면의 부동산

경제적 측면(Economic aspect)에서의 부동산도 대표적인 것은 토지이다. 토지는 지
표를 소유함으로써 지배가 가능한 자연적·인위적 자원의 총화로서 토지의 가치를 변
화시키는 모든 인자들을 포함한다. 즉, 건물·구축물 등 토지상의 부가물(Improvements
on land)과 도로·배수로·담장·상하수도 등 토지에 대한 부가물(Improvements to land)
뿐만 아니라 일조량·강수·바람·조망 등도 부동산으로 본다. 토지가치는 해당토지의
부가물의 영향을 받음과 동시에 그 속한 지역의 개량물의 영향을 받기도 한다. 인근의
관공서, 병원, 지하철 등은 토지의 가치를 상승시키며, 위험시설, 혐오시설 등은 토지
의 가치를 하락시키기도 한다. 법률적인 측면의 부동산이 거래에 중심을 두고 공시수
단을 중시하여 인식되는 것과는 달리 경제적 측면의 부동산은 그 가치에 초점이 맞추
어진다.

부동산은 일반재화에 비하여 경제적 가치가 크므로 자산으로 인식되며 사용, 수익,
처분에 따른 경제적 효용을 준다. 토지는 노동, 자본 등과 함께 생산요소의 하나가 되기도
하고, 부동산 활동의 측면에서 자연자본으로 인식되기도 한다. 또한 부동산은 생산요소
및 생산재의 성격을 갖는 동시에 인간생활에 편리함을 제공하는 최종소비재의 성격도
가지고 있다.

4. 기술적 측면의 부동산

기술적 측면(Engineering aspect)에서의 부동산은 거래나 가치라는 표준에 의해 판단되기 보다는 공간으로서 인식된다. 공간으로서의 부동산은 지표공간, 지하공간, 지상공간으로 구분이 가능하고, 이러한 공간은 인간의 기술적 수준에 의해 지배가 가능하다. 부동산의 범위는 기술혁신 등에 의하여 변화하는 사회적 인식에 의해 결정되며, 법률적 측면과 경제적 측면의 부동산도 영향을 받게 된다.

부동산, 특히 토지는 햇빛, 바람, 지하자원 등의 자연환경으로서 정의되며, 부증성, 사회성 및 공공성으로 인하여 공급량이 한정된다. 부동산은 지표공간, 지하공간, 지상공간으로 구분이 가능한 3차원의 입체공간이므로 인간의 부동산 활동은 입체적 활동이 된다. 입체공간으로서의 부동산은 법률적, 경제적, 기술적 측면 모두에서 중요한 개념이며, 유효토지의 부족과 도심토지의 과도한 집중은 부동산 공간을 더욱 입체화하므로 공간으로서의 부동산은 더욱 중요하게 인식된다.

부동산의 가치는 위치의 가치이며, 위치가치는 부동산에의 접근성에 의존한다고 할 만큼 이용목적상, 용도상의 위치가 날로 중요시되고 있다. 특히 토지이용은 위치와 접근성에 따라 결정되며, 위치는 부동산의 가치를 결정하는 주요한 요인이다. 부동산의 가치는 부동산에 영향을 주는 자연적 조건과 물리적 조건, 사회적 조건과 경제적 조건이나 상황과 밀접한 관계를 가지므로, 부동산은 환경으로서 존재가치를 가지기도 한다. 부동산은 환경의 구성분자이므로 부동산을 환경의 하위체계(Sub-system)로 인식해야 하고 부분과 전체의 시스템적 사고(system approach)가 필요하며, 환경은 부동산의 현상과 활동에 영향을 준다. 인간의 부동산 활동에 있어서는 필요에 따라 경계를 확정하여야 하는데, 최근의 부동산 활동 중 주거활동에 있어서는 생태학적 환경요소를 중시하는 경향이 있으며, "부동산-환경-인간"의 관계에서 인간은 환경결정론과 환경기능론적 관점을 시간적 이념으로 조화시키면서 인간과의 관계를 개선시켜 나가야 한다.

5. 사회적 측면의 부동산

부동산이 어떻게 이용되며 권리제약이 어떠한가에 대한 개념이다. 부동산은 부증성으로 인하여 공급이 한정되어 있기 때문에 부동산의 소유욕구가 증가할수록 집약적인 이용이 요구된다. 부동산 이용에 있어서 때로는 공익과 사익 측면의 마찰이 생기는데 부동산은 공익적인 측면과 사익적인 측면을 모두 가지고 있으므로 공익과 사익의 형평이 문제된다. 결론적으로 법률적 측면의 부동산은 소유·거래의 측면을, 경제적 측면의 부동산은 가치의 측면을, 기술적 측면의 부동산은 공간의 측면을, 사회적 측면의 부동산은 이용의 측면을 나타낸다.

6. 부동산과 권리개념

1) 부동산물권의 종류

부동산감정평가활동에 있어서 부동산물권은 중요한 요소이다. 왜냐하면 부동산의 진정한 가치는 법률적으로 진실한 소유자에게 보장된 사용·수익·처분의 권리에 대한 대가이기 때문이다. 물권이란 어떤 물건을 직접 지배하는 배타적 권리로 재산권의 주요부문을 이루고 있다. 부동산물권은 등기능력이 있는 권리로서 등기를 통하여 권리관계가 대외적으로 공시된다. 이러한 부동산물권은 크게 점유권과 본권(소유권과 제한물권)으로 구분되며 제한물권은 용익물권과 담보물권으로 구분된다.

2) 점유권과 소유권

점유권은 부동산을 사실상 점유(지배)하고 있다는 것만으로 보호되는 권리이다. 소유권은 어떤 부동산을 전면적으로 사용·수익·처분할 수 있는 권리인데, 이 세 가지의 권리는 한 사람에게 귀속되는 것이 원칙이며 이러한 경우의 소유권을 "완전소유권"이라고 한다. 반면에 어떠한 제한물권 등이 부착되어 소유권의 내용이 제한되는 경우가 있는데, 이러한 경우의 소유권을 "불완전소유권"이라고 한다. 일반적으로 부동산의 가치는 완전소유권인가 불완전소유권인가에 따라 달라진다고 할 수 있다. 한편 부동산을 2인 이상이 소유하는 것을 "공동소유"라고 하는데, 그 결합 정도에 따라 공유, 합유, 총유로 나눌 수 있다.

3) 제한물권

제한물권은 일정한 목적을 위하여 타인의 부동산을 일시적·부분적으로 지배하는 물권으로 등기능력이 있는 권리이다. 이러한 제한물권은 그 자체만으로 또는 소유권과의 결합관계를 통하여 부동산 가치 및 감정평가활동에 영향을 미친다. 용익물권은 부동산이 가지는 사용가치에 대한 지배를 목적으로 하는 권리로서 전세권, 지상권, 지역권이 있다. 담보물권은 채권의 담보를 위하여 부동산이 가지는 교환가치에 대한 지배를 목적으로 하는 권리로서 유치권, 저당권이 있다.

① 전세권: 전세금을 지급하고 타인의 부동산을 점유하여 그 용도대로 사용·수익하는 권리이다. 전세권은 채권인 임대차와는 달리 등기를 요한다는 점에서 물권이다.

② 지상권: 타인의 토지상에 건물 기타 공작물이나 수목 등을 소유하기 위해서 타인의 토지를 이용하는 권리이다.

③ 지역권: 자기 토지의 이용가치를 증대시키기 위해 타인의 토지에 설정하는 권리이다. 지역권은 도로에 접하지 못한 토지(맹지)에서 많이 볼 수 있다.

④ 유치권: 타인의 부동산을 점유하는 자가 그 부동산에 관하여 발생한 채무의 변제시까지 그 부동산을 유치할 수 있는 권리이다.

⑤ 저당권: 채무자 또는 제3자가 채무의 담보를 위하여 제공한 부동산의 교환가치로부터 다른 채권보다 우선변제를 받을 수 있는 권리이다.

4) 부동산 소유권의 분할과 제한

부동산의 소유권은 경제적·법률적 측면에서 권리의 분할이 가능하다. 부동산의 소유권은 사용, 수익, 처분에 관한 여러 가지 권리의 묶음을 포괄하는 개념으로서 임대권, 임차권, 저당권, 지상권 등 권리로 나눌 수 있으며, 각각의 권리는 경제적 가치가 인정될 수 있다. 부동산과 관련하여 ① 소유권자가 행할 수 있는 권한에는 점유, 사용, 양도(매매, 증여), 담보권의 설정, 분필, 지역권의 허용 등이 있으며, ② 국가가 행할 수 있는 권한에는 공용수용, 공용사용, 징발, 귀속 등이 있다. 또한 부동산의 소유권은 경제적 가치가 존재하며 처분의 대상이 되는 한 여러 개의 권리로 분할 될 수 있다. 파인애플 기법은 부동산 소유권으로부터 경제적 가치가 있는 권리를 새로이 창출하여 분할하는 것을 말한다.

부동산 소유권은 경제적·법률적 측면에서 공적제한과 사적제한을 받는다.

공적제한은 공공복리나 공공필요를 달성하기 위하여 국가가 개인의 부동산 소유권에 일정한 제한을 가하는 것이며 다음과 같다. ① 경찰권: 공공의 안전, 복리, 도덕,

건강 등과 같은 공익보호를 위해서 개인의 사적인 활동을 제한하는 국가의 권한, ② 수용권: 국가가 공익을 달성하기 위해서 필요한 경우에 개인의 재산을 수용할 수 있는 권한, ③ 과세권: 국가가 개인이나 기업 소유의 부동산에 대해 조세를 부과할 수 있는 권한, ④ 귀속권: 소유자가 생전에 누구에게도 부동산을 양도하지 않았고 상속인 역시 존재하지 않을 경우에 소유자가 없는 무주의 부동산의 소유권이 국가에 귀속되도록 하는 권한.

사적제한에는 유치권, 저당권, 지역권 등이 있으며, 부동산 소유권의 이전시 설정하거나 이미 설정되어 있는 부동산의 사용, 수익, 처분에 관한 제한인 제한특약이 있다.

Ⅱ. 부동산의 분류

1. 개 요

부동산은 그 이용목적이나 관련법규 등에 따라 다양하게 분류된다. 특히 감정평가를 함에 있어서 부동산의 분류는 부동산평가방식의 선택이나 적용과 밀접한 관련이 있다. 부동산 평가에 앞서 평가대상인 부동산을 명확히 분류하는 것은 능률적인 평가와 합리적인 가치산정을 가능하게 한다.

부동산의 종류는 종별과 유형의 복합개념이므로 부동산의 경제적 가치를 추계하는 감정평가 업무를 수행할 때, 종별과 유형의 이면을 유기적으로 관련시켜 분석하여야 비로소 적정한 평가액에 접근할 수 있다. 종별과 유형은 가치 제 원칙, 지역·개별분석, 평가절차와 관련시켜 분석하며, 이의 판단은 고도의 전문지식, 풍부한 경험, 정확한 판단력이 유기적·종합적으로 요구된다고 할 수 있다.

2. 부동산의 감정평가상 분류

1) 수익성에 따른 분류

부동산이 금전적 수익을 창출하는지의 여부에 따른 분류이다.

수익성부동산은 부동산의 보유목적이 직접적인 수익을 창출하는 데 있는 부동산으로서 임대용부동산, 기업용부동산 등이 이에 속한다. 평가방법의 적용시 수익방식을 주로 하고 원가방식 및 비교방식은 참고적으로 이용함이 타당하다.

비수익성부동산은 부동산의 보유목적이 소유자 또는 제3자의 이용에 있는 부동산으로서 주거용부동산, 공공용 부동산 등이 이에 속한다. 이러한 부동산은 수익방식의 적용은 곤란하며 시장성이 있다면 비교방식을, 시장성이 없다면 원가방식을 적용해야 할 것이다.

2) 시장성에 따른 분류

부동산이 판매가능성과 임대가능성이 있는지의 여부에 따른 분류이다.

시장성 있는 부동산은 판매가능성 또는 임대가능성이 있는 부동산으로서 주거용·상업용·공업용 부동산이 그 대표적인 예이다. 이러한 부동산은 비교방식의 적용이 용이하다.

시장성 없는 부동산은 판매 또는 임대가능성이 없는 부동산으로서 병원·교회·사적지 등의 부동산이 이에 속한다. 원가방식이나 수익방식을 적용하여야 하는 경우가 많다.

3) 도시성에 따른 분류

도시성의 구별기준은 일률적인 것이 아니고 대상부동산이 속하는 지역·용도·기능 등을 복합적으로 고려하여 판단하되, 구별이 모호한 경우 기능중심으로 분류한다. 일례로 농촌에 있는 상점은 기능상으로 도시부동산이나 지역으로는 농촌부동산이다. 공적인 규제 및 용도에 따라서 도시토지의 시장은 주거용 시장·상업용 시장·공업용 시장, 녹지, 공지 등의 시장으로 분류할 수 있으며 농촌부동산은 농경이나 임업 기타 유사한 성격의 용도에 쓰이는 부동산을 말한다.

4) 종별과 유형에 따른 분류

(1) 종별과 유형의 의의

부동산의 종별이란 용도적 관점에서의 분류이고, 부동산의 유형이란 유형적 이용 및 권리의 태양에 따른 분류로서 전자는 지역종별과 토지종별로 나누기도 한다. 종별과 유형은 부동산의 경제적 가치를 본질적으로 결정하므로 정확한 가치판정을 위해서는 종별과 유형에 따른 부동산분석 및 평가가 요구된다고 할 수 있다.

(2) 부동산의 종별

지역종별은 부동산이 속한 지역의 용도에 따른 구분을 말한다. 이러한 지역종별은 택지지역·농지지역·임지지역 등으로 대분류되고, 택지지역은 주거지역·상업지역·공업지역으로, 농업지역은 전지역·답지역으로 소분류 된다. 대분류 상호간에 지역의 전환이 일어나는 지역을 후보지(예정지)지역, 소분류 상호간에 용도의 전환이 일어나는 지역을 이행지지역이라고 한다.

토지종별은 지역종별에 의해 분류되는 토지의 구분으로 택지·농지·임지 등이 있으며, 택지는 주거지·상업지·공업지로, 농지는 전지·답지로 세분된다. 대분류 상호간에 토지의 전환이 일어나는 토지를 후보지(예정지), 소분류 상호간에 용도의 전환이 일어나는 토지를 이행지라고 한다.

부동산 종별의 판단은 감정평가의 주체가 행하며 판단기준은 다음과 같다.

① 현실의 토지이용상황에 좌우되지 않는다. 예를 들어, 저층주택의 부지이나 인근지역의 표준적사용이 소매점포인 경우에는 상업지역으로 판정한다. 즉, 이용당사자의 주관적 사용방법에 좌우되지 않는다.

② 공적장부상의 지목에 좌우되지 않는다. 예컨대 택지지역 내의 택지도 지목이 '전'으로 남아 있는 경우가 있으므로 지목에 따라 단순히 농지라고 판단할 수는 없다.

③ 도시관리계획상 지정된 용도지역 등에 좌우되지 않는다. 용도지역이 주거지역인 토지도 소매점포 등이 위치한 길가의 토지는 상업지역이 되는 등 실체에 맞게 판단해야 한다.

④ 평가주체가 사회적·경제적·행정적 관점에서 합리적으로 판단하여 정한다. 예를 들어, 현실의 토지이용상황은 '전'인 지역이지만 시가화예정구역이며 각종 편리성이 양호한 지역은 택지예상지역으로 판정된다.

(3) 부동산의 유형

택지의 유형은 이용상태와 권리관계의 측면에서 나지, 건부지, 지상권 및 임차권 등이 설정된 토지, 구분소유권이 설정된 토지 등이 있다. 부동산 소유권은 그 이용형태가 용익적 이용과 가치적 이용으로 나뉘고 여러 사람의 이용권의 목적이 되어 임료징수권화 된다. 이처럼 부동산의 유형은 감정평가시 부동산의 가치를 단순히 소유권개념만으로 대응할 수 없기에 더욱 필요하다.

(4) 종별과 유형의 관계

부동산은 지리적 위치의 고정성이라는 자연적 특성이 있고 이의 파생적 특성인 지역성과 이의 영향을 받는 개별성이 있다. 지역성과 개별성에 의해 지역분석과 개별분석이 요구되고 그 결과 부동산의 경제적 가치가 결정된다. 부동산의 종별의 판정은 지역분석의 의미를, 유형의 판정은 개별분석의 의미를 가진다. 일반적으로 최유효이용을 판정하는 개별분석은 지역분석에 의해 판정된 표준적사용의 제약하에서 이루어지는 바, 부동산의 유형은 종별에의 피결정성 관계가 존재하게 된다.

(5) 부동산의 종별과 유형 및 감정평가와의 관계

부동산의 경제적 가치는 부동산이 어떻게 구성되고 어떤 식으로 공헌하는가 하는 부동산의 상태인 종별과 유형에 그 본질이 있다. 부동산의 종별과 유형은 복합적인 부동산 개념으로서 이에 따라 지역요인과 개별요인이 달라지며 부동산가치 발생요인(유용성, 상대적 희소성, 유효수요)에 미치는 영향도 달라지므로 부동산의 가치도 달라진다. 따라서 감정평가시 정확한 가치판정을 위하여 종별과 유형에 따른 부동산분석이 필연적이다.

① 부동산의 종별과 유형의 판정은 부동산의 유용성 판정과 관련되므로 최유효이용의 원칙과 관계가 깊다. 최유효이용의 원칙의 외부적 지원원칙인 대체·경쟁·적합의 원칙은 종별과 관련이 있고, 내부적 지원원칙인 수익배분·수익체증체감·균형·기여의 원칙은 유형과 관련이 있다. 또한 변동과 예측의 원칙은 후보지 및 이행지의 판단에 유용하다.

② 지역분석이란 일정한 지역의 지역요인을 분석하여 그 지역 부동산의 표준적사용과 가격수준을 파악하는 작업을 말하며, 지역분석의 단위지역은 부동산의 종별과 관련이 있다. 즉, 지역분석은 부동산의 종별에 따라 가격수준을 파악하는 감정평가 작업이다. 개별분석이란 대상부동산의 개별요인을 분석하여

부동산의 최유효이용을 파악하는 작업을 말하며, 개별분석은 부동산의 유형
별로 이루어진다. 즉, 개별분석은 부동산의 유형에 따라 구체적 가치에 접근
하는 감정평가 작업이다.

③ 비교방식에서는 종별에 근거하여 자료수집의 범위를 확정하고 지역요인의 비
교를 행하며, 유형에 근거하여 사정보정을 행하고 개별요인을 비교한다.

④ 원가방식에서는 간접법에 의한 재조달원가의 산정시 종별에 의거하여 자료수
집의 범위를 정하고 유형에 의거하여 개별적 특성을 비교하는 것이 보다 정
확하게 된다. 감가수정시 경제적 감가는 지역의 표준적사용과의 적합성 여부
와 관련하여 종별적 측면에서, 물리적·기능적 감가는 대상부동산의 최유효이
용 여부와 관련하여 유형적 측면에서 행해진다.

⑤ 수익방식에서는 순수익 및 환원이율 산정시 종별에 의거하여 자료수집의 범위
를 확정하고 지역요인의 비교를 행하며, 유형에 의거하여 개별요인을 비교한
다. 그리고 환원방법의 선택시 유형별로 적정한 방법을 선택하여 적용한다.

⑥ 시산가액의 조정에서는 종별에 의거하여 자료수집의 범위는 적정한지, 종별과
유형에 따른 가치형성요인의 분석은 적정한지, 종별과 유형에 의거하여 적정
한 평가방법을 선택하였는지 등을 고려한다.

3. 토지의 분류

1) 토지의 의의

토지는 무한히 연속하는 지표 및 지하의 구성 부분으로 형성되고 있으나, 물권의
객체인 물건이 되기 위해서는 지표의 일부를 일정범위로 구획·구분하여야 하며, 구분
된 토지만이 개개의 물건으로 취급된다. 구분된 토지의 각각을 "1필(筆)의 토지"라고
하며, 1필지마다 지번이 붙여져서 부동산등기법이 정한 바에 따라 토지등기부에 기재
된다. 또한 토지는 이용상황에 따라 나지·건부지 등으로 구별되며, 성숙의 정도에 따
라 성숙지·미성숙지 등으로 구분되기도 한다.

2) 「공간정보의 구축 및 관리 등에 관한 법률」상 지목에 의한 분류

지목이라 함은 토지의 주된 용도에 따라 토지의 종류를 구분하여 지적공부에 등

록한 것을 말한다. 지목은 전·답·과수원·목장용지·임야·광천지·염전·대(垈)·공장용지·학교용지·주차장·주유소용지·창고용지·도로·철도용지·제방(堤防)·하천·구거(溝渠)·유지(溜池)·양어장·수도용지·공원·체육용지·유원지·종교용지·사적지·묘지·잡종지로 구분하여 정한다(공간정보의 구축 및 관리 등에 관한 법률 제67조).

지목은 토지 등기사항전부증명서에 등기할 사항의 하나이다. 지목을 설정할 때에는 ① 필지마다 하나의 지목을 설정하며, ② 1필지가 둘 이상의 용도로 활용되는 경우에는 주된 용도에 따라 지목으로 설정한다. 지목변경을 할 토지가 있으면 그 사유가 발생한 날부터 60일 이내에 지적소관청에 신청하여야 한다.

3) 「국토의 계획 및 이용에 관한 법률」상 분류

(1) 용도지역에 따른 분류

용도지역이라 함은 토지의 이용 및 건축물의 용도, 건폐율, 용적률, 높이 등을 제한함으로써 토지를 경제적·효율적으로 이용하고 공공복리의 증진을 도모하기 위하여 서로 중복되지 아니하게 도시·군관리계획으로 결정하는 지역을 말한다(국토의 계획 및 이용에 관한 법률 제2조 제15호). 국토는 토지의 이용실태 및 특성, 장래의 토지 이용 방향, 지역 간 균형발전 등을 고려하여 ① 도시지역, ② 관리지역, ③ 농림지역, ④ 자연환경보전지역의 4종류의 용도지역으로 구분한다.

① 도시지역

도시지역이란 인구와 산업이 밀집되어 있거나 밀집이 예상되어 그 지역에 대하여 체계적인 개발·정비·관리·보전 등이 필요한 지역을 말한다. 도시지역은 주거지역, 상업지역, 공업지역, 녹지지역으로, 관리지역은 보전관리지역, 생산관리지역, 계획관리지역으로 구분하여 도시관리계획으로 지정한다. 다시 주거지역은 전용주거지역, 일반주거지역, 준주거지역으로, 상업지역은 중심상업지역, 일반상업지역, 근린상업지역, 유통상업지역으로, 공업지역은 전용공업지역, 일반공업지역, 준공업지역으로, 녹지지역은 보전녹지지역, 생산녹지지역, 자연녹지지역으로 세분하여 지정할 수 있다.

② 관리지역

관리지역이란 도시지역의 인구와 산업을 수용하기 위하여 도시지역에 준하여 체계적으로 관리하거나 농림업의 진흥, 자연환경 또는 산림의 보전을 위하여 농림지역 또는 자연환경보전지역에 준하여 관리할 필요가 있는 지역을 말한다. 관리지역의 구분은 다음과 같다.

- 보전관리지역: 자연환경 보호, 산림 보호, 수질오염 방지, 녹지공간 확보 및 생태계 보전 등을 위하여 보전이 필요하나, 주변 용도지역과의 관계 등을 고려할 때 자연환경보전지역으로 지정하여 관리하기가 곤란한 지역
- 생산관리지역: 농업·임업·어업생산 등을 위하여 관리가 필요하나, 주변 용도지역과의 관계 등을 고려할 때 농림지역으로 지정하여 관리하기가 곤란한 지역
- 계획관리지역: 도시지역으로의 편입이 예상되는 지역이나 자연환경을 고려하여 제한적인 이용·개발을 하려는 지역으로서 계획적·체계적인 관리가 필요한 지역

③ 농림지역

농림지역이란 도시지역에 속하지 아니하는 농지법에 따른 농업진흥지역 또는 산지관리법에 따른 보전산지 등으로서 농림업을 진흥시키고 산림을 보전하기 위하여 필요한 지역을 말한다.

④ 자연환경보전지역

자연환경보전지역이란 자연환경·수자원·해안·생태계·상수원 및 문화재의 보전과 수산자원의 보호·육성 등을 위하여 필요한 지역을 말한다.

(2) 용도지구에 따른 분류

① 용도지구의 개념

용도지구라 함은 토지의 이용 및 건축물의 용도·건폐율·용적률·높이 등에 대한 용도지역의 제한을 강화하거나 완화하여 적용함으로써 용도지역의 기능을 증진시키고 경관·안전 등을 도모하기 위하여 도시·군관리계획으로 결정하는 지역을 말한다(국토의 계획 및 이용에 관한 법률 제2조 제16호).

② 용도지구의 유형

- 경관지구: 경관의 보전·관리 및 형성을 위하여 필요한 지구

- 고도지구: 쾌적한 환경 조성 및 토지의 효율적 이용을 위하여 건축물 높이의 최고한도를 규제할 필요가 있는 지구
- 방화지구: 화재의 위험을 예방하기 위하여 필요한 지구
- 방재지구: 풍수해, 산사태, 지반의 붕괴, 그 밖의 재해를 예방하기 위하여 필요한 지구
- 보호지구: 문화재, 중요 시설물(항만, 공항 등 대통령령으로 정하는 시설물을 말한다) 및 문화적·생태적으로 보존가치가 큰 지역의 보호와 보존을 위하여 필요한 지구
- 취락지구: 녹지지역·관리지역·농림지역·자연환경보전지역·개발제한구역 또는 도시자연공원구역의 취락을 정비하기 위한 지구
- 개발진흥지구: 주거기능·상업기능·공업기능·유통물류기능·관광기능·휴양기능 등을 집중적으로 개발·정비할 필요가 있는 지구
- 특정용도제한지구: 주거 및 교육 환경 보호나 청소년 보호 등의 목적으로 오염물질 배출시설, 청소년 유해시설 등 특정시설의 입지를 제한할 필요가 있는 지구
- 복합용도지구: 지역의 토지이용 상황, 개발 수요 및 주변 여건 등을 고려하여 효율적이고 복합적인 토지이용을 도모하기 위하여 특정시설의 입지를 완화할 필요가 있는 지구
- 그 밖에 대통령령으로 정하는 지구

③ 용도지구의 세분

㉮ 경관지구

㉠ 자연경관지구: 산지·구릉지 등 자연경관을 보호하거나 유지하기 위하여 필요한 지구
㉡ 시가지경관지구: 지역 내 주거지, 중심지 등 시가지의 경관을 보호 또는 유지하거나 형성하기 위하여 필요한 지구
㉢ 특화경관지구: 지역 내 주요 수계의 수변 또는 문화적 보존가치가 큰 건축물 주변의 경관 등 특별한 경관을 보호 또는 유지하거나 형성하기 위하여 필요한 지구

ⓝ 방재지구

ⓖ 시가지방재지구: 건축물·인구가 밀집되어 있는 지역으로서 시설 개선 등을 통하여 재해 예방이 필요한 지구

ⓛ 자연방재지구: 토지의 이용도가 낮은 해안변, 하천변, 급경사지 주변 등의 지역으로서 건축 제한 등을 통하여 재해 예방이 필요한 지구

ⓓ 보호지구

ⓖ 역사문화환경보호지구: 문화재·전통사찰 등 역사·문화적으로 보존가치가 큰 시설 및 지역의 보호와 보존을 위하여 필요한 지구

ⓛ 중요시설물보호지구: 중요시설물(제1항에 따른 시설물을 말한다. 이하 같다)의 보호와 기능의 유지 및 증진 등을 위하여 필요한 지구

ⓒ 생태계보호지구: 야생동식물서식처 등 생태적으로 보존가치가 큰 지역의 보호와 보존을 위하여 필요한 지구

ⓡ 취락지구

ⓖ 자연취락지구: 녹지지역·관리지역·농림지역 또는 자연환경보전지역안의 취락을 정비하기 위하여 필요한 지구

ⓛ 집단취락지구: 개발제한구역안의 취락을 정비하기 위하여 필요한 지구

ⓜ 개발진흥지구

ⓖ 주거개발진흥지구: 주거기능을 중심으로 개발·정비할 필요가 있는 지구

ⓛ 산업·유통개발진흥지구: 공업기능 및 유통·물류기능을 중심으로 개발·정비할 필요가 있는 지구

ⓒ 관광·휴양개발진흥지구: 관광·휴양기능을 중심으로 개발·정비할 필요가 있는 지구

ⓡ 복합개발진흥지구: 주거기능, 공업기능, 유통·물류기능 및 관광·휴양기능 중 2 이상의 기능을 중심으로 개발·정비할 필요가 있는 지구

ⓜ 특정개발진흥지구: 주거기능, 공업기능, 유통·물류기능 및 관광·휴양기능 외의 기능을 중심으로 특정한 목적을 위하여 개발·정비할 필요가 있는 지구

(3) 용도구역에 따른 분류

① 용도구역의 개념

용도구역이라 함은 토지의 이용 및 건축물의 용도·건폐율·용적률·높이 등에 대한 용도지역 및 용도지구의 제한을 강화하거나 완화하여 따로 정함으로써 시가지의 무질서한 확산방지, 계획적이고 단계적인 토지이용의 도모, 토지이용의 종합적 조정·관리 등을 위하여 도시·군관리계획으로 결정하는 지역을 말한다(국토법 제2조 제17호).

② 용도구역의 유형

㉮ 개발제한구역

국토교통부장관은 도시의 무질서한 확산을 방지하고 도시주변의 자연환경을 보전하여 도시민의 건전한 생활환경을 확보하기 위하여 도시의 개발을 제한할 필요가 있거나 국방부장관의 요청이 있어 보안상 도시의 개발을 제한할 필요가 있다고 인정되면 개발제한구역의 지정 또는 변경을 도시·군관리계획으로 결정할 수 있다(국토법 제38조).

㉯ 도시자연공원구역

시·도지사 또는 대도시 시장은 도시의 자연환경 및 경관을 보호하고 도시민에게 건전한 여가·휴식공간을 제공하기 위하여 도시지역 안에서 식생(植生)이 양호한 산지(山地)의 개발을 제한할 필요가 있다고 인정하면 도시자연공원구역의 지정 또는 변경을 도시·군관리계획으로 결정할 수 있다(국토법 제38조의2).

㉰ 시가화조정구역

시·도지사는 직접 또는 관계 행정기관의 장의 요청을 받아 도시지역과 그 주변지역의 무질서한 시가화를 방지하고 계획적·단계적인 개발을 도모하기 위하여 대통령령으로 정하는 기간 동안 시가화를 유보할 필요가 있다고 인정되면 시가화조정구역의 지정 또는 변경을 도시·군관리계획으로 결정할 수 있다. 다만, 국가계획과 연계하여 시가화조정구역의 지정 또는 변경이 필요한 경우에는 국토교통부장관이 직접 시가화조정구역의 지정 또는 변경을 도시·군관리계획으로 결정할 수 있다(국토법 제39조).

ⓡ 수산자원보호구역

해양수산부장관은 직접 또는 관계 행정기관의 장의 요청을 받아 수산자원을 보호·육성하기 위하여 필요한 공유수면이나 그에 인접한 토지에 대한 수산자원보호구역의 지정 또는 변경을 도시·군관리계획으로 결정할 수 있다(국토법 제40조).

ⓜ 지구단위계획구역

도시·군계획 수립 대상지역의 일부에 대하여 토지 이용을 합리화하고 그 기능을 증진시키며 미관을 개선하고 양호한 환경을 확보하며, 그 지역을 체계적·계획적으로 관리하기 위하여 수립하는 도시·군관리계획으로 결정, 고시한 구역을 말한다. 지구단위 계획구역은 국토교통부장관, 시·도지사, 시장 또는 군수가 용도지구, 도시개발구역, 정비구역, 택지개발지구, 대지조성사업지구, 산업단지, 준산업단지, 관광단지, 관광특구, 개발제한구역·도시자연공원구역·시가화조정구역 또는 공원에서 해제되는 구역, 녹지지역에서 주거·상업·공업지역으로 변경되는 구역과 새로 도시지역으로 편입되는 구역 중 계획적인 개발 또는 관리가 필요한 지역, 도시지역 내 주거·상업·업무 등의 기능을 결합하는 등 복합적인 토지 이용을 증진시킬 필요가 있는 지역으로서 대통령령으로 정하는 요건에 해당하는 지역, 도시지역 내 유휴토지를 효율적으로 개발하거나 교정시설, 군사시설, 그 밖에 대통령령으로 정하는 시설을 이전 또는 재배치하여 토지 이용을 합리화하고, 그 기능을 증진시키기 위하여 집중적으로 정비가 필요한 지역으로서 대통령령으로 정하는 요건에 해당하는 지역, 도시지역의 체계적·계획적인 관리 또는 개발이 필요한 지역, 그 밖의 양호한 환경의 확보나 기능 및 미관의 증진을 위하여 필요한 지역으로서 대통령령으로 정하는 지역 중 지역의 전부 또는 일부에 대하여 지정 할 수 있다.

4) 이용 및 정착물에 따른 분류

(1) 택지, 필지, 획지, 부지

① 택지(宅地)는 주택, 점포, 공장 기타 건물부지로 이용되거나 이용되는 것이 사회적·경제적·행정적으로 합리적이라고 인정되는 토지를 말한다. 이는 용도

에 따라 주거지, 상업지, 공업지로 구분된다.

② 필지(筆地)는 지적법상 하나의 지번이 붙는 토지의 등록단위를 말하는 것이다. 지목, 축척, 소유자, 행정구역이 같아야 하며, 지반이 물리적으로 연결되어 있어야 한다.

③ 획지(劃地)는 행정적, 경제적, 법률적, 인위적, 자연적 기준에 따라 다른 토지와 구별되어서 거래나 이용 등 부동산 활동 또는 부동산 현상의 단위면적이 되는 일획의 토지를 말한다. 토지의 감정평가에서 중요한 개념이 된다.

④ 부지(敷地)는 건축용지 외에 하천부지, 도로부지, 철도부지, 수도부지 등과 같이 당해 토지가 현재 이용되고 있는 상황을 나타내는 개념이다.

(2) 대지, 농지, 임지, 맹지, 소지

① 대지(垈地)는 건축법상 용어로서 대지는 '지적법에 의하여 각 필지로 구획된 토지'를 말한다. 이러한 대지는 건축물이 들어서 있거나 법적으로 들어설 수 있는 토지의 범위를 나타낸다.

② 농지(農地)는 농지법상 전, 답 또는 과수원 기타 실제 농작물의 경작 등에 이용되고 있는 토지를 말한다.

③ 임지(林地)는 산림지와 초지를 모두 포함하는 포괄적인 용어로서, 입목이나 대나무 생육을 위한 토지 등이 이에 해당한다.

④ 맹지(盲地)는 타인의 토지에 둘러싸여 도로에 어떤 접속면도 가지지 못하는 단독소유의 토지를 말한다. 법적으로 일정 조건의 건축제한이 있다.

⑤ 소지(素地)는 원지(原地)라고도 하는데, 택지 등으로 개발되기 이전의 자연 그대로의 토지를 말한다.

(3) 나지, 갱지, 공지, 건부지

① 나지(裸地)는 지상에 건축물이 없는 토지로서, 공·사법상의 규제를 모두 받는 토지를 말한다.

② 갱지(更地)는 지상에 건축물이 없는 토지로서, 공법상의 규제만 받고 사법상의 제약은 받지 않는 토지를 말한다.

③ 공지(空地)는 건물이용에 필요하다고 인정되는 건부지 면적을 제외한 잔여부분

의 토지를 말한다.

④ 건부지(建附地)는 건물 등의 부지로 쓰이고 있는 택지를 말한다.

(4) 선하지, 포락지, 미지급용지

① 선하지(線下地)는 토지의 지상공간에 고압선이 통과하고 있는 토지를 말한다.

② 포락지(浦落地)는 논밭이 강물이나 냇물에 침식되어 지반이 절토되어 무너져 내린 토지를 말한다.

③ 미지급용지는 종전에 시행된 공공사업의 부지로서 보상금이 지급되지 아니한 토지를 말한다.

(5) 예정지, 이행지

① 예정지(豫定地)는 지역종별의 대분류인 택지지역, 농지지역, 산림지역 등의 상호간에 어떤 종별의 지역에서 다른 종별의 지역으로 전환하고 있는 지역 내의 토지를 말한다. 후보지라고도 하며 예로서 농지나 임지가 택지로 전환되는 택지후보지가 있다.

② 이행지(移行地)는 택지지역, 농지지역, 산림지역 등 지역의 종별 대분류 내에서 세분되는 종별의 지역에서 그 지역 외에 다른 세분된 지역으로 이행하는 지역 내의 토지를 말한다. 예로서 택지내에서 주택지가 상업지로 이행하는 경우가 있다.

4. 건물의 분류

1) 건물의 의의

건축물이란 토지에 정착하는 공작물 중 지붕과 기둥 또는 벽이 있는 것과 이에 딸린 시설물, 지하나 고가(高架)의 공작물에 설치하는 사무소·공연장·점포·차고·창고, 그 밖에 대통령령으로 정하는 것을 말한다(「건축법」 제2조 제2호). 건물은 토지상에 세워져 지붕, 기둥, 벽, 창 및 바닥으로 구성되어 일정한 형상을 갖추고 있으며, 주거, 업무, 영업 등의 용도에 쓸 수 있도록 만든 건조물로 상당한 수명이 있어서 독립된 부동산으로 등기할 수 있는 구조체를 말한다. 건물의 가치를 다르게 하는 구성요소는 형상, 높이나 면적을 나타내는 규모, 구조, 성능, 부대설비, 용도, 건축양식 등이 있다. 건물은 용도, 건축양식, 구조형식, 건축재료, 지붕 및 건축법 등에 따라 분류한다.

2) 건축법상 용도에 따른 분류

건축물의 용도를 기준으로 단독주택, 공동주택, 제1종 근린생활시설, 제2종 근린생활시설, 문화 및 집회시설, 종교시설, 판매시설, 운수시설, 의료시설, 교육연구시설, 노유자(老幼者: 노인 및 어린이)시설, 수련시설, 운동시설, 업무시설, 숙박시설, 위락(慰樂)시설, 공장, 창고시설, 위험물 저장 및 처리 시설, 자동차 관련 시설, 동물 및 식물 관련 시설, 자원순환 관련 시설, 교정(矯正)시설, 국방·군사시설, 방송통신시설, 발전시설, 묘지 관련 시설, 관광 휴게시설, 그 밖에 대통령령으로 정하는 시설(장례시설, 야영장 시설) 등으로 분류하고 있다.

3) 건축구조에 따른 분류

(1) 가구식 구조

목재나 철재 등 비교적 가늘고 긴 강력한 재료를 조립하여 만드는 구조로서 보통의 목구조나 철골구조가 대표적인 예이다. 선형의 구조재료를 조립하여 골조를 구성하므로 부재의 조립과 접합방법이 중요하며, 그 여하에 따라 견고 또는 약하게 될 수 있다. 주로 보와 기둥을 형성하고 뼈대가 되는 골조를 먼저 세운 다음 지붕, 벽, 바닥 등의 공간을 구획하는 모든 요소들을 이 골조에 연결시킨다. 해체가 용이하므로 개축, 이축이 편리하며, 기둥과 보의 조합에 의한 구조이므로 개방성을 충분히 살릴 수 있다.

(2) 조적식 구조

돌, 벽돌, 콘크리트블록 등을 쌓아 올려서 벽구조를 만드는 건축구조를 말하는데, 내구성은 우수하나 지진 등에 의한 수평방향의 외력(外力)에 대하여 약점을 가지고 있어 내진성능을 요구하는 건물의 구조부에는 사용하지 않는다. 철근으로 보강된 보강콘크리트블록구조 등의 보강조적식 구조에 대비하여, 보강재를 사용하지 않은 벽돌구조, 석구조, 콘크리트블록구조를 순조적식 구조라고도 한다. 석구조는 재료비가 비싸고 공사비도 많이 드는 점에서 고급 주택에 이용되며, 블록구조는 내구성, 내화성이 크며,

단열성, 흡음성에 효과가 있으며 콘크리트구조에 비하여 보온성이 있다.

(3) 일체식 구조

주체구조부를 다른 재료로 접합하지 않고 기초에서 지붕에 이르기까지 일체로 하는 구조를 말하며, 철근콘크리트구조, 철골철근콘크리트구조, 벽식철근콘크리트구조가 있다. 기초, 기둥, 슬래브, 보 등의 구조체를 콘크리트로 만들며, 돌구조나 벽돌구조 등의 조적조에 비해 내진성이 크다.

(4) 조립식 구조

건물의 건축구조형식에 따른 분류중 하나로 건축자재와 부품을 공장에서 생산하여 현장으로 운반해 조립 및 설치하는 것으로 목구조, 철골구조, 철근콘크리트구조가 있다. 조립식 구조는 기계공업과 건축기술의 진보에 따라 근래에 와서 가능해졌으며, 이는 공사비와 공사기간을 최대한으로 줄이고 대량으로 많은 건물을 짓는 데 활용된다. 최근 PC방식(precast concrete, 조립용 콘크리트부품, 외벽 등의 부재를 공장에서 대량생산하여 건축위치에 운반하여 조립하는 방식)으로 축조한 건물을 PC조라 부르기도 한다.

(5) 절충식 구조

철근콘크리트로 된 기둥 사이를 벽돌, 돌, 블록 등으로 쌓는 방식 또는 블록을 형틀로 하고 그 안에 콘크리트를 충전하여 기둥, 보, 벽체 등을 만드는 방식을 말한다. 건축 기술이 발달함에 따라 현대건축에 많이 응용되고 있다.

4) 건축재료에 따른 분류

① 여러 가지 단면으로 된 철골과 강판을 조립하여 리벳으로 조이거나 용접한 철골구조, ② 철골의 각 부분에 콘크리트를 부어 넣거나 철근콘크리트로 피복한 철골철근콘크리트구조, ③ 철근콘크리트조와 조적조 기타의 구조를 병용하는 철근콘크리트구조, ④ PC공법에 의하여 생산된 외벽 등의 부재를 공장에서 대량생산하여 건축할 위치에 운반하여 조립하는 건축물인 PC조(precast concrete), ⑤ 외벽은 석재이고 내벽은 벽돌 또는 목조로 하고 지붕·마루·바닥 등은 벽돌로 한 석조, ⑥ 3면 이상이 연와(구운 벽돌) 또는 유사한 벽돌로 축조된 것인 연와조(시멘트 벽돌조와 시멘트 블록조의 전체

외벽 면적의 2분의 1이상에 돌, 타일, 인조석, 대리석 붙임을 한 것은 모두 연와조로 본다), ⑦ 블록의 빈 부분에 철근을 넣고 빈 부분을 모르타르 또는 콘크리트로 채워 블록조의 결함을 보완한 것과 시멘트 벽돌조의 결함을 보완하기 위하여 벽체 또는 기둥부에 철근을 넣어 축조한 것인 보강콘크리트구조(보강 블록조 포함), ⑧ 그 밖에 시멘트 벽돌조, 시멘트 블록조, 목조 등이 있다.

III. 부동산의 특성

1. 개 요

부동산은 토지와 정착물로 분류되기도 하나, 토지는 그것이 가지는 유용성 때문에 모든 국민의 생활과 활동에 필수불가결한 기반이므로 부동산의 특성이라 함은 일반적으로 토지의 특성을 말한다. 부동산의 특성은 자연적 특성과 인문적 특성으로 분류된다. 자연적 특성은 인간의 가공이 있기 전부터 부동산이 물리적으로 지니고 있는 특성으로서 본원적·고정적·경직적이다. 인문적 특성은 부동산과 인간과의 관계, 즉 부동산을 인간이 이용함으로 인해 발생되는 특성으로서 자연적 특성을 완화시키는 역할을 하며, 인위적·가변적·신축적이다.

2. 부동산의 자연적 특성

1) 지리적 위치의 고정성(부동성, 不動性)

토지의 지리적 위치를 인간의 힘으로 이동시킬 수 없다는 특성으로 토지의 유용성을 지배하며 부동산 활동의 대전제가 된다. 또한, 부동산 문제를 발생시키는 주된 특성이며, 모든 부동산 활동은 토지의 부동성을 절대적 전제로 하여 전개되고 이론이 도출된다.

지리적 위치의 고정성은 부동산과 동산의 구별기준이 되고, 지가형성 및 부동산 거래·이용활동을 국지화·부분시장화하여 부동산 현상 및 활동을 국지화·임장활동화하며, 부동산시장을 불완전하게 만들고 추상화한다. 부동산시장은 고정성으로 인해 현실적으로 이동거래를 행할 수 있는 구체적인 시장이 없고, 있더라도 국지적인 불완전 시장이 되므로 부동산 활동을 정보활동화한다. 위치상 완전히 동일한 부동산은 없으므로 개별성과 함께 개별요인비교의 이론적 근거가 되며, 부동산가치를 위치가치로 만든다. 또한 환경이 지역에 영향을 주고 지역은 부동산에 영향을 주므로 지역전체의 가격수준을 파악해야 하는 필요성이 제기하며 적지론과 입지론의 배경이 되기도 한다. 부동산 관련법규의 복잡성을 야기하는 주된 원인이며, 소유권 및 기타 권리이익의 가치로 표시하는 근거가 되므로 부동산권리분석을 요하게 된다.

2) 부증성

토지에 생산비나 노동력을 투입하여 물리적 절대량을 임의로 증가시킬 수 없는 특성을 말한다. 택지조성이나 수면매립은 토지이용의 증가나 효용성의 증가를 의미할 뿐이지 절대량의 증가를 의미하지는 않는다.

부증성은 토지문제의 기본적인 원인임과 동시에 토지의 희소성 문제를 유발함으로써 지가상승의 요인이 되고, 공급자 경쟁보다 수요자 경쟁을 유발한다. 토지의 부증성은 토지에 생산비법칙이 원칙적으로 적용되지 않게 하므로 조성이나 매립의 경우를 제외하고는 토지에 원가방식적용이 배제되며, 건물의 공급능력에 한계를 가져오게 한다.

3) 영속성(내구성)

토지는 사용한다거나 시간이 흐른다고 해서 물리적으로 소모되거나 마모되지 않는다는 특성을 말하며 물리적 측면에서의 영속성을 의미한다. 토지를 인문적 측면에서 본다면 토지의 유용성에 영향을 미치는 사회적·경제적·행정적 제 요인이 가변적이기 때문에 토지의 영속성은 부정되는 양면성이 존재한다.

영속성은 토지에 감가상각이론의 적용을 배제시키고, 부동산의 유용성을 지속시켜 소유이익과 이용이익의 분리를 가능하게 하며, 부동산 활동에 장기적 배려가 필요함을 유발한다. 영속성의 속성은 토지가 가치보존수단으로서의 중요성이 있게 함으로써 투기심리 또는 투자심리를 유발한다.

4) 개별성

개별성이란 자연적·물리적으로 동일한 토지는 없다는 특성으로서 이는 지리적 위치가 고정되어 있으므로 다른 토지와 물리적으로 대체할 수 없다는 점(지리적 위치의 고정성)에 기인한다. 반면에 이용자의 용도적 측면과 수요자의 측면에서 보면 대체가 어느 정도 가능하다는 양면성을 지니고 있다.

개별성은 부동산 현상을 개별화하는 이론적 근거가 되며, 개개 부동산의 가치 및 수익 등을 개별화하며 구체화하므로 개별요인의 분석을 요하는 근거가 된다. 부동산의 개별성은 부동산에서 일물일가법칙의 성립을 방해하므로 부동산간의 비교를 어렵게 하며, 부동산 관련 학문에서 이론의 일반화를 어렵게 한다.

3. 부동산의 인문적 특성

1) 용도의 다양성

용도의 다양성이란 부동산이 여러 가지의 이용에 제공될 수 있다는 특성을 말하며, 이는 부동산의 자연적 특성인 부증성과 개별성을 완화한다. 즉, 용도의 다양성으로 인해 절대적 희소성이 상대적 희소성으로 변하게 되고 상대적·경제적인 공급이 가능해지며, 용도적 측면에서는 대체가 가능하게 된다. 다시 말해, 토지는 일반 재화와 달리 그 용도가 매우 다양하다는 특성으로서 상대적 희소성과 함께 토지의 오용을 막고 최유효이용을 유발하는 특성이다.

부동산의 용도는 용도간 경합·전환·병존 가능성이 있으므로 부동산은 물리적 절대량이 제한적이므로 경합된 용도 중에서 가장 우선하는 용도를 발견하여 이용도와 유용성면에서 적정성을 판단하는 기준인 최유효이용의 원칙에 따라 이용함으로서 부동산의 오용을 방지할 수 있다.

용도의 다양성은 토지이용의 우선순위에 대한 중요성을 강조하는 근거가 되며, 적지론, 가치다원론 등의 논리적 근거를 제시한다.

2) 병합·분할 가능성

토지는 이용목적에 따라 그 크기를 인위적으로 병합·분할하여 사용할 수 있다는 특성으로 이는 용도의 다양성을 지원하는 특성이며, 효과적인 토지의 병합과 분할이 행해져야 토지의 최유효이용이 기대된다. 토지는 이와 같은 물리적 분할 이외에도 권리 및 기간의 분할도 가능하다. 구체적으로 토지는 이용 주체의 편의에 따라 자유롭게 구획하여 이용되고 구획된 토지는 다시 자유롭게 병합분할되며, 용도는 토지의 면적, 형상 등에 따라 결정된다.

물리적 분할은 토지크기의 분할을 말하고, 권리측면에서의 분할은 소유권과 소유권이외의 권리로 나뉘는 것을 말하며, 전기간의 대가인 가치와 용익기간동안의 대가인 임료로 나뉘는 것은 기간의 분할을 뜻한다.

병합·분할 가능성은 기여의 원칙과 한정가치 개념의 근거가 되며, 규모의 경제 개념의 적용을 가능하게 한다.

3) 사회적·경제적·행정적 위치의 가변성

(1) 의의

부동산의 인문적 환경으로서 사회적·경제적·행정적 위치가 시간이 흐름에 따라 변화한다는 특성이다. 즉 인문적인 측면에서 볼 때 토지는 결코 부동·불변이 아니라는 것으로 이러한 위치의 가변성은 부동산가치에 막대한 영향을 미치게 된다.

(2) 사회적 위치의 가변성

주거환경의 악화, 슬럼화, 공장의 전입, 공공시설의 이전 등으로 인한 사회적 환경의 악화 또는 개선과 같이 지역요인이 변화하는 것과 인구 상태 등으로 인하여 부동산의 수요가 변화하는 것 등을 의미한다.

(3) 경제적 위치의 가변성

도로, 철도, 전철, 항만, 역 등의 신설·이전·축소·확장 등으로 인한 시가지의 변화·발전·쇠퇴 등을 들 수 있고, 경제성장, 소득증대, 경기순환 등으로 인한 부동산의 수요 및 유동성의 변화 등을 들 수 있다.

(4) 행정적 위치의 가변성

부동산에 대한 정부의 정책과 행정 등의 변동으로 부동산 활동이나 가치가 직접 또는 간접으로 영향을 받음으로써 부동산의 위치가 변화하는 것을 말한다. 행정적 요인으로는 토지제도, 토지이용활동의 규제상태, 토지세제 상태, 토지 및 건축물의 구조, 방화 등에 관한 규제상태 등이 있다.

IV. 부동산의 기타특성

1. 부동산의 지역성

부동산의 지역성이란 부동산이 지리적 위치의 고정성으로 인해 그 부동산이 속한 지역의 구성분자로서 그 지역 및 지역 내의 다른 부동산과 의존·보완·협동·대체·경쟁의 상호관계를 이루며, 이러한 상호관계를 통하여 당해 부동산의 사회적·경제적·행정적 위치가 정해진다는 부동산의 특성을 말한다. 지역성으로 인해 일정 지역 내의 부동산은 유사한 이용상태를 보이게 되고 가격도 일정한 수준을 보이게 된다.

개개 부동산이 속하고 있는 지역은 그 규모, 구성내용, 기능 등에 있어서 타 지역과 구별이 되는 경향이 있는데, 이와 같이 일정한 어떤 지역이 다른 지역과 구별되는 그 지역만의 특성을 지역특성이라고 말한다. 지역특성이 나타나는 이유는 지역성이 있기 때문이며, 일반적 요인의 지역편향성과 지역의 자연적 제 조건의 결합으로 인해 나타난다.

지역성은 개별부동산 차원의 개념이며, 지역특성은 지역차원의 개념으로서 부동산이 속하는 지역의 사회적·경제적·행정적 위치는 항상 확대·축소·집중·확산·발전·쇠퇴 등 변화의 과정에 있으므로 부동산의 가격도 항상 변화의 과정에 있게 된다. 부동산의 지역성에 의해 그 지역의 지역특성이 형성되며, 지역특성은 지역 내 부동산의 가격수준에 영향을 미치고 이는 표준적사용의 형태로 표출되므로 부동산의 지역성은 지역분석의 중요성이 강조되는 근거가 된다.

2. 부동산의 경제적 특성

부동산도 일반재화와 마찬가지로 경제재의 하나로 볼 수도 있는 특수한 재화이므로 경제적 측면의 특성을 가지며, 가치도 경제적 특성을 나타내게 된다. 경제적 특성은 인문적 특성의 또 다른 이면으로서 특히 유용성과 이용성 측면에서 논의되는 특성으로 볼 수 있는데, 부동산의 희소성, 부동산투자의 고정성, 토지효용의 가변성, 위치선호성 등이 있다.

부동산 특히 토지의 희소성은 토지의 부증성과 토지공급의 비탄력성에 기인하여 인간의 욕망에 비해 토지의 이용면적이 양적·질적으로 한정되어 있음을 의미한다. 희소성은 가용토지의 집약적·입체적 이용, 부동산의 개발 및 용도전환, 지역간 유효수요의 조정 등을 통하여 토지이용의 효율성을 극대화하여 해결이 다소 가능하다.

부동산을 최유효이용의 상태로 그 경제적 위치를 변화시키기 위해서는 많은 시간과 막대한 비용이 소요되며, 투하자본의 회수기간도 장기적인 경향이 있다. 또한 토지는 금융자산에 비해 안정성과 수익성은 좋지만 환금성과 유동성이 좋지 않다는 단점이 있다. 투자의 고정성으로 인하여 경제적·행정적 요인의 변동, 특히 토지이용규제에 대한 능동적인 대처가 어렵게 된다.

토지효용을 변화시키는 개량물은 토지에 정착되거나 토지에 연결 또는 설치되어 토지의 효용과 가치를 변화시키는 것을 의미한다. 토지는 환경성과 자기완결성이 부족하므로 개량물과 결합 또는 개량물이 가미되어 그 효용이 발휘되고 변화되며, 지리적 위치의 고정성으로 인하여 인근지역의 사회적·경제적·행정적 요인의 영향을 받을 뿐만 아니라 개량물의 영향도 받는다. 특히 지하철개통, 관공서, 병원 등 공공시설의 정비는 지역토지의 환경 및 가치에 많은 영향을 주는 요소가 된다. 개량물은 토지와 적절한 균형을 이룰 때 그 효용이 증대되며 그렇지 않은 경우에는 건부감가의 원인이 되기도 하므로 부지와 개량물간의 균형 및 조화에 유의하여 경제적 특성을 이해하여야 한다.

3. 건물의 특성

건물은 인위적인 축조물로서 재생산이 가능하고 상각자산이면서 소비재이므로 일정한 물리적·경제적 내용연수를 가진 부동산이다. 건물의 내구성은 다른 재화와 비교할 때 상대적으로 장기간이고, 건물은 물리적·경제적 내용연수를 가지고 있지만 개보수를 통해 어느 정도 그 내용연한을 연장할 수 있으며 개축이나 증축 등으로 그 규모를 증가시킬 수도 있다. 건물은 그것이 속하거나 위치한 토지의 개별적 요인의 영향에 따라 그 경제적 가치에 커다란 영향을 받게 되며, 토지상에 존재한다는 한계가 있으나 토지와 동일한 개별성은 없다. 건물은 원칙적으로 부동성이 있다고 볼 수 있지만 최근에는 기술의 발달로 인해 이동식 주택 등이 나타나고 있다.

부동산감정평가의 과정

Chapter 03
가치 및 가격에 대한 이해

　　부동산의 감정평가란 토지등의 경제적 가치를 판정하여 그 결과를 가액으로 표시하는 것을 말한다. 앞서 감정평가와 부동산에 대하여 살펴보았다면 이제 경제적 가치가 무엇인지, 즉 감정평가의 목적에 대하여 알아보고자 한다.

　　먼저 가치 및 가격에 대하여 각각의 개념과 양자의 관계에 대하여 알아본다. 경제학적 의미에서의 가치 및 가격의 의미와 감정평가에서의 그것이 어떻게 차이 나는지 이해한다. 부동산가치(가격)는 부동산의 특성 등으로 인하여 부동산시장 안에서 다양한 기능을 하며 일반재화와는 다른 특징이 있는바, 이에 대하여 알아본다.

　　한편, 동일부동산에 대하여 부동산의 이용목적과 관점, 조건 등에 따라 부동산가치가 다양하게 형성되고 파악되는 것을 부동산가치의 다원성, 가치다원론이라 한다. 이는 다양한 감정평가활동을 가능하게 하고, 감정평가의 기능, 안전성, 객관성에 공여하는 중요한 개념인바 중요하게 다뤄야 한다.

　　현행 「감정평가에 관한 규칙」에서는 시장가치를 원칙으로 하고 있는바, 시장가치의 정의와 외국의 시장가치에 대하여 알아본다. 또한 가치다원론으로 인하여 시장가치 외의 가치는 무엇인지, 외국의 시장가치 외의 가치는 어떻게 규정되어 있는지에 대하여 파악할 수 있다.

　　마지막으로 가치에 대한 과거 경제학자들의 다양한 시각과 접근방법에 대한 이론들을 알아본다. 가치에 대한 이론뿐만 아니라 농경지 지대이론, 도시토지 지대이론, 도시공간 구조이론 등에 대한 기초적인 부분을 학습한다.

Ⅰ. 가치 및 가격의 개념

1. 개 요

하나의 언어에서 공통적으로 사용되는 단어가 특정분야에서는 다른 의미를 갖는 경우가 있다. 가격과 가치가 바로 그런 경우에 해당하는데, 경제학에서는 가격과 가치의 관계에 대한 논쟁을 지양하고 가격현상을 연구하고 있으나, 감정평가분야에서는 양자의 차이에 대한 논의가 계속되고 있다. 가격과 가치는 관념상의 차이이지 특별한 상황이 아닌 한 거의 일치한다고 보는 경제학점 관점이 타당하다고 보나, 부동산가치의 본질을 정확히 이해하기 위해서는 가격과 혼용되는 가치의 개념과 양자의 관계, 가치의 종류 등에 대한 논의가 요구된다.

2. 가격의 개념

가격은 시장성에 따라 인정되는 객관적인 것으로서 화폐로 표시된 단위를 말하는데, 이는 어떤 부동산에 대해 요구된, 제안된, 지불된 금액을 말한다. 매매가격은 그것이 공개되었거나 아니면 공개되지 않았거나 하나의 역사적 사실이며, 특정 매수자나 매도자의 금융능력, 매매동기, 특별한 이해관계 등 때문에 어떤 부동산에 대해 지불된 가격은 다른 사람이 그 부동산에 부여할 것으로 보는 가치와 어떤 관계가 있을 수도 있고 그렇지 않을 수도 있다. 일반적으로 가격은 특정상황에서 특정 매매당사자가 그 부동산에 대해 부여하는 상대적 가치를 시사한다.

부동산 중에서 특히 토지는 입체공간인 3차원의 공간이므로 토지의 가격은 3차원의 공간이 갖는 수평공간인 지표권, 지하공간인 지하권, 공중공간인 공중권의 입체적 공간가격의 합이다. 민법에서도 토지의 소유권은 정당한 이익이 있는 범위 내에서 토지의 상하에 미친다고 규정하여 3차원 공간의 재산권의 범위를 정하고 있으며, 토지의 가격은 건폐율과 용적률, 구분지상권 등과 관련한 입체가격을 나타낸다고 볼 수 있다.

3. 가치의 개념

가치는 시장성보다는 사람이 느끼는 주관에 중점을 둔 것으로서 구매하고자 하는 부동산에 대해 매수자와 매도자가 결론에 도달할 가능성이 가장 많은 가격을 의미한다. 가치는 매매당사자와 부동산간의 금전적 관계를 의미하며, 전형적으로 동기화된 매수자와 매도자가 부동산에 대해 결론에 이를 가능성이 가장 높은 가설적인 가격을 설정하는 것이다. 따라서 가치는 사실이 아니고, 주어진 시점에서 구매가능한 부동산에 대해 지불할 가능성이 가장 많은 가격의 추계치이다. 가치에 대한 경제학적 개념은 평가유효시점 현재 재화의 소유자 또는 용역을 받는 자에게 발생하는 편익에 대한 시장의 견해를 반영하고 있다. 부동산의 경제적 가치는 부동산이 어떻게 구성되고 어떻게 공헌하고 있는가 하는 부동산의 상태를 반영하여 나타나며, 경제적 가치는 대상부동산으로부터 장래에 기대하는 편익의 값을 현재의 값으로 계산한 것으로서 인간의 다양한 욕구로 인해 가치 또한 다양하게 나타난다.

아담스미스에 의하면 가치란 어떤 재화나 용역이 다른 재화나 용역을 교환의 대상으로 지배하는 힘이다. 따라서 가치란 재화와 재화간의 단순한 교환비율이며, 재화가 가지고 있는 어떤 내재적 질에 의해 결정되는 것은 아니라는 것을 의미한다. 한편 피셔에 의하면 가치란 장래 기대되는 편익을 현재가치로 환원한 값이다. 이는 부동산과 같은 내구재에 대한 가치의 정의로 적합하며, 장래 기대되는 편익은 단순히 금전적인 것만을 의미하는 것이 아니라 비금전적인 것도 포함한다.

4. 가치와 가격의 관계

가격은 재화 또는 용역의 실제 교환에 적용되며, 지불된 금액 또는 당사자가 기꺼이 받아들이고자 하는 금액과 같은 사건을 의미한다. 가치는 구매하고자 하는 재화나 용역에 대해 매수자와 매도자가 결론에 도달할 가능성이 가장 많은 가격을 의미한다. 가치는 어떤 사실이나 사실에 대한 추정이 아니며, 그런 개념인 가격과는 다른 개념이다. 사실에 대한 의견은 가치에 대한 의견과는 다른 것으로 볼 수 있다.

모든 재화가 일정한 가격을 갖는 것은 그 재화가 그만큼의 유용성을 가지고 있기 때문이며, 재화의 가격이란 재화의 가치를 구체적으로 표현한 것이 된다. ① 가격의 기초에는 가치가 전제되고 있기 때문에 가격은 가치에 의하여 결정된다. 그러므로 가치가 변동되면 가격도 같은 방향으로 변동한다. ② 가치는 화폐를 매개로 하여 가격이 되는 것이며, 가격은 가치의 화폐적 표현이다. 그러므로 화폐가치가 변동하면 가격은 역방향으로 변동한다. ③ 가격은 수요와 공급의 변화에 따라 변동한다. 수요변동에 대하여는 동일방향으로, 공급변동에 대하여는 역방향으로 변화함으로써 가격은 가치의 현상적 형태가 된다. 수요가 공급을 초과하면 가격은 가치이상이 되고 수요가 공급에 미달될 때에는 가격은 가치 이하로 떨어지므로 가격은 가치로부터 괴리되는 현상을 나타낸다. 그럼에도 불구하고 장기적으로 본다면 가치와 가격은 일치한다.

경제학적 관점에서 보면 가격은 가치의 화폐적인 표시이며 관념상의 차이일 뿐이므로 일반적인 상황하에서는 양자가 거의 일치한다고 보고 있다. 그러나 사회적·경제적·행정적 위치의 가변성, 거래상황의 개별적인 동기나 특수한 사정 등으로 인하여 부동산의 가격과 가치는 서로 합치되지 못하고 현실적으로 차이가 발생하게 되는 경우가 발생하기도 한다.

부동산학적 관점에서는 가격은 특정부동산에 대한 교환의 대가로서 시장에서 매수자와 매도자간에 실제 지불된 금액이지만, 가치는 장래 기대되는 편익을 현재가치로 환원한 값으로 보기도 한다. 또한 가격이 과거 값이라면 가치는 현재 값이다. 가격은 시장에서 실제 지불된 금액이기 때문에 과거의 값이지만 가치는 현재의 입장에서 장래 기대되는 편익을 다양한 목적으로 평가한 현재의 값이다.

II. 부동산가치(가격)의 기능과 특징

가격은 재화 또는 용역의 교환과 관련된 개념으로서 어떤 재화나 용역에 대해 요구되거나, 제안되거나, 지불된 금액을 의미한다. 부동산시장에서의 거래가격은 그것의 공개여부와 상관없이, 그것의 합리성여부와 상관없이 하나의 역사적 사실이다. 특정 매매당사자의 금융능력, 매매동기, 또는 특별한 이권이 반영되어 재화나 용역에 대해 지불된 가격은 일반적으로 사람들이 그 재화나 용역에 대해 부여할 것으로 기대되는 기준가치와 어떤 관계가 있을 수도 있고 그렇지 않을 수도 있다. 일반적으로는 가격은 특정상황하의 특정 매매당사자가 그 재화나 용역에 대해 부여하는 상대적 가치를 시사하며, 현재적 의미에서 부동산가격의 본질은 부동산을 소유함으로써 기대되는 장래의 유형·무형의 이익에 대한 현재가치라고 볼 수 있다. 부동산은 어떻게 구성되며 어떤 형태로 공헌하고 있는가 하는 부동산의 경제적인 상태를 통하여 그 본질이 결정되며, 부동산가치는 최유효이용의 추구를 통한 계속적인 토지이용경쟁과 부동산자원의 효율적인 배분 등에 있어서 판단지표가 된다. 부동산은 인간의 삶에 있어 중요한 기능을 수행하고 있고, 자연적인 특성으로 인하여 일반재화와는 다른 특징을 나타내기도 하므로 부동산가치 또한 이러한 부동산의 기능과 특징을 반영하게 된다.

1. 부동산가치(가격)의 기능

생산활동에 따르는 이윤의 크기는 가격의 구조에 의하여 영향을 받기 때문에 가장 높은 이윤을 추구하는 개별 생산활동도 결국 가격의 구조에 의하여 통제된다. 시장경제의 자원배분은 경쟁가격의 구조에 의하여 이루어진다고 말할 수 있으며, 이와 같이 경쟁가격을 형성하고 이 경쟁가격에 의하여 상품별로 사회 전체적인 과부족 현상이 발생하지 않도록 개별 경제생활을 유도하는 시장경제의 자원 배분기능을 일반적으로 가격의 기능이라고 한다. 가격은 생산활동과 소비활동의 지표가 되며, 자율적인 배분의 기능을 통해 수요량과 공급량이 일치하는 방향으로 조정을 하는데, 이러한 경제학적 가격의 기능을 부동산가격도 내포하게 된다.

부동산시장에서 부동산가격은 소비자와 공급자의 매매, 임대, 개발 등 행동을 결정하는 중요한 지표가 되며, 수요와 공급의 조정을 통하여 균형을 이루게 한다. 다만 부동산은 필요한 공급에 일정한 기간이 소요되고 부증성 등 공급측면의 제약 요소가 있으므로 부동산가격은 균형가격의 성립이 어려울 수도 있다. 합리적인 부동산가격은 부동산시장에 최고의 정보를 제공하는 역할을 하며, 감정평가액은 합리적인 시장가격을 유도하는 중심지표가 되기도 한다. 이러한 현상은 최근 보상가액이 일정지역에서는 매매 등의 기준지표가 되는 것에서 찾아볼 수 있다.

부동산가격은 부동산자원의 배분에서 효율성을 보장하는 기능을 한다. 부동산시장에서 이용경쟁은 보다 많은 수익을 추구하는 방향으로 전개되기 때문에 가격은 보다 큰 수익을 가져다주는 이용을 시장이 자발적으로 증산하도록 유도하게 된다. 가격 기능에 의한 자원배분은 각종 부동산자원을 사회적 필요에 따라 적절히 안배하는 경제학적 효율성을 가지게 되며, 현재 어떤 형태의 부동산가치가 상승하고 있다면 그것이 사회 전체적으로 부족하다는 신호가 된다. 부동산가치는 물리적 공급을 창출하지는 못하나 경제적 공급을 유도할 수 있으며, 가치자체가 수요자의 행동을 결정하므로 자원배분의 기능을 한다. 다만 부동산은 그 중요성으로 인해 정책적·법률적 제약을 받으므로 부동산자원의 효율적 배분이 저해될 수 있으며, 시장실패와 공평성의 저해로 인한 정책적 보완으로 가치기능이 저해될 여지가 일반재화에 비해 크다고 본다.

잠재가치란 재화의 가치가 그 재화의 기회비용을 올바르게 반영하는 가치로서 시장가치가 존재하지 않거나, 존재하더라도 신뢰할 수 없을 때에 주관적으로 부여한 가치를 말한다. 일반적으로 부동산가치는 불완전경쟁가치를 나타내므로 진정한 사회적 가치를 반영하지 못하며, 시장가치에 대해 상향 또는 하향의 조정을 필요로 하는 경우가 많다. 부동산시장에서 부동산의 현실적인 가치는 기회비용을 올바르게 반영하지 못하지만 감정평가액은 기회비용을 올바르게 반영하는 잠재가치의 기능을 하게 된다.

2. 부동산가치(가격)의 특징

부동산의 가치는 일반적으로 교환의 대가인 협의의 가치와 용익의 대가인 임료로 표시되며 그 가치와 임료간에는 원본과 과실간에 나타나는 상관관계를 인정할 수 있다. 적정한 순이익을 환원이율로 자본환원하면 원본가치가 구해지고, 반대로 원본가치에 기대이율을 곱하면 임료가 산정된다. 부동산의 가치는 일반적으로 교환의 대가로서 시장가치를 화폐액으로 표시한 것임과 동시에 부동산이 물리적, 기능적 또는 경제적으로 소멸하기까지 전 기간에 걸쳐 부동산을 사용 또는 수익할 수 있는 것을 기초로 발생하는 경제가치를 화폐액으로 표시한 것이라 할 수 있다. 부동산은 동산에 비해 내용연수가 장기이고, 영속성의 특징이 있으므로 소유권의 이전은 물론 일정기간 동안 임대를 통하여 이용이 가능하며, 그 가치는 교환의 대가인 가치와 사용수익의 대가인 임료로 표시된다.

부동산의 가치는 그 부동산의 소유권, 임차권 등 권리에 대한 대가 또는 경제이익의 대가이며, 2개 이상의 권리이익이 동일 부동산에 존재하는 경우에는 각각의 권리이익마다 가치가 형성되고, 각각의 가치는 상호간에 영향을 미치게 된다. 감정평가의 대상이 되는 부동산의 경제적 가치는 부동산의 권리이익이 가치로 표시되는 것으로서, 부동산의 권리는 소유권 이외에 지상권, 지역권, 임차권 등이 있으며, 각 권리는 병존이 가능하다.

부동산이 속한 지역은 고정되어 있지 않고 사회경제의 변동에 따라 항상 확대, 축소, 집중, 확산, 발전, 쇠퇴 등의 변화과정에 있기 때문에 그 지역의 사회적, 경제적 위치 또한 변화의 과정에 있게 된다. 또한 부동산의 이용형태와 공헌의 정도는 자신이 속한 지역과의 상관관계에서 최적이면서 최고인지와 현재의 최적상태가 시간의 경과에 따라 지속가능한지가 늘 검토되어야 한다. 부동산의 가치는 현재의 이용형태 등에 국한되어 형성되는 것이 아니라, 과거와 미래에 걸친 장기적인 고려하에서 형성되는 것이다. 오늘의 가치는 어제의 전개이며, 내일의 가치를 반영한 것으로서 늘 변화의 과정에 있게 되며, 부동산의 현재가치는 과거로부터 생성과정의 투영이고 장래의 변화를 내재한 것임을 의미한다. 부동산가치가 장기적인 배려하에 형성되고 항상 변동의 과정에 있는 것은 부동산이 고정성 및 영속성의 특징하에서 사회적, 경제적, 행정적 환경이 변화하기 때문이며, 부동산가치는 변동의 원칙과 예측의 원칙을 고려하고 가치결정의 독립변수들을 충분히 고려하여 파악되어야 한다.

일반적으로 부동산의 거래는 필요에 따라 성립하는 것이므로 거래가격은 개별적으로 형성되는 것이 보통이며, 부동산시장의 특성, 거래당사자간의 능력 차이, 사정상 급매매 등 개별적인 사정이 개입되는 경우가 많다. 또한 현실의 거래가격이 반드시 부동산의 적정한 가격이라고 단정할 수도 없으므로 일반인이 이를 판단하는 것이 곤란하여 고도의 전문적 지식과 풍부한 경험 및 정확한 판단력을 가진 전문인에 의한 감정평가활동이 필요하게 된다. 부동산은 권리관계나 사실관계를 파악하기 위해서 많은 시간과 비용, 전문적인 지식, 경험이 요구되며, 부동산가격은 거래당사자의 개별적인 동기나 특별한 사정이 개입될 여지가 많다는 특징이 있다.

3. 부동산가치(가격)의 이중성

재화의 가격은 수요와 공급의 균형점에서 결정되며, 일단 결정된 가격은 선택의 지표로서 다시 수요와 공급에 영향을 미치는 피드백이 성립하는데 이를 가치(가격)의 이중성이라 한다. 부동산도 피드백관계가 성립하나 부동산의 특성으로 인해 달리 작용하게 된다. 일반적으로 부동산의 가치는 유용성, 상대적 희소성, 유효수요 등의 상호결합에 의해 발생하며, 이러한 세 가지 발생요인에 영향을 주는 사회적·경제적·행정적 요인의 상호작용에 따라 결정된다. 부동산가치는 이들 요인의 영향 하에서 형성됨과 동시에 선택지표로서 반대로 이러한 요인에 영향을 주는 이중성을 나타나게 된다. 부동산은 그 고유의 특성으로 인하여 일반재화처럼 균형가치가 자연스럽게 형성되지 않으므로 감정평가액이 균형가치와 같은 역할을 하게 된다. 이러한 평가액은 다시 선택의 지표로서 부동산가치형성의 여러 가지 제력에 영향을 주게 되므로 평가활동의 적정성 여부는 사회적 공공성에 미치는 영향이 크다고 할 수 있다.

III. 가치다원론

1. 가치다원론의 개념 및 근거

부동산가치는 주어진 시점에서 다양한 목적으로 적용되는 것이 일반적이므로 그 가치의 종류는 다양하게 나타날 수 있다. 부동산평가영역에서 부동산가치는 그것이 어떤 목적하에 어떤 용도로 이용되는가에 따라 구체적인 의미와 개념을 지니게 된다. 이처럼 동일부동산에 대하여 부동산의 이용목적과 관점, 조건 등에 따라 부동산가치가 다양하게 형성되고 파악되는 것을 가치의 다원성이라고 한다.

부동산은 여러 가지 용도로 제공될 수 있으므로 그 용도의 다양성으로 인해 하나의 부동산이라 할지라도 소유자 또는 이용자의 요구에 따라 다양한 용도로의 활용이 가능하다. 따라서 시장가치와 투자가치, 계속기업가치와 청산가치, 담보가치, 보상가치 등 다양한 효용의 가치가 형성되는 것이 일반적인 현상이다. 또한 부동산은 그 이용목적에 따라 그 면적을 인위적으로 분할 및 합병하는 것이 가능하며, 용도의 전환, 경합, 병존이 이루어지게 된다. 따라서 부동산가치는 부동산의 용도적 목적에 따라 수익과 효용의 창출이 달라지므로 목적과 조건에 따른 다양한 가치형성이 가능하다. 부동산은 사회적, 경제적, 행정적 위치의 가변성으로 인해 그 위치적 조건이 달라질 수 있으며 이에 따른 이용목적과 가치형성원인 등이 다양하게 나타날 수 있으므로 다양한 효용의 가치가 나타날 수 있다. 이를 부동산가치다원론 또는 가치다원설이라 한다.

2. 가치다원론의 요구이유

부동산가치는 평가목적, 가치형성원인 등에 따라 다양하게 논의될 필요가 있다.

부동산은 용도의 다양성 등 인문적 특성으로 인해 가치형성요인이 복잡하고 다양하여 항상 하나의 가치만이 형성되지 않는다. 부동산가치는 그 목적에 따라 담보가치, 보상가치, 투자가치, 과세가치 등 다양한 가치가 형성되며, 이는 부동산가치형성요인의 다양성을 반영한 결과이다.

부동산가치의 다원적 개념은 부동산평가의 다양한 목적에 부합하여 평가의 적정성을 기하게 하며, 보상·담보·경매 등 다양한 평가목적에 따라 가치를 유형화함으로써 평가의 안전성을 제고시킨다. 평가의 안정성과 적정성 확보는 감정평가액의 객관성을 공여하므로 시장에서의 위치를 공고하게 만든다.

감정평가는 평가목적이나 의뢰목적에 부합하는 가치를 산정하여야 하므로 부동산 가치의 다양성은 중요하게 요구된다. 현대경제사회의 다양성과 복잡성은 부동산 관련 의사결정에 있어 더욱 다양하고 적시의 유용한 정보를 요구하므로 감정평가는 다양한 가치정보를 부동산시장에 제공하여 궁극적으로 사회발전에 이바지할 수 있게 된다. 또한 부동산가치의 다원론을 통하여 시장에 정보를 제공하는 감정평가의 기능이 더욱 정치화되고 확장되므로 부동산시장의 질서를 더욱 건강하게 유지할 수 있다.

3. 시장가치와 적정가격

1) 시장가치

시장가치는 대상물건이 통상적인 시장에서 충분한 기간 동안 거래를 위하여 공개된 후, 그 대상물건의 내용에 정통한 당사자 사이에 신중하고 자발적인 거래가 있을 경우 성립될 가능성이 가장 높다고 인정되는 대상물건의 가액을 말한다.

감정평가에서는 대상물건에 대한 감정평가액은 시장가치를 기준으로 결정함을 원칙으로 한다. 다만, 법령에 다른 규정이 있는 경우, 감정평가 의뢰인이 요청하는 경우, 감정평가의 목적이나 대상물건의 특성에 비추어 사회통념상 필요하다고 인정되는 경우에는 시장가치 외의 가치를 기준으로 결정할 수 있다. 이 경우 해당 시장가치 외의 가치의 성격과 특징 및 시장가치 외의 가치를 기준으로 하는 감정평가의 합리성 및 적법성 등을 검토해야 한다.

2) 적정가격

「부동산 가격공시에 관한 법률」 제2조에서 적정가격이라 함은 토지, 주택 및 비주거용 부동산에 대하여 통상적인 시장에서 정상적인 거래가 이루어지는 경우 성립될 가능성이 가장 높다고 인정되는 가격을 말한다고 규정하고 있다. 따라서 부동산공시제도에 의한 적정가격 이외에도 다양한 가격개념을 인정하고 있는 것으로 해석이 가능하다.

4. 가치다원론에 대한 법률적 근거

1) 부동산 가격공시에 관한 법률

부동산의 적정가격공시제도는 공시지가체계의 일원화를 의미하는 것이지 공시지가의 일원화를 의미하는 것이 아니다. 「부동산 가격공시에 관한 법률」 제8조에서 필요하다고 인정할 때에는 표준지의 공시지가를 기준으로 하여 산정된 지가를 공공용지의 매수 및 토지의 수용·사용에 대한 보상, 국유지·공유지의 취득 또는 처분 등의 목적에 따라 가감 조정하여 적용할 수 있다고 규정하여 가치다원론을 법적으로 인정하고 있다고 볼 수 있다.

2) 감정평가에 관한 규칙

「감정평가에 관한 규칙」 제5조에서는 대상물건에 대한 감정평가액은 시장가치를 기준으로 결정한다고 규정하고 있다. 다만, 법령에 다른 규정이 있는 경우, 감정평가 의뢰인이 요청하는 경우, 감정평가의 목적이나 대상물건의 특성에 비추어 사회통념상 필요하다고 인정되는 경우에는 대상물건의 감정평가액을 시장가치 외의 가치를 기준으로 결정할 수 있다고 하여 가치다원론을 인정하고 있다.

개정 전 「감정평가에 관한 규칙」에서도 정상가격주의를 규정하면서 평가목적·대상물건의 성격상 정상가격으로 평가함이 적정하지 아니하거나 평가에 있어서 특수한 조건이 수반되는 경우에는 그 목적·성격이나 조건에 맞는 특정가격으로 결정할 수 있다고 하여 가격다원론을 인정하였다.

Ⅳ. 시장가치와 시장가치 외의 가치

1. 가치의 기준

가치의 기준(Bases of value)이란 감정평가시 기본 전제가 되는 것을 말하는데 현행 우리나라 감정평가 기준체계에서는 규정하지 않고 있다. 대신 기준가치라 하여

「감정평가에 관한 규칙」제5조에서 '시장가치'기준 원칙으로 하되, 일정한 경우 '시장가치 외의 가치'를 예외로 할 수 있게 규정하고 있다. 국제감정평가기준 IVS (International Valuation Standards)에서는 가치기준에 대하여 감정평가 가치가 기반으로 하고 있거나 기반이 될 기본 전제로서 가치표준이라고도 하며, 감정평가방법을 선정하고, 관련 자료를 수집하여 가정을 설정함으로써 궁극적으로 가치 의견을 도출하는 데 영향을 미치거나 이를 좌우할 수 있으므로 해당 감정평가 업무의 조건과 목적에 부합해야 한다고 규정한다. IVS상 정의된 가치는 시장가치, 시장임대료, 균형가치, 투자가치, 시너지가치, 청산가치이며 이외 기타 기준가치로 구분하고 있다.

2. 시장가치의 개념

1) 의의

개정 전「감정평가에 관한 규칙」에서는 '정상가격'이라 하여 대상토지 등(대상물건)이 통상적인 시장에서 충분한 기간 거래된 후 그 대상물건의 내용에 정통한 거래당사자간에 통상 성립한다고 인정되는 적정가격으로 정의하며 정상가격주의를 견지하였다. 그러다 국제감정평가기준(IVS)의 제정 등의 영향으로 2012년 8월 감칙 전부개정으로 지금의 '시장가치기준 원칙'으로 변경된 것이다.

시장가치란 감정평가의 대상이 되는 토지등(대상물건)이 통상적인 시장에서 충분한 기간 동안 거래를 위하여 공개된 후 물건의 내용에 정통한 거래당사자 사이에 신중하고 자발적인 거래가 있을 경우 성립될 가능성이 가장 높다고 인정되는 대상물건의 가액을 말한다(감정평가에 관한 규칙 제2조 제1호).

2) 거래대상의 조건(대상물건의 시장성)

시장가치는 시장성이 있는 물건에 대한 가치로서 시장성이란 매매가능성, 임대가능성 등을 말하며, 시장성이 있는 물건이란 일반다수인간에 거래의 대상이 되는 물건을 말한다. 따라서 시장성이 없는 공공·공익에 제공되는 부동산은 계속적으로 공공·공익에 이용하는 것을 전제로 하는 경우에는 시장성이 없으므로 시장가치가 형성되지 못한다.

3) 거래시장의 조건

(1) 통상적인 시장

거래 또는 평가대상에 대하여 통상적인 시장이 존재해야 하는데, 통상적인 시장이란 다수의 매도인과 매수인이 합리적·합법적인 사고방식을 가지고 경제원칙에 입각하여 자신의 이익을 위해 최선을 다하는 공개경쟁시장 또는 자유경쟁시장을 의미한다. 즉, 통상적인 시장은 누구나 참가가 가능한 자유시장이고 거래당사자들의 진입과 탈퇴가 제한받지 않는 공개시장이며, 수요와 공급도 자유롭게 이루어지는 합리적인 시장을 말한다. 어떤 의미에서 자유시장은 구체적인 장소를 의미하는 것이 아니라 추상적인 시장, 즉 감정평가사가 상정한 경쟁시장을 뜻한다고 볼 수 있다. 따라서 대상부동산이 제한된 시간만 노출되고 거래당사자가 상대적으로 제한되는 경·공매시장이나 비합리적·비합법적인 동기에 의한 거래시장, 호경기나 불경기하의 시장, 매도인 또는 매수인의 독과점하의 시장 등은 통상적인 시장이 될 수 없다.

(2) 출품기간의 합리성

시장가치는 합리적인 자유경쟁시장에서 충분한 기간 동안 방매된 후 형성되는 가치로서 매수인의 발견을 위하여 또는 매도인의 참여를 위하여 합리적인 시간이 주어져야 한다. 충분한 기간이란 무한한 시간이 아니라 출품시간의 적정성 또는 합리성을 의미하며, 출품기간이 너무 장기이거나 단기인 것은 모두 시장가치의 성립요건이 되지 못한다. 너무 장기적인 방매기간은 오히려 특별한 동기가 개재되기 쉬우며, 너무 짧은 출품기간은 가치 왜곡을 가져올 수 있다. 부동산은 일반재화에 비해 고가품이고 시장참여자의 수도 적기 때문에 정보가 가치에 반영될 수 있는 합리적인 시장노출시간을 가정하는 것이며, 합리적인 시장노출시간은 경기변동과도 관계가 있으므로 시장분석이 중요하게 된다.

(3) 거래의 자연성

시장가치는 거래당사자간에 자유의사로 합의될 수 있는 거래 가능한 가격이어야 하므로 거래당사자의 특별한 동기나 사정 등이 개입되지 않은 자연스러운 거래를 말한다. 즉, 거래의 자연성은 대상물건의 거래가격을 불합리하게 만드는 대내외적 요인의 개재가 없는 것을 말하므로 부당한 자극이나 당사자의 의사에 반하는 강요 등에 의해 가격이 영향을 받지 않아야 한다. 거래의 자연성을 저해하는 요인에는 다음과 같은 것들이 있다.

- 당사자의 특별한 동기(급매 또는 급매를 요하는 부득이한 사정)
- 당사자의 개별적인 사정(친족 또는 친지 사이의 거래, 당사자가 대상물건에 대해 개별적인 애착 또는 기호를 갖는 경우의 거래, 특수한 우발적 요인이 개재된 경우의 거래)
- 거래가 강요된 경우(채무자의 재산경매, 공공기관과의 직간접적인 거래)
- 부동산가격·수급 등에 대한 공적통제 등이 가해진 경우(토지거래허가지역 내 부동산거래, 특별한 용도이용을 전제로 한 거래)

4) 거래당사자의 조건(당사자의 정통성)

거래당사자가 대상물건의 내용에 정통하여야 한다. 이는 거래의 당사자가 대상물건의 적정용도 등 내용에 정통해야 하고, 대상부동산의 수급동향이나 기타 부동산시장의 추이에 정통해야 하며, 대상물건의 효용 및 경제적 가치에 정통해야 한다는 것을 의미한다.

3. 그 밖의 시장가치

1) 국제감정평가기준(IVS)

시장가치는 물건에 대해 잘 아는 신중하고 강박 없는 상태의 자발적인 매도인과 자발적인 매수인이 적절한 마케팅 후 사정이 개입되지 않은 정상적인 거래로 감정평가 기준시점에 교환하는 자산이나 부채의 추정가액이다.

'추정가액'은 정상적인 시장 거래에서 자산에 대해 지불가능한 금액으로 표시되는 가격을 말한다. '교환하는 자산이나 부채'는 미리 결정된 가액이나 실제 거래가액이 아닌 자산이나 부채의 가치가 추정금액이라는 사실을 말한다. '기준시점'은 해당 가치가 주어진 일자에 특정한 것이기를 요구한다. '자발적인 매수인'은 구매 동기는 있으나 구매를 강요당하지 않은 자이다. '자발적인 매도인'은 어떠한 가격이라도 매각할 준비가 된 지나친 매도의사를 가진 자를 의미하는 것이 아니며, 현재 시장에서 합리적이라고 간주되지 않는 가격을 유지하려는 자도 아니다. '사정이 개입되지 않은 정상적인 거래'는 가격수준이 시장의 특징을 벗어나거나 과장될 수 있는 모회사와 자회사 또는 임대인과 임차인의 관계와 같이 특정한 또는 특수한 관계에 있는 자가 아닌 당사자 사이의 거래이다. '적절한 마케팅 후'는 시장가치의 정의에 따라 합리적으로 얻을 수 있는 최선의 가격으로 처분할 수 있는 적절한 방식에 의해 자산이 시장에 공개되었다는 것을 말한다. '물건에 대해 잘 아는 신중하고'는 자발적인 매도인과 자발적인 매수인이 자산의 특성과 특징, 실제 용도와 잠재적 용도 및 감정평가 기준시점에서의 시장 상황에 대해 합리적으로 알고 있다고 가정한다. '강박 없는'이란 각 당사자가 거래할 동기를 가지고 있으나 그 거래를 완료하도록 강요당하거나 부당하게 억압당하지 않음을 의미한다.

2) 미국감정평가기준(USPAP)

미국감정평가기준에서는 자율적인 판단과 결정에 위임하되, 시장가치에 대하여 특정일 현재 감정평가에 적용할 수 있는 특정 조건하에서 대상물건(즉, 소유권 또는 이러한 제 권리의 일체)이 거래될 것으로 추정되는 가치라고 간단하게 규정하고 있다.

3) 일본 부동산감정평가기준

일본은 시장가치 대신 정상가격이라는 용어로 규정하고 있다. 정상가격(正常價格)이란 시장성이 있는 부동산이 실제 사회적·경제적으로 합리적이라 판단되는 조건을 만족하는 시장에서 형성될 수 있는 시장가치를 표시하는 적정한 가격을 말한다. 이 경우 사회적·경제적으로 합리적이라 판단되는 조건을 만족하는 시장이란 다음의 조건을 충족하는 시장을 말한다.

첫 번째, 시장참여자가 자유의사에 따라 시장에 참여하고 진입, 퇴출이 자유로울 것. 또한 여기서 말하는 시장참가자는 자신의 이익을 극대화하기 위해 다음과 같은 요건을 충족시키는 동시에 신중하고 현명하게 예측하여 행동한다.
① 급매매 등을 초래하는 특별한 동기가 없을 것
② 대상부동산 및 대상부동산이 속하는 시장에 대하여 거래를 성립시키기 위해 통상 필요한 지식이나 정보를 가지고 있을 것
③ 거래를 성립시키기 위해 통상 필요한 노력, 비용을 지출할 것

④ 대상부동산의 최유효이용을 전제로 한 가치판단을 할 것

⑤ 매수인이 통상적인 자금조달 능력을 가지고 있을 것

두 번째, 거래형태가 시장참가자가 제약을 받거나 급매매 등을 유인할 만한 특별한 것이 아닐 것

세 번째, 대상부동산이 상당 기간 시장에 공개되어 있을 것

4. 시장가치 외의 가치

1) 우리나라

「감정평가에 관한 규칙」 제5조 제2항에서는 시장가치기준 원칙에도 불구하고

① 법령에 다른 규정이 있는 경우

② 감정평가 의뢰인이 요청하는 경우

③ 감정평가의 목적이나 대상물건의 특성에 비추어 사회통념상 필요하다고 인정
　되는 경우

대상물건의 감정평가액을 시장가치 외의 가치를 기준으로 결정할 수 있다고 규정한다. 또한 법령에 다른 규정이 있는 경우를 제외하고는

① 해당 시장가치 외의 가치의 성격과 특징

② 시장가치 외의 가치를 기준으로 하는 감정평가의 합리성 및 적법성

등을 검토해야 한다고 규정하고 있으며 이러한 합리성 및 적법성이 결여되었다고 판할 때에는 의뢰를 거부하거나 수임을 철회할 수 있다고 규정한다.

실무적으로는 시장가치 외의 가치라 하여 자유롭게 사용되지 못하는 실정이다. 법률 규정에 의하여도 원칙을 벗어난 예외적인 규정의 성격이고, 법령의 규정, 의뢰인 요청, 사회통념 등 소극적인 기준들이기 때문이다. 또한 종전 시장가치 외의 가치인 경우 별도의 표지를 사용하는 등 시장가치원칙을 벗어나면 비정상적인 감정평가처럼 되버리는 부작용이 있었다. 따라서 IFRS에 의한 공정가치, 「공익사업을 위한 토지등의 취득 및 보상에 관한 법률」상 적정가격 이외에는 거의 사용되지 못한 실정이었다.

2) 국제감정평가기준(IVS)

국제감정평가기준에서는 IVS정의 기준가치로서 시장가치, 시장임대료, 균형가치, 투자가치, 시너지가치, 청산가치가 있고, 기타 기준가치로서 공정가치(IFRS), 공정시장가치(OECD), 공정시장가치(미국 국세청) 등이 있다.

균형가치는 물건에 대해 잘 알고 자발적인 의사가 있는 확인된 당사자가 각자의 이익을 반영하여 자산이나 부채 이전을 위해 추정한 가격이다. 이는 거래에서 얻게 될 각 장점과 단점을 고려한 두 특정 당사자 사이의 공정한 가격 평가를 요구한다. 반면 시장가치는 시장 참가자들이 일반적으로 이용할 수 없거나 야기할 수 없는 장점과 단점은 고려하지 않을 것을 요구한다. 균형가치는 시장가치 보다 넓은 개념이다. 대체로 양 당사자 사이에서의 공정한 가격은 시장에서 얻을 수 있는 가격과 동일하지만, 권리의 결합으로 인해 발생하는 시너지 가치의 특정 요소와 같이 시장가치평가에서 고려하지 않는 문제를 균형가치에서 고려하는 경우가 있다.

투자가치는 개별적인 투자나 운용 목적에 따라 특정 소유자 또는 예정 소유자가 갖는 자산의 가치이다. 이는 기업 고유의 기준가치이다. 소유자에게 자산의 가치는 타인에게 자산을 매각하여 실현할 수 있는 금액과 동일할 수 있지만, 이 기준가치는 자산을 보유함으로써 기업이 받는 이익을 반영하므로 교환을 가정하지 않는다. 투자가치는 감정평가가 수행되는 기업의 상황과 재무적 목표를 반영한다. 흔히 투자 성과를 측정하는데 사용된다.

시너지 가치는 둘 혹은 그 이상의 자산이나 소유권을 결합한 결과 각 자산 가치의 총합보다 큰 가치를 말한다. 특정 매수인에게만 가능한 시너지라면, 그 매수인에게만 가치 있는 어떤 자산의 특성을 반영하는 것이므로, 이때의 시너지 가치는 시장가치와 다를 것이다. 각 개별 소유권의 총합을 초과하는 부가가치를 흔히 결합가치라고도 한다.

청산가치는 자산 또는 일단의 자산이 해체 후 매각되어 실현되는 가액이다. 청산가치는 자산을 매각 가능한 상태로 만드는 비용과 처분에 소요되는 비용을 모두 고려한다. 청산가치는 두 가지 다른 가치 전제에 따라 결정될 수 있다.

3) 일본 부동산감정평가기준

부동산감정평가로 구하는 가격은 기본적으로는 정상가격이나, 감정평가의 의뢰목적에 대응하는 조건에 따라 한정가격, 특정가격 또는 특수가격을 구하는 경우가 있기 때문에, 의뢰목적에 대응하는 조건을 근거로 가격의 종류를 적절히 판단하고 명확하게 해야 한다. 또한 평가 목적에 따라 특정가격으로 구해야 하는 경우가 있음에 유의해야 한다.

한정가격(限定價格)이란 시장성이 있는 부동산이지만, 대상 부동산과 취득하는 다른 부동산과 합병 또는 일부를 취득할 때 분할 등으로 인하여 정상가격과 동일한 시장 개념 하에서 형성될 시장가치와 괴리됨으로써 시장이 상대적으로 한정되는 경우 취득 부분의 해당 시장한정에 근거한 시장가치를 적정하게 표시하는 가격을 말한다.

특정가격(特定價格)이란 시장성이 있는 부동산이지만, 법령 등에 의한 사회적 요청을 배경으로 하는 감정평가목적하에서 정상가격의 전제가 되는 제반 조건을 만족하지 않는 경우의 부동산 경제가치를 적정하게 표시하는 가격을 말한다.

특수가격(特殊價格)이란 문화재 등 일반적으로 시장성이 없는 부동산에 대하여 그 이용상황 등을 전제로 한 부동산의 경제가치를 적정하게 표시한 가격을 말한다.

V. 가치이론, 지대 및 지가이론 등

1. 가치이론

1) 개요

가치이론은 가격의 본질을 가치로 보고 그 가치의 소재를 파악하기 위한 경제학적 접근을 말하며, 감정평가의 중심축이 토지 등의 경제적 가치를 판정하여 이를 가액으로 표시하는 것이라 할 때, 가격현상을 파악하기 위한 선결조건으로서 가치의 소재를 파악하고자 했던 가치이론의 검토는 중요한 의의를 갖는다. 가치의 개념은 부동산 활동의 요소요소에 파급되어 있어서 가치에 대한 검토는 광범위하고도 다양한 부동산 활동의 범위에서 중심이 되는 요소이고 가치정의는 평가결론의 전제이며 그 도출과정상 논리적 기반이 된다. 따라서 가치이론은 감정평가 3방식의 논리적 근거를 제공함으로써 감정평가이론의 발전에 지대한 공헌을 했으며, 경제학 분야에서 연구되어온 가치에 대한 논의는 감정평가에 대한 이해의 깊이를 더하고 보다 정확한 가격산정의 밑거름이 될 수 있다. 가치의 본질을 규명하는 이론은 고전학파, 한계효용학파, 신고전학파의 가치이론으로 크게 나눌 수 있으며, 이는 시대적 흐름과 관련이 있다.

2) 고전학파의 가치이론

아담 스미스(A. Smith)는 가치를 어떤 재화가 다른 재화를 교환의 대상으로 지배하는 힘이라고 정의하였고, 이러한 재화의 교환가치는 일정한 자연율에 의해서 결정되는 생산요소의 대가를 지불한 자연가격이며, 재화의 실제 매매가격인 시장가격은 끊임없이 자연가격에 회귀하는 속성이 있다고 하였다. 여기서 자연율은 생산요소의 사용대가인 임금, 이자, 지대 사이의 일정한 비율을 말한다. 또한 교환가치 이외에 사용가치가 있다는 것을 인식하고 양자가 불일치되는 경우의 모순을 설명하고자 했다.

공통적으로 고전학파는 재화의 생산비가 가치를 결정한다는 생산비가치설(또는 객관적 가치설)을 주장하였으며, 재화에 비용이 투입된 양만큼 효용도 증대하므로 재화의 효용도 생산비에 해당하는 만큼의 가치를 지닌다는 가정된 효용개념을 제시하였다. 또한 재화의 교환가치는 생산비와 일치하는 선에서 결정되며, 재화가 가격을 발생하기 위해서는 효용과 희소성이 있어야 한다고 보아 비용과 공급의 측면을 중시하였다. 구체적으로 시장의 수요와 공급(효용과 희소성)에 의해 성립된 교환가치가 그 재화의 생산비에 못 미치면 공급의 감소로(즉, 투입되는 노동과 자본의 감소) 가격이 상승하고, 교환가치가 생산비를 초과하면 공급의 증가로 가격이 하락한다. 따라서 생산비와 가격이 일치하는 선에서 균형을 이루므로 재화의 가치는 생산비에 의해 결정된다는 것이다.

리카르도는 생산비가치설을 더욱 발전시켜서 노동비용이 재화의 가치를 결정짓는 가장 중요한 요소라고 생각했으며 한계지의 개념과 수확체감의 법칙에 입각하여 차액지대이론을 전개하였는데, 이는 오늘날 최고최선의 이용개념과 토지잔여법의 발달에 많은 영향을 미쳤다. 리카르도(D. Ricardo)는 한계지를 경작하는 경우 새로 경작되는 토지의 지대는 생산물의 가격에서 다른 생산요소에 대한 비용을 공제하고 남은 부분이라고 설명하였다.

3) 한계효용학파의 가치이론

한계효용학파는 고전학파의 생산비가치설과 마르크스의 노동가치설에 반대하면서 재화의 가치는 한계효용에 의해 결정되는 것이라고 주장하였다. 여기서 한계효용이란 재화를 한 단위 더 소비했을 때 획득되어지는 효용의 증분을 의미한다.

공급보다 수요의 측면을 더 중시한 이론으로서 재화의 교환가치는 효용의 정도에 비례한다고 보아 한계효용가치설(또는 주관적 가치설)을 주장하였으며, 효용은 기여된 효용으로 한계효용이 재화의 가치에 어느 정도 기여하는가는 시장에서 매수자들의 반응에 의해서 측정된다고 하였다. 한계효용학파는 재화의 가격은 효용, 희소성, 유효수요에 의해 발생하며, 가치란 수요에 바탕을 둔 효용에 의해 좌우된다고 하여 수요와 시장가격 측면을 중시하였다. 구체적으로 어떤 재화의 효용의 정도는 시장에서 매수자가 기꺼이 지불하고자 하는 가격에 의해서 측정되며 재화의 가격은 단기적으로 수요에 의해서 결정되지만, 결정된 가격은 공급의 증감을 유도하고 공급에 제한이 없다면 가격과 생산비가 일치하는 수준까지 공급이 증가된다. 생산비와 가치는 아무 상관이 없다는 것이 아니라 생산비가 가격을 결정하는 요인이 아니라는 것이다. 즉, 생산비와 가치 사이에 어떤 인과 관계가 존재하는 것이 아니라, 가격에 따라 수요와 공급의 변동으로 시장의 힘에 의해 비용과 가격이 같아지는 경향이 있을 따름이라고 하였다.

4) 신고전학파의 가치이론

마샬(A. Marshall)은 시간(장단기) 개념을 도입하여 고전학파이론과 한계효용학파이론을 결합하는 가치이론을 피력하였으며, 완전경쟁시장의 경우 가격과 비용, 그리고 가치가 동일해진다는 삼면등가성을 주장하였다. 단기에는 시장이나 수요의 힘이 재화의 가치에 영향을 미치지만 장기에는 생산비가 가치에 영향을 미치고, 수요와 공급은 가위의 양날과 같아서 어느 것도 가치결정에서 도외시될 수 없다고 하였다. 구체적으로 단기에서의 시장가격의 경우 생산자는 최소한의 생산비를 요구하고 수요자는 효용만큼만 가격을 지불하고자 하므로 협상은 수요자에 의해 주도된다. 장기에서의 시장가격의 경우 공급자가 설비 변동을 통하여 수량조절이 가능하므로 장기적으로 가치는 공급함수가 되며, 시장에서 가격은 정상공급가격과 일치될 때 균형을 이룬다. 신고전학파에 의하면 가격은 가치론 없이도 수요분석과 공급분석에 의해 설명이 가능하다고 보아 가치란 무용한 것이며, 함수론적 가격결정 이론을 주장하였다.

5) 가치이론과 평가이론과의 관계

부동산가격발생요인과 관련하여 고전학파는 희소성과 효용 측면에서, 한계효용학파는 효용과 유효수요 측면에서, 신고전학파는 세 가지 모두의 측면에서 고찰하고 있다. 마샬에 의하면 완전경쟁시장에서 가격, 비용, 가치가 정적인 균형상태하에서는 일치한다고 주장하였으나, 현실의 부동산시장이 완전경쟁시장이 되지 못하기 때문에 평가3방식에 의한 가치추계는 일치하지 않으므로 평가3방식은 상호 유기적 보완관계로서 현실적으로 병용의 필요성이 있다.

고전학파의 가치이론과 관련이 깊은 원가방식은 비용성의 원리를 바탕으로 투하비용에 근거하여 가격을 구하는 방식으로서, 이는 재조달원가라는 투하비용을 상한으로 하며 투하된 비용이 곧 재화의 가치를 나타낸다는 가정된 효용에 근거를 두고 있다. 또한 리카르도는 지대는 잉여라고 보아 토지잔여법과 수익배분의 원칙에 영향을 미쳤다. 한편, 토지의 가치는 독자적 발생이 아닌 토지개량행위에 의해 결정되며 이러한 개량행위 중 가장 많은 수익을 발생시키는 최유효이용 방법에 의해 가치가 결정된다.

한계효용학파의 가치이론과 관련이 깊은 수익방식은 수익성과 한계효용이 재화의 가치를 나타낸다는 주관적 가치를 근거로 하며, 재화의 가치는 장래 편익의 현재가치라는 점에서 신고전학파의 피셔(I. Fisher)의 이론과 연계시키기도 한다. 또한 재화의 가치는 그 재화가 창출하는 효용이 소비자의 복리를 증진시키는 기여도에 달려 있다고 보아 한계효용이 바로 재화의 가치라고 주장하므로 기여의 원칙에 대한 이론적 근거를 제시하고 있으며, 장래 수익의 흐름에 의해 가치가 결정된다는 예측의 원칙에 대한 이론적 근거를 제시하고 있다.

신고전학파의 가치이론과 관련이 깊은 비교방식은 시장성의 원리와 대체의 원칙에 근거를 두는 것으로서 신고전학파의 수요와 공급의 균형이론으로부터 영향을 받아 성립하였다고 보기도 하며, 재화의 가치는 시장에서의 수요에 의해 결정된다는 한계효용학파의 가치이론의 영향을 받았다고 보기도 한다.

2. 지대이론

1) 개요

지대는 생산요소로서 토지용역에 대하여 지불되는 대가로서 토지용역이란 경작, 주거, 상공업 등 지상과 지하의 모든 이용가치를 포함한다. 생산요소로서의 토지는 본원적이고 파괴할 수 없는 토지생산력에 성립근거가 있는 지대를 가지므로 지대성립의 근거는 토지가 가지는 근원적인 생산력 또는 토지가 사유화되고 그 공급이 비탄력적이라는 점에 있다. 일반적으로 토지는 이동이 불가능하므로 그 위치와 비옥도에 있어 차이점이 나타나며, 이것이 토지의 수익성에 영향을 주게 된다. 다만 토지도 자본의 지속적인 투하 없이는 영속적으로 생산목적에 공여될 수 없으므로 다른 생산요소와 유사한 점이 나타나기도 한다.

지대에 관한 경제학자들의 관심은 18세기의 중농주의로 소급한다. 오늘날의 경제학자들도 그러하지만 중농주의자들의 관심은 주로 농업지의 지대에 집중하였다. 당시는 농업중심의 사회이고 도시의 경제비중은 희박하였을 뿐만 아니라 오히려 농업노동의 기생적 존재로서 경시되기도 하였기 때문이다. 이러한 농업지대 중시의 사조는 19세기 말까지 지속되었다.

2) 페티의 지대이론

지대는 토지에서 생산된 총수익에서 경작자의 생계비용 등을 제외한 것으로서 잉여이고, 지가는 이러한 지대소득을 자본화한 것이라고 보았으며, 잉여로서의 지대를 후일 비옥도 차이, 수송비 절감에 의한 순수익으로 보아 지대개념에 대해 복합적 입장을 취하였다. 지대문제를 최초로 이론화하였으며, 지대개념의 다양성을 암시하여 튀넨과 리카르도 등에 영향을 미쳤다.

3) 아담 스미스의 지대이론

고전학파인 아담 스미스(A. Smith)는 국부론에서 지대를 불로소득으로 정의하였고, 임금, 이자, 지대는 자연율에 의해 각 생산요소에 배분된다고 보았으며, 무지대 토지의 개념을 피력하였다. 또한 지대의 가격결정성 기능, 즉 지대가 토지생산물의 가격에 의

해 결정된 결과인지 아니면 가격을 결정하는 원인인지에 대해 이중적 입장을 취하기
도 하였다.

4) 리카르도의 차액지대이론

지대이론의 구성에 있어 가장 큰 비중을 갖는 것은 리카르도(D. Ricardo)의 차액지
대이론이다. 그는 지대란 토지생산물 중 토양의 힘을 이용한 대가로 지주에게 지불되
는 부분이라고 정의하였다. 리카르도는 지대가 발생하는 근거를 토지의 비옥도·위치
의 개별성·토지의 부증성 즉, 부동산의 특성에다 그 원리를 구하고자 했다. 토지에는
비옥도와 위치에 따라 우등지와 열등지가 있으며, 전자는 보다 유리한 조건에서, 후자
는 보다 불리한 조건에서 생산활동을 함으로 양자 사이에는 필연적으로 생산력의 비
교차가 생기고, 지대에는 생산가격면에 있어서의 우등지와 열등지의 차액(초과이윤)이
지주에게 지불되는 대가라고 했다.

차액지대이론에서 집약한계란 지대를 발생시키지 않으면서 투입된 마지막 투여분
으로, 한계수입(MR)과 한계비용(MC)이 일치되는 투자한계, 즉 이윤극대화를 가져오는
토지이용의 집약도이다. 조방한계란 최적의 조건하에서 생산비를 감당하는 정도의 수
익만을 얻는 집약도를 말한다. 즉 총비용(TC)과 총수입(TR)이 일치되는 손익분기점에
서의 토지이용의 집약도이다. 따라서 집약한계는 토지이용집약도의 상한선을, 조방한
계는 토지이용집약도의 하한선을 의미한다. 한계지의 경우 토지에서 발생하는 총수확
액은 토지 이외의 생산요소에 분배되고 나면 잉여생산가치는 없게 되므로, 지대 역시
없게 되고 생산성은 제로가 된다. 그러나 인구 증가로 인한 곡물수요증가로 인해 토지
에 대한 초과수요가 발생하여 한계지 이하의 토지들도 경작됨으로써 기존의 한계지에
서도 지대가 발생하고, 새로운 한계지가 하향 결정된다. 이러한 토지들의 활용은 외연
적 토지이용이 되지만 조방한계를 넘어서 수확액이 생산비에도 미치지 못하면 이용할
경작지는 더 이상 확대되지 않는다.

따라서 토지의 지대는 비옥한 토지의 희소성 때문에 한계지에서의 수확액 이상의
차액, 즉 잉여가치로서 불로소득에 해당한다고 보았다. 리카르도가 지대의 발생을 토
지의 개별성과 부증성의 특성에서 도출한 이론구성은 부동산학적인 견해라 할 수 있
다. 그리고 리카르도는 동질적인 토지에는 유한성이 있고 동일토지에 대한 부가적 자
본투하에는 수확체감의 법칙이 적용된다고 하였다.

5) 마르크스의 절대지대이론

차액지대이론이 지대의 발생을 토지의 비옥도·위치에 따른 생산력의 차이에서 구했던 것과는 달리 절대지대이론은 토지의 소유에서 지대발생의 근거를 구했다. 절대지대란 자본주의 경제하에서 토지가 사유화 되어 있기 때문에 토지의 비옥도와 관계 없이 최열등지에 대해서도 토지소유자가 우월적 지위를 행사하여 강제적으로 요구하는 지대를 말한다.

구체적으로 토지는 차액지대만이 아니라 토지소유자는 무상으로 토지를 이용케 하지 않을 것이므로 최열등지에서도 토지의 사유제도에서 비롯되는 지대가 발생한다고 하며 이를 절대지대라 한다. 즉 자본주의 사회에서는 이용권 내에 있는 모든 토지는 누구인가의 소유주체에 의하여 사유되고 있어 토지소유의 독점이 개재되며, 지주는 아무리 열등지라도 경제적 대가 없이는 타인의 이용을 불허한다는 의미에서 토지소유는 자본투자에 대하여 절대적 제한이 될 뿐만 아니라 가격은 일반적 생산가격 이상으로 높지 않으면 안 되므로 토지소유 자체가 농산물의 가격을 인상시킨다는 것이다. 그러므로 이러한 견해에 따르면 지대는 농산물의 생산가격을 초과하는 가치부분으로서 농업적 잉여가치가 전환된 것이다.

6) 독점지대이론

독점지대란 토지용역의 공급을 독점하고 있기 때문에 발생하는 독점이윤이 포함된 지대를 말한다. 이는 토지의 수요자는 무한히 많으며 공급은 독점되어 있는 경우에 발생하며, 토지생산물의 독점가격에 포함된 독점이윤이 토지소유자에게 귀속되는 것으로서 독점지대는 토지사용의 본질적 가치인 완전경쟁가격보다 높게 나타난다. 다른 토지가 생산하지 못하는 최상품을 생산하는 토지소유자는 독점적인 초과이윤의 지대를 요구하며, 토지생산물의 초과수요로 시장가격 이상으로 가격이 상승하는 경우에도 토지소유자는 독점적인 초과이윤의 지대를 요구한다.

7) 튀넨의 입지교차지대이론

튀넨은 도시로부터의 거리에 따라 농작물의 재배형태가 다르다는 사실에 주목한 그의 고립국이론에서 수송비의 차이가 지대의 차이를 가져오고 지대의 차이는 곧 농업입지의 차이를 가져온다고 하였다. 고립국이론은 농업지역중심에 하나의 도시가 존재하고 도시는 주변농업지역의 유일한 시장이며, 농업지역은 비옥도가 균일한 평원이고 수송비는 거리에 비례하며, 경제적으로 합리적인 인간을 가정하고 있다.

튀넨에 따르면 지대는 생산지와 시장 간의 거리가 결정하며, 시장과의 거리차이에 따른 수송비 절약분이 지대가 되므로 곡물가격은 시장과 농장과의 거리가 결정한다. 토지로부터의 초과이윤은 토지의 위치가 좋기 때문에 발생하는 것이므로 토지소유자는 초과이윤, 즉 수송비의 차이를 지대로 지불할 것을 요구하게 된다. 이러한 거리의 차이에 따른 지대를 위치지대라고 한다. 또한 토지용도별 또는 토지위치별 지대의 차이로 인해 농업입지가 결정되고 토지할당이 발생한다고 보았다.

3. 도시토지 지가이론

1) 마샬의 지가이론

마샬은 전통적 농촌토지의 지대를 순수지대, 준지대, 공공발생지대로 분류하여 설명하는데, 공공발생지대는 토지소유자의 노력과 희생 없이 주로 공공에 의해 발생하는 지대로서 상대적으로 유리한 장소에서 획득 가능한 추가소득을 의미한다고 하였다.

또한, 지가는 토지의 위치적 유용성에 대한 화폐적 표현의 총액이며, 기업용 토지 등에 관심을 가지면서 도시토지에서 어떤 토지가 누리는 위치적 우위를 위치가치라고 하여 위치의 중요성을 강조하였다. 공업지는 비용의 절약을 통하여, 그리고 상업지는 매상고의 증가를 통하여 얻어질 것으로 기대되는 총수익 중 토지에 귀속되는 부분을 이자율로 자본환원한 가격을 지가라고 설명하였다.

2) 허드의 지가이론

도시내부의 어떤 지점에 대하여 효용이 경합하게 되면 모든 토지는 최고의 가격이 제시되며, 지가에는 시간적·토생태적 거리의 개념이 동시에 표현되었다고 보았다. 지가의 바탕인 경제적 지대는 위치에, 위치는 편리성에, 편리성은 가까움, 즉 접근성에 의존하며, 도시토지의 지가는 접근의 정도, 접근대상 등에 영향을 받으므로 접근성이 지가결정의 주요요인임을 설명하였다.

3) 헤이그의 마찰비용이론

헤이그는 지대란 토지이용자가 교통비를 절약할 수 있는 경우 토지소유자가 이용자에게 부과하는 요금이라고 하여 교통비를 강조하였다. 마찰비용은 지대와 교통비로 구성되고, 토지이용자는 마찰비용으로 양자를 지불하며, 지대는 마찰비용에서 교통비를 뺀 값이므로 교통비의 절약분이 지대가 된다고 보았다. 교통수단은 공간의 마찰을 극복하기 위해 고안된 것으로서 교통수단이 양호하면 마찰은 적어지고 지대는 높아진다.

4) 알론소의 페널티이론 및 입찰지대이론

페널티이론은 시장 등 집적시설이 도시의 중심지에 있는 것으로 가정할 경우 중심지와의 거리와 함수관계에 있게 되는 운송비에 의해 지가가 결정된다고 보았다. 튀넨의 입지교차지대이론을 일반화하여 지가는 중심지에서 멀어질수록 감소하므로 접근성에 의존함을 설명하고 있으며, 주택입지와 관련한 직주분리현상을 도심과의 교통비용과 시간, 거주지의 가격수준, 필요거주면적 등을 종합적으로 고려하여 접근하였다.

5) 토페카 연구이론

토페카 연구는 도시의 지가구조와 토지의 이용도와의 관계를 미국의 토페카시를 대상으로 행한 실증적 분석연구이다. 이는 도시가 성장할수록 중심지는 토지이용의 집약화로 지가가 다른 어떤 지역보다 급격히 상승하고, 중심지를 벗어나 접근성이 나쁜 외부지역에 이르면 지가는 급격히 낮아지고 토지이용이 조방화되는 지가구배현상이 나타남을 설명하고 있다. 또한 지가변동은 토지이용의 집약도에 영향을 미치고 다시 토지이용의 집약도는 지가에 영향을 주는 피드백 시스템과 지가단계의 연속적·불연속적 현상을 공간적 차원에서 설명하였다.

6) 지가고등이론

일본에서 지가상승의 원인을 규명하기 위하여 전개한 이론으로서 고도의 경제성장지역의 지가고등현상을 설명하는 이론이다. 도시근교에 위치한 농가의 지주가 장래의 가격상승을 기대하여 처분하지 않고 토지의 공급을 제한시킨 것이 지가고등의 원인이라는 견해, 고도성장과정에서 자본의 급격한 축적과 노동의 질적 향상에 따라 지가도 상승했다는 견해, 지가고등은 고도성장의 필연적 소산이고 고도성장 자체가 토지수요를 창출한 원인이라는 견해 등이 다양하게 제기되었다.

7) 거품지가이론

거품지가는 토지 등 실물자산의 거래가격이 자산으로부터 기대되는 임대료 수입 등에 의해 결정되는 시장가치를 크게 상회하는 지가를 말한다. 토지는 내구성과 희소성, 가격상승에 대한 공통적인 믿음이 존재하는 재화이므로 거품지가현상이 쉽게 나타나며, 이는 투기심리가 반영된 결과라고도 설명하고 있다.

4. 도시공간 구조이론

1) 버제스의 동심원이론

버제스는 도시내부의 기능지역이 중심업무지대(CBD)를 중심으로 동심원적으로 분화하는 경향이 있다는 동심원이론을 주장하였다. 이는 거리에 따른 수송비 증가, 균질적 지형, 토지공간을 둘러싼 경제적 경쟁, 도시의 팽창을 가정한다. 도시는 중심지로부터 원을 그리면서 성장하고 중심지에서 멀어질수록 접근성, 지대 및 인구밀도가 낮아지며, 범죄, 인구이동, 빈곤 및 질병 등 도시문제가 감소하는 경향을 보인다. 도시토지는 중심으로부터 중심업무지대, 전이지대, 저소득층주택지대, 고소득층주택지대, 통근자지대가 형성된다. 이 중 전이지대는 천이지대라고도 하는데, 상공업 및 주거지역이 혼재하는 지역으로 주거환경이 극히 불량한 슬럼지역이다. 천이지대는 중심업무지구의 침입과 천이가 일어나는 곳으로서 이 지대의 내측은 업무·경공업지구에 해당하고, 외측지대는 거주자의 소득수준이 향상되면 저소득층주택지대로 이사를 가는 퇴화지구이다. 통근자지대는 도시경계선 밖의 교외지역이나 위성도시들이 나타나는 지대로서 도시고속화 도로 또는 고속도로를 따라 고급주택이 산재하기도 하며, 이지대의 대다수는 중심업무지구로 통근하고 있다.

2) 호이트의 선형이론

선형이론은 1939년에 미국의 도시경제학자인 호이트(H. hoyt)에 의해 전개되었는데, 이 이론에 따르면 도매경공업지구, 저급주택지구, 중급주택지구, 고급주택지구들이 중심업무지구에서 교통노선을 따라 방사상·토환상으로 확대되면서 배치된다고 한다. 구체적으로 제조업지역과 저소득층의 주거지역은 보완적으로 근접하여 입지하며, 고소득층의 주거지와 제조업지역은 반대편에 입지한다. 또한 주거지역은 소득과 사회적 지위에 따라 분리된 주거군을 형성하며 발전하는데, 고수준의 주택은 도로망의 축에 가까이 입지하고, 중수준의 주택은 고수준의 주택의 인근에 입지하는 것이 보통이며, 저수준의 주택은 최고급 수준 주택의 반대편에 입지하는 경향이 있다고 한다. 그리고 도시중심지에서 고소득층이 이동하면 저소득층이 그곳에서 새로운 주거군을 형성하는 경향이 있다.

3) 다핵심이론

해리스(C. Harris)와 울만(E. Ulman)은 도시의 토지이용의 패턴은 동심원이론이나 선형이론과 같이 단일 핵심의 주위에 형성되는 것이 아니고, 몇 개의 핵심과 그 주위에 형성된다고 하였다. 여기서 말하는 핵 또는 핵심이란 그 주위에서 도시의 성장이 발생하는 어떤 견인적 요소(주거, 업무, 공업 등)를 의미하며, 도시의 핵으로는 중심상업지구, 도매 및 경공업지구, 주택지구, 소핵심지구 교외와 위성도시를 들고 있다. 핵의 출현과 관련하여 동종의 활동은 전문화의 이익과 집적이익을 추구하므로 그 기능을 중심으로 핵이 생성되고 이질적 기능이 분리되어 또 다른 핵이 생성된다. 또한 우발적 집적에 의해 핵이 생성되기도 하고 업종별 지대지불능력의 차이에 의해 핵이 분산되기도 한다.

4) 다차원이론

시몬스(simmons)가 주장한 이론으로 도시의 내부구조는 인종별 분산, 도시화, 사회계층 등 3개 차원에서 파악해야 한다는 것으로서 전통적 공간구조이론의 한계를 극복하고 통합을 시도한 이론이다. ① 인종별 분산의 차원은 인종 또는 민족의 구성과 관련된 것으로서 해리스와 울만의 이론처럼 토지이용상의 핵과 같이 본질적으로 무질서하게 분포하여 다핵심을 이룬다. ② 도시화의 차원은 가족구성, 세대유형, 노동력을 반영하여 버제스의 주장처럼 동심원을 이룬다. ③ 사회 계층의 차원은 인구의 교육, 경제 등의 수준을 통하여 호이트가 제시한 것처럼 선형을 이룬다.

5) 유상도시개발이론

베리(L. Berry)의 유상도시개발(ribbon development)이론은 도시내부구조가 고속도로의 발달로 인해 동서남북으로 유상(리본모양)을 이루며 발전한다는 이론이다. 즉 자동차 등 교통기관의 현저한 발달에 따라 종래의 도시내부에 집결되어 있던 각종 업무시설이나 주택이 간선도로에 접하여 확산·토입지하는 경향이 있고, 그 모양이 마치 띠와 같다는 이론이다.

6) 도시 스프롤현상

스프롤(sprawl)현상은 도시의 성장 및 개발이 불규칙하고 무질서하게 확대되는 것으로 산발적·토무계획적 확대현상을 말한다. 이 현상은 주거지역뿐 아니라 상업지역, 공업지역에서도 발생하며, 도시화의 속도는 급속한 데 반해 토지이용에 대한 계획이나 규제가 뒤지거나 미흡할 때 나타난다. 도시의 스프롤현상은 도시외곽부의 팽창인 도시의 평면적 확산이며 경우에 따라서 입체슬럼형태를 보이기도 하고, 간선도로를 따라 도시외곽으로 스프롤이 확산되는 현상이 있다. 도시 스프롤의 한 유형으로 합리적 토지이용밀도 수준 이상으로 인접지를 잠식해가는 고밀도 연쇄개발현상이 있으며, 합리적 토지이용밀도 수준 이하로 인접지를 잠식해가는 저밀도 연쇄개발현상이 있다. 스프롤현상을 방지하기 위해서는 계획적이고 장기적인 도시개발이 필요하며, 토지이용의 전환으로 개선이 가능하다.

Chapter 04
부동산가치형성에 대한 이해

이전 장에서 가치가 무엇인지에 대하여 살펴보았다면 이번 장은 부동산의 가치가 어떠한 요인에 의해 발생하고 형성되는지, 어떠한 과정을 거쳐 형성되는지에 대하여 알아본다.

제1절에서는 부동산가치의 발생요인으로 부동산의 가치가 발생하는 요인이 어떤 것이 있는지에 대한 것이다. 부동산의 가치발생의 3요소인 유용성, 상대적 희소성, 유효수요에 대하여 이해하고 일반재화와 어떤 차이점이 있는지 알아보기로 한다.

제2절에서는 부동산가치의 형성요인으로 부동산의 가치발생요인에 영향을 미쳐 부동산의 가치를 변화시키는 요인이 어떤 것이 있는지에 대한 것이다. 공간의 범위에 따라 일반적 요인·지역적 요인·개별적 요인을 가치형성요인이라 하고 내용에 따라 자연적요인·사회적요인·경제적요인·행정적요인으로 구분할 수 있다.

제3절에서는 앞서 살펴본 부동산가치의 발생요인과 형성요인들의 상호작용에 의해 부동산의 가치가 결정되고 변동되는 형성과정에 대하여 구체적으로 알아본다. 부동산의 가치는 가치발생요인과 가치형성요인이 끊임없이 상호 영향을 주고받는 피드백관계에 있으며 유동적이므로, 가치판정을 위하여 이러한 과정을 정확히 파악하여야 한다.

제4절에서는 부동산의 가치가 형성되는 과정에서 기본적이고 일정한 법칙성을 여러 가지 찾을 수 있다. 이를 부동산가치의 제(諸)원칙이라 하며, 이는 각각 독립되어 작용하는 것이 아니라 상호 유기적으로 관련되어 있는데, 이에 대하여 설명한다.

부동산가치의 발생요인

Ⅰ. 개요

　　부동산도 경제재의 하나로서 부동산가치 역시 일반재화의 가치처럼 기본적으로는 수요와 공급의 상호작용으로 발생한다. 부동산의 가치는 사회적·경제적·행정적 요인의 영향에 의한 상호작용에 의하여 형성된 결과이며, 일반적으로 부동산에 대해 인간이 인정하는 유용성, 유용성에 대한 상대적 희소성, 유효수요의 존재에 의하여 부동산의 가치가 발생하게 된다. 기본적으로 부동산의 가치는 유용성과 상대적 희소성 및 유효수요에 영향을 주는 사회적·경제적·행정적인 요인과 자연적 요인 및 지역적·개별적 요인의 상호작용에 의하여 창조, 유지되고 수정, 파괴된다. 가치는 매매, 이용의 선택의 지표로서 가치발생요인 및 가치형성요인의 제력에 영향을 받고, 이렇게 결정된 가치는 다시 제력에 영향을 미친다.

　　부동산가치는 부동산이 지니는 고유한 본래의 것이 아니라 부동산시장의 수요자들이 필요에 의해 부동산의 유용성에 의미를 부여하기 때문에 발생한다. 즉 부동산가치는 수요를 결정하는 요소인 유용성과 유효수요, 공급을 결정하는 요소인 상대적 희소성의 상호작용에 의해 발생하게 되며, 이들을 부동산가치발생의 3요소라 한다. 그러나 부동산은 일반재화와 달리 그 자연적·인문적 특성을 가지므로 상기 가치발생요소의 의미가 일반재화와 다소 상이하게 나타난다.

　　유용성과 상대적 희소성, 유효수요는 독립적으로 작용하지 않고 상호관련성을 가지며 가치형성요인의 변동으로 가치발생요인이 계속 변동하고 가치에 필연적으로 반영된다. 가치발생요인은 수요와 공급의 경제원칙으로 대별되나 부동산의 고유한 특성으로 인해 매우 복잡한 구조를 가지므로 가치발생요인 및 가치형성요인의 종합적 분석이 필요하다.

1. 의 의

유용성이란 인간(수요자)의 욕구를 만족시켜줄 수 있는 재화의 능력으로 부동산의 경우 부동산을 소유 또는 이용함에 따라 얻어지는 주관적인 만족을 말한다. 일반재화의 효용은 부동산에 비해 일회용적·소멸성적인 반면, 부동산의 효용은 부동산의 자연적·인문적 특성으로 다용도적·영속적이며 시간의 경과에 따라 가치가 증가하는 차이가 있다.

토지는 주거용지, 상업용지, 공업용지, 공공용지 등의 용도에 대한 유용성을 가지며, 이에 대한 공급은 경제적 희생이 수반된다. 주거지의 유용성은 주거의 쾌적성으로, 상업지의 위치적 우월성과 유용성은 상업적 수익으로, 공업지의 유용성은 생산성 및 생산비의 증감으로 나타난다. 토지의 유용성은 가치에 반영되며, 같은 토지라도 이용주체의 성격 등에 따라 재화로서의 성질이 다르고 가치도 다르게 나타난다. 부동산은 일반적으로 특수한 용도나 목적에 부합할 때 사용가치를 지니며, 이때 비로소 용도적 유용성을 창출하게 된다. 유용성은 수요측면에 영향을 미치는 가치발생요인이며 대체로 주거지는 쾌적성, 상업지는 수익성, 공업지는 생산성에 의해 그 부동산의 유용성이 좌우된다.

또한 가치형성요인은 부동산의 유용성을 변화시키는 작용을 하므로 가치형성요인의 변화는 유용성의 변화를 야기하고 이에 따라 수요의 변화가 발생하여 그에 따른 가치의 변화가 생기는 작용관계를 가진다. 유용성에 미치는 영향력의 공간적 범위별로는 일반적 요인·지역적 요인·개별적 요인이 있으며, 이러한 가치형성요인이 부동산의 유용성 변화에 미치는 영향은 일률적인 것이 아니라 부동산의 종류, 용도, 이용방법 등에 따라 각기 다르게 나타난다.

2. 부동산의 쾌적성(Amenity)

쾌적성이란 어떤 물건을 소유하고 이용함으로써 느끼는 정신적 만족도를 말하며, 이는 주로 수익의 발생이 없는 주거용 부동산에 대한 효용으로 나타난다. 주택은 소유하고 이용하며 생활하는 데 있어서 편리성이 높을 때 쾌적성도 높아지며, 높은 쾌적성을 지닌 주택은 보통의 주택보다 가치와 임대료 수준이 높게 형성되는 것이 일반적이다. 도심 내 수익성 부동산의 경우에도 쾌적성이 좋다면 수익증대의 요인이 되는 경우가 많으며, 이는 부동산의 가치에도 긍정적인 영향을 미치게 된다. 또한 쾌적성은 사회적 기준이 향상되고 고도화됨에 따라 높이 평가되는 경향이 있으며, 타운하우스나 고급빌라 등에서 보듯이 쾌적한 주거용 부동산에 대한 시장의 수요와 효용은 이미 부동산의 가치에 지대한 영향을 주고 있다.

쾌적성은 양질의 재료, 창조적인 설계와 디자인, 시공의 우수성 등으로 나타내는 내적 쾌적성과 위치, 환경 및 경관의 우수성, 외부환경에의 적합성, 편의시설 등에 대한 접근성 등으로 나타나는 외적 쾌적성으로 크게 나눌 수 있다.

3. 부동산의 수익성(Profitability)

수익성이란 어떤 물건을 소유 또는 이용함으로 인하여 얻어지는 경제적 이익을 말하며, 이는 주로 수익성이 가치의 중심이 되는 상업용 부동산에 대한 효용으로 나타난다.

수익성은 투자자본에 대한 기간적 이익의 관계를 말하므로 수익률로서 표현되며, 배후지의 우수성, 다수의 구매력 있는 인구의 존재 등은 부동산의 수익성에 많은 영향을 주게 된다. 즉, 어떤 상업용 부동산의 배후지가 우수하고 양질의 고객층이 존재한다면 해당부동산의 수익은 상승하고, 이에 따른 효용의 증가로 수요가 늘어나 해당부동산의 가치가 상승하게 될 것이다. 부동산의 수익은 부동산 이외의 다른 요소가 함께 이용되어 발생하는 것이 통상적이므로 다른 요소에 대한 수익의 배분 후에 부동산의 수익이 결정되는 잔여수익을 항상 염두에 둘 필요가 있다.

특히 경제가 저성장 국면에 접어들고 사회에 노년층이 많아지면, 부동산 투자방법도 차익실현 중심에서 임대소득 중심으로 바뀌게 되며, 토지처럼 수익이 없는 부동산보다 매달 일정한 소득을 발생시키는 수익성 부동산이 중요하게 된다. 수익성부동산 시대가 열리게 되면 부동산의 가치는 해당 부동산에서 발생하는 미래의 현금흐름을 현재가치로 할인한 수익가치가 중심이 되며, 따라서 부동산이 가진 현금창출능력이 부동산의 가치를 결정하게 된다.

수익성은 주거용 부동산에서도 중요한 요인이 되고 있는데, 주택 임대차시장에서 일어나고 있는 변화, 전세가격이 상승하면서 월세나 반전세 전환이 늘어가는 현상이 그 예이다. 지금까지 부동산투자가 차익실현에 중점을 뒀다면, 앞으로 부동산 투자는 현금흐름에 치중하는 수익성 중심의 시대가 되고 있다.

4. 부동산의 생산성(Productivity)

생산성이란 어떤 물건을 이용하여 생산을 할 경우의 경제적 타당성으로서, 이는 주로 농업용 또는 공업용 부동산에 대한 효용으로 나타난다. 생산성은 생산가치에 대한 투하부동산의 관계로 나타나고 비용의 경제성 및 생산의 효율성 등으로 표현되며, 입지에 따른 생산비의 증감도 생산성의 한 요소가 된다. 판매지 및 교통시설과의 접근성, 원료조달의 용이성, 양호한 노동력, 양호한 기후 등은 생산성에 많은 영향을 주게 된다. 즉, 어떤 공업용 부동산이 판매지와의 접근성이 양호한 경우 해당부동산의 생산성이 향상케 되고 이에 효용의 증가는 수요의 증가를 가져와 해당부동산의 가치 상승을 가져오게 된다. 부동산의 생산 또한 부동산 이외의 다른 요소가 함께 이용되어 발생하는 것이 통상적이므로 다른 요소에 대한 생산고의 배분 후에 부동산의 생산고가 결정되는 잔여생산고를 항상 염두에 둘 필요가 있다.

III. 부동산의 상대적 희소성

1. 의 의

희소성이란 인간의 물질적 욕구에 비하여 그것을 충족시켜주는 물적 수단의 양적·질적 공급이 상대적으로 한정되어 부족한 경우를 말하며, 이는 어떤 경제적 희생 또는 대가의 반대급부와 연결되어 이해되는 개념이다. 부동산에서 상대적 희소성은 실질적으로 특정지역이나 특정용도의 부동산이 상대적으로 한정되어 있다는 점에서 부동산의 가치는 희소가치의 반영이며 유용성과 상대적 희소성이 결합하여 이루어진다.

2. 내 용

일반재화는 물리적 대체성과 이동편의성으로 인해 필요시 물리적 대체가 가능하므로 그 절대량 부족에 따른 절대적 희소성이 중심을 이루는 데 반하여, 부동산은 그 공급에 있어서 지역간 또는 용도간의 문제에 따른 상대적 희소성이 중심이 된다. 부동산은 이 희소성의 문제가 일반경제재 이상으로 중요한 문제가 되며, 이는 일반경제재보다 희소성의 가치가 더 발휘되기 때문이다. 가치론사에서 희소성은 토지라는 경제재의 자연적 특성을 중요시하는 절대적 개념과 인문적 특성을 강조하여 용도적 측면에서 보는 상대적인 개념으로 대별되어 왔다.

부동산은 부동성·부증성·개별성이라는 특성에 있고, 인간의 기본욕구 충족의 대상이기 때문에 시간이 지남에 따라 공급의 탄력성이 약화된다. 이는 수요의 측면에서 볼 때 부동산의 희소성은 수요가 증가함에 따라 증대되는데, 인구의 증가, 소득의 증대 등은 부동산의 희소성을 심화시키게 된다. 일반적으로 희소성은 토지의 물리적 절대량의 부족 때문에 나타나는데, 이와는 달리 용도적 부족이라는 현상 또한 희소성을 가중시킨다. 또한 어떤 특정용도에 필요한 부동산은 특정 위치와 특정한 개별적 상태를 요구하는 경우도 있으며, 경제문제는 희소성의 결과물이기도 하다.

부동산의 희소성은 ① 지리적 위치의 고정성, 지역성으로 인하여 지역적 차원에서 발생한다는 것과 ② 부동산의 사회성·공공성으로 인해 행정적·제도적인 규제에 많은 영향을 받는다는 것이 특징이다. 용도적 관점에서 행정적인 요인인 지역지구제의 지정 및 변경, 건폐율과 용적률은 토지의 가용율에 영향을 주므로 희소성을 가중시킬 수 있다.

높은 지가나 부동산가격 급등 같은 부동산문제의 발생은 대체로 상대적 희소성에 기인하며, 상대적 희소성이 심화될수록 부동산문제들은 더욱 심각하게 되는 경향이 있다. 따라서 이러한 부동산문제의 해결은 부동산의 인문적 특성으로 인해 상대적인 측면에서 해결이 가능하다. 부동산의 용도를 효율적으로 배분하여 다양화하고 최유효이용 원칙의 아래에서 토지이용을 집약화하고 입체화함으로써 토지이용의 효율을 높여 문제해결이 가능할 것이다.

IV. 부동산에 대한 유효수요

1. 의 의

유효수요란 확실한 구매력의 뒷받침이 있는 수요를 말하는데, 부동산에 대한 실질적인 구매능력을 의미하는 가처분소득과 관계가 있으며, 이는 살 의사와 지불능력을 갖춘 수요를 말한다. 구매력이 있는 수요가 있어야 수요행위가 이루어지고 시장의 가치체계에 영향을 줄 수 있으며, 부동산의 가치가 생성되기 위해서는 부동산의 유용성과 상대적 희소성 외에도 부동산을 구매할 수 있는 유효수요가 존재하여야 한다. 구매력은 경제적인 개념으로서 시기와 지역에 따라 변화하며 부동산의 가격수준, 사회전반의 소득수준, 과세정책, 금융정책 등에 따라 영향을 받는다. 이는 부동산관련세제의 완화나 강화정책, 일부지역의 높은 부동산가격 등에 부동산에 대한 수요가 증감하는 것에서도 볼 수 있다.

2. 내 용

부동산에 대한 유효수요는 크게 2종류로 나누어진다. 하나는 소비부동산에 대한 소비수요이고, 다른 하나는 자산을 증대시키기 위한 투자부동산에 대항 투자수요이다. 소비와 투자로 이루어지는 유효수요의 크기에 따라 부동산 활동의 수준이 정하여진다고 하는 이론을 유효수요의 이론이라고 하는데, 부동산의 가치는 소비목적과 투자목적의 수요 증감에 따라 크게 영향을 받는다. 부동산에 대한 유효수요는 장기적인 자금계획과 운용계획에 의하여 장기적인 투자가 필요하며 일정규모 이상의 자금을 필요로 하는 경우가 많아서 자기자본 외에도 타인자본의 활용과 관련하여 다양한 부동산 금융제도가 발달해 왔다. 각종 주택금융제도, 프로젝트파이낸싱, 신디케이트, 토지개발임대차 등이 그 예이다.

일반재화는 소비목적의 소멸적·즉각적인 수요가 가능한데 반해 부동산은 일반적으로 경제적 비중이 큰 고가의 재화이므로 소비자의 지불능력이 일반재화보다 더 중요하다. 부동산에 대한 유효수요는 부동산시장에서 수요의 작용을 하며 부동산의 공급과 가격에 영향을 미치므로 부동산시장이 가격결정기능과 자원배분기능을 발휘하게된다. 또한 부동산가치발생에 대한 분석시 구매력의 분석과 변동에 대한 관찰을 중시할 필요가 있다.

V. 법적 이전성

　　법적 이전성은 제도적·법률적인 측면에서의 가치발생요인으로서 물리적·공간적인 이동이 아닌 제도적·법률적인 권리의 이전을 말한다. 부동산의 재산권은 부동산의 권리와 이익의 범위를 나타내고, 크게 소유권과 사용수익권으로 구분이 가능하며 권리의 분할이 가능하다는 특징이 있다. 부동산의 가치가 발생하기 위해서는 모든 법률적 권리에 대한 전부 또는 일부의 이전이 가능해야 하는데, 이는 부동산의 지리적 위치의 고정성과 영속성의 특징에서 기인하는 바가 크다.

section 02
부동산가치의 형성요인

I. 부동산가치 형성요인분석의 필요성

　　부동산의 평가는 부동산의 경제적 가치, 즉 시장가치를 판정하는 작업이므로 부동산가치가 어떠한 요인에 의하여 형성되는지를 분석하는 작업이 필요하다. 부동산가치는 ① 효용, ② 유효수요, ③ 상대적 희소성, ④ 법적이전성의 결합에 의해 발생하고, 시장에서의 수요와 공급의 상호작용에 의해 결정되며, 가치발생요인에 영향을 미치는 가치형성요인에 의해 변화하는 과정을 거친다. 이처럼 가치발생요인에 영향을 미쳐 부동산가치를 변화시키는 일반적·지역적·개별적 요인을 부동산의 가치형성요인이라고 하는데, 부동산의 경제적 가치를 가액으로 표시하기 위해서는 가치형성요인의 상호작용을 분석하는 것이 필요하다.

　　부동산의 가치형성요인은 여러 가지 요인의 상호작용의 결과에 의하여 형성되는 것이므로 고정적인 것이 아니라 시대의 변화, 경기상태의 변화 등에 의해 항상 변동한다는 특징을 가지는데, 이는 사회적·경제적·행정적 위치의 가변성을 가지는 부동산의 특성에서 기인하는 바가 크다. 또한 가치형성요인들은 각각 독립하여 개별적으로 작용하는 것이 아니라 여러 가지 요인들의 유기적인 상호관련하에 가치를 변화시킨다. 따라서 감정평가에 있어서 이들 가치형성요인을 명확히 파악하고 그 추이 및 동향을 분석하여 부동산에 관한 효용, 유효수요, 상대적 희소성, 법적이전성에 미치는 영향을 판정하고, 여러 요인에 대한 과거의 추이 및 미래의 동향에 대한 동태적인 분석과 예측의 필요성이 요구된다. 부동산은 자연적 특성으로 인해 부동산가치는 개별적으로 형성되며 시장원리에 의한 균형가격성립이 극히 곤란하고 그 식별이 용이하지 않으므로 가치형성요인에 대한 분석이 필요하며, 부동산 감정평가는 부동산의 가치형성요인인 일반적·지역적·개별적 요인들에 대한 분석이라고 볼 수도 있는 만큼 중요한 위치를 점하고 있다. 따라서 부동산 감정평가를 할 때는 부동산의 가치형성요인을 시장참가자의 관점에서 명확히 파악하고, 각 요인의 추이와 동향 및 그 상호관계를 충분히 분석하여 가치형성요인에 미치는 영향을 파악해야 한다.

II. 일반적 요인

1. 의 의

일반적 요인이란 공간적으로 볼 때 특정지역이나 개별부동산에만 영향을 미치는 것이 아니라 일반 경제사회 전반에 있어서 모든 부동산의 상태 및 그 가격수준에 영향을 미치는 제 요인을 말한다. 이는 지역적·개별적 요인에 비해 광범위성·추상성의 특징을 지니고 있으며, 부동산이 입지한 지역 전반에 작용하는 것으로서, 작용하는 제력의 내용에 따라 자연적 요인·사회적 요인·경제적 요인·행정적 요인으로 구분할 수 있다. 부동산은 인간의 행위와 결합되면서 경제적 가치를 갖게 되므로 일반적 요인은 결국 인간의 생활에 영향을 주는 모든 요인이라 말할 수 있으며, 일반적 요인들의 상호작용은 일반사회에 있어 부동산의 지역별 가격수준 형성에 영향을 미치는 중요한 작용을 한다. 따라서 부동산가격의 수준에 영향을 미치는 일반적인 요인은 전국적으로 일률적인 것이 아니고 또한 모든 종류의 부동산에 대하여 동질적 또는 균일적으로 작용하는 것도 아니다. 부동산은 통상 어떤 지역을 구성하고 그 지역의 구성분자로서 이에 속하며 다른 지역과는 다른 지역적 특성을 지니고 있으므로 부동산가치형성의 일반적 요인도 지역에 따라 차이가 있다. 즉 같은 지역에서는 같은 영향을, 다른 지역에서는 다른 영향을 미친다는 국지성을 가진다.

일반적 요인의 분석은 추상적·형식적이 되어 경시되는 경향이 강하나 지역분석에 있어서의 표준적인 사용의 현상과 그 장래의 동향분석을 판정하거나 개별분석에 있어서의 최유효이용을 판정하는 경우 그 기초로서 일반적 요인의 파악 및 분석이 전제되어야 적정한 판단을 기대할 수 있다. 그러므로 감정평가사는 평소에 가능한 한 많은 일반적 요인에 관한 자료를 수집 및 분석하여 감정평가에 효율적으로 이용하여야 한다.

2. 자연적 요인

자연적 요인이란 토지가 가지고 있는 물리적인 자연상태로서의 기능과 관계가 있는 요인으로서 토지의 가치에 영향을 주는 자연환경에 관계된 요인을 말한다. 이는 지질 및 지반 등의 상태, 토양 및 토층의 상태, 지세의 상태, 지리적 위치관계, 기상상태 등으로서 부동산가치형성에 영향을 주는 요인으로 작용한다.

3. 사회적 요인

사회적 요인이란 부동산에 대한 사회정세의 변화 또는 부동산가치에 영향을 미치는 일련의 사회적 환경 및 현상을 말한다. 즉 효용, 유효수요, 상대적 희소성, 법적이전성 등의 작용을 통하여 부동산의 가치에 영향을 미치는 일련의 사상으로서 다음과 같은 것들이 있다.

① 인구의 상태, ② 가족의 구성 및 가구분리의 상태, ③ 도시의 형성 및 공공시설의 정비 상태, ④ 교육 및 사회복지의 상태, ⑤ 부동산 관련 거래 및 사용·수익에 대한 관행, ⑥ 건축양식 등의 상태, ⑦ 정보화의 진전 상태, ⑧ 생활양식 등의 상태

1) 인구의 상태

사회적 요인 중에서 가장 중요한 것은 인구의 상태이다. 부동산수요는 파생수요로서 인간을 주체로 하여 부동산의 유용성이 결정되므로 인간은 부동산 활동의 주체가 된다. 한 도시의 인구집중은 그 도시의 부동산가치상승에 가장 큰 영향을 미치므로

인구의 지역적 분포와 그 변동은 부동산 수요와 가치를 형성하는 대표적인 요인이며, 부동산의 실제현상과 미래를 분석 또는 예측하는 척도가 된다. 즉 인구의 증가는 부동산 수요를 증가시키고 인구가 어느 지역에 집중되면 그 지역의 택지수요와 택지가격수준을 상승시키는 작용을 한다. 총인구의 수, 출생률과 사망률, 연령별·직업별 구성, 지역별 인구밀도 등은 인구의 상태를 나타내며, 이는 장래 부동산수요에 대한 예측의 기준이 된다.

2) 가족의 구성 및 가구분리의 상태

가족구성의 변화 및 가구분리에 따른 가구수의 증가는 부동산의 가격수준에 영향을 미친다. 특히 대가족제도에서 부부중심의 핵가족제도로의 변화와 1인 가구의 증가현상은 택지 및 주택에 대한 유효수요를 증가시켜 부동산가치상승요인이 된다. 이러한 현상은 대도시에서 특히 현저하게 나타나고 있는데, 중소규모 주택의 증가가 그 예이다.

3) 도시의 형성 및 공공시설의 정비 상태

도시는 경제 및 문화의 발달에 따라 인구의 집중이 발생하고 경제활동의 중심 역할을 하게 된다. 따라서 도시가 동태적으로 어떻게 성장하고 구성되어 있는가의 문제와 도시의 기능과 규모는 도시부동산의 가치와 직결되어 있다. 도시지역 내의 토지는 주로 제2차산업·제3차산업·제4차산업용지, 택지 및 공공용지 등에 이용되는 것이 통상이므로 도시지역의 확대는 제1차산업용지에서 이용전환이 일어나고, 택지의 수요도 증가시켜 지가수준을 상승시킨다. 또한 도로, 상하수도, 공원, 지하철 등의 공공시설이나 학교, 병원, 도시가스 등의 공익시설에 대한 정비상태는 주변토지의 효용성을 높여서 지가상승의 요인이 된다. 한편 이들 공공시설의 정비확충은 택지의 이용범위를 확대시켜 주며, 그린벨트의 지정 및 해제와 같은 방법을 통하여 택지수급완화에 기여하거나 택지가치 상승의 억제작용도 가져온다. 또한 공공시설과 도로 등 교통시설의 정비가 계획적으로 이루어진 강남지역이나 신도시의 경우 높은 부동산가격수준을 유지한다는 점에서도 중요한 가치형성요인임을 알 수 있다.

4) 교육 및 사회복지의 상태

교육시설의 확충은 문화수준 및 의식수준, 지역주민의 생활태도와 도덕수준에 긍정적인 역할을 하므로 좋은 인근지역을 형성하게 된다. 사회복지제도가 발달하면 빈부격차의 불균형을 완화하여 사회를 안정시킨다. 따라서 교육 및 사회복지의 상태는 사회의 문화수준 및 생활수준에 영향을 미치고 부동산수요의 질적 측면에 영향을 미친다.

5) 부동산 관련 거래 및 사용·수익에 대한 관행

부동산 거래 및 사용·수익에 대한 지역의 관행도 부동산가치형성에 영향을 미친다. 부동산 거래질서가 잘 확립되어 있는 시대와 지역의 가격수준은 그렇지 않은 시대와 지역의 가격수준과 다르게 나타나는 것이 일반적이다. 부동산가치에 시설비 등이 포함되어 거래되는 것, 양도소득세의 강화 등 부동산에 대한 행정적 통제로 인한 비정상적인 거래, 각종의 부동산과세를 포탈하기 위한 미등기의 거래 등이 관행의 예이다. 또한 부동산임대차에 있어서 보증금 및 권리금 등의 지역별 관행이 사회적 요인으로서 부동산가치에 영향을 미치고 있다. 토지이용의 집약화 및 조방화, 임대부동산의 밀집도 등도 부동산의 사용수익에 영향을 주고 이는 가치형성에 영향을 준다.

6) 건축양식 등의 상태

건축양식의 상태는 건축물 그 자체의 가치는 물론 그 지역토지의 가격수준에도 영향을 미친다. 슬럼지역의 경우 그 위치가 도심부에 가깝다 해도 인근의 빌딩가나 고급주택지에 비하여 지가가 낮게 형성되며, 건축양식의 고급화는 건물의 가치를 높임과 동시에 토지의 가치를 상승시키는 요인도 된다. 동일한 용도지역에 속하거나 공법상 제한이 같더라도 노후화 및 진부화된 건축물 등이 잡다하게 들어선 지역은 지가수준을 저하시키는 요인이 된다.

7) 정보화의 진전 상태

스마트폰과 프롭테크 등의 발전은 부동산 활동을 신속하게 하고 정보의 전달속도를 증가시키며 부동산시장을 광역적으로 확대시키고 있다. 정보화 진전상태에 따라 부동산 활동의 양상이 달라지고 있으며, 부동산가치의 형성에 기여하는 바도 차이가 있다.

8) 생활양식 등의 상태

아파트에 대한 선호 증가, 고급주택에 대한 수요, 신축에 대한 수요 등은 주거용지에 대한 수요에 영향을 준다.

4. 경제적 요인

일반재화와 마찬가지로 부동산도 하나의 자본재나 경제재, 생산재 및 소비재에 속하고 경제활동의 대상이 되며, 그 경제활동의 변화가 부동산가치와 부동산경기에 영향을 미친다. 부동산가치형성에 영향을 미치는 경제적 상황에는 다음과 같은 것들이 있다.

① 저축·소비·투자수준 및 국제수지의 상태, ② 국가의 재정 및 금융의 상태, ③ 물가·임금·고용수준 및 기업활동의 상태, ④ 세부담의 상태 및 기업회계제도의 상태, ⑤ 기술혁신 및 산업구조의 상태, ⑥ 교통체계의 상태, ⑦ 국제화 및 개방화의 진전상태

1) 저축·소비·투자수준 및 국제수지의 상태

국민경제활동의 결과인 국민총생산의 상태는 저축·소비·투자의 수준에 나타나며, 이는 부동산에 대한 수요와 공급의 주요인이 되므로 부동산가치에 영향을 준다. 부동산과 관련하여 소비측면의 경제동향은 내구소비재인 주택의 수급동향에서 나타나고, 생산측면의 경제동향은 생산재인 산업용지 등 고정자산의 투자에서 나타난다. 또한 저축 및 투자는 산업자금으로 전환되어 토지·건물·기계설비 등에 대한 설비투자로 나타나며, 이는 부동산의 수요요인이 되어 부동산가치를 변동시킨다. 대외무역의존도가 높은 우리나라의 경우 수출입량 및 국제수지의 상태가 경제활동을 좌우하는 요인이므로 부동산의 가치형성에도 중요한 영향을 미친다.

2) 국가의 재정 및 금융의 상태

재정정책은 정부지출이나 조세율을 변화시켜 총수요를 조절함으로서 물가안정,

경제성장 등 국민경제의 안정적 성장을 도모하고자 하는 정책이며, 금융정책은 정부와 중앙은행이 물가 안정 및 국제 균형을 목적으로 금리·통화·유동성 등에 작용을 가해 총수요를 조정하고 경제활동에 영향을 미치는 통화정책을 말한다. 재정지출의 증대는 민간경제를 자극하여 호경기의 국면을 초래하고 재정지출의 긴축은 경기를 침체시키고 설비투자의 감소를 가져와 부동산의 수요와 공급에 영향을 준다. 또한 금리의 인상과 인하도 부동산에 관한 설비투자에 영향을 미치고 경기조정의 기능을 하므로 부동산의 수요와 공급에 영향을 준다.

단기적으로 재정정책의 확대는 총수요를 증가시키고 소득을 상승시켜 부동산의 유효수요를 증가시키고 부동산가치상승을 가져온다. 재정정책의 긴축은 총수요를 감소시키고 소득을 하락시켜 부동산의 유효수요를 감소시키고 부동산가치하락을 가져온다. 재정정책으로 변화된 부동산가치는 장기적으로는 국가의 정책 등 다른 가치형성요인에 영향을 주어 새로운 균형가격이 형성된다.

단기적으로 통화공급 증대 및 이자율하락을 통한 금융정책의 확대는 시설투자를 증가시키고 소득을 상승시켜 부동산의 유효수요를 증가시키고 부동산가치상승을 가져온다. 통화공급 감소 및 이자율상승을 통한 금융정책의 긴축은 시설투자를 감소시키고 소득을 하락시켜 부동산의 유효수요를 감소시키고 부동산가치하락을 가져온다. 금융정책으로 변화된 부동산가치는 장기적으로는 국가의 정책 등 다른 가치형성요인에 영향을 주어 새로운 균형가격이 형성된다.

국가의 재정 및 금융의 상태는 부동산에 대한 직접수요와 파생수요의 두 가지 측면에서 나타나는데, 고용확대나 임금상승으로 인한 소비재의 직접수요증대는 결국 파생수요를 자극하는 요인이 된다. 부동산의 경우 주거지는 직접수요의 대상이나, 상업지나 공업지의 수요는 생산재에 대한 파생수요의 대상이라고 볼 수 있다.

정부의 재정투자는 대규모택지개발, 공공도서관 같은 국민생활에 직결되는 부문과 도로, 철도 등과 같은 산업기반의 강화를 위한 부문에 집중되며, 이는 부동산의 수요에 직접적·간접적인 영향을 미치게 된다.

3) 물가·임금·고용수준 및 기업활동의 상태

물가의 변동은 실질소득과 부동산가치 등에 영향을 주며, 임금수준과 함께 건축비의 증감과 밀접한 관련을 가진다. 임금과 고용수준은 주로 주택에 대한 구매력과 유효수요의 직접적인 요인이 되며, 부동산가치를 변동시키는 요인이 되기도 한다. 경제성장이나 수출증대 등을 통해 기업활동이 활발해지면 부동산에 대한 파생수요도 증대되며, 특정지역에 대한 기업의 투자확대는 그 지역의 부동산 수급에 큰 영향을 주게 된다.

4) 세부담의 상태 및 기업회계제도의 상태

조세부담의 비중은 법인 및 개인의 가처분소득에 영향을 미치고 국가의 재정수입과 관련이 있으며, 나아가 부동산의 수급과 가치에도 영향을 준다. 특히 부동산수요에는 취득세, 양도소득세가, 부동산공급에는 양도소득세가 많은 영향을 미친다.

기업의 회계제도의 변경 등도 부동산가치형성에 영향을 줄 수 있다.

5) 기술혁신 및 산업구조의 상태

고도경제성장과 발전의 기본이 되는 것은 기술혁신이다. 이는 기업에 새로운 설비투자수요를 환기시키는 기본적인 요인이 된다. 또한 제1차산업(농업, 임업, 수산업)으로부터 제2차산업(광업, 공업, 건축업, 제조업) 및 제3차산업(상업, 서비스업)에서 제4차산업(벤처, 정보업)으로의 산업구조의 변화는 기업의 새로운 설비에 대한 투자수요를 증가시키고 부동산가치에 영향을 미친다.

6) 교통체계의 상태

고속철도, 자동차, 항공기 등 교통체계의 상태는 지역의 경제활동과 토지이용의 범위에 큰 영향을 준다. 전철의 개통으로 수도권 신도시와 교외지역의 발전이 촉진되고 역세권 부동산의 수급이 영향을 받고 있으며, 고속도로가 확장 또는 신설되면 그 주변지역의 지가가 급등하는 것을 볼 수 있다. 특히 고속철도의 개통이 전국을 일일생활권으로 묶어 전국의 토지이용도를 증대시키고 있다.

7) 국제화 및 개방화의 진전상태

국제화 및 개방화는 정치·경제·사회·문화 전 영역에 걸쳐 나타나고 있는 현상이며, 금융시장과 자본시장에서 국제화의 진전이 현저하게 나타나고 있다. 도심의 오피스빌딩, 호텔, 대형레저타운 같은 대규모 부동산의 개발과 투자에서 외국자본의 유입이 활발하며, 이는 부동산가치의 변동에 큰 영향을 미치고 있다.

5. 행정적 요인

사회적 요인과 경제적 요인, 즉 사회정세의 변화와 경제활동의 변화는 활동 주체의 사익을 중심으로 전개되는 것이지만, 행정적 요인은 공익을 중심으로 전체의 조화 있는 발전을 도모한다. 즉 부동산은 사회성과 공공성이 강조되는 재화이므로 그 이용과 가치형성에 대한 행정적인 조치가 필요한 것이다. 행정적 요인은 부동산가치에 영향을 미치는 공법적 규제 및 기타의 행정적 조치를 말하며, 적극적으로 부동산의 이용을 조장하는 정책과 소극적으로 부동산의 이용을 제약하는 정책의 양면성을 가진다. 행정적 요인은 정책적인 견지에서 국민경제의 조화 있는 발전을 위하여 부동산의 가치형성요인에 영향을 미치는 각종 공적규제를 의미하므로 부동산의 수급과 가치 등에 미치는 영향이 매우 클 수 밖에 없다. 행정적 요인에는 다음과 같은 것들이 있다.

① 토지제도와 토지정책, ② 토지이용계획 및 규제 등의 상태, ③ 택지 및 주택에 관한 시책의 상태, ④ 토지 및 건축물의 구조·방재 등에 대한 시책의 상태, ⑤ 부동산가격 등에 대한 통제의 상태, ⑥ 부동산 관련 세제

1) 토지제도와 토지정책

토지제도는 토지의 이용·관리·거래·소유 등에 관련된 제도를 말하며, 토지 소유권의 귀속형태나 공공의 필요에 따라 사용, 수익 및 제한 등에 관한 기본적인 제도이다. 토지 이용은 서로 밀접한 관계를 가지며, 토지는 높은 사회성과 공공성을 지닌다는 점 때문에 토지의 공개념이 대두된다. 또한 다주택자에 대한 양도소득세 강화, 종합부동산세 등의 주택 공개념도 대두되고 있으며, 부재지주의 정리제도, 농지의 경자유전의 원칙에 의한 개혁 등이 있다.

토지정책이란 토지문제 해결을 위한 정부의 직간접 개입을 의미하며, 토지정책의 궁극적 목표는 토지자원의 효율적 이용(효율성)과 토지로부터 발생하는 소득 및 부의 공평한 분배(형평성)에 있다. 우리나라의 주요 토지문제를 보면, 1960년대 이후 1990년대까지는 급격한 지가상승, 극심한 토지소유 편중, 토지공급 부족 등이었으나, 1990년대 이후에는 무질서한 개발, 지역별 가격격차 등을 들 수 있다. 이에 따라 토지문제 해결을 위한 정책목표도 1960년대와 1970년대에는 효율적인 토지이용과 개발에 초점을

두었으나, 1980년대부터는 지가안정 및 토지투기억제, 토지소유 집중도 완화 및 불로소득의 환수에, 1990년대부터는 공급확대와 계획적 토지이용, 지역별 격차완화 등으로 변화되고 있다. 토지문제에 대처하는 방법에는 시장의 논리를 앞세우고 시장을 통한 문제해결을 강조하는 시장지향형 토지관과 토지의 공공성을 내세우고 정부의 계획적 개입을 통한 문제해결을 강조하는 분배중심적 토지관이 있다. 한편, 세계화와 지방화 시대를 맞이하여 토지정책에 대해서도 많은 변화가 요구되고 있다. 국제화·개방화 측면에서는 자본의 원활한 축적을 위해 토지를 사용하는 것이 바람직할 것이나, 지방화 측면에서는 토지를 노동의 원활한 재생산과 국민의 복지를 위해 사용하도록 요구되고 있으며 경제학에서 토지는 생산의 3요소 중 하나로 취급되는 중요한 자원임과 동시에 자산의 한 형태로써 재산증식의 수단이 되기도 하고 자연 상태로 존재하면서 많은 사람들에게 각종 혜택을 제공하는 소비재가 되기도 한다. 토지제도와 토지정책이 어떻게 변천하는가에 따라 부동산의 인문적 위치가 크게 변화하므로 부동산가치형성에 전반적인 영향을 주게 된다.

2) 토지이용계획 및 규제 등의 상태

국토의 종합적인 이용·개발 및 보전을 위한 토지이용의 효율적인 조정과 규제는 좁은 국토의 이용을 다양화하여 토지의 효용에 많은 영향을 미친다. 토지이용에 관한 공적 계획 및 규제는 지역지구제를 중심으로 하며, 이는 토지이용계획의 수립 및 변동은 부동산의 행정적 위치를 변화시켜 토지의 수요와 공급, 거래, 이용활동, 가치형성 등에 영향을 준다. 용도지역지구제의 시행으로 토지시장은 규제의 유형에 따라 몇 개의 독립된 시장으로 분산되고 다양화되었으며, 농업진흥지역이나 개발제한구역은 강도가 큰 규제에 속한다. 토지이용계획과 관계없이 국방, 교육, 농지보전 등에 의한 규제도 중복되므로 규제관계는 날로 복잡화되어 하나의 토지에 수개의 법률에 의한 규제가 나타나기도 한다.

① 용도지역은 토지의 이용 및 건축물의 용도·건폐율·용적률·높이 등을 제한함으로써 토지를 경제적·효율적으로 이용하고 공공복리의 증진을 도모하기 위하여 서로 중복되지 아니하게 도시·군관리계획으로 결정하는 지역을 말한다.

② 지구단위계획이란 도시·군계획 수립 대상지역의 일부에 대하여 토지이용을 합리화하고 그 기능을 증진시키며 미관을 개선하고 양호한 환경을 확보하며,

그 지역을 체계적·계획적으로 관리하기 위하여 수립하는 도시·군관리계획을 말한다.

③ 토지적성평가는 「국토의 계획 및 이용에 관한 법률」에 근거한 내용으로서 토지의 토양, 입지, 활용가능성 등에 따라 개발적성, 농업적성, 보전적성을 평가하고 그 결과에 따라 토지용도를 분류함으로써 국토의 난개발을 방지하고 개발과 보전의 조화를 유도하기 위한 제도이다. 토지적성평가는 도시관리계획 입안권자가 도시관리계획을 입안하기 위하여 실시하는 기초조사의 하나로서 이는 관리지역 세분화를 위한 평가와 기타 도시관리계획 입안을 위한 평가로 구분한다.

④ 토지거래계약 허가제는 토지의 국토의 이용 및 관리에 관한 계획의 원활한 수립과 집행, 합리적인 토지 이용 등을 위하여 토지의 투기적인 거래가 성행하거나 지가(地價)가 급격히 상승하는 지역과 그러한 우려가 있는 지역으로서 대통령령으로 정하는 지역을 토지거래계약에 관한 허가구역으로 지정하여 계약체결 전에 허가를 받고 거래하도록 하는 제도이다.

3) 택지 및 주택에 관한 시책의 상태

국가, 지방자치단체, 한국토지주택공사 등의 택지 및 주택에 관한 시책은 부동산가치형성에 중요한 영향을 미친다. 택지의 공급촉진은 주택의 수요를 완화하고 그 가치에 영향을 미치며, 주택의 건설촉진은 택지의 수요를 증가시키고, 주택수요에도 영향을 준다. 토지의 공개념 제도, 부동산세제는 부동산가격의 통제와 관련이 있는데, 높은 세율의 양도소득세나 취득세 등은 토지의 수요와 공급을 감소시키고, 토지와 건물 가치의 인상요인이 되기도 한다. 주택건설기금의 확보나 융자 등의 시책, 국민주택 등에 제공되는 토지의 양도소득세 감면 등은 건축경기를 부양하는 효과를 가져오고 부동산가치형성에 영향을 미친다. 주택정책은 주택의 수요와 공급활동을 능률화함으로써 인간의 주거에 관한 관계를 개선하려는 공적활동이기 때문에 주택의 가치, 품질, 임대료 등에 영향을 미친다. 주택정책의 내용에는 주택의 물리적·경제적공급, 주택금융, 주택관련법률의 정비 등이 포함되며, 원활한 택지확보와 공급을 위해 공적기관에 토지선매권을 부여하기도 한다. 토지선매제도란 토지거래계약의 허가신청이 있을 때 공익사업에 필요한 용지를 사전에 확보하기 위하여 사적 거래에 선행하여 국가·지방자치단체·정부투자기관이 그 토지를 매수하는 제도이다.

4) 토지 및 건축물의 구조·방재 등의 규제상태

건축물의 구조기준 준수 및 폭풍, 지진, 화재 등에 대한 방재를 통하여 안정성에 대한 조치가 되어 있는 지역과 그렇지 못한 지역의 토지가격 수준은 차이가 나타나고 부동산의 유용성에도 큰 영향을 미치게 된다. 부동산은 주택, 점포, 공장 등 여러 가지 용도로 이용되며, 이용자나 공공의 측면에서 볼 때 언제나 안정성이 확보되어야 한다. 태풍이나 홍수 등에 의한 산사태, 축대의 붕괴, 농지의 유실 등을 감안해 보면, 부동산에 대한 방재의 시책상태가 부동산이용과 가치에 영향을 미친다는 것을 알 수 있다.

5) 부동산가격 등에 대한 통제의 상태

(1) 부동산가격과 거래의 규제

토지나 주택의 공개념제도, 부동산세제의 강화, 부동산가격공시제도의 도입, 토지거래허가제도의 실시, 부동산 실거래가신고제도, 분양가규제 등은 부동산가격에 직간접적인 영향을 미쳐 부동산가격을 통제하는 기능을 한다. 부동산거래에 대한 규제조치는 개발이익을 환수한다든지 개발부담금을 강화하여 부당하게 얻는 개발이익을 국가에서 환수하는 토지공개념이 있고, 임야에 대한 토지거래허가 요건을 강화한다든지 농지전용에 대한 허가요건을 강화하는 것 같이 공법상 규제를 강화함으로써 거래를 어렵게 하는 방법이 있으며, 부동산 관련 각종 세금을 부과하여 간접적으로 거래를 억제하는 방법이 있다.

다만, 토지는 생산활동과 인간의 경제활동에 필요한 생산요소이기 때문에 가격을 규제하거나 통제하면 부동산시장기능을 통한 자원배분을 합리적으로 할 수 없는 문제가 있고, 가격질서가 왜곡될 염려가 있다. 부동산가격 통제의 방법으로 우리나라는 1989년부터 지가공시제도를 시행하고 있다. 부동산가격공시제도는 토지, 주택 등 부동산의 적정가격을 공시하여 부동산가격산정의 기준이 되게 하고, 토지·건물·동산 등의 감정평가에 관한 사항을 정함으로써 이의 적정한 가격형성을 도모하며, 나아가 국토의 효율적인 이용과 국민경제의 발전에 이바지하게 함을 목적으로 한다. 표준지공시지가는 토지시장의 지가정보를 제공하고 일반적인 토지거래의 지표가 되며, 국가·지방자치단체 등의 기관이 그 업무와 관련하여 지가를 산정하거나 개별적으로 토지를 감정평가하는 경우에 그 기준이 된다.

(2) 부동산임대료와 임대차거래의 규제

임대료는 부동산의 수요와 공급에 따라 변동하며, 부동산임대료 수준에 대한 규제는 임차인의 부담을 경감시켜 소득증대 효과가 나타나고 수요를 증가시키게 된다. 그러나 공급측면에서는 신규공급이 감소하고 기존용도의 전환이 발생하여 공급을 감소시키게 된다. 부동산시장이 공급측면에서 안정적인 경우에는 임대료수준의 규제로 부동산가격도 안정시킬 수가 있으나, 일반적으로 임대료규제는 임대부동산의 질적 수준을 저하시키며, 규제임대료 수준과 암시장에서 형성되는 임대료수준의 이중가격이 나타나게 할 가능성이 커서 더 많은 사회적 비용을 초래하게 된다. 주택임대차보호법과 상가임대차보호법에서 시행하는 임대료상승율 상한선은 오히려 임대료를 조기에 상승시키는 효과를 보이기도 하였다.

(3) 부동산가격규제의 영향

① 토지거래허가제도·실거래가신고제도 등에 따른 허가 및 신고대상, 규제지역의 지정 및 해제 등 부동산 관련 규제조치에 대한 정보활동이 필요하게 된다. 또한 부동산가격규제조치로 인하여 부동산가격 및 부동산시장에 나타나는 현상 및 문제점 등에 관한 관찰이 필요하며, 국토이용에 관한 각종 법률에 근거한 공적 규제에 대한 전문적인 법률지식이 필수적으로 요청된다.

② 토지거래허가절차를 거치지 않고 거래계약이 체결될 가능성과 잘못된 실거래가신고절차 등으로 피해를 입을 가능성, 적법한 허가절차를 거치지 않은 등기로 인한 등기사고의 가능성, 허가대상이 아님에도 허가를 신청할 가능성, 불법적으로 허가를 받을 가능성 등 부동산거래과정에서 사고가 발생할 위험성에 처할 수 있다.

③ 토지거래허가의 자격조건이 되는지, 토지가 필요한 용도로 개발될 법적 가능성은 있는지 등에 대한 예측을 통하여 해당 부동산의 가치를 결정할 필요가 있으며, 이러한 점은 부동산의 가치형성에 영향을 미치게 된다.

④ 각종 부동산관련 규제조치로 인하여 부동산의 가치형성이 복잡하게 되고 부동

산 활동이 다양하게 되므로 유의할 필요가 있다. 부동산규제는 자율적인 시장 기능을 규제하기 때문에 이중적인 거래가격이 형성될 가능성이 있으며, 그 결과 부동산 감정평가와 관련한 가치기준에도 영향을 미치게 된다. 감정평가가 치는 이중으로 형성된 시장가치, 즉 자율적인 시장가치와 규제로 인한 시장가치 사이에서 영향을 받게 되므로 균형을 유지하는 것이 필요하게 된다. 부동산거래규제에 따른 각종 조치는 부동산의 가격수준에 영향을 줄 가능성이 크고, 토지이용을 규제하며, 부동산가치를 복잡화·다양화하므로 새로운 평가이론의 정립과 가치의 균형을 유지할 필요가 있다.

6) 부동산 관련 세제

부동산세제는 부동산의 취득과 양도, 보유, 임대차 등 부동산과 관련된 모든 세제로서 이는 공공단체의 제정수입수단, 공익사업비용의 확충, 부동산투기억제, 부동산경기부양 등의 목적을 위하여 부동산에 부과되는 세금을 말하며, 부동산가치형성에 영향을 미친다. 보유세는 소득세가 발달하기 이전의 조세체계에서는 중추적 지위를 차지하고 있었으나 지금은 소득세의 보완세로서 대부분 지방세로 과징되고 있다. 부동산 관련 세금을 보면, 먼저 취득단계에서는 취득세, 여기에 붙는 농어촌특별세와 지방교육세가 있다. 보유단계에서는 재산세와 종합부동산세가 누진세율로 분리 과세되며 여기에 도시지역분 재산세, 지방교육세가 붙으며, 처분단계에서 시세차익을 얻었을 때는 양도소득세를 낸다. 또한 부동산과 관련한 상속세와 증여세가 있으며, 부동산 임대차의 경우 소득세와 부가가치세가 부과된다.

부동산 재산세율의 인상, 종합부동산세의 신설, 비업무용부동산의 중과, 양도소득세의 대상 확대 등은 부동산 관련 세제를 강화하여 가치형성에 영향을 미치고 간접적으로 거래를 억제하는 기능을 한다. 한편 부동산세제의 원활한 운영을 위해서는 과세기준이 명확하고 공정한 과세부담이 요구되므로 과세를 위한 감정평가제도가 충분히 발달할 필요가 있다.

1. 의 의

　지역적 요인이란 일정한 지역이 다른 지역과 구별되는 각 지역의 규모, 구성의 내용, 기능 등에 걸쳐 지역특성을 형성하는 개개의 요인으로서 지역의 가격수준 및 표준적 사용의 결정에 영향을 미치는 지역적 차원의 가치형성요인을 말한다. 즉, 일반적 요인의 지역편향성에 의거 지역적 차원으로 축소된 일반적 제요인과 지역의 자연적 제 조건의 결합으로 인해 지역요인을 형성하고 나아가 당해 지역이 다른 지역과 구별되는 지역특성을 가지게 되는데, 이러한 지역특성은 지역의 표준적 사용 및 가격수준으로 표현된다.

　부동산가치형성은 일반적 요인 이외에 상대지역의 축소범위인 자연적 조건에 의해서도 영향을 받으며, 지역의 특성을 형성하는 물리적·사회적·경제적·행정적 제 조건을 지역적 요인이라고 한다. 일반적 요인은 국가적·광역적 차원으로 지역적 개념인 가격수준을 파악하는 데에는 실익이 없으며, 가격수준 형성에 있어서 지역의 자연적 조건은 그 영향이 크나 일반적 요인에는 포함되어 있지 않다. 따라서 일반적 요인의 상관결합에 의해 규모, 구성내용, 기능 등에 걸쳐 용도적 관점에서 각 지역의 특성을 형성하고, 그 지역에 속하는 부동산의 가치형성에 전반적인 영향을 미치는 요인인 지역적 요인의 고찰이 매우 중요하다.

2. 내 용

　지역요인의 내용으로는 일반적으로 지역적 차원으로 축소된 일반적 제요인과 지역의 고유한 자연적 제 조건이 있다.

1) 지역적 차원으로 축소된 일반적 제요인

① 사회적 요인

　지역 내 부동산의 가치형성에 영향을 미치는 일련의 사회적 현상을 말하고 그 내용은 지역 내의 인구, 교육수준 등 앞에서 설명한 바와 같다.

② 경제적 요인

지역 내 부동산의 가치형성에 영향을 미치는 일련의 경제적 현상을 말하고 그 내용은 지역 내의 재정상태 등 앞에서 설명한 바와 같다.

③ 행정적 요인

지역 내 부동산의 가치형성에 영향을 미치는 일련의 법적·제도적인 규제 및 조치 등을 말하고 그 내용은 앞에서 설명한 바와 같다. 지역의 건축조례 등이 있을 것이고 이는 다른 요인에 비해 보다 직접적으로 가치형성에 개입하는 특징이 있다.

2) 지역의 자연적 제 조건

부동산은 지리적 위치의 고정성으로 인하여 그 가치는 자연적 조건에 많은 영향을 받으며, 가치에 미치는 영향의 정도는 부동산의 종류나 용도 등에 따라 다르게 나타난다.

① 자연적 환경: 일조, 온도, 풍향, 강수량 등과 홍수나 지진 등
② 자연자원: 식량, 섬유, 광물, 지하자원과 수력, 수산자원 등

3. 용도적 관점에서 분류되는 용도지대별 지역요인

공법상 용도지역과 실제이용상황 등을 기준으로 그 용도적 특성에 따라 동질성을 기준으로 하여 용도지대를 분류한다. 주택지대는 쾌적성 및 편의성이, 상업지대는 수익성이, 공업지대는 생산성 및 비용의 절감이, 농경지대와 임야지대는 자연조건과 생산성 등이 부동산의 유용성을 결정하고 가치형성의 중심이 된다.

1) 주택지대의 지역요인

주택지대는 지역의 규모, 구성내용, 기능, 질적 특성 등에 세분화가 가능하며, 거주환경이 양호한 지역과 그렇지 않은 지역, 교통의 편리성이 좋은 지역과 그렇지 않은 지역 등 각 지역의 특성이 다르게 형성된다. 주택지대의 지역요인에는 다음과 같은 것들이 있다.

(1) 가로의 폭과 구조 등의 상태

가로의 폭과 구조, 포장상태, 보행통로상태, 계통 및 연속성 등의 상태는 주거지역의 유용성에 큰 영향을 미친다. 가로의 폭은 지역의 규모, 가로간의 연결관계 등을 감안하되 적정해야 하며 지구단위계획, 도로법, 건축법 등이 정하는 기준에 부합해야 한다.

(2) 기상상태 및 자연환경

일조, 온도, 습도, 풍향 등의 기상상태 및 조망, 경관, 지반, 지질 등 자연환경은 주거의 쾌적성과 주민의 건강에 영향을 미치며, 주민의 사회적 지위와 경제적 수준이 높아질수록 자연환경을 중시하는 경향이 있다.

(3) 도심과의 거리 및 교통시설상태

도심과의 거리 및 접근성, 도심에 이르는 인근교통시설의 편의성 등 상태는 주거지역의 유용성에 영향을 준다. 특히 도심에의 의존도가 높은 위성도시는 교통체계가 더욱 중요한 요인이므로 도심과의 거리에 대한 수요층의 동향에 유의해야 한다.

(4) 상업시설의 배치상태

생활의 편의성을 좌우하는 상업시설의 배치상태는 주거지역의 규모, 성격 등에 따라 차이가 있다. 일반적으로 대규모 상업시설은 접근성을 고려하여 지역의 중심에 배치되어야 하고, 일정한 간격으로 중, 소규모의 상업시설이 존재해야 한다. 상업시설은 이용자들의 편익과 영업자들의 수익을 동시에 고려하여 개방형으로 할 것인지 아니면 폐쇄형으로 할 것인지를 결정하여야 한다.

(5) 상하수도, 도시가스 등 공급 및 처리시설의 상태

상수도, 하수도, 도시가스, 전기 등은 주거지역의 기본적 요건으로서 위생과 편의성 등을 좌우하며, 생활수준에 영향을 주는 요인이다.

(6) 공공 및 편익시설의 배치상태

유치원, 초등학교, 공원, 병원, 관공서 등 공공 및 편익시설의 배치상태는 지역의 유용성을 크게 좌우한다. 학교의 명성, 진학률, 통학편리성 등은 지역의 수준을 높이며, 필요한 의료서비스를 제공하는 병원과 기능별 공원의 존재는 중요한 요소이다.

(7) 위험 및 혐오시설의 유무

변전소, 가스탱크, 오수처리장, 폐기물처리장, 특별고압선 등 위험 및 혐오시설의 존재는 주민에게 불쾌감과 위협을 주고 주변 부동산의 가치를 하락시킨다.

(8) 홍수 등 재해발생의 위험성

홍수, 사태, 절벽붕괴, 태풍, 지진 등의 자연재해는 주민의 생명에 위협을 주고 부동산을 손상·멸실시키므로 지역 내 부동산수요에 영향을 준다. 최근의 일본의 대지진에 의한 해일피해사례에서 보듯이 그 중요성이 커지고 있다.

(9) 소음 등 공해발생의 정도

소음, 진동, 대기오염, 토양오염 등의 공해는 지역주민의 정신적·육체적 건강에 영향을 주는데, 해당지역에서 발생하는 경우 외에도 다른 지역에서 발생하여 영향을 주기도 한다. 장기간 지속되었던 시화호 주변의 부동산가격 침체현상, 일본의 방사능 피해영향이 대표적이다.

(10) 개별획지의 면적, 배치 및 이용상태

획지의 표준적인 면적, 획지의 정연성, 건물의 소밀도, 주변의 이용상황 등 획지의 상태는 지역의 명성과 유용성을 나타내는 기준이 된다.

(11) 토지이용계획 및 규제상태

용도지역, 지구, 구역 등 행정상의 규제 등 토지이용에 관한 공법상의 규제내용은 지역 내 토지의 이용에 큰 영향을 미친다.

(12) 기타요인

거주자의 직업, 연령, 학군 등 사회환경, 정보통신기반의 정비상태, 장래의 동향 등 요인이 주거지역의 가치형성에 영향을 주고 있다.

2) 상업지대의 지역요인

상업지대는 주로 상업활동이 일어나는 개별지의 집합개념으로서 상업적 수익이 발생, 증대되는 입지조건에 영향을 미치는 요인에 따라 지역특성이 형성된다. 주택지대의 지역요인 외에 상업지대 특유의 지역요인은 다음과 같다.

(1) 상업배후지 및 고객의 질과 양

상업지역이 흡인하는 고객이 존재하는 지역적 범위를 배후지라고 하며, 상업활동은 고객들이 존재하는 배후지의 규모, 소득수준, 구매력, 구매습관 등에 영향을 받는다. 배후지의 지역범위는 교통수단과 관계가 깊다.

(2) 고객 및 종업원의 교통수단상태

배후지 고객의 질과 양이 좋아도 자가용, 지하철, 버스 등 교통수단이 발달되지 못하면 상업지역에의 도달이 어려워 고객의 유인효과가 감소한다. 과거와 다르게 고속도로의 확충 등으로 인한 자가용의 보편화는 도시 외곽 지역에도 상업지대가 발달할 수 있게 하고 있다.

(3) 영업의 종류 및 경쟁상태

주된 영업의 종류가 무엇이고 경쟁의 정도가 어떤지에 대한 문제는 상업지역의 수익성을 판단하는데 도움이 되며, 가치형성에 영향을 미친다.

(4) 당해 지역 영업자의 창의력과 자금력

뛰어난 경영기술과 판매기술, 충분한 자금을 통한 설비의 현대화 등은 상업지역의 번영과 수익, 그리고 부동산가치에도 영향을 주게 된다.

(5) 변화성의 정도 및 성쇠의 동향

생태학적 관점에서 해당 상업지역의 발전싸이클이 어느 국면에 위치하고 있는가에 대한 동향은 중요한 요인이다. 고도상업지역은 대부분 도심에서 지가수준, 매출수준, 임료수준 등이 가장 높은 곳이므로 해당지역의 가격수준 및 유용성의 상한선을 제시하여 전체지역의 분석에 중요한 자료가 된다.

(6) 행정상의 조장 및 규제정도

건폐율, 용적률, 층고 등 토지공간의 이용에 대한 행정적 규제는 상업활동에 큰 영향을 미치게 된다. 최근에는 도심과 부도심들의 활성화를 위하여 행정상의 규제완화, 공해산업의 이전 등을 조장하고 있으며, 주차장용지의 근린생활시설 이용 가능 등 상업지역의 토지이용 완화를 확대하고 있다.

(7) 기타요인

상업시설 또는 업무시설의 종류, 규모, 집적도 등의 상태, 상품의 반입 및 반출의 편리성, 주차시설의 정비상태 등 요인이 상업지역의 가치형성에 영향을 주고 있다.

3) 공업지대의 지역요인

공업지대는 교통·노동력·시장·자원확보 등의 입지조건이 유리한 곳에 성립되며, 또한 집적에 의한 접촉의 이익에 의해 형성된다. 즉, 기술이 진보하여 생산량이 증대되고 분업체제가 다양화되면 특정한 입지조건을 갖춘 곳에 먼저 주로 같은 업종의 공장이 모인 공업지구 외에 다른 업종의 공장이 모인 공업지역이 성립된다. 그 공업지역은 공업 상호간에 관련성을 가지고 공업활동을 유리하게 전개해 나갈 수 있는 집적에 의한 접촉의 이익을 낳게 되어, 다수의 공장들이 집중됨으로써 그 규모·지역이 확대되어 공업지대가 형성된다. 따라서 공업지대는 그 안에 각각 지역분화를 이룬 여러 공업지역을 포괄한다. 공업지대는 생산, 가공, 판매활동의 능률성을 좌우하는 입지조건에 영향을 주는 요인들이 지역특성을 형성하게 된다.

주택지대의 지역요인 외에 공업지대 특유의 지역요인은 다음과 같다.

(1) 간선도로, 철도, 항만, 공항 등의 운송시설 정비상황

운송시설의 정비상태는 공업지대의 입지 및 위치에 큰 영향을 주며, 운송비의 절감, 인력의 확보 등에도 영향을 미친다. 특히 제품의 원가를 좌우하는 요인이므로 공업지대의 가치에 영향을 주게 된다.

(2) 노동력 확보의 난이

노동력은 공업활동의 기본적 요소이므로 노동력 확보의 쉽고 어려움에 따라 생산활동이 영향을 받게 된다. 이는 공업지대의 사회적 입지조건으로서 기후, 토질 등의 자연조건만큼이나 중요한 요인이다.

(3) 제품의 판매시장 및 원재료 구입시장과의 위치적 관계

공업지대는 원재료를 이용하여 제품을 생산하는 역할을 담당하므로 원재료를 제공하는 지역과 제품을 판매하는 지역과의 위치관계에 따라 운송비 등 원가에 영향을 받게 된다.

(4) 관련산업과의 위치적 관계

관련산업과의 의존적·보완적 관계가 중요한 대규모산업은 생산의 효율성과 비용절감 차원에서 서로 위치가 가깝거나, 교통이 편리하여 왕래가 편한 것이 유리하다. LCD산업, 자동차산업, 석유정제산업, 선박산업 등이 그 예이다. 또한 연관이 있는 산업의 기업과 기관들이 한 곳에 모여 시너지 효과를 도모하는 산업집적단지 또는 산업클러스터가 중요한 가치요인이 되고 있으며, 미국의 실리콘밸리, 한국의 구로디지털단지 등이 있다.

(5) 행정상의 조장 및 규제정도

일단의 공업지대가 정책상 지원의 대상인지와 규제의 정도가 어떤지에 따라 공업활동과 비용의 정도에 영향을 받으며, 생산품목에 따른 이동, 입지 등에 대한 제한은 공업지대의 성장 및 발전에 영향을 미친다.

(6) 기타요인

전력, 석유 등의 동력자원과 공업용수 및 배수시설의 조달비용 등은 생산원가에 영향을 미친다. 수질오염, 대기오염 등 공해발생의 위험성, 온도, 강수 등 기상상태 등 요인도 생산비용에 영향을 미치며, 생산능률에 영향을 미치기도 한다.

4) 농경지대의 지역요인

농경지대의 지역요인은 농경지의 자연조건과 생산성을 좌우하는 제 조건들로서 농작물의 수확과 원가에 영향을 주며, 다음과 같은 것들이 있다.

일조, 온도, 습도 등의 기상상태, 고저 등의 지세, 토양상태 및 토층상태, 관개상 태 및 수질상태, 홍수, 산사태 등의 재해발생위험도, 취락과 위치관계, 진입로, 도로 등 의 정비상태, 집하장 또는 산지시장과의 위치관계, 소비지와의 거리 및 수송시설상태, 행정상의 조장 및 규제 정도

5) 임야지대의 지역요인

임야지대의 지역요인은 임야의 자연조건과 생산성을 좌우하는 제 조건들로서 다 음과 같은 것들이 있다.

일조, 온도, 습도 등의 기상상태, 표고, 지세 등의 상태, 토양상태 및 토층상태, 임 도 등의 정비상태, 행정상의 조장 및 규제 정도

IV. 개별적 요인

1. 의 의

개별적 요인이란 지역적 요인의 제약하에 부동산의 용도나 이용상태 등을 다른 부동산과 구별시켜 그 부동산의 최유효이용 및 구체적 가치형성에 영향을 미치는 개 별 부동산 차원의 가치형성요인을 말한다. 부동산이 개별성을 발휘하여 그 가치를 개 별로 형성하게 하는 요인인 개별요인은 당해 부동산을 다른 부동산과 구별되게 하는

개별특성을 형성시키는데 개별특성은 최유효이용 및 구체적 가치로 표현된다.

부동산가치가 구체적·개별적으로 형성되는 이유는 부동산의 자연적 특성인 지리적 위치의 고정성 및 개별성 때문이다. 부동산가치는 최유효이용을 가치전제로 파악되는 가치를 표준으로 하여 형성되므로 대상부동산의 최유효이용을 판정하기 위해서는 개별요인을 분석하여야 한다. 개별분석은 인근지역에 존재하는 표준적사용과의 상관관계를 명백히 할 필요성이 있으며, 부동산의 개별요인은 토지, 건물, 복합부동산의 구분에 따라 다음과 같은 것들이 있다.

2. 토지의 개별요인

1) 택지의 개별요인

(1) 위치, 지세, 지질, 지반 등

택지는 그 위치에 따라 가치의 형성이 달라지며, 택지의 위치는 지리적으로 고정되어 있어서 이동이 불가능하므로 토지가치는 위치가치라고 할 수 있을 만큼 가치형성에 미치는 영향이 크다. 위치의 유용성은 택지의 용도나 가로조건, 도시계획상의 용도지역의 구분에 따라 달라진다. 택지의 유용성은 주거지는 쾌적성, 상업지는 수익성, 공업지는 생산성과 비용성을 중심으로 결정되기도 한다.

지세란 획지의 경사를 말하며, 경사지는 일반적으로 감가의 요인이 되고, 그 경사지를 조성하는 데 소요되는 비용만큼 감가가 되는 지세감가가 나타난다. 같은 경사지라고 해도 그 위치에 따라 가치에 영향을 미치지 않거나 증가의 요인이 되는 곳도 있다. 예를 들어 동남향으로 경사가 순탄하여 조성비용이 거의 소요되지 않고 경관과 조망이 좋은 토지는 오히려 증가의 요인이 되기도 한다.

지반이 지나치게 연약하거나 반대로 견고하거나 암반이 있는 경우 모두 감가의 요인이 된다. 연약한 지반은 고층건물의 축조에 인공적인 기반을 축조하거나 갱목의 타설 등 지반을 보완하여야 하고, 암반 등으로 지반의 굴착이 곤란한 것은 발파 등으로 지반축조에 많은 비용이 소요된다.

(2) 면적, 너비, 깊이, 형상 등

획지의 면적은 그 속한 지역 및 구체적인 이용도에 따라 그 가치에 차이를 가져온다. 예를 들어 100평방미터 미만의 획지는 주거용으로는 부적합하나 도시상가의 점포용지로서는 크게 효용을 발휘한다. 주거지의 경우 그 지역의 건축수준에 따라 140~300평방미터가 적합하고, 과대면적의 주거지는 도로면적 등 감보율, 분할비용, 등기비용 등을 감안하여 감가의 요인이 되며, 과소면적의 주거지는 유용성의 저하로 감가요인이 된다. 인근환경, 용도 등을 기준으로 하여 적정한 면적의 토지는 그렇지 못한 토지에 비하여 유용성이 높으므로 가치는 높다고 보아야 한다. 면적의 적정성 여부는 공법상 제한이나 그 지역의 특성 및 용도 여하에 따라 달라질 수 있고 특히 아파트 용지나 공업용지는 일반적으로 넓은 면적을 필요로 한다.

획지가 가로에 면한 접면너비는 일반적으로 넓은 것이 좋다. 상업지는 접면너비가 넓을수록 유용성이 높고, 주거지나 공업지는 접면너비의 대소에 크게 영향을 받지는 않는다. 그러나 주거지도 접면너비가 부적정하게 좁거나 획지가 가로에서 깊은 것은 모두 감가의 요인이 되며, 공업용지도 접면너비가 협소하여 제품운반에 불편한 것은 유용성을 낮게 만든다.

접면너비와의 비율이 일반적인 수준과 다른 획지는 그 깊이가 증가함에 따라 가체체감의 요인이 된다. 획지의 깊이는 접면너비와 함께 적정하여야 최유효이용의 대상이 된다.

획지의 형상은 정방형, 가로장방형, 세로장방형, 삼각형, 사다리형, 부정형 등이 있으며, 이상적인 택지의 형상은 정방형이나 장방형이고, 삼각형이나 부정형은 모두 형상감가의 요인이 된다.

(3) 고저, 각지, 접면가로와의 관계

시가지의 획지는 획지와 가로의 접면형태에 따라 획지의 이용관계에 많은 차이를 발생시켜 획지의 가치에 영향을 미친다. 획지가 가로보다 낮은 경우에는 일반적으로 감가의 요인이 되나, 빌딩의 이용부지는 지하실의 이용이 필요한 경우도 있으므로 감가의 요인이 되지 않을 수도 있다. 획지가 가로면보다 높은 경우에도 원칙은 감가의 요인이 되는데, 상업지의 경우 출입에 지장이 있으면 감가요인이 되나, 주거지는 다소 높은 것에 크게 영향을 받지 않는다.

각지의 유용성은 상업지의 경우 접근성 및 수익성이 높아지므로 현저하게 나타나며 도로의 접면부분이 클수록 유리하다. 주거지는 일조·통풍 등을 고려한 동남의 각

지가 유리하며, 각지는 이면도로, 삼면도로, 사면도로에 면한 것이 있어서 각각 그 효용도를 달리한다.

(4) 접면가로의 폭, 구조, 계통 및 연속성

가로는 지나치게 넓지도 좁지도 않은 것이 유리하다. 특히 상업지에서 그 적정성은 상업의 종류와 점포의 규모에 따라 다르며, 주거지역은 약 10미터가 정도가 적정하다. 획지의 접면가로는 간선도로, 구획가로, 소방도로 여부 및 포장의 유무, 노폭의 정도에 따라 획지에 미치는 영향이 크다. 특히 공업지는 접면가로의 계통, 폭이 수송의 편리성과 관련되고, 주거지나 상업지는 교통의 편리성, 고객의 통행 등에 따라 획지가치가 영향을 받는다. 토지의 감정평가시 접면가로의 너비, 포장의 유무, 차도와 보도의 구분, 국도·지방도·사도의 구분 등이 점검의 대상이 된다.

(5) 인접부동산 등 주위의 상태

택지는 토지로서 자연의 한 부분이나 물리적, 사회적, 경제적 여러 상황이나 조건 하에 놓여 있게 되는 환경성을 가진다. 일반적으로 주거지는 인근에 광장, 공원 등이 있으면 쾌적성의 면에서 유리하나 때로는 소음 등의 방해가 감가요인이 되기도 한다. 또한 택지의 이용은 인접택지와 이용면에서 유사하거나 상호 보완적인 경우에 유리한 가치를 형성하게 된다.

(6) 상하수도, 가스 등 공급 및 처리시설의 유무 및 이용편의성

상하수도, 가스, 전기 등 제반시설이 갖추어져 있는지, 정비된 상태는 양호한지, 정비되어 있지 않다면 그 정비는 용이한지, 정비에 소요되는 비용은 얼마인지 등은 모두 획지의 가치에 영향을 미친다.

(7) 정보통신기반의 이용편의성

최근 정보통신시스템이 우리 사회의 생활 및 경제활동에 미치는 영향이 매우 커진 상태이며, 이를 이용하는 정도와 방법에 따라 부동산가치에 영향을 받고 있다. 따라서 정보통신기반의 이용가능 여부가 택지의 이용가치에 영향을 줄 수 있다.

(8) 토양오염의 유무 및 상태

토양오염은 오염물질의 제거비용 발생과 토지이용상 제약에 따라 가치형성에 중대한 영향을 미치는 경우가 있다. 특히 택지는 활용도가 높은 토지이므로 공장부지, 주유소 또는 군(軍)이용토지였던 경우에는 토양오염상황에 대한 조사가 이루어지고, 오염된 경우에는 제거 등의 조치를 강구해야 한다.

(9) 공법, 사법상의 규제 및 제약 등

획지의 가치에 영향을 미치는 공법상의 제약은 토지이용을 규제하는 국토의 계획 및 이용에 관한 법률, 건축법, 농지법, 공원법, 문화재보호법 등이 있다. 공적규제로는 도로법, 하천법, 항만법 등이 있고, 사법상 규제 및 제약에는 지상권, 지역권, 전세권, 상린관계 등이 있다. 공·사법상의 규제 및 제약은 택지가 합법성의 관점에서 최유효 이용의 상태에 있는지 여부를 판단하는 기준이 된다.

2) 토지유형별 특유의 개별요인

(1) 주택지

획지의 일조나 통풍, 건습 등은 획지의 입지조건에 따라 중요도에 차이가 있다. 획지의 위치는 높고 일조나 통풍이 잘 되며 경관이나 조망이 좋은 택지는 고급주거지대에서는 가치가 높게 형성된다. 교통시설과의 거리, 공공시설·공익시설 등과의 접근성, 상업시설과의 접근성은 주택지의 유용성을 좌우하는 주요개별요인이다. 이는 철도·역·전철 등의 교통시설, 학교·공원·병원·학원 등 교육복지시설, 상가·시장·쇼핑센터 등 상업시설이다. 변전소·가스저장소 등의 위험시설, 오폐수처리장, 화장장, 교도소, 장례식장, 쓰레기처리장 등의 혐오시설 등에 접근된 주택지는 모두 가치저하의 요인이 된다.

(2) 상업지

상업지역 중심에의 접근성, 주요 교통시설과의 접근성, 고객유동성과 적합성 등은 상업기능과 업무기능의 집적도, 번화성의 정도에 영향을 주어 상업지의 개별적인 차이에 큰 영향을 주는 개별요인이다. 상업지는 고객출입의 편리성, 상품선전효과 여부 등 매상수익에 직접적인 영향을 주는 요인이 가치형성에서 작용하게 된다.

(3) 공업지

종업원의 통근을 위한 주요 교통기관과의 접근성, 용배수 등 공급 및 처리시설 정비의 필요성은 소비지 지향형 공업지에서 중요한 개별요인이 된다. 산업기반형 공업지에서는 간선도로, 철도, 항만, 공항 등 수송시설과의 위치관계, 전력 등 동력자원이 상태 및 난이성이 주요 요인이 된다.

(4) 농지 및 임지

농지의 주된 개별요인은 ① 일조, 건습, 강우량 등의 상태, ② 토양 및 토층의 상태, ③ 농로, 관개배수의 상태, ④ 취락과의 접근성, ⑤ 집하장과의 접근성, ⑥ 재해의 위험성 정도, ⑦ 공법, 사법상의 규제 및 제약 등이 있다.

임지의 주된 개별요인은 ① 일조, 건습, 강우량 등의 상태, ② 표고 및 지세의 상태, ③ 토양 및 토층의 상태, ④ 취락과의 접근성, ⑤ 목재의 반출 및 운반, ⑥ 공법, 사법상의 규제 및 제약 등이 있다.

3. 건물의 개별적 요인

1) 건물의 면적, 높이, 구조, 재질, 성능 등

건물의 면적은 건축면적과 연면적으로 표시되며 건물의 높이는 지반에서의 건물의 처마높이를 포함하는데, 이는 건물의 규모와 외형적 크기를 규정하는 요인이다. 벽돌조·철근콘크리트조 등 건물의 구조와 재질, 내진성·내화성 등 건물의 성능은 건물의 품위와 내구성 등에 영향을 미친다. 이러한 요인들은 건물의 재조달원가에 차이를 가져오며, 건물은 부지에 따라 적당한 면적과 높이가 유지되어야 최유효이용이 된다.

2) 설계, 설비 등의 양부

건물의 설계와 설비는 주택·점포·사무실 등 그 사용목적에 따라 형태를 달리하며 적합한 것이어야 한다. 건물 전체의 설계가 건물의 용도에 적합하게 되어 있는지, 그리고 건물의 세부적인 균형의 유지, 일조·채광·통풍 등에 대한 충분한 배려, 외관·의장 등의 적합성 등이 고려되어 있는지의 문제는 건물의 가치에 상당한 영향을 미친다. 건물의 설비에는 전기설비, 가스설비, 급배수설비, 냉난방설비, 승강기설비, 위생설비 등이 있는데, 설비가 설치되어 있는지와 건물의 용도나 규모에 필요한 종류의 것이 적절하게 설치되어 있는지, 그리고 그 설비가 기능을 충분히 발휘하고 있는지 등은 건물의 효용 및 가치에 영향을 미친다.

3) 시공의 질과 양

시공에 있어서 노동자의 기술 및 숙련도, 단위면적당 투하노동량의 다과 등 시공의 질과 양은 상승적으로 작용하여 건물의 품등과 내구연한 등에 영향을 미친다.

4) 건물의 내용연수 및 유지관리의 상태

건물은 신축 후 경과된 연수에 따라 경년감가의 정도를 추정하며 증개축, 파손 및 노후화, 수선의 필요성 등에 유의해야 한다. 유지관리의 상태는 건물의 감가정도 및 장래에 예상되는 수선비용에 영향을 미치고 대상건물의 가치형성에 큰 영향을 준다.

5) 건물과 환경의 적합상태

건물도 환경요소의 하나이므로 모든 건물은 그것이 속한 환경으로부터 영향을 받음과 동시에 그 환경에 영향을 가하는데, 이를 건물의 환경성이라고 한다, 건물과 그 환경의 적합상태 측면에서 건물이 효용을 충분히 발휘하기 위해서는 소재하는 지역의 특성에 적합해야 하며, 적합의 상태가 불량한 경우에는 건축비와 투자액 등 물리적인 가치에 부합하는 가치가 형성되지 않는다.

6) 공법, 사법상의 규제 및 제약

건물에 관한 공법상의 규제는 국토의 계획 및 이용에 관한 법률, 도시계획법, 건축법, 소방법 등이 있고, 사법상 규제는 획지의 임대차관계와 제한물권설정 등이 있다. 주요한 규제내용은 용도지역에 따른 건축제한, 건폐율과 용적률, 도로제한, 소방설비 설치 및 유지의무, 주차시설 설치의무 등이 있다.

4. 복합부동산의 개별적 요인

복합부동산의 효용은 건물 등이 그 부지의 상황에 맞게 건축되었을 때 최고도로 발휘되므로 토지와 건물의 균형 정도는 부동산의 가치형성에 크게 영향을 준다. 건물과 부지를 일체로 하는 복합부동산의 경우에는 토지의 개별적 요인과 건물의 개별적 요인 외에도 토지와 건물의 상호적응의 상태가 가치형성요인으로 고려되어야 한다. 건물은 부지내의 어떤 위치에 세워진 것인지와 도로에 면한 정도는 어떠한지 등 건물의 배치상태, 건물과 부지의 균형정도, 주차장·정원·통로 등의 배치, 건물용도와 부지용도의 적합성 여부 등을 종합적으로 파악하여 가치형성요인을 분석하여야 한다. 건물이 최유효이용의 상태가 아니라면 건부감가요인이 발생한다. 특히, 임대용 부동산의 경우에는 임차인의 상황 및 임대차계약의 내용, 대규모 개보수계획의 유무 및 이력, 관리계획의 양부, 현재의 공실률과 그 추이 등의 개별요인이 중요하다.

• 주택지대

지 역 요 인			개 별 요 인		
조건	항 목	세 항 목	조건	항 목	세 항 목
가로 조건	가로의 폭, 구조 등의 상태	폭	가로 조건	가로의 폭, 구조 등의 상태	폭
		포장			포장
		보도			보도
		계통 및 연속성			계통 및 연속성
접근 조건	도심과의 거리 및 교통시설의 상태	인근교통시설의 편익성	접근 조건	교통시설과의 접근성	인근대중교통시설과의 거 리 및 편의성
		인근교통시설의 도시중심 접근성			
	상가의 배치상태	인근상가의 편익성		상가와의 접근성	인근상가와의 거리 및 편 익성
		인근상가의 품격			
	공공 및 편익시설의 배치상태	관공서 등 공공시설과의 접근 성		공공 및 편익시설과 의 접근성	유치원, 초등학교, 공원, 병원, 관공서 등과의 거리 및 편익성
환경 조건	기상조건	일조, 습도, 온도, 통풍 등	환경 조건	일조 등	일조, 통풍 등
	자연환경	조망, 경관, 지반, 지질 등		자연환경	조망, 경관, 지반, 지질 등
	사회환경	거주자의 직업, 연령 등		인근환경	인근토지의 이용상황
		학군 등			인근토지의 이용상황과의 적합성
	획지의 상태	획지의 표준적인 면적		공급시설 및 처리시 설의 상태	상수도
		획지의 정연성			하수도
		건물의 소밀도			도시가스 등
		주변의 이용상태		위험 및 혐오시설 등	변전소, 가스탱크, 오수처 리장 등의 유무
	공급 및 처리시설의 상태	상수도			
		하수도			특별고압선 등과의 거리
		도시가스 등	획지 조건	면적, 접면너비, 깊 이, 형상 등	면적
	위험 및 혐오시설	변전소, 가스탱크, 오수처 리장 등의 유무			접면너비
					깊이
		특별고압선 등의 통과 여부			부정형지
					삼각지
	재해발생의 위험성	홍수, 사태, 절벽붕괴 등			자루형 획지
				방위, 고저 등	방위
					고저
					경사지
	공해발생의 정도	소음, 진동, 대기오염 등		접면도로 상태	각지
					2면획지
					3면획지
행정적 조건	행정상의 규제정도	용도지역, 지구, 구역	행정적 조건	행정상의 규제정도	용도지역, 지구, 구역 등
		기타규제			기타규제(입체이용제한 등)
기타 조건	기타	장래의 동향	기타 조건	기타	장래의 동향
		기타			기타

• 상업지대

지 역 요 인			개 별 요 인		
조건	항 목	세 항 목	조건	항 목	세 항 목
가로 조건	가로의 폭, 구조 등 의 상태	폭	가로조 건	가로의 폭, 구조 등 의 상태	폭
		포장			포장
		보도			보도
		계통 및 연속성			계통 및 연속성
	가구(block)의 상태	가구의 정연성			
		가구시설의 상태			
접근 조건	교통수단 및 공공시 설과의 접근성	인근교통시설의 편의성	접근조 건	상업지역중심 및 교 통시설과의 편의성	상업지역중심과의 접근성
		인근교통시설의 이용 승객수			
		주차시설의 정비			
		교통규제의 정도(일방통행, 주정차 금지 등)			인근교통시설과의 거리 및 편의성
		관공서 등 공공시설과의 접근성			
환경 조건	상업 및 업무시설의 배치상태	백화점, 대형상가의 수와 연면적	환경조 건	고객의 유동성과의 적합성	고객의 유동성과의 적합성
		전국규모의 상가 및 사무 소의 수와 연면적		인근환경	인근토지의 이용상황
		관람집회시설의 상태			인근토지의 이용상황과의 적합성
		부적합한 시설의 상태(공 장, 창고, 주택 등)		자연환경	지반, 지질 등
		기타 고객유인시설 등	획지조 건	면적, 접면너비, 너 비, 깊이, 형상 등	면적
		배후지의 인구			접면너비
		배후지의 범위			깊이
		고객의 구매력 등			부정형지
	경쟁의 정도 및 경 영자의 능력	상가의전문화와 집단화			삼각지
		고층화 이용정도			자루형 획지
					〈 삭 제 〉
	번화성 정도	고객의 통행량		방위, 고저 등	방 위
		상가의 연립성			고 저
		영업시간의 장단			경사지
		범죄의 발생정도		접면도로 상태	각 지
	자연환경	지반, 지질 등			2면획지
					3면획지
행정적 조건	행정상의 규제정도	용도지역, 지구, 구역 등	행정적 조건	행정상의 규제정도	용도지역, 지구, 구역 등
		용적제한			용적제한
		고도제한			고도제한
		기타규제			기타규제(임체이용제한 등)
기타 조건	기타	장래의 동향	기타 조건	기타	장래의 동향
		기타			기타

- 공업지대

지 역 요 인			개 별 요 인		
조건	항 목	세 항 목	조건	항 목	세 항 목
가로 조건	가로의 폭, 구조 등 의 상태	폭	가로 조건	가로의 폭, 구조 등 의 상태	폭
		포장			포장
		계통 및 연속성			계통 및 연속성
접근 조건	판매 및 원료구입 시장과의 위치관계	도심과의 접근성	접근 조건	교통시설과의 거리	인근교통시설과의 거리 및 편의성
		항만, 공항, 철도, 고속도 로, 산업도로 등과의 접근 성			
	노동력확보의 난이	인근교통시설과의 접근성			철도전용인입선
	관련산업과의 관계	관련산업 및 협력업체간의 위치관계			전용부두
환경 조건	공급 및 처리시설의 상태	동력자원	환경 조건	공급 및 처리시설의 상태	동력자원
		공업용수			공업용수
		공장배수			공장배수
	공해발생의 위험성	수질, 대기오염 등		자연환경	지반, 지질 등
			획지 조건	면적, 형상 등	면적
	자연환경	지반, 지질 등			형상
					고저
행정적 조건	행정상의 조장 및 규제정도	조장의 정도	행정적 조건	행정상의 조장 및 규제정도	조장의 정도
		규제의 정도			규제의 정도
		기타규제			기타규제
기타 조건	기타	공장진출의 동향	기타 조건	기타	장래의 동향
		장래의 동향			기타
		기타			

• 농경지대(전지대)

지 역 요 인			개 별 요 인		
조건	항 목	세 항 목	조건	항 목	세 항 목
접근 조건	교통의 편부	취락과의 접근성	접근 조건	교통의 편부	취락과의 접근성
		출하집적지와의 접근성			농로의 상태
		농로의 상태			
자연 조건	기상조건	일조, 습도, 온도, 통풍, 강 우량 등	자연 조건	일조 등	일조, 통풍 등
				토양, 토질	토양, 토질의 양부
	지세	경사의 방향		관개, 배부	관개의 양부
		경사도			
	토양, 토질	토양, 토질의 양부			배수의 양부
	관개, 배수	관개의 양부			
		배수의 양부			
	재해의 위험성	수해의 위험성	획지 조건	면적, 경사 등	면적
					경사도
					경사의 방향
		기타 재해의 위험성		경작의 편부	형상부정 및 장애물에 의 한 장애의 정도
행정적 조건	행정상의 조장 및 규제정도	보조금, 융자금 등 조장의 정도	행정적 조건	행정상의 조장 및 규제정도	보조금, 융자금 등 조장의 정도
		규제의 정도			규제의 정도
기타 조건	기타	장래의 동향	기타 조건	기타	장래의 동향
		기타			기타

• 농경지대(답지대)

지 역 요 인			개 별 요 인		
조건	항 목	세 항 목	조건	항 목	세 항 목
접근 조건	교통의 편부	취락과의 접근성	접근 조건	교통의 편부	취락과의 접근성
		출하집적지와의 접근성			농로의 상태
		농로의 상태			
자연 조건	기상조건	일조, 습도, 온도, 통풍, 강 우량 등	자연 조건	일조 등	일조, 통풍 등
	지세	경사의 방향		토양, 토질	토양, 토질의 양부
		경사도		관개, 배수	관개의 양부
	토양, 토질	토양, 토질의 양부			배수의 양부
	관개, 배수	관개의 양부		재해의 위험성	수해의 위험성
		배수의 양부			기타 재해의 위험성
	재해의 위험성	수해의 위험성	획지 조건	면적, 경사 등	면적
					경사
		기타 재해의 위험성		경작의 편부	형상부정 및 장애물에 의 한 장애의 정도
행정적 조건	행정상의 조장 및 규제정도	보조금, 융자금 등 조장의 정도	행정적 조건	행정상의 조장 및 규제정도	보조금, 융자금 등 조장의 정도
		규제의 정도			규제의 정도
기타 조건	기타	장래의 동향	기타 조건	기타	장래의 동향
		기타			기타

- 임야지대

지 역 요 인			개 별 요 인		
조건	항 목	세 항 목	조건	항 목	세 항 목
접근 조건	교통의 편부 등	인근역과의 접근성	접근 조건	교통의 편부 등	인근역과의 접근성
		인근취락과의 접근성			인근취락과의 접근성
		임도의 배치, 폭, 구조등			임도의 배치, 폭, 구조등
					반출지점까지의 거리
		인근시장과의 접근성			반출지점에서 시장까지의 거리
자연 조건	기상조건	일조, 기온, 강우량, 안개, 적설량 등	자연 조건	일조 등	일조, 통풍 등
	지세 등	표고		지세, 방위 등	표고
		경사도			방위
		경사의 굴곡			경사
	토양, 토질	토양, 토질의 양부			경사면의 위치
					경사의 굴곡
				토양, 토질	토양, 토질의 양부
행정적 조건	행정상의 조장 및 규제정도	행정상의 조장의 정도	행정적 조건	행정상의 조장 및 규제정도	조장의 정도
		국·도립공원, 보안림 사방 지 지정 등의 규제			국·도립공원, 보안림 사방 지 지정 등의 규제
		기타규제			기타규제
기타 조건	기타	장래의 동향	기타 조건	기타	장래의 동향
		기타			기타

section 03
부동산가치형성과정

Ⅰ. 개요

부동산의 가치는 일반재화와는 달리 부동산의 고유한 특성으로 인하여 가치발생요인에 영향을 미치는 자연적·사회적·경제적·행정적 조건의 일반적 요인과 지역적요인 및 개별적 요인과 같은 가치형성요인의 상호작용에 따라 결정된다. 또한 가치형성요인의 영향을 받은 가치발생요인에 의해 결정되어진 부동산가치는 다시 가치형성요인에 영향을 주는 이중성을 가지고 있다. 일반재화의 가치 이중성과 비교해 볼 때 부동산의 가치는 피드백 과정에서 부동산의 자연적·인문적 특성에 영향을 받은 가치형성요인이 개입한다는 특징을 가지고 있다. 이러한 부동산가치는 지역성으로 인해 형성된 지역의 가격수준이 부동산의 개별성으로 인해 개별부동산의 가치로 개별화되고 구체화되면서 형성된다. 즉 부동산의 가치형성과정이란 부동산의 가치가 부동산의 지역성에 따른 그 지역의 가격수준과 개별성에 따른 구체적 가치로 개별화·구체화되어 가는 과정을 말한다. 이러한 부동산의 가치형성과정에는 일정한 법칙이 존재하며, 가치 제 원칙에 따라 부동산의 가치가 형성되는 과정이 이루어진다.

Ⅱ. 가격 수준의 형성

1. 부동산의 지역성

부동산의 지역성이란 부동산은 자연적 특성 중 지리적 위치의 고정성으로 인해 그 부동산이 속한 지역의 구성분자로서 그 지역 및 그 지역 내의 다른 부동산과 의존·보완·협동·대체·경쟁의 상호관계를 이루며, 이러한 상호관계를 통하여 당해 부동산의 사회적·경제적·행정적 위치가 정해진다는 부동산의 특성을 말한다. 이로 인해 그 지역 내의 부동산은 유사한 이용형태를 보이고 따라서 가격도 일정한 수준을 보이게 되는 것이다.

2. 지역요인

지역요인이란 광역적인 일반적 요인이 지역의 자연적 제 조건과 결합하여 지역적 범위로 축소되어 지역 내 부동산의 상태 및 가격수준에 영향을 주는 요인을 말한다. 지역요인은 다른 지역과 구별되는 지역특성을 형성하는 요인들로서 지역특성은 해당 지역의 표준적사용과 가격수준으로 표현되는 특징을 가지고 있다.

3. 가격수준의 형성

부동산의 지역성에 의한 일반적 요인의 지역지향성으로 일반적 요인이 지역적 차원으로 축소되고 자연적 제 조건과 결합하여 형성된 지역요인은 지역특성을 나타내게 되고, 이 결과 표준적 사용과 가격수준이 형성된다.

4. 지역분석과 관련 가치 제 원칙

지역분석이란 평가대상 부동산이 소재한 지역의 지역요인을 구별하여 당해지역의 특성과 표준적 사용 및 장래동향을 파악하여 지역 내 부동산의 가격수준을 판정하는 작업이다. 지역분석에 있어서 지역 내 표준적 사용과 대상부동산과의 적합관계 판정을 위해서는 적합의 원칙이, 지역특성과 표준적 사용의 변동추이 및 지속성 등을 판정하기 위해서는 변동·예측의 원칙이 활용된다.

III. 구체적 가치의 형성

1. 부동산의 개별성

부동산의 개별성이란 동일한 복수의 부동산은 없으므로 물리적으로 대체가 가능하지 않다는 특성으로서 이는 부동산의 가치형성요인을 개별화시키고, 부동산의 가치와 수익 등을 개별화시킨다.

2. 개별요인

개별요인이란 부동산의 개별적 특성을 반영하여 가치를 개별화·구체화시키는 요인으로서 당해 토지가 속하는 지역의 표준적 사용을 전제로 하는 토지의 가격수준과 비교하여 개별적 차이를 발생시키는 요인을 말한다.

3. 구체적 가치의 형성

부동산의 표준적 사용과 가격수준은 개개 부동산의 개별적 요인과 결합하여 최유효이용을 결정하게 되고, 이에 의해 가격수준은 개별화·구체화되어 구체적 가치를 형성하게 된다.

4. 개별분석과 관련 가치 제 원칙

개별분석이란 당해 부동산의 개별적 요인이 가치에 미치는 영향을 분석하는 미시적인 작업을 말한다. 개별분석은 대상부동산의 최유효이용의 판정을 목적으로 하므로 최유효이용의 원칙 및 내부·외부원칙들이 모두 관련되며, 장기적 안목에서 최유효이용의 지속성 고려를 위한 변동·예측의 원칙도 활용된다.

IV. 부동산의 특성이 부동산가치형성에 미치는 영향

1. 의 의

일반재화가 원가와 이윤의 폭에 의하여 가격이 결정되는 점에 반하여 부동산의 가치는 그 발생과 형성, 그리고 결정과정이 다소 상이하다고 할 수 있다. 부동산은 일반재화와 다른 자연적 특성과 인문적 특성을 가지고 있는데, 자연적 특성은 지리적 위치의 고정성, 부증성, 개별성 등으로 세분화되며, 인문적 특성에는 용도의 다양성, 사회적·경제적·행정적 위치의 가변성, 병합분할의 가능성 등이 있다. 기본적으로 부동산도 일반재화처럼 수요와 공급의 상호작용에 의해 그 가치가 발생하나, 부동산의 특성으로 인하여 가치형성과정이 일반재화와는 다소 상이한 과정을 거치게 된다. 따라서 부동산의 적정한 가치를 판정하기 위해서는 기본적으로 부동산 제 특성들이 가치의 발생과 형성과정에서 어떠한 영향을 미치는지에 대한 검토가 필요하다. 부동산의 가치는 유용성, 상대적 희소성, 유효수요의 유기적 상관결합에 의해 발생하고 이것이 일반적요인, 지역적요인, 개별적요인과 같은 가치형성요인의 영향으로 지역성에 근거해 형성된 가격수준을 통하여 개별성에 근거한 구체적 가치가 결정된다.

2. 부동산의 가치발생과정에 대한 영향

부동산의 유용성이란 특정된 측면에서 인간(수요자)의 욕구를 만족시켜줄 수 있는 재화의 능력으로 부동산의 경우 부동산을 소유 또는 이용함에 따라 얻어지는 주관적인 만족을 말한다. 부동산은 용도의 다양성, 사회적·경제적·행정적 위치의 가변성, 영속성 등으로 인하여 시간의 경과나 용도의 변화에 따라 그 만족의 정도나 가치가 증감하게 된다.

상대적 희소성이란 욕망에 비해 충족수단이 양적으로 유한하거나 부족한 상태를 의미하며, 구체적으로는 절대적 존재량이 욕구에 비해 한정되어 있다는 측면과 이용가능한 용도측면에서 상대적으로 유한함을 말한다. 이는 부증성의 제약 하에서 지리적 위치의 고정성을 근거로 발생하며, 부동산의 인문적 특성과 행정적 규제정도 등의 영향 하에서 상대적 희소성이 강화되거나 완화된다.

유효수요란 부동산에 대한 실질적인 구매능력을 의미하는 것으로 살 의사와 지불능력을 갖춘 수요를 말한다. 특정 부동산의 수요측면에서 볼 때 부동산의 용도, 부동산의 사회적·경제적·행정적 위치의 가변성 등에 따라서 유효수요가 영향을 받을 수 있다.

3. 부동산의 가치형성과정에 대한 영향

유용성과 상대적 희소성, 유효수요의 긴밀한 상호작용으로 발생한 부동산가치는 일반적 요인 및 지역적 요인과 지역의 자연적 제 조건의 영향을 받아 일정한 가격수준을 형성하며, 지리적 위치의 고정성으로 인한 부동산의 지역성은 일반적 요인의 지역지향성을 파생시키고, 주변용도에 따라 표준적사용이 변화를 받아 그 가격수준이 영향을 받는다.

부동산은 부증성의 특성이 있으므로 토지거래허가제 및 신고제 등 각종의 행정제도나 규제정책 등을 파생시켜 일단의 지역 내에서 형성되는 가격수준에 영향을 주게 된다. 또한 부동산은 용도를 다양화 할 수 있는 제 특성으로 인해 효율적 이용을 추구하게 되므로 일정한 지역 내에서는 유사한 이용형태가 나타나고 그 결과 일단의 지역의 가격수준이 형성되어진다.

부동산의 자연적 특성 중 하나인 위치의 고정성으로 인해 나타나는 지역성은 지역 내 부동산으로 하여금 유사한 지질, 지세 등의 자연적 환경을 갖게 하고, 그 결과 표준적 사용방법과 가격수준이 형성되어진다.

부동산의 가치는 일반적 요인과 지역적 요인에 의해 가격수준을 형성하며 대상부동산에 작용하는 개별적 요인의 영향을 받아 개별화되고 구체화된다. 부동산은 물리적으로 하나도 동일할 수 없다는 개별성의 특성을 지니며, 이는 고정성과 결합해서 토지의 경우 위치, 지적, 지세, 일조 등의 개별적 요인을 갖게 한다. 건물의 경우 개별성은 행정적 위치의 가변성과 결합하여 공사법상의 규제 및 제약의 변화에 대한 영향 아래 놓이게 한다. 따라서 부동산 제 특성의 영향을 받은 개별적 요인들에 의해 부동산가치는 개별화되고 구체화된다.

section 04
부동산가치의 제 원칙

Ⅰ. 부동산가치 제 원칙의 의의

부동산가치는 부동산의 유용성, 상대적 희소성, 부동산에 대한 유효수요에 영향을 주는 제요인의 상호작용에 의하여 형성되지만 그 형성과정을 관찰하면 기본적인 법칙성을 찾을 수 있다. 부동산의 가치 제(諸)원칙이란 부동산의 가치가 어떻게 형성되고 유지되는가에 관한 법칙성을 추출하여 부동산평가활동의 지침으로 삼으려는 하나의 행위기준이다. 감정평가활동은 부동산의 가치형성과정을 추급하여 분석하는 것을 본질적 요소로 하며, 가치형성의 기본적인 법칙성이 각각 어떻게 작용하고 어떻게 유기적으로 작용하여 부동산의 가치가 형성되는가를 판단근거로 삼아야 한다.

부동산가치의 제 원칙은 부동산가치 형성과정상의 법칙성을 추출한 것으로서 일

반재화와는 다른 부동산의 자연적·인문적 특성을 반영하고 있다. 또한 가치 제 원칙은 각각 독립되어 작용하는 것이 아니라 부동산가치 형성과정의 중요한 배경인 부동산가치 형성요인의 상호 유기적 관련성으로 인하여 서로 직접·간접적으로 관련하여 하나의 체계를 형성하고 있다.

부동산가치의 제 원칙은 최유효이용의 원칙을 최상위 원칙으로 하여 토대가 되는 변동·예측의 원칙, 내부적 측면의 기여·수익체증체감·균형·수익배분의 원칙, 외부적 측면의 적합·경쟁·외부성·기회비용의 원칙, 간접 측면의 대체·수요공급의 원칙들이 직접·간접적으로 연계되어 있는 특징을 가지고 있다. 가치 제 원칙은 일반경제원칙이 완전경쟁시장을 전제함에 비하여 부동산시장의 특성상 불완전시장에서 적응되는 경제법칙을 설명한다는 점에서 고유성과 독단성이 존재한다.

가치 제 원칙간 관련성

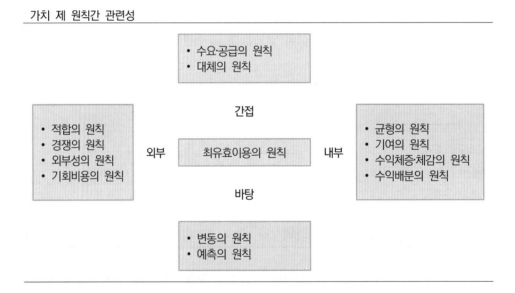

1. 최유효이용의 원칙

1) 의의

최유효이용이란 객관적으로 보아 양식과 통상의 이용능력을 가진 사람이 부동산을 합법적이고 합리적이며 최고최선의 방법으로 이용하는 것을 말하며, 부동산가치는 이러한 최유효이용을 전제로 파악되는 가치를 표준으로 하여 형성된다는 원칙이 최유효이용의 원칙이다.

부동산은 다른 재화와는 다르게 용도의 다양성이라는 특성이 있어서 하나의 부동산이라도 수개의 용도가 경합할 때에는 경쟁의 작용에 의하여 가장 높은 가치를 제시할 수 있는 수요자가 그 부동산을 취득하게 된다. 수요자가 부동산에 대하여 가장 높은 가치를 제시할 수 있는 것은 그 부동산을 이용함으로써 얻는 이윤이 최대가 되도록 하는 방법인 최유효이용을 전제로 한 경우뿐이다. 이처럼 부동산가치형성의 전제가 되는 최유효이용은 부동산의 수익성·쾌적성 등 유용성이 최대가 될 가능성이 가장 확실한 이용에 기초한 것이다. 따라서 부동산의 가치는 그 부동산의 유용성이 최고로 발휘될 가능성이 가장 풍부한 이용을 전제로 파악되는 가치를 표준으로 형성된다.

부동산의 가치가 최유효이용을 전제로 하여 형성될 수밖에 없으므로 감정평가시 부동산가치는 최유효이용을 전제로 하여 평가해야 하며, 최유효이용 원칙의 이론적 근거는 다음과 같다. ① 토지이용의 끊임없는 변화, 즉 사회·경제·환경적 요인의 변화 및 용도의 다양성은 대체·경쟁의 결과 토지이용이 최유효이용이 되도록 토지할당을 이룬다. 이는 자유경쟁시장의 메커니즘이 토지가 최대이윤을 획득할 수 있는 용도와 규모로 그 이용을 귀착시킨다는 것을 의미한다. ② 부동산은 자연적·인문적 특성으로 인하여 오용되기 쉬운 데 반해 악화성향·지속성·비가역성의 성질이 있으므로 극대 총량적 가치창조 및 사회성·공공성의 최대발휘를 위하여 최유효이용이 필요하다. 따라서 국가나 사회는 공적 규제 등을 통해 사용자에게 최유효이용을 강제하게 된다. ③ 경제주체의 합리성 추구는 결국 토지의 이용을 최유효이용으로 귀착시킨다.

최유효이용의 원칙은 부동산 고유의 원칙이고 평가의 기준이 되므로 모든 원칙은 최유효이용의 원칙과 직접·간접적으로 관련성을 갖고 있다.

2) 최유효이용의 원칙상 유의점

어떤 부동산의 현실적 이용방법이 반드시 최유효이용에 기초하고 있는 것은 아니며, 불합리하거나 개인적인 사정에 따른 이용방법 때문에 당해 부동산이 충분한 효용을 발휘하지 못하는 경우가 있다. 또한 최대의 수익을 올리거나 올릴 가능성이 있는 이용이라고 해도 그것이 특별한 능력을 가진 사람의 이용, 실현가능성이 적은 이용, 비합법적인 이용, 투기적인 이용 등인 경우에는 최유효이용이라고 할 수 없다. 따라서 먼 장래의 주관적인 예측이나 투기적인 이용을 전제로 하거나, 토지이용규제나 공법상 제약을 무시한 사용방법은 최유효이용이 아님에 유의해야 한다. 부동산의 용도, 구조, 규모 및 유형적인 이용형태 등을 고찰하는 경우에는 그 부동산이 속한 인근지역의 일반적인 표준적사용이 중요하게 다루어지지만, 모든 부동산의 최유효이용이 반드시 표준적사용과 일치하지는 않으므로 최유효이용의 판정은 그 부동산의 규모, 위치, 환경 등을 고려함과 동시에 그 시장의 수급동향도 통찰한 후에 이루어져야 한다.

최유효이용을 판정하는 경우에는 다음의 기준을 구체적으로 고려하여야 한다. ① 객관적인 양식과 통상의 이용능력을 가진 자에 의한 합리적·합법적 사용방법일 것이 요구되며, 물리적으로 채택 가능하고 이윤을 극대화하는 이용이어야 한다. ② 사용수익이 장래의 상당기간 동안 지속될 수 있을 것이 요구되므로 일시적 수익, 투기적 수익 등 안정적이지 못한 수익은 배제하여야 한다. ③ 해당용도의 효용을 충분히 발휘할 수 있는 시점이 예측할 수 없는 장래가 아니어야 한다. 먼 장래의 주관적인 예상이면 감정평가의 객관성과 합리성이 떨어진다. ④ 단순한 사용자에 의한 사용과 같이 계약내용 등에 의하여 이용방법이 한정되어 있는 경우에는 배제되어야 한다. ⑤ 최유효이용은 먼저 인근지역의 지역특성의 제약 하에 개별요인에 영향을 받는다. 따라서 그 이용방법은 내부적으로만 합리적이어야 하는 것이 아니고 인근환경과의 적합 등 외부적으로도 합리적이어야 한다.

감정평가에 있어서 최유효이용의 판정사항은 다음과 같다. ① 대상부동산의 최유효이용은 무엇인지를 고찰한다. ② 현재의 이용방법이 최유효이용이라면 앞으로의 안정성과 지속성 여부를 파악해서 평가한다. ③ 현재의 이용방법이 최유효이용이 아니라면 전환의 가능성을 판단하고 고려해야 하는데, 전환비용과 그 전환의 소요시간, 가치증가분 등을 파악한 후 평가한다. ④ 만약, 전환비용에 비해 가치증가분이 작다면 대상부동산의 최유효이용의 파악은 전환 후 이용이 아니라 현재의 이용을 기준으로 해야 한다.

3) 최유효이용원칙과 감정평가와의 관계

부동산의 가치는 최유효이용을 전제로 하여 형성되기 때문에 대상부동산이 최유효이용이 아닌 경우에는 정상가치보다 일반적으로 낮게 평가가 이루어지게 된다. 따라서 최유효이용 상태인지에 대한 판정은 부동산평가에 있어 중요한 작용을 하므로 최유효이용의 원칙은 감정평가의 가치전제가 된다. 또한 개개 부동산의 최유효이용의 판정은 인근지역의 일반적·평균적 이용상태를 나타내며 최유효이용의 집약적인 이용방법인 표준적사용을 척도로 한다. 부동산의 지역성으로 인해 대상부동산의 최유효이용과 주변 부동산의 표준적 사용이 부합할수록 대상부동산의 효용이나 가치가 증가함이 일반적이다. 그러나 양자는 반드시 일치한다고 볼 수 없으며, 최유효이용은 표준적사용을 지표로 해서 결정되는 피결정성을 갖는다.

최유효이용의 원칙은 감정평가의 3방식과는 다음과 같은 관련이 있다.

① 원가법은 대상물건의 재조달원가에 감가수정을 하여 대상물건의 가액을 산정하는 감정평가방법을 말한다. 이때의 재조달원가는 최유효이용의 상태를 기준으로 하고, 감가수정은 최유효이용 상태에서의 감가이며, 재조달원가를 간접적으로 구하는 경우의 개별요인의 비교는 최유효이용 상태를 기준으로 하는 것이므로 원가법에서 최유효이용의 원칙은 밀접한 관련성이 있다.

② 거래사례비교법은 대상물건과 가치형성요인이 같거나 비슷한 물건의 거래사례와 비교하여 대상물건의 현황에 맞게 사정보정, 시점수정, 가치형성요인 비교 등의 과정을 거쳐 대상물건의 가액을 산정하는 감정평가방법을 말한다. 이때 거래사례와 대상부동산간의 개별요인의 비교는 획지의 이용상태에 대하여 사례와 대상부동산간의 품등비교에서 개별적으로 비교 분석되므로 최유효이용의 원칙이 판단의 기준이 된다.

③ 수익환원법은 대상물건이 장래 산출할 것으로 기대되는 순수익이나 미래의 현금흐름을 환원하거나 할인하여 대상물건의 가액을 산정하는 감정평가방법을 말한다. 순수익은 경제주체가 대상부동산을 통하여 획득할 수익에서 그 수익을 발생시키는데 소요된 비용을 공제한 금액을 말한다. 이때 경제주체가 대상

물건을 통하여 일정기간 획득할 순수익과 환원이율은 최유효이용을 전제로 하여 구하여지며, 토지잔여법에 있어서 수익사례는 부지와 건물이 최유효이용 상태에 있는 것을 채용하여야 한다.

2. 변동의 원칙

변동의 원칙이란 부동산의 가치가 다수의 가치형성요인들간의 상호 인과관계적 결합에 의해서 형성되며 그 배경은 모든 사물은 항상 유동적인 변화의 상태에 있다는 자연법칙에 있다는 가치원칙을 말한다. 어떤 지역이든 가치형성의 일반적 요인과 자연적 제 조건은 끊임없이 변화하는데, 이러한 변화는 지역특성을 변화시키고 가격수준에 영향을 주게 되며, 부동산의 유용성이 내적·외적 요소들의 변화에 따라 끊임없이 변동하게 된다는 점을 반영한다.

부동산의 가치는 이러한 가치형성요인 등이 부단히 변화하는 과정에서 형성되는 것이므로 당연히 가변적인 것이며, 이는 기준시점확정의 근거이자 사회적·경제적·행정적 요인의 작용을 파악하는 이유가 된다.

3. 예측의 원칙

부동산의 가치형성요인은 항상 변동하며 부동산가치를 결정하는 본질적 요소이므로 부동산가치도 가치형성요인을 따라서 변동되기 마련이다. 그러므로 부동산가치는 장래의 수익성, 가치형성요인의 추이 등이 예측되고 반영되어 형성되며, 평가활동에서는 가치형성요인의 변동추이 또는 동향을 예측하여야 한다는 것이 예측의 원칙이다.

부동산의 가치는 부동산의 소유에서 비롯되는 장래이익(future benefits)에 대한 현재의 가치를 의미하기 때문에, 부동산의 정확한 가치를 파악하기 위해서는 장래에 대한 예측이 필요한 것이다. 장래의 동향이나 상태를 예측하는 데에는 과거의 경향이나 상태에 관한 역사적 자료가 도움을 준다. 예측은 과거에 대한 경험에서 비롯되며 변동은 과거의 연장선이라는 점에서 예측의 원칙은 변동의 원칙과 관련이 있다.

4. 수요공급의 원칙

일반적으로 재화의 가격이 상승하면 공급은 늘고 수요는 감소하며, 가격이 하락하면 공급이 줄고 수요가 증가한다. 이러한 수요공급의 상호관계에서 재화의 가격은 결정되며 그 가격은 또다시 수요와 공급에 영향을 미치게 된다. 이를 수요공급의 원칙이라 한다.

부동산의 경우에는 수요공급의 원칙이 그대로 적용되는 것은 아니지만 용도적 측면이나 건물의 경우에는 공급이 가능하므로 수요공급의 원칙이 부동산의 가치형성에 많은 영향을 미친다고 할 수 있다. 그러나 일반재화와는 달리 수요는 상당히 탄력적인 반면 공급은 비탄력적이다. 그 이유는 위치나 개별성이 동등한 부동산은 존재하지 않기 때문에 공급은 대체가능한 범위 내에서 제한되기 때문이다. 이러한 이유 때문에 부동산시장은 수요공급의 조절이 어렵다. 부동산에서 공급은 다양한 가격으로 임대하거나 판매하려는 부동산의 양을 말하고 부동산서비스의 양과 유용성, 물리적인 공간을 포함하고 있다. 일반적으로 부동산은 필요한 시간과 자본, 정부의 규제 등으로 인하여 시장의 요구 및 변화에 대응하려는 공급자의 능력을 제한하는 특성이 있다. 부동산에서 수요는 다양한 가격하에서 부동산을 구입하거나 임대하려는 양을 말하고, 부동산의 가격은 수요와 실질적인 구매력에 따라 즉각적으로 영향을 받는 관계에 있다.

5. 대체의 원칙

대체란 일반적으로 어떤 재화 대신에 다른 재화를 선택하는 행위를 말한다. 부동산의 가치도 대체가능한 다른 부동산이나 재화의 가치와 상호 관련되어 형성된다. 부동산에 있어서는 개별성의 특성이 있어 엄격한 의미에서 대체가 불가능하지만 그 유용성의 측면에서 대체는 가능한 것이다. 이를 대체의 원칙이라 한다.

대체는 용도와 유용성, 그리고 가치가 유사하여야 하며, 부동산에서 대체는 부동산 상호간에만 이루어지는 것이 아니고 지역과 지역 상호간에도 이루어지며 부동산과 일반재화사이에도 이루어질 수 있다. 사회가 발전함에 따라 대체의 경향은 양적 측면보다 질적인 측면에서 보다 수준 높은 부동산, 보다 유용한 부동산에 대한 추구현상이 나타나고 있으며, 이러한 대체의 과정에서 부동산가치가 형성되고 변화하게 된다. 특히 대체의 원칙은 감정평가 3방식이 대체성 있는 유사비교사례를 기준으로 한다는 점에서 중요한 의미를 가지고 있다.

6. 수익배분의 원칙

토지·자본·노동 및 경영의 각 요소결합에 의하여 발생하는 총수익은 이들 각 요소의 공헌도에 따라서 각각 적정히 분배되어야 한다. 자본에 대해서는 이자·배당으로써, 노동에 대해서는 임금으로써, 경영에 대해서는 보수로써, 그리고 나머지 잔여부분(잉여생산)은 지대로서 토지에 귀속하는 것이다. 이것을 수익배분의 원칙이라 한다. 그런데, 이 잉여생산은 임대료로 전가되거나 토지가치로 결정되는 것이 보통이다.

부동산은 부동성의 특성이 있어서, 그 투자도 고정되는 것이 통상이다. 그러나 토지 이외의 생산요소는 투자가 유동적이어서 평균수준의 분배가 없으면 다른 곳으로 이동함으로써 기업의 존속을 위협하게 된다. 따라서 토지 기타 부동산의 분배는 다른 생산요소에 대한 분배를 끝낸 다음 최종분배를 받게 된다. 이같이 부동산에 귀속하는 수익이 잔여액으로 계산되는 것은 불리하게 작용되는 경우도 있으나, 유리하게 작용하는 경우도 있다.

7. 균형의 원칙

균형의 원칙이란 부동산의 유용성이 최고도로 발휘되기 위해서는 부동산의 구성하고 있는 생산요소의 결합비율이 균형을 이루어야 한다는 가치원칙이다.

구성요소는 토지·건물 그리고 복합부동산에 따라 다르나, 단지 토지·노동·자본·경영뿐 아니라, 토지의 경우는 앞기장·안기장 고저 등의 관계가 균형이 있어야 하고, 건물의 경우는 면적·칸막이·복도·계단배치 등의 균형을 이루어야 한다. 상가토지의 경우라면 앞기장이 좁고, 안기장만 지나치게 깊은 토지는 균형의 원칙에 위배된다고 할 수 있다. 복합부동산의 경우는 건물과 부지의 배치 및 그 크기 등에 균형이 있어야 한다. 이 원칙은 후에 기술하는 적합의 원칙이 외부적 균형의 원칙임에 비해 내부적 균형의 원칙이다. 이 원칙은 적합의 원칙, 기여의 원칙, 수익분배의 원칙과 관계가 있다.

8. 기여의 원칙

기여의 원칙이란 부동산의 가치가 각 구성요소의 기여도에 따라서 영향을 받는다는 가치원칙이다. 부동산의 어떤 부분이 그 부동산 전체의 수익획득에 기여하는 정도는 그 부동산 전체의 가치에 영향을 미치기 때문에, 그 기여의 정도에 따라 그 부분의 가치를 알 수 있다.

이 원칙은 부동산의 일부에 대한 추가투자가 부동산 전체에 어떻게 기여하는가 하는 것을 알아보려는 것으로, 수익체증체감의 원칙을 부동산의 어떤 부분에 적용한 경우에 있어 적용해 볼 수 있는 원칙이라 할 수 있다.

예를 들면, 부정형의 획지에 인접한 다른 토지를 구입하여 합병함으로써 획지전체의 증가를 기대하는 경우나, 건물을 증축하는 경우 등에 있어서 추가투자의 적정성 판정에 도움을 준다. 기여의 원칙은 균형의 원칙에 선행하는 것으로 볼 수 있으며, 균형의 원칙이 부동산의 구성요소의 균형을 강조하는 반면, 기여의 원칙은 내부적인 각 구성요소 사이에 기여도가 합리적으로 반영되어야 한다는 원칙이다.

9. 수익체증·체감의 원칙

부동산에 대한 투자단위당 수익은 체증하다가 일정수준을 넘으면 체감하게 된다는 것으로서 부동산의 가치가 단위 투자당 순수익의 증감을 반영하여 형성된다는 원칙이다. 즉, 투자와 관련하여 부동산의 가치가 최대로 되는 경우는 한계비용과 한계수입이 일치하는 수준까지 비용을 투입했을 때이다(MR＝MC).

10. 경쟁의 원칙

일반적으로 초과이윤은 경쟁을 야기하고, 경쟁은 초과이윤을 감소시키며, 종국적으로는 이를 소멸시킨다. 부동산에 있어서도 초과이윤을 찾아서 부동산 상호간에 또는 다른 재화와의 사이에 경쟁관계가 생겨나고, 부동산의 가치는 그러한 경쟁의 과정을 통하여 형성된다. 이를 경쟁의 원칙이라 한다.

부동산의 신축 또는 이용에 있어서 정상이윤을 넘어선 초과이윤이 발생한다면, 그 신축이나 이용의 수는 늘어날 것이고, 그 결과로 부동산의 공급이 많아지면 가치가 하락해서 초과이윤은 줄어들며 결국 초과이윤은 없어지고 정상이윤만 남게 된다. 이 원칙은 대체의 원칙 및 수요공급의 원칙과 깊은 관계를 갖고 있다. 대체의 원칙이 물적 경쟁·선택 관계의 원칙인 반면, 경쟁의 원칙은 인적경쟁·투자참가관계의 원칙인 점이 다르다.

11. 적합의 원칙

적합의 원칙이란 부동산이 그 유용성을 최고로 발휘하기 위해서는 입지한 환경에 적합해야 한다는 원칙이다. 균형의 원칙이 부동산의 대내적 관계의 것이라면 적합의 원칙은 대외적 관계의 것이다.

어떤 부동산의 유용성이 최고가 되기 위해서는 그 지역의 건축 상태와 동질성이 있어야 하고, 토지의 이용도 적합성이 있어야 한다. 적합성의 1차적 문제는 용도지역 과 적합한 이용인가 하는 것이다. 토지이용에 대한 행정적 규제를 지키면 제1차적 적합이라 한다. 상업지역에 주택을 짓거나, 주거지역에 공장을 짓는 것은 1차적 적합의 원칙에 위배된다.

적합은 이같이 행정적 규제뿐 아니라, 질적·사회적·경제적 동질성까지 포함하여 고려된다. 어느 주거지역의 건물이 모두 2층 양옥인데 오로지 하나만이 목조단층 한옥 집이라면 이는 인근환경에 적합지 못하여 경제적으로 감가의 요인이 되는 것이다. 또, 주위의 가격수준 보다도 훨씬 높은 투자를 한 부동산은 인근과 부적합하여 상대적 가치가 저하하며, 적합한 수준의 투자를 한 부동산은 가치가 상승하는 것이 일반적이다.

12. 외부성의 원칙

외부성의 원칙이란 대상부동산에 대한 외부의 경제적 또는 비경제적 환경요소가 그 부동산의 가치에 긍정적 또는 부정적 영향을 미친다는 원칙이다. 경제적 외부요소 는 많은 사람에게 이용편의를 주는 고속도로, 교량, 경찰서 등 필수적 서비스 부동산 에서 나타나며, 이는 개별적인 방법보다는 정부에 의해 제공된다. 비경제적 외부요소 는 쓰레기매립장 등과 같이 다른 사람에게 비용을 부과하는 요소이다.

부동산은 지리적 위치의 고정성이라는 자연적 특성으로 인해 다른 일반재화에 비해 상대적으로 더 많은 외부환경의 영향을 받게 되며, 이러한 영향은 지역적, 국내적, 국제적일 수도 있다. 지역 내에서 부동산가치는 다양한 질적·사회적·경제적·행정적 요소에 의해 영향을 받으며, 그 격차를 보이게 된다.

13. 기회비용의 원칙

어떤 대안을 선택함으로 인하여 선택되지 않은 다른 대안 중 가장 큰 비용을 기회비용이라 하는데, 부동산의 가치는 이러한 기회비용을 반영하고 있다는 원칙이다. 기회비용의 원칙은 자본회수와 관련이 깊으며, 선택적인 투자기회에서 상호간에 회수율 또는 수익률의 비교를 통하여 부동산의 가치가 영향을 받을 수 있음을 의미한다. 따라서 기회비용은 양적·질적·용도적으로 경제성을 추구하므로 투자기회의 선택이나 용도의 선택 등에서 행위기준이 될 수 있다.

Chapter 05
부동산시장에 대한 이해

　　부동산의 가치는 각 요인에 의해 발생하고 형성되며 상호작용에 의해 끊임없이 영향을 주고받는 피드백관계에 있는데, 이러한 행위가 일어나는 장소, 공간을 부동산시장이라 한다. 물론 부동산시장은 부동산의 물리적 특성으로 인하여 일반재화와는 달리 구체적인 시장이 아닌 추상적 시장이자 불완전경쟁시장으로 개념과 특성에 대하여 올바른 이해가 필요하다. 부동산시장은 완전경쟁시장처럼 자원의 효율적인 배분기능을 수행하지는 못하더라도 불완전한데로 여러 가지 시장의 기능을 수행한다. 이러한 부동산시장은 부동산의 용도, 범위, 거래주체, 거래대상, 거래유형 등에 따라 다양하게 분류될 수 있고 항상 변화하는 유동적인 특성도 알아두어야 한다.

　　부동산시장 역시 일반재화와 마찬가지로 수요와 공급의 메커니즘을 통하여 가격이 결정되고 시장가격이 형성되기도 한다. 따라서 부동산시장의 수요와 공급의 특성과 유형, 수요공급의 균형 및 단기, 장기적인 분석이 필요하다. 또한 부동산 시장의 효율성에 대하여 배분의 효율성, 운영의 효율성, 정보의 효율성 측면으로 나누어 세부적인 내용을 파악한다. 마지막으로 부동산시장을 공간시장, 건설시장, 자산시장, 자본시장으로 나누어 각 시장의 특성과 상호관계, 가격결정 등에 대하여 알아보기로 한다.

　　제2절에서는 부동산시장의 거시적 관점에서 부동산경기변동에 대하여 알아본다. 부동산 경기변동은 부동산시장의 경제활동이 일정 주기로 반복적으로 상승·하락하는 현상 등을 말하며 이는 부동산시장의 조건들을 변화시키므로 중요한 부분이다. 부동산 경기변동의 특징과 변동요인 및 측정 가능한 지표들은 무엇이 있는지 알아보며, 이러한 경기변동 중 대표적인 것으로 경기순환론에 대하여 자세히 알아본다.

Ⅰ. 부동산시장의 이해

1. 부동산시장의 개념

시장이란 일반적으로 가격(신호)을 통해 재화나 용역에 대한 수요량과 공급량이 조정되며, 사는 쪽인 수요자와 파는 쪽인 공급자가 거래를 성립시키는 메커니즘을 말한다. 따라서 구체적인 장소만을 말하는 것이 아니라, 재화나 용역에 대한 수요와 공급이 만나서 가격이 형성되는 추상적인 기구를 포함하는 완전경쟁시장을 말한다. 일반적인 시장이 재화와 용역을 교환하기 위해서 수요자와 공급자가 모여 가격조정 및 가격결정을 행하는 공간이라고 할 때, 부동산시장 역시 경쟁적 이용에 의한 공간배분 및 토지이용패턴을 결정하고 부동산의 교환 및 가격결정을 행하는 공간이라고 할 수 있다.

부동산시장은 지리적 위치의 고정성과 개별성이라는 물리적 특성으로 인해 일반적 시장과는 달리 구체적 시장이 아닌 추상적 시장이며, 특정한 지리적 위치 및 지역적 공간을 중심으로 지역별로 형성되는 지역별 부분시장이라는 특성을 갖는 불완전경쟁시장이다. 즉, 부동산시장은 다양한 부동산이 각기 위치적으로 다른 지역에서 이용되고 매매되므로 다수의 시장이 개별적으로 구성되어 나타나는 집합적 개념의 시장이라고 할 수 있다. 부동산시장은 전적으로 위치중심적인 경향이 있으며, 이러한 위치의 고정성이 시장의 분산과 고립을 가져오게 하지만 경쟁이 가능한 유사한 수준의 시장이 존재하는 대체의 작용도 나타나게 된다. 또한 부동산시장은 각각 국지적으로 분화되어 나타나지만 부동산경기의 순환과 일반경기변동 등에 의하여 전반적인 영향을 받기도 한다.

2. 부동산시장의 특성

부동산시장은 부동산만이 가지고 있는 자연적, 인문적 특성 때문에 물리적, 경제적, 사회적, 제도적 측면에서 일반재화시장과는 다른 특성을 지닌다. 부동산시장의 특성을 요약하면 다음과 같다. ① 합리적 자원배분을 위한 시장의 효율성, ② 부동산의 고정성으로 인해 시장이 특정한 지역에 국한되는 시장의 지역성 및 시장의 분화, ③ 부동산의 개별성, 대규모자금의 필요성, 행정규제 등으로 인해 유통거래내용이 공개되지 않아 가격정보를 얻기 어려운 거래정보의 비대칭성, ④ 물리적 상태의 개별성뿐 아니라 경제·법 적용상 성질이 달라 특유의 개별성이 생기는 시장의 비표준화성, ⑤ 영속성, 내구성, 개별성, 시장의 지역성, 고가성 등의 요인으로 인한 수급조절의 곤란성, ⑥ 기타 법적규제, 시장의 비조직성, 자금의 유용가능성, 부동산의 개별성과 법적권리의 다양성 등이 있다.

1) 합리적 자원배분을 위한 시장의 효율성

(1) 부동산시장의 기술적 특성과 경제적 특성

시장이 효율적이기 위해서는 기술적 조건을 충족시켜야 하는데, 기술적 조건이란 시장에서 동일한 재화에 대한 가격차이가 쉽게 신속하게 제거될 수 있어야 한다는 것이다. 이러한 현상은 시장에서 재화의 저렴한 가격수준으로 이동하는 구매자들과 고가의 구매자에게로 움직이는 판매자에 의해 일어난다. 부동산은 지리적으로 고정되어 있어서 국지적인 시장을 형성하기 때문에 정보가 지리적으로 제한되어 있고, 상대적으로 고가이며 내구재이기 때문에 거래시 보다 구체적이고 정확한 정보활동을 요구하게 된다.

지리적으로 고정되어 있는 부동산의 특성은 구매자와 판매자 사이에 최신 지식의 습득을 어렵게 함과 동시에 특별한 정보를 요구하게 된다. 따라서 특별한 정보를 확인하기 위해 임장활동과 정보활동이 강조되며, 부동산에 내재한 다양한 권리의 분석을 위해 정보비용 및 상담비용을 포함한 고액의 거래비용이 소요되는 특성이 있다. 부동산시장에서는 매수자와 판매자 사이에 정보불평등이 존재하며, 합리적인 선택의 기회가 부여되지 않을 수 있다. 또한 거래에 따른 고액의 비용소요가 소액의 가격차이에 따른 거래를 막을 가능성이 있다. 즉, 부동산시장은 정보의 제한과 고액의 거래비용으로 인해 유사한 부동산의 가격차이가 신속하게 수정되기 힘든 특성이 있다.

시장의 효율성을 충족시키는 경제적 특성은 경쟁의 정도로 판단될 수 있다. 시장의 진입과 탈퇴는 자유로운가, 수요 또는 공급에서 독점은 없는가, 다수의 참가자에 의해 시장이 형성되고 있는가 등이 경제적인 특성을 판단하는 기준이 된다. 부동산은 절대적 공급의 제한을 가져오는 부증성의 특성이 있고, 지리적인 고정성으로 인해 지역간 공급의 상대적 격차가 발생한다. 또한 일반재화와 달리 상대적으로 대규모성을 띠며, 고가의 자본을 필요로 하는 내구재의 성격을 가진다.

일반적으로 부동산시장에도 다수의 구매자와 판매자가 존재하고 있다고는 하나, 다음과 같은 이유로 진입장벽과 경쟁에 있어 일정한 제한이 있다. 첫째, 고정성으로 인한 지리적인 시장분할은 지역간 경쟁의 제한을 유발하게 된다. 둘째, 고가의 자본을 필요로 하므로 구매의사가 있는 사람 모두가 구매자로 참여할 수 없고, 이는 자본시장에 수월하게 접근할 수 있는 일부 참가자들에게 할당된다. 셋째, 일정지역 내에서도 공간적 고정성은 특정 판매자에게 우월적 지위를 부여하여 시장가격을 상회하는 판매가격을 형성시키기도 한다. 즉 부동산의 고정성, 부증성, 고가성은 다수의 참여자에 의한 자유로운 경쟁에 제한을 주는 요인이 된다.

(2) 부동산시장의 효율성 충족방안

먼저 가격차이의 신속한 수정은 부동산시장의 효율성을 제고시키는 방안이 되며, 이를 위해서는 부동산에 관한 지식과 정보의 축적 및 제공, 부동산 거래비용의 축소 등이 논의될 수 있다.

부동산에 관한 상세한 정보 및 권리분석 내용을 체계화하고 종합화하여 지리적으로 떨어진 시장참여 의사자에게 전달되도록 하여야 한다. 합리적인 정보가 주어지는 상황 하에서 합리적이고 신속한 의사결정이 이루어지며 거래를 활성화시킬 수 있다. 효율적시장이란 정보가 가격에 신속하게 반영되는 것을 의미하므로 부동산시장의 다양한 정보가 즉각 공개되어 가격에 반영된다면, 부동산의 거래로 인한 초과수익과 투기적 수요를 억제하는 기능을 수행할 것으로 기대된다. 따라서 증권화 및 통합정보망의 구축 등을 통해 시장의 정보를 제공할 필요가 있다.

과다한 취득세, 양도소득세 등 거래비용은 수요와 공급의 제한 요인이 되며, 가격의 변화에 수요와 공급이 신속하게 반응하는 것을 방해한다. 부동산의 신규공급이 일정하게 제한되어 있다면 거래비용을 축소시켜 거래를 활성화시키는 것이 부동산시장의 효율성을 충족시키는 방안이 될 수 있다.

부동산시장의 효율성은 자유로운 경쟁이 보장될 때 확보되며, 이는 정부의 의도적인 정책적 개입으로 달성되기도 한다. 정부의 합리적인 지역지구제의 시행은 특정 지역에서 부족한 용도의 토지를 공급함으로써 지역간 격차를 해소하고 부분적으로 경쟁을 유도할 수 있다. 부동산시장에서 특정위치를 독점하고 있는 판매자가 과도한 이익을 향유하지 못하도록 정부가 강제 수용권을 행사하는 방법을 시행할 수도 있다.

고가의 부동산은 필연적으로 참여자의 제한을 가져오므로 구매자의 범위를 세분화할 수 있는 방안이 요구되기도 한다. 부동산의 증권화 및 유동화는 소액의 자본 소유자들도 경쟁적인 구매자의 지위를 획득할 수 있는 기회를 제공하여 부동산시장의 효율성을 가져오기도 한다.

2) 부동산시장 형성의 지역성

부동산시장은 부동산의 고정성으로 인해 유사한 부동산에 대하여 유사한 가격이 형성되는 지리적·공간적 구역을 말한다. 부동산의 지리적 위치의 고정성으로 인해 부동산시장은 일정지역에 국한되는 지역성 또는 국지성의 특성을 가지며, 부동산의 용도·기능·크기·위치에 따라 부분시장으로 분화되는 현상이 나타나고, 부분시장별로 불균형현상이 발생한다. 부동산은 다른 부동산과 함께 일정한 지역을 이루고 그 지역적 특성의 제약하에 가격이 형성되며, 원거리의 시장지역과 연계관계가 적은 것이 일반적이다. 따라서 지역적으로 한정된 불완전 시장의 특징을 가지며, 각종 부동산 활동을 부분시장별로 임장활동화 및 정보활동화하게 만들고, 부분시장별로 부동산의 거래 및 가격이 형성되고 차별화되며 수요공급분석을 요구하게 된다.

또한 부동산시장은 그 지역의 사회적·경제적·행정적 등의 제 요인에 의하여 영향을 받으므로, 지역적인 수요·공급에 의해 형성된다. 따라서 지역에 따라 초과 수요현상이 나타나 과열이 되는 지역도 있고, 변동이 없는 지역도 있다. 위치의 고정성으로 다른 지역시장을 통한 수급조절이 어려워, 강남과 같이 입지경쟁이 치열하기도 하고, 동일한 품질의 아파트일지라도 지역에 따라 가격이 달리 형성된다. 부동산시장의 지역경쟁은 주거용 부동산이 상·공업용 부동산보다 심하다.

3) 부동산시장의 비표준화성

부동산의 고정성과 개별성으로 인해 부동산은 대체성·호환성 등이 떨어지므로 상품의 표준화 및 대량생산이 곤란하며, 이는 가치형성요인을 개별화, 다양화시킨다. 일정지역의 부동산시장 내에서도 위치, 형상, 지세, 도로와의 관계, 용도지역 등에 따라 가격 등이 다양하고, 그 교환형태가 다르므로 일물일가의 법칙이 적용되지 않으며,

수요와 공급의 분석, 시장의 조직화를 어렵게 한다. 대개의 부동산투자자들이 말하는 특정지역의 가격은 지역분석을 통한 평균적인 가격수준을 의미하는 것이지, 그 특정부지의 가격을 의미하는 것이 아님은 부동산상품의 개별화와 관련이 있다.

4) 수급조절의 곤란성

부동산 위치의 고정성과 공급의 제한성으로 인해 토지수요가 증가하여 가격이 상승하여도 공급이 비탄력적이고 수급조절에 장시간이 걸리므로 단기간에 공급을 늘릴 수 없어 균형가격의 형성이 곤란하며, 상대적 희소성이 높아져 가격이 상승하는 경향이 있다. 부동산은 공급의 시차성으로 인하여 경제학에서 말하는 거미집이론이 적용된다. 거미집이론은 가격 변동시 수요는 즉각적으로 가격에 반영되나, 공급은 생산기간이 장기여서, 즉 공급시차가 발생하여 전기의 가격에 따라 공급이 이루어지는 현상을 설명하는 동태적 이론이다.

또한 부동산의 공급은 매매목적과 임대목적에 따라 전혀 다른 형태의 시장으로 나타나며, 매도인과 매수인의 직접적인 시장참여가 곤란한 경우도 있다.

토지의 부증성은 부동산 호황기에 매도자시장이 형성되게 하고, 토지의 소유자에게 기회비용을 초과하는 희소성에 대한 대가인 경제적 지대라는 불로소득을 발생하게 하여 부의 불평등을 초래하는 가장 큰 원인이기도 하며, 개발이익을 환수하는 근거가 되기도 한다. 따라서 유한한 토지에 대한 장기적 투자는 상대적 희소성을 증가시켜 투자의 안전판 구실을 하며, 토지 투자의 이점을 지속적으로 가능하게 할 수 있다.

5) 토지이용의 외부효과

부동산시장은 부동산 위치의 고정성으로 인해 외부환경의 영향을 많이 받게 되는 외부효과가 나타난다. 이러한 외부효과는 긍정적 효과 또는 부정적 효과가 있으며, 이는 토지의 본질적 가치에 영향을 미친다. 이러한 이유로 인해 각종 토지이용규제와 같은 정부개입이 나타나게 된다. 일반적으로 토지의 이용 및 개발은 그 지역의 인근 토지에 대가없이 무임승차하게 하고, 도로개설, 지가상승 등 개발이익을 누리게 하는 이로운 영향을 주는 외부경제효과(전철역의 신설, 청계천 복원사업 등)를 발생시켜, 주변 부동산소유자에게 막대한 경제적인 부(富)를 선물하기도 한다. 또한 쓰레기처리장 등의 이용은 해로운 영향을 주어 외부불경제효과를 발생시키기도 한다.

6) 거래정보의 비공개성

부동산시장에는 사회적 통제나 사회적 인식으로 인해 부동산거래의 내용 및 사실 등의 외부공개를 꺼리는 관행이 존재한다. 거래정보의 비공개성은 부동산시장의 지역성·국지성과 함께 부동산가격을 불합리하게 하고 시장정보의 수집을 어렵게 하여 정보탐색비용을 발생시킨다. 부동산시장이 정보의 유통이 제한적인 불완전경쟁시장인 과점형태의 특성을 갖는 원인은 시장의 비표준화성, 소수의 매도자와 매수자, 공적·사적 제한 등에도 있으며, 부동산금융제도의 도입과 관련하여 투자지표 개발, 각종 데이터의 구축, 수익지수의 작성, 회계경비관련 등의 투자정보가 구축되어 부동산정보의 투명성은 강화될 것으로 보인다.

7) 기타 특성

① 부동산시장은 부동산의 사회성·공공성으로 인해 각종 법적규제가 다양하게 나타난다. 각종 공사법적 제한은 시장의 조절기능을 저하시키는 요인으로 작용하며 이에는 지역지구제, 토지거래허가제 등이 있다.

② 부동산시장은 자금의 유용성과 밀접한 관련이 있으며 투자재로서의 부동산은 타 금융상품과 대체관계를 형성하므로 증권시장과 은행의 금리 등 자본시장의 영향력이 크다. 근래 부동산의 유동화와 관련하여 그 영향력은 더욱 커지고 있다.

③ 부동산은 경제적 비중이 크고 투자가 대규모적이며 투자기간은 장기적이다. 그러나 부동산금융제도의 도입, 부동산유동화·증권화에 따라 부동산에 대한 간접투자가 가능해짐에 따라 소액투자 및 단기적인 투자가 가능해지는 추세에 있어 투자의 고정성을 완화시키는 역할을 한다.

3. 부동산시장의 기능

부동산시장이 시장참여자에게 주는 호의적인 역할을 부동산시장의 기능이라 한다. 하지만 부동산시장은 부동산특성으로 인하여 불완전시장이 되어 일반재화시장과는 달리 자원의 효율적인 배분기능을 수행하지 못하지만, 불완전한데로 일반재화시장과 유사한 기능을 수행한다. 부동산시장의 기능은 충분한 시간에 주어진 토지자원이 최유효적인 이용에 배분되도록 가격과 임대료를 정하는 것으로 볼 수 있으며, 부동산 시장과 시장의 참여자 및 비참여자는 상호간에 서로 피드백관계를 맺고 있다고 할 수 있다. 부동산시장은 도시성장에 절대적인 역할을 하며, 토지의 이용형태를 결정하게 되고, 수요와 공급을 조절하는 기능을 수행한다. 하지만 부동산시장은 부동산의 특성으로 수요·공급의 균형에 따른 균형가격의 성립이 어려워 전문가에 의한 가치형성적 활동을 요구하게 된다.

부동산시장의 기능을 요약하면 다음과 같다.

① 공간 및 자원을 배분하는 기능을 한다.

② 현대의 상품교환 기능과 다른 물물교환 기능이 있다.

③ 가격의 창조와 파괴 기능이 있어 동일한 부동산이라도 거래 시마다 가격이 새로 창조되고 파괴된다. 따라서 부동산의 가격정보는 거래 당사자뿐만 아니라 부동산시장의 안정과 유지에 중요한 요소로 작용한다.

④ 정보제공 기능이 있다. 부동산가격 정보는 시장 참가자들에게 신호를 주어 부동산시장의 계속적인 운용과 안정을 유지하게 한다.

⑤ 양과 질의 조정 기능이 있다. 시장참가자들은 그들의 통제하에 부동산의 유용성이 최대가 되도록 노력한다. 이 과정에서 부동산의 성격이 변하고 양과 질이 조정된다.

⑥ 토지이용을 결정하는 기능이 있다. 시장에서는 지정된 용도범위 내에서 이용경쟁이 일어나고 경쟁참여자들은 그 용도범위 내의 최유효이용의 방법을 고안하여 이용방법을 결정한다.

1) 가격형성의 기능

부동산시장도 일반재화시장처럼 수요와 공급을 조절하여 가격을 결정한다. 다만 부동산가격은 일물일가의 법칙이 배제되기 때문에 동일한 부동산이라 하더라도 거래할 때마다 가격이 새로 창조되고 파괴된다. 새로운 가격이 창조되고 파괴되는 과정을 설명하는 이론으로 로스의 상호가격조정곡선이 있다. 이는 개별적 요인 중 협상력이 가장 중요하며, 부동산시장에서 매도인의 제안가격과 매수인의 제안가격 사이에서 상호 협상을 통해 부동산가격이 결정된다는 이론이다. 부동산시장의 가격정보는 거래 당사자뿐만 아니라 부동산시장의 안정과 유지에 중요한 요소로 작용하게 된다.

2) 자원배분의 기능

부동산시장은 부동산공간에 대한 경쟁을 통하여 가용토지의 자원배분 및 수급을 조절하며, 기존건물의 유지·수선·개축을 통해 타재화의 부동산에 대한 분배를 촉진시키기도 한다. 토지이용은 부지경쟁을 통해 결정되며 이 과정에서 공간과 입지라는 자원을 적절히 분배하는데, 이처럼 부동산시장은 부동산자원을 효율적으로 분배하는 역할을 한다. 부동산은 생산요소의 하나이므로 부동산의 분배는 부동산을 생산요소로 하는 다른 자원의 배분에도 영향을 미친다. 부동산시장의 기능에는 자원의 재분배기능은 있지만 소득의 재분배기능은 없다. 부동산정책은 소득을 재분배하는 정치적 기능과 자원을 효율적으로 배분하는 경제적 기능이 모두 있다.

3) 교환의 기능

부동산시장은 매매나 교환 등을 통하여 부동산과 현금간, 부동산과 부동산간, 임대권 및 임차권과 현금간의 교환이 이루어진다. 교환은 가격 또는 임료를 매개로 하여 이루어지며, 이러한 교환을 통해 수요자와 공급자들은 이윤추구의 기회가 발생하는 것이다.

4) 정보제공의 기능

부동산시장은 부동산 활동 주체에게 정보를 제공한다. 부동산투자자, 건축가, 개발업자, 감정평가사, 임대사업자, 부동산중개업자 등은 가격결정 및 투자여부 등 의사결정에 필요한 정보를 부동산시장에서 수집한다.

5) 토지이용의 결정 기능

부동산시장은 토지이용 및 이윤의 극대화를 조절한다. 부동산의 수요자나 공급자는 시장에서 보다 높은 가격을 받기 위해 대상부동산을 최고의 가치를 발생시키는 이용으로 활용하게 된다. 즉, 부동산시장의 참여자는 수요와 공급을 통한 대체·경쟁에 의해 가장 효율성이 높은 최유효이용을 모색하게 되며, 수요가 증가하면 물리적 공급뿐만 아니라 경제적 공급(용도전환)도 이루어지므로 제한된 수급조절이 가능해진다. 토지의 형질변경, 건물의 용도변경, 최유효이용을 향한 경쟁이 시간의 흐름 속에서 반복되면 부동산의 양은 많아지고 질은 높아지며 유용성은 최대가 되므로 결국 장기적으로 지역 및 도시는 성장하게 될 것이다.

6) 부동산시장의 불완전한 기능

부동산시장은 불완전경쟁으로 인해 다수의 수요자와 소수의 공급자, 비공개적 거래정보, 부동산의 비동질성, 단기적 진입과 탈퇴의 곤란함 등 구조적 결함이 존재함으로써 균형가격의 성립이 어렵게 된다. 또한 부의 외부효과 등으로 인한 시장실패, 토지소유의 편중, 불로소득의 증가 등 자원배분의 왜곡 등이 발생하는 역기능이 존재할 수 있다. 즉, 부동산시장의 불완전경쟁적 요소들은 시장의 효율성과 형평성을 저해하므로 파레토 최적에 의한 합리적 자원배분이 이루어지지 않게 된다. 따라서 역기능 통제방법으로서 효율적 배분을 위한 공적개입이 필요하다. 따라서 효율과 형평을 위한 공적 개입의 명분이 일반재화시장보다 크다고 할 수 있다.

4. 부동산시장의 분류

부동산시장은 부동산의 종류, 위치, 가격, 질과 양 등에 따라 다양한 시장으로 분류가 가능한데, 이를 시장의 분화현상이라고 하며 시장이 분화될수록 부동산은 더욱 동질적이 되는 경향이 있다. 부동산시장은 그 유형에 따라 가격형성요인을 달리하며 그 영향의 정도에도 차이가 있으므로 감정평가에 있어서 부동산의 용도, 시장의 범위, 거래양상 등의 기준에 따라 세분화할 필요가 있다.

1) 부동산의 용도에 따른 분류

부동산의 용도에 따라 주거용, 상업용, 공업용, 농업용, 특수용 부동산시장으로 분류가 가능하며, 여러 개의 보다 작은 시장으로 세분할 수 있다. 주거용 부동산시장은 주거의 목적으로 쓰이는 부동산시장으로서 도시주택·교외주택·농촌주택 등 지역별 시장, 단독주택·공동주택 등 주택형태별 시장, 자가주택·임대주택 등 점유형태별 시장, 신규주택·중고주택 등 건축시기별 시장의 하위주택시장으로 세분될 수 있다.

상업용 부동산시장은 수익성을 추구하는 상업활동의 목적에 쓰이는 부동산시장으로서 오피스빌딩, 매장용부동산, 숙박업소, 백화점, 영화관, 휴게소, 주유소 등이 속해 있으며, 상업용 부동산의 시장권은 소비자의 구매상품에 따라 인근지역이나 더 넓은 상권으로 확대된다. 공업용 부동산시장은 공장, 광산, 창고 등 상품의 제조활동 목적으로 쓰이는 부동산시장으로서 공장부지, 공장건물, 공장설비 등을 포함한다. 농업용 부동산시장은 농경지, 임야, 과수원, 목장 등 농업생산물을 생산하기 위한 용지가 거래되는 시장을 말한다. 특수용 부동산시장은 학교, 병원, 교회, 골프장, 묘지, 공원, 관공서, 기타 공공용 부동산시장이 있다.

2) 부동산시장의 범위에 따른 분류

개별부동산시장은 특정한 위치, 면적, 형태를 가진 개별토지마다 형성되는 시장으로서 개별토지는 자연적·사회적·경제적 특징을 가지고 있어서 토지별로 독자적인 가격이 형성된다.

부분부동산시장은 개별시장과 전체시장의 중간규모의 시장으로서 지역별 시장뿐만 아니라 거래되는 부동산의 위치, 규모, 질, 용도 등에 따른 부분시장이 형성되는 시장의 분화 현상이 발생한다. 토지는 용도의 다양성으로 인하여 용도의 전환이 이루어지고 용도간의 경쟁이 발생하므로 용도별 부분시장의 공급은 가변적인 것이 된다.

전체부동산시장은 각 개별시장의 총합으로서 동일한 생활권 또는 경제활동권 내의 개별시장은 서로 영향을 주고받으므로 이들을 모두 포괄하는 범위의 시장을 말한다.

3) 부동산의 거래주체에 따른 분류

부동산시장에서 시장활동을 영위하는 거래주체를 기준으로 매도자시장과 매수자시장으로 분류할 수 있는데, 시장의 관리체계 및 유통정보망이 잘 구축된 시장에서 이같은 구분이 뚜렷하게 나타나며 시장참여자의 행태분석에 유용한 분류이다.

4) 거래의 자연성에 따른 분류

부동산시장에서 거래당사자 사이의 자유로운 의사에 따라 이루어지는 거래가 아니라 국가의 공권력 등 강제적인 힘에 의한 거래형태가 있다. 채무자가 금융기관 등에게 대출을 받고 상환하지 못한 경우 저당권 실행을 통한 경매시장, 세금체납의 경우 한국자산관리공사에서 대행하는 공매시장의 경우가 대표적이다.

5) 거래대상권리에 따른 분류

거래되는 권리의 형태에 따라 소유권이 거래되는 매매시장과 임차권, 전세권, 사용권 등이 거래되는 임대차시장으로 분류할 수 있다.

6) 거래유형에 따른 분류

여기서 말하는 거래유형이란 최초분양시장에서의 매매인지, 재고시장에서의 매매인지를 말한다. 부동산거래신고시에도 최초분양인지, 준공전 또는 준공후 분양권전매인지, 일반매매인지 구분하여 신고하도록 되어있다. 주거용, 특히 아파트의 경우 미분양시장, 청약시장, 분양권전매여부 등이 부동산정책의 중요한 수단이 되고 있다.

7) 그 밖에 복합적인 분류 등

상기 분류기준은 하나의 기준에 의해서만 분류되는 것도 아니고, 절대적인 기준도 아니다. 또 다른 적합한 분류기준이 있을 수 있으며, 수도권 미분양 아파트시장 또는 송파구 재건축 전세시장 등 여러 가지 복합적인 분류기준에 의해서도 구분할 수 있다.

5. 부동산시장과 완전경쟁시장과의 비교

부동산은 표준화되어 있지 않고 크기, 종류, 위치에 따라 차이가 있으며, 그 거래는 불완전한 시장지식하에서 이루어지기 때문에 비효율적으로 운영되고 일반적으로 부동산시장의 기능은 불완전하게 된다. 부동산학 관점에서 볼 때 완전경쟁시장과 비교하여 부동산시장을 비효율적으로 만드는 요인은 상당하다. 부동산시장이 공급부족상태에 있을 때, 특정유형의 부동산이 매매를 위해 시장에 나오기까지는 일반적으로 장기간이 필요하다. 이와 반대로 초과공급상태가 나타날 수도 있는데, 생산에 장기간이 소요되므로 수요가 부동산이 생산되는 기간 중에 감소할 수 있기 때문이다. 최근의 기술발달이 부동산의 시장성을 크게 향상시켰지만, 대부분의 매수자는 여전히 수많은 대체부동산뿐만 아니라 그들이 구매하고 있는 부동산을 개인적으로 조사하기를 원하고 있으며, 이런 활동은 매우 시간이 많이 걸리는 일이다. 이런 모든 성향들이 부동산시장을 비효율적으로 만들고 있다.

1) 완전경쟁시장

완전경쟁시장은 수급이 균형을 이루고 있으며 정상이윤이 존재할 수 있도록 일반균형의 상태가 성립되고 가격이 완전경쟁에 의해 형성되는 시장을 말한다. 즉 시장참가자의 수가 많고 시장참여가 자유로우며 각자가 완전한 시장정보와 상품지식을 가지며 개개의 시장참가자가 시장 전체에 미치는 영향력이 미미한 상태에서 그곳에서 매매되는 재화가 동질일 경우 완전한 경쟁에 의해 가격이 형성되는 시장을 말한다.

2) 부동산시장

① 완전경쟁시장의 참가자인 매도인과 매수인의 수는 무수히 많으므로 시장지배력이 없으므로 가격순응자로서 집단적 가치판단을 통해 가격이 결정된다. 그에 비해 부동산은 지리적 위치의 고정성과 지역성이 있으므로 시장지역에 따라 한정된 시장참가자가 가격형성의 주체가 된다. 또한 부동산은 경제적 비중이 큰 고가의 재화이므로 경제력이 있는 주체만이 시장에 참가할 수 있게 된다. 완전경쟁시장과 비교할 때 부동산시장의 참가자는 단순히 소수라는 의미보다는 가격순응자가 아닌 가격협상의 주체로서 시장에 개입한다고 볼 수 있다.

② 완전경쟁시장은 일반적으로 거래되는 상품이 질적인 면에서 동질하며 일물일가의 법칙이 성립한다. 반면 부동산은 고정성과 개별성으로 인하여 표준화가 어려운 이질적인 재화이며 부동산시장은 하위시장으로 분화된다. 따라서 일물일가의 법칙이 성립하지 못하며 부동산의 가격은 개별적으로 형성된다.

③ 완전경쟁시장은 완전한 정보를 공유하므로 별도의 정보비용이 발생하지 않는다. 반면 부동산의 자연적 특성과 부동산시장의 불완전성은 많은 정보활동과 정보비용을 발생시킨다. 특히 부동산거래의 비공개성과 가격형성요인의 다양성은 부동산시장에서 가격정보의 비대칭성을 높이는 요소로 작용하고 있다.

④ 완전경쟁시장은 누구든지 자유롭게 시장에 진입하거나 탈퇴할 수 있고 시장참가자가 시장가격에 영향을 미칠 수 없다. 반면 부동산의 고정성과 부증성, 고가성 등의 특성은 부동산시장에서 생산요소의 자유로운 이동을 제한하고 시장참가자의 진입과 탈퇴를 제약하는 요인으로 작용한다. 즉, 부동산은 투자규

모가 큰 것이 일반적이고, 환금성이 낮아 투하자본 회수가 단기적으로 곤란한 경우도 있으며, 여러 가지 법적 제약에 의해 일부 주체에게 독점력이 부여되는 경우가 많으므로 시장의 진입과 이탈이 제한되기도 한다.

6. 부동산시장의 패러다임 변화

최근 우리나라의 부동산시장은 대외개방 및 세계화 추세에 따라 금융시장, 자본시장과 융합되는 현상이 나타나고 있고, 정보인프라의 구축 및 부동산 증권화가 가속화되고 있다.

1) 수익성 중심시장으로의 전환

생산자본 및 금융자본의 세계화 추세에 따라 부동산시장의 세계화 경향도 가속화되고 국내 부동산에 대한 외국자본의 투자가 급격히 증가하여 부동산시장에 많은 변화가 나타나고 있다. 부동산 투자가치의 평가에 있어서 수익환원법의 중요성이 부각되고 매매차익 중심에서 임대료 수입과 운영경비의 적정화 등 운영수익을 극대화하기 위한 부동산자산의 관리적 측면이 중시되고 있다. 또한 외국인 수요자의 요구에 부합하는 부동산서비스의 세계적 기준정립, 종합화, 전문화 요구가 증대되고, 외국자본과 국내자본의 수익 및 서비스경쟁이 심화되어 부동산시장의 효율성이 증대되는 효과가 나타나고 있다.

한편 최근 우리나라 경제는 저성장 국면에 접어들고 사회에 노년층이 많아지며 도시의 성숙도가 정점에 다다르고 있으므로 부동산투자가 차익실현 중심에서 현금흐름을 중시하는 임대수익 중심으로 변하고 있다. 또한 부동산의 문제가 자연스럽게 양적인 문제로부터 질적인 문제로, 개발중심으로부터 관리중심으로 전환되고 있으며, 부동산의 이용과 활용에 따른 경상수익을 점차 중시하는 경향이 높아지고 있다.

국내 상업용 부동산시장은 아파트 같은 주거용 부동산처럼 다수의 구분소유권을 분양 방식으로 매각해 단기적으로 매각차익을 올리는 구조로 사업을 진행해 왔다. 하지만 분양에 따른 소유권 분산으로 상가의 관리 운영이 부실해지면서 슬럼화되고 분양가에 현격히 미달하는 운영 수익이 발생하였으며, 특히 대형 상업시설의 성공을 위해 필수적인 기획과 개발, 운영의 비체계화를 가져와 부실화를 초래하게 되었다. 하지만 최근에는 대형 상업시설에서 선진국과 마찬가지로 장기 운영 수익이 기본 목적인 임대 방식으로 개발되는 사례가 나타나고 있으며, 이는 수익을 내는 가장 매력적인 투자 대상으로 리츠회사나 연기금 등 기관투자가들이 개발에 참여하고 있다. 이러한 상업용 부동산 개발은 전문 개발업체인 디벨로퍼(developer)가 주도하고, 금융계획·도시계획 등에 다양한 분야의 전문가들이 참여해 전략적·체계적인 방식으로 이루어지고 있다.

2) 수요자 중심시장으로의 전환

부동산시장은 구조적인 변화를 겪고 있는데, 기본적인 수요의 둔화 및 수요의 차별화 등으로 인해 수요자중심시장으로의 전환이 나타나고 있다. 이러한 부동산시장의 변화는 저출산·고령화·핵가족화 등 인구의 구조적인 변화, 삶의 질과 문화에 대한 욕구의 다양성과 개성화, 부동산공간에 대한 용도복합적인 소비, 주5일근무로 인한 자아실현과 레저문화의 발달 등 라이프스타일의 변화와 깊은 연관이 있다.

특히 주택시장에서 수요자중심 현상이 뚜렷하게 나타나고 있다. 주택보급률은 급격히 높아지고 저출산 등으로 인구증가율은 빠르게 감소하면서 주택시장에서 지역·상품·규모에 따라 수요차별화와 수요계층별 구매력 격차에 따른 양극화 현상이 나타나고 있으며, 수요계층의 세분화는 주택공급의 다양화로 이어지고 있다. 주택수요자들이 질적인 만족을 추구함에 따라 주택공급방식도 소품종 대량생산에서 다품종 소량생산 시대로 바뀌어 각 지역별, 수요자계층별, 테마별로 다양한 주택을 공급하는 경향이 나타나고 있다.

3) 부동산시장과 금융시장의 통합화

부동산시장과 금융시장의 통합화 현상은 부동산의 소유권·사용권·저당권 등을 근거로 증권을 발행하여 부동산의 개발과 소요자금을 자본시장에서 직접 조달하는 부동산의 증권화와 깊은 관련이 있다. 현재 부동산관련 유동화 규모는 지속적으로 증가하고 있으며, 자산유동화(ABS), 주택저당채권유동화(MBS), 부동산투자회사제도가 시행되면서 부동산시장과 금융시장간의 통합화 현상이 가속화되고 있다. 이러한 통합화는 부동산 거래제도의 개선 및 정보 공시 등 부동산시장의 투명화에 기여하며, 부동산시장의 경제주체간에 부동산 서비스 경쟁을 심화시키고, 부동산시장의 수익모형 개발과 정보제공 등을 필요로 한다. 또한 부동산증권화의 활성과 더불어 종합부동산서비스 체계로의 이행이 가속화되어 중개, 평가, 권리분석, 금융, 관리 등이 통합화되고 있으며, 최근에는 부동산 개발기법이 다양해지고 금융기법 등이 발달함에 따라 양자를 결합시키는 운영방식, 관리방식, 금융방식 등이 출현하고 있어 이 분야의 전문성이 중시되고 있다.

한편 인터넷 및 모바일의 급속한 발전과 부동산시장의 정보화에 따라 소비자의 효용 및 만족도가 개선되고 부동산시장에서의 거래비용과 비효율적인 손실 등이 감소되고 있는 추세이다. 디지털경제 즉 네트워크 경제효과로 인하여 부동산서비스 및 경영환경이 변화하고 있으며, 부동산정보를 생산하는 기반산업이 잠재력이 큰 분야로 부상하고 있으며 부동산 정보의 지속적인 제공과 정보의 표준화에 대한 사회적 관심이 높아지고 있다.

Ⅱ. 부동산시장의 수요와 공급

1. 개 요

일반재화의 가격은 시장의 수요와 공급의 메커니즘을 통하여 형성되는데, 부동산도 광의의 경제재로서 일반재화의 가격결정원리에 의하여 시장가격이 형성된다. 그러나 부동산은 자연적·인문적 특성으로 인하여 가격형성요인이 복잡·다양하고 그 가격형성에 있어 많은 제약이 따르므로 부동산시장은 불완전성이 존재한다. 부동산시장에서 형성된 가격은 시장지역의 가격수준을 나타내는 경향이 있으므로 개개 부동산의 가격은 그 가격수준을 전제로 개별적·구체적으로 논의할 필요가 있다. 부동산의 수요공급분석은 부동산시장에서의 부동산에 관한 수요와 공급에 대하여 분석하는 것을 말하며, 가장 기본적인 부동산시장분석의 내용이 되고, 부동산투자, 부동산개발, 부동산평가 등에서 반드시 검토해야 하는 중요한 사항이다.

부동산가격, 부동산경기 등은 부동산시장의 수요와 공급의 상태에 의하여 민감하게 영향을 받기 때문에 부동산에 대한 투자결정이나 가격결정시 부동산시장의 수요와 공급을 분석하여 부동산시장의 수급상황이 어떠한 상태에 있는지를 판단하고, 이에 기초하여 결정하여야 한다.

부동산 수요공급분석시 유의사항은 다음과 같다.

① 부동산의 수요와 공급의 분석은 분석대상을 어떻게 설정하느냐에 따라 분석범위, 분석내용 등이 달라진다. 먼저 분석하고자 하는 시장의 유형 및 지역의 범위, 부동산종류 등에 대하여 확정하여야 한다. 부동산은 위치의 고정성으로 인하여 시장이 국지화 되고 또한 지역별, 종류별로 세분화되기 때문에 어떤 시장이나 지역, 어떤 부동산에서는 초과수요상태에 있으나, 다른 시장이나 지역, 다른 부동산부문에서는 초과공급상태에 있을 수 있다. 따라서 부동산 수요공급을 분석함에 있어서는 전체 부동산시장의 수급상태도 분석해야 하지만 더욱 중요한 것은 해당시장, 해당지역, 해당부동산의 수요와 공급의 상태를 분석하는 것이다.

② 부동산의 가격은 미래의 반영이므로 현재의 수요공급의 상태도 중요하지만 오히려 미래의 수요와 공급이 어떻게 변화할 것인지에 대한 분석이 더욱 중요하다. 특히 부동산투자는 현재보다는 미래를 보고 하는 것이기 때문에 현재시점에서는 시장의 수급 상황이 투자에 적합하다고 할지라도 멀지 않은 미래에 과잉공급상태로 돌아설 가능성이 있다면 그 투자안은 포기하는 것이 현명하다. 따라서 현재의 수요상태 및 수요요인의 변화흐름, 현재의 공급상태 및 공급증대가능성 등을 예측하여 공급에 비하여 수요가 우세한 시장이나 지역 및 종별의 부동산을 택하도록 하여야 한다.

2. 부동산시장의 수요

1) 부동산수요의 의의

수요란 일정기간 동안 수요자가 부동산을 구매하고자 하는 욕구를 말하며, 수요량이란 구매력을 갖춘 수요자가 특정가격수준에서 구매하고자 하는 최대수량을 의미한다. 부동산은 고가품이므로 부동산시장에서의 수요는 일반적 수요와는 달리 구입의사에 구매력을 갖춘 유효수요를 의미한다. 수요와 수요량은 구별되는 개념인데, 수요량이란 어느 한 가격수준에 대응하여 사고자 하는 수량을, 수요란 있을 수 있는 모든 가격과 수요량의 대응관계를 말한다.

2) 부동산수요의 특징

① 부동산은 고가성으로 인해 구매력을 가진 유효수요가 강조되며, 고정성 및 지역성으로 인해 지역적 차원의 국지적 수요를 보인다. 또한 부동산은 개별성으로 인해 거래마다 차별화된 수요가 이루어지고, 표준화가 곤란하므로 수요량보다 수요자의 수가 더 중요하다. 부동산은 필수재의 성격이 있으나 대체성은 떨어지므로 일반재화에 비해 수요의 가격탄력성이 경직적이다. 다만, 부동산의 종류를 세분할수록, 용도전환이 용이할수록 그 경직성은 다소 완화된다.

② 부동산은 인간의 욕망을 직접적으로 충족하는 소비재이면서 생산요소이므로 부동산의 수요는 직접수요와 파생수요의 성격을 동시에 가지고 있다. 특히 택지수요는 주택건축수요에서, 상업용지수요는 상품수요에서, 농업용지수요는 농산물수요에서 파생된다.

③ 일반재화는 수요가 없으면 가격이 하락하는 것이 일반적이지만, 부동산은 수요가 없어도 담보나 임대 등을 통하여 수익을 창출할 수 있으므로 일정수준의 가격을 유지하는 경우가 많다.

④ 일반재화는 소비에 의해 소모되므로 대체로 전체가 신규공급으로 나타나나, 부동산은 내구성과 영속성으로 인해 구매행위가 끝난 기존 수요량도 소모되지 않고 새로운 공급에 포함된다는 특징을 갖는다.

3) 부동산수요의 촉진요인 및 제약요인

(1) 부동산수요의 촉진요인

수요요인이란 부동산의 수요에 영향을 미치는 여러 가지 요인들을 말하며,

① 사회적 요인으로서 인구의 질적·양적 변화, 가구구성, 세대분리, 핵가족화, 교육, 사회복지상태, 생활양식, 관습, 정보화의 진전상태 등을

② 경제적 요인으로서 소득변화, 물가수준변동, 금리변화, 고용, 경제기반, 임대료 변화, 교통체계, 국제화의 상태, 대체제의 가격 등을

③ 행정적 요인으로서 토지이용계획의 변경, 부동산 과세정책, 토지거래규제 등을

④ 자연적 요인으로서 자연환경, 지질, 지반, 기후조건, 지세 등을

⑤ 개별적 요인으로서 개별부동산의 쾌적성, 수익성, 생산성, 비용절감성 등을 들수 있다.

(2) 부동산수요의 제약요인

부동산의 고가성으로 인한 지불능력의 한계에 따른 수요층의 한정, 대체재의 활황 및 유사부동산의 과잉공급, 낮은 환가성과 공적규제로 인한 수요제약, 부동산세제정책 등의 행정적 규제 등을 제약요인으로 들 수 있다.

4) 부동산의 수요함수와 수요곡선

(1) 수요함수

※ D = f(대상부동산가격, 일반적요인, 지역요인, 개별요인)

수요함수는 부동산의 수요량과 그 수요량에 영향을 미치는 대상부동산가격 등 여러 변수들의 관계를 표시한 것이다. 대표적인 변수에는 그 부동산의 가격(P_n), 소득수준(Y), 타부동산의 가격($P_n - 1$), 인구의 크기(P^o), 광고선전(A), 소비자의 기호(T), 조세정책(t), 금리수준(R), 소비자의 기대(E) 등이 있다.

(2) 수요곡선

수요곡선이란 가격과 수요량과의 관계를 그래프로 나타낸 것으로서 일정기간 동안 있을 수 있는 부동산의 가격수준과 이에 대응하는 수요량의 조합을 연결한 곡선을 말한다. 다른 조건이 동일할 경우 수요량은 가격에 반비례하여 우하향의 형태를 갖는데 경제학에서는 이를 소득효과와 대체효과로 설명한다. 만일 부동산가격이 상승한다면 부동산소비를 줄이고 상대적으로 하락한 다른 재화의 소비를 늘려야 한다(대체효과). 부동산가격의 상승은 또한 소득의 상대적 감소를 의미하므로 부동산에 대한 소비가 감소하게 된다(소득효과).

구별해야 할 중요개념으로서 수요의 변화와 수요량의 변화가 있는데, 수요의 변화는 수요요인 자체에 대한 변화로서 곡선자체를 상하 이동시키고, 수요량의 변화는 가격이 변함에 따라 동일한 수요곡선상에서 수요량이 변화하는 것을 의미한다.

(3) 수요의 가격탄력성

① 가격의 변화율에 대한 수요량의 변화율을 수요의 가격탄력성이라 하는데 시간, 소득, 대체재유무 등은 탄력성에 영향을 주는 중요한 요인이다. 임대시장을 예를 들면 수요의 탄력성이 1보다 작을 경우 전체 수입은 임대료가 상승함에 따라 증가한다. 일반적으로 부동산의 경우 대체재가 거의 없으며 있더라도 극히 제한되어 있으므로 임차자들은 임대료가 상승한다고 해도 다른 대안을 찾기가 쉽지 않다. 부동산시장에서 수요는 비탄력적이기 때문에, 임차자들은 임대료가 상승하면 전체 지출 중에서 그만큼 부동산에 지불하는 몫을 상대적으로 증가시킬 수밖에 없다.

② 장기적으로는 어느 한 종류에 대한 수요가 증가하면 다른 용도의 부동산은 이에 대한 대체재의 역할을 한다. 용도전환이나 복합용도의 형태로 수요와 공급이 조절되고, 전체 부동산에 대해서는 수요가 비탄력적이라 해도 부동산을 종류별로 세분화하면 보다 탄력적이 된다.

③ 탄력성의 정도는 부동산의 종류에 따라 차이가 난다. 대체로 주거용부동산은 다른 부동산보다 더 탄력적인데, 부동산에 대한 종류별로 용도전환이 용이하면 용이할수록 수요에 대한 탄력성은 커진다.

3. 부동산의 공급

1) 부동산공급의 의의

공급이란 일정기간동안 공급자가 부동산을 공급하고자 하는 욕구를 의미하며, 공급량이란 주어진 특정가격수준에서 공급자가 기꺼이 공급하려 하고 또한 할 수 있는 최대수량을 말한다. 구체적으로는 부동산시장에서의 매물로 표현되며 공급자는 다시 수요자로 전환하는 특성을 갖는다. 공급과 공급량은 구별되는 개념인데, 공급량이란 어느 한 가격수준에 대응하여 팔고자 하는 수량을, 공급이란 있을 수 있는 모든 가격과 공급량의 대응관계를 말한다.

2) 부동산공급의 유형

부동산의 공급은 크게 물리적 공급과 경제적 공급으로 나눌 수 있다.

(1) 토지의 물리적 공급

토지의 물리적 공급은 인위적이지 않은 자연 그대로의 공급을 말하며 부증성 때문에 증가될 수 없다. 즉 토지는 물리적으로 공급량이 한정되어 있고 시장에 즉각적으로 공급될 수 없는 공급의 비탄력성을 보이며, 물리적 측면에서 주변상황이나 변화에 의해 파괴될 수 없다.

토지는 광대한 지표의 공간이므로 평야, 계곡, 산맥, 하천 등의 자연물로서 공급된 지표의 총량을 물리적 공급이라 한다. 이는 인위적 개발에 의한 것이든 자연상태 그대로 방치하였던 것이든 물리적으로 공급되어 있는 사실을 말한다. 토지의 물리적 절대량은 증가될 수 없으므로 공급곡선은 탄력성이 0이 되어 수직선이 된다.

(2) 토지의 경제적 공급

토지의 경제적 공급은 물리적으로 절대량이 한정되어 있는 토지를 효율적·능률적으로 이용함으로써 경제적 측면의 이용도를 증대시키는 인위적 공급을 의미한다. 이는 입체적 공급으로서 물리적 공급의 한계 내에서 이루어지며, 토지가 물리적으로 존재하고 있다고 하더라도 경제적 가치가 없다면 공급에 포함시킬 수 없으며, 가용토지가 부족한 우리나라의 부동산시장은 경제적 공급이 중요한 의미를 갖는다. 소득수준의 저하, 수출 감소, 인구 감소 등에 따라 수요가 감소하여 공급이 증가하는 상대적 공급현상도 이에 포함된다. 토지의 경제적 공급량은 변화가 가능하므로 공급곡선은 탄력성이 0보다 크므로 우상향하는 곡선이 된다.

토지의 경제적 공급은 실질적으로 경제적 가치가 낮은 토지에 경제적 가치를 부여함으로서 토지의 이용도 증대와 수요를 충족시키는 것이며, 대표적인 예는 다음과 같다.

① 토지의 개발: 경제적 가치가 낮은 토지의 이용도를 증대시키는 것으로는 인간 활동의 공간적 터전, 주거생활의 기반을 마련하는 택지조성, 농지조성, 임지조성, 공유수면매립 등이 있다.

② 토지이용의 집약화: 연면적의 확대를 목적으로 하는 지상의 공간을 활용하는 방법이다. 빌딩의 고층화, 고층아파트 등으로 용적률을 최대화시켜 입체공간을 집약적으로 이용하는 것을 말한다. 다만, 공급을 다량으로 증대시키지 못한다.

③ 토지의 투자가치 증대: 자본투자에 의하여 시설이나 설비의 이용가치의 증가로 단위면적보다 많은 투자수요를 충족시키는 것을 말한다.

④ 공법상 규제의 완화: 토지는 공법·사법상의 행위규제가 많다. 즉, 지역·지구제의 규제가 완화되든가 전면 해제되는 경우 토지의 가치는 물론 그 물량만큼 공급의 효과가 나타난다.

⑤ 토지이용의 대체개발: 토지가 집단적으로 택지개발사업, 경지정리사업, 재개발사업, 도시개발사업과 같이 공권력에 의해 토지이용이 종래의 이용상황보다 이용도가 증대된 사업으로 대체 개발된 경우이다. 대단위 토지를 분할이나 환지 등으로 세분화시키는 것은 필지의 증가가 된다.

(3) 건물의 공급

건물은 토지 존재량의 한도 내에서 자재, 노동력 등을 투하하여 물리적 공급이 가능하며, 용도전환 등을 통한 경제적 공급도 가능하다. 건물의 공급요인은 신규건축의 양, 건축법규 및 건축에 대한 규제, 공지의 이용가능성 및 가격, 건축의 노임 및 자재가격, 이용가능한 건물의 양, 공실의 원인 및 공실률, 자가소유 및 임차비율 등이 있다.

건물의 공급형태는 신축공급과 관리공급, 분양공급과 임차공급, 리모델링과 현대화, 재건축 등이 있다.

3) 부동산공급의 특징

부동산의 복합개념인 기술적·경제적·법률적 측면에서 볼 때, 부동산의 공급은 절대적 존재량인 물리적 공급, 경제적 가용성 측면의 경제적 공급, 신규보존등기에 의한 법률적 공급의 성질을 가지고 있다. 특히 토지공급은 일반재화와 달리 가격이 상승해도 토지개발비의 상승으로 인해 무한정 공급되지 않고 일정수준에서 추가적인 공급이 중단되며, 물리적 공급량은 제한되나 용도전환 및 토지이용의 효율화를 통하여 경제적 공급은 물리적 공급량의 범위 안에서 유한적으로 가변성을 가진다.

일반적으로 부동산공급의 특징은 다음과 같다.

① 부동산의 공급은 부동산의 부증성으로 인해 비탄력적이고, 부동산의 개별성으로 인해 독점적 공급의 성질을 가지며, 부증성 및 용도의 다양성으로 인해 상대적 희소성의 특징을 나타낸다.

② 부동산의 공급은 장기적으로는 경제적 공급이 가능하여 비교적 탄력적이지만 단기적으로는 비탄력적이며 생산기간이 비교적 장기간이므로 공급의 변화는 수요의 변화에 비해 반응기간이 비교적 길다. 즉 수요와 공급 사이에 시간적 격차가 존재한다.

③ 부동산의 영속성으로 인해 기존의 수요된 물량이 공급으로 전환되거나 기존의 공급량이 새로운 공급으로 전환되기도 하며, 부동산의 속성인 공간성, 위치성으로 인해 부동산의 공급은 공간의 공급이자 위치의 공급이라는 특징을 가진다.

④ 부동산가격이 상승할수록 투기심리가 작용하여 부동산의 공급곡선은 후방굴절형의 형태를 띠며, 부동산은 담보가치 및 임대가치를 가지므로 공급가격이 하방 경직적이다.

4) 부동산의 공급요인과 제약요인

(1) 부동산공급의 결정요인

부동산의 공급요인이란 부동산의 공급에 영향을 미치는 여러 요인을 말하며,

① 사회적 요인으로서 인구, 관습, 가족구성, 교육, 사회복지, 부동산의 소유나 이용에 관한 사회인식의 변화 등을

② 경제적 요인으로서 가용부동산의 재고량, 기존부동산의 가격, 공실률, 점유율, 임대료수준, 개발비·건축비의 변동, 소득·금리·물가 등 거시경제변수, 미래의 전망 등을

③ 행정적 요인으로서 토지이용계획, 부동산 세제, 각종 인허가정책, 부동산거래 규제 등을

④ 자연적 요인으로 자연환경, 지질, 지반, 기후조건 등을

⑤ 기술적 요인으로서 부동산 개발기술, 건축기술, 이용능력의 증대 등을 들 수 있다.

(2) 부동산공급의 제약요인

① 부동산 투자의 장기성 및 대규모성, ② 주식·예금 등 대체투자재의 수익률 향상, ③ 보유과세 및 거래과세, ④ 지역지구제, 각종 인허가제 등 공법상 규제, ⑤ 투자수요층의 한계, ⑥ 고정성으로 인한 공법상 규제의 용이성 등이 있다.

5) 부동산의 공급함수와 공급곡선

(1) 공급함수

※ $S = f$(대상부동산가격, 일반적요인, 지역요인, 개별요인)

공급함수는 부동산의 공급량과 그 공급량에 영향을 미치는 대상부동산가격 등 여러 변수들의 관계를 표시한 것이다. 대표적인 변수에는 그 부동산의 가격, 기술수준과 자원가격, 타부동산의 가격, 이자비용, 인플레이션, 미래에 대한 전망, 정부정책 등이 있다.

(2) 공급곡선

공급곡선이란 가격과 공급량과의 관계를 그래프로 나타낸 것으로서 다른 조건이 일정하다고 가정할 때 공급량은 가격에 비례하여 우상향의 형태를 갖는다. 단기공급곡선은 부동산의 고정성 등의 자연적 특성으로 인하여 공급이 완전 비탄력적이므로 수직으로 나타난다. 장기에서는 경제적 공급이 가능하므로 공급이 보다 더 탄력적이 되어 장기공급곡선은 우상향하는 형태를 나타낸다. 구별해야 할 중요개념으로서 공급의 변화와 공급량의 변화가 있는데, 공급의 변화는 공급결정요인이 변함에 따라 공급곡선 자체가 이동하는 것이며, 공급량의 변화는 가격이 변함에 따라 주어진 공급곡선상에서 공급량이 변화하는 것을 의미한다.

(3) 공급의 가격탄력성

① 공급의 가격탄력성은 가격변화율에 대한 공급량 변화율의 정도를 말한다.

② 대체적 사용의 가능성이나 용도변경을 제한하는 법적 규제가 많으면 공급곡선의 기울기가 급해진다. 측정기준이 되는 단위시간이 짧을수록 공급은 비탄력

적이고 길수록 탄력적이 된다.

4. 부동산시장에서의 균형(가격결정과정)

부동산가격은 수요측면의 유용성과 유효수요, 공급측면의 상대적 희소성에 영향을 주는 사회적·경제적·행정적 요인의 상호작용에 의하여 형성되며, 지역성에 의한 가격수준 및 개별성에 의한 구체적 가격에의 접근이라는 과정을 통해 형성된다.

부동산가격은 수요와 공급이 일치하는 점에서 결정되므로 부동산가격은 수요와 공급의 양 측면에서 설명하여야 한다. 균형가격은 수요공급의 균형점, 즉 수요곡선과 공급곡선이 교차되는 점에서 결정되며, 부동산의 수요와 공급의 변화에 따라 부동산의 가격과 균형량이 변화한다. 부동산가격은 단기적으로 부동산의 수요에 의해서 영향을 받는 경향이 강하며, 이는 부동산이 일반재화와 달리 단기간에 공급량을 크게 증가시킬 수 없기 때문이다. 또한 부동산경기가 급속히 위축되더라도 이미 공급된 부동산의 공급량을 줄일 수 없기 때문에 수요에 의해서 의존할 수밖에 없다.

1) 시장가격의 형성

(1) 장단기 분석

부동산은 물리적 공급의 한계와 공급의 시차의 존재로 단기에는 공급이 고정되어 수요가 가격을 결정하나, 장기에서는 용도전환, 부동산개발 등으로 인한 공급의 증가로 우상향의 장기공급곡선의 형태를 띠므로 단기에 비해 수요와 공급이 동시에 작용하여 가격수준을 형성한다.

① 균형가격과 균형량의 결정

공급곡선은 공급자가 받고자 하는 최소한의 가격(공급가격)을 표시한 곡선이고, 수요곡선은 소비자가 지불할 용의가 있는 최고가격(수요가격)을 표시한 곡선이다. 수요곡선과 공급곡선이 만나는 점에서 균형가격과 균형량의 결정된다.

② 단기균형

단기란 기존의 생산시설이 확장되지 않을 정도의 짧은 기간, 즉 고정요소가 존재하는 기간 또는 기존기업의 탈퇴나 새로운 기업의 진입이 불가능할 정도의 짧은 기간을 말한다. 예컨대 어떤 요인으로 인해 수요가 증가하면 원래의 가격수준에서는 초과수요가 발생하고 가격상승 및 공급량의 증가를 가져온다. 즉 수요의 증가는 부동산의 가격을 상승시키지만 동시에 공급량도 증가시킨다.

③ 장기균형

장기란 기존의 생산시설이 확장될 정도의 기간, 즉 모든 요소가 가변요소인 기간 또는 기존기업의 탈퇴나 새로운 기업의 진입이 가능할 정도의 긴 기간을 말한다. 단기와는 다른 형태의 균형이 성립한다. 인구증가 등으로 주택수요가 증가하면 수요곡선이 상향이동하고 이에 따라 가격이 상승한다. 가격상승은 기존공급자들이 초과이윤을 획득하고 있다는 것을 의미한다. 따라서 장기적으로 생산시설의 확충과 신규기업의 진입으로 단기공급곡선이 우측으로 이동하게 된다.

만약 새로운 기업의 진입 등에도 불구하고 생산요소가격이 상승하지 않는다면 단기공급곡선은 새로운 균형가격이 원래의 단기균형가격수준과 같아지는 정도까지 이동한다. 이때 장기공급곡선은 원래의 단기균형점과 새로운 장기균형점을 연결한 수평선이 되며, 이것은 공급이 완전 탄력적이라는 것을 의미한다. 그러나 공급이 증가하면 가용자원의 제한으로 인해 생산요소가격도 상승하는 것이 보통이다. 따라서 단기공급곡선은 위의 예보다는 적게 이동한다. 따라서 장기공급곡선은 우상향의 형태가 된다. 장기공급곡선이 우상향한다는 것은 생산비가 공급의 증가에 따라 점점 상승한다는 것을 의미한다. 따라서 수요의 증가는 장기적으로 공급량을 증가시키지만 가격도 상승시킨다. 즉 공급량이 증가한다고 하여 가격이 하락하는 것은 아니라는 의미이다.

(2) 동태적 분석

부동산시장의 동태적 분석이론에는 거미집모형이론이 있다. 거미집이론이란 부동산시장의 주기적인 초과수요나 초과공급의 원인을 수요와 공급사이의 시차로 파악하여 부동산가격이 균형점으로 나아가는 과정을 동태적으로 설명한 이론을 말한다. 이는 부동산시장이 어떤 원인에 의하여 수요가 증가하는 경우 단기에는 수요공급의 균형이 어려우므로 가격이 급등하고, 주기적으로 초과수요 및 초과공급이 발생하여 장기적으로는 부동산시장이 균형에 수렴한다고 설명하고 있다. 부동산가격이나 임대료는 초과수요가 있는 경우 몇 년 동안 계속해서 상승하다가 초과공급이 발생하면 오랫동안 침체국면에 접어들게 되며, 이는 대규모의 임대공간을 동시에 창출하는 상업용, 공업용 부동산시장에서 더 강하게 나타난다.

2) 개별가격의 형성

부동산시장의 수요와 공급에 의한 가격결정은 일반적으로 지역적 차원의 가격수준을 형성하게 된다. 따라서 부동산시장의 구체적인 가격은 시장에서 형성된 지역 내 가격수준의 제약하에서 시장에서의 매수인과 매도인간 협상력 또는 정보력 차이 등 개별요인에 의거하여 결정된다. 부동산은 개별성을 가지므로 수요와 공급에 의한 일물일가의 법칙이 성립하지 않는다. 즉, 부동산시장에서 결정된 가격수준이 매수인과 매도인간 협상력 등 개별요인에 의해 개별가격으로 구체화되는데 이때 협상력은 시장노출시간에 따라 달라진다.

III. 부동산시장의 효율성

1. 시장의 효율성과 효율적 시장이론

가격기구의 정상적인 작동을 시장의 효율성이라고 부르는데, 일반적으로 시장의 효율성은 배분의 효율성, 운영의 효율성, 정보의 효율성 이 세 가지 측면의 효율성을 의미하며, 금융 분야에서 발전한 이론이다.

① 배분효율성(allocational efficiency)은 희소한 자원인 투자자금이 모든 사람들에게 이득이 될 수 있는 방식으로 생산적인 투자에 최적으로 배분될 수 있는 상태를 말한다. 배분의 효율성은 위험조정후의 한계수익률이 모든 생산자와 자금공급자에 대하여 일치할 수 있도록 가격이 결정된다는 것을 의미한다. 따라서 미래의 경영성과가 좋을 것으로 예상되는 산업에는 보다 많은 자금을 배분하고, 경영성과가 나쁠 것으로 기대되는 산업에는 보다 적은 자금을 배분할 때 자본시장의 배분효율성이 달성될 수 있다.

② 운영효율성(operational efficiency)은 금융시장에서 증권을 사거나 팔고자 할 경우 가장 저렴한 거래서비스를 받을 수 있는 상태를 말한다. 투자자들은 금융

시장의 여러 기구로부터 거래에 따른 서비스를 제공받으며, 이에 대한 거래세, 거래수수료 등 거래비용을 지급하여야 한다. 이러한 거래비용이 가장 저렴한 경우에 금융시장의 운영효율성이 달성되었다고 할 수 있으며, 운영효율성은 곧 시장의 내적효율성을 의미하기도 한다.

③ 정보효율성(informational efficiency)은 시장에서 결정된 가격이 이용가능한 모든 정보를 충분히 반영하고 있는 상태를 말하는데, 증권의 시장가격이 이용가능한 정보에 기초한 기대가격 또는 예상가격과 평균적으로 일치할 때 정보효율성이 이루어진다.

효율적 시장이론은 자본시장의 세 가지 효율성 중에서 정보효율성과 관련이 있는 것으로서 자본시장의 가격이 이용가능한 정보를 즉각적으로 충분하게 반영하고 있다는 이론이다. 금융 분야에서 발전한 효율적 시장이론은 정보가 주식가격에 어떻게 반영되는가를 설명하는 가설의 형태로 출발하여 이론으로 정립된 것으로서 부동산시장에서 부동산가격의 변동현상을 설명하는데 유용하게 이용될 수 있다.

2. 부동산시장과 효율적 시장이론

효율적 시장은 부동산가격에 영향을 주는 새로운 부동산정보가 신속하고 공평하며 정확하게 부동산가격에 반영되는 시장을 의미한다. 일반재화시장과 마찬가지로 부동산시장도 수요와 공급이 일치하는 곳에서 균형을 이룬다. 다만 부동산시장상황에 별다른 변화가 없는 것처럼 보임에도 불구하고 특정 지역의 부동산가격은 등락을 반복하는 현상이 나타나는 경우가 있으며, 이러한 현상을 설명해 주는 것이 효율적 시장이론이다.

부동산의 가치는 부동산으로부터 미래에 예상되는 수익을 현재가치로 환원한 값으로 정의되며, 미래의 수익이 변동될 것으로 예상되면 미래의 변동시점에서 가치가 변하는 것이 아니라 현재시점에서 그 가치가 변하게 된다. 예를 들어 강원도 평창이 동계올림픽을 유치할 확률이 커지자 부동산가격이 급등하는 것이나, 어느 지역을 주택투기지역으로 지정할 것이라는 소문이 퍼지면 해당지역의 주택시장이 급격하게 냉각되는 것을 볼 수 있다. 이는 부동산시장의 정보가 미래시점이 아닌 현재시점에서 부동산가격에 신속히 반영되기 때문이다.

부동산시장이 효율적 시장이라면 부동산시장에서 형성되는 부동산가격은 그 부동산의 내재가치를 완전하게 반영한다. 즉 부동산 관련 시장정보는 신속하게 그 부동산의 가격에 반영되므로 효율적 부동산시장에서의 거래가격은 일반적으로 그 부동산의 정상가격 또는 시장가치를 나타낸다고 볼 수 있다.

최근 주택저당증권, 리츠 등의 도입, 부동산시장의 개방화, 부동산시장의 투자수익률과 자본시장의 이자율을 통한 부동산시장과 자본시장과의 연계성 강화 등 부동산시장의 환경이 급격히 변화하고 있다. 또한 실거래가신고 등 부동산거래정보에 대한 접근성이 높아지고, 상업용부동산의 임대수준 및 투자수익률 조사발표 등 우수한 정보가 부동산시장에 제공됨에 따라 부동산시장은 효율성이 점차 높아지고 있다.

3. 부동산가치와 부동산시장정보

부동산시장에서 정보비용이 존재하며, 정보비용과 정보로 인한 초과이윤이 같다면 어느 누구도 기회비용보다 싼값으로 정보를 획득할 수 없다. 왜냐하면, 정보가 공개되어 있고 상호 경쟁적이면 많은 투자자가 경쟁적으로 입찰하여 정보비용을 초과이윤이 없어지는 수준까지 올려놓을 것이기 때문이다. 부동산가치는 정보비용과 정보가치와의 차이인 초과이윤만큼 영향을 받게 되며, 우수한 정보를 가진 투자자는 시장에서 상당한 초과이윤을 획득하게 된다.

부동산가치와 정보가치 및 정보비용과의 관계는 다음과 같다.

예를 들어 1년 후 인근지역에 대형할인점이 입점할 가능성이 있는 일단의 토지가 있는데, 입점한다면 해당 토지가격은 22억원, 입점하지 않으면 11억원이 될 것으로 예상된다. 투자자의 요구수익률은 10%라고 가정한다.

① 해당토지의 시장가치는 15억원([(22억원×50%) + (11억원×50%)] ÷ 1.1 = 15억원)이 된다.

② 대형할인점이 입점할 가능성이 100%라는 정보의 가치는 정보보유자의 투자가치가 20억원((22억원×100%) ÷ 1.1 = 20억원)이므로 5억원(20억원 − 15억원 = 5억원)이 된다.

③ 대형할인점이 입점할 가능성이 100%라는 정보를 1억원에 취득하였다면 정보이윤은 4억원(5억원 − 1억원 = 4억원)이 된다.

부동산시장에서 우수한 개발정보 등이 가치를 가지는 이유는 일반적으로 정보의 획득비용에 비하여 얻게 되는 초과이윤이 더 크기 때문이다.

IV. 부동산 자산시장

1. 개 요

부동산(토지와 그 정착물)은 어느 것도 물리적으로 움직일 수 없다는 자연적 특성을 지니고 있는 특정형태의 재화를 말한다. 부동산의 물리적 특성은 부동산을 노동 및 자본, 다른 재화와 구별짓는 중요한 근거가 된다. 경제학에서 희소한 자원을 가장 효율적으로 배분하는 기구이며, 특정한 재화나 서비스를 사고파는 사람들의 모임을 시장이라고 한다. 따라서 부동산시장이란 부동산에 대한 매매, 교환, 이용, 개발 등의 활동에 참여하는 사람들 간의 상호작용이 이루어지는 장소라고 할 수 있다.

그러나 부동산시장은 부동산 자체가 거래되는 것이 아니라 추상적인 부동산권리가 거래된다는 사실을 고려할 때, 부동산시장이란 부동산 권리의 교환, 가격결정, 경쟁적 이용에 따른 공간배분, 토지와 공간이용의 유형결정, 수요와 공급의 조절을 위하여 의도된 상업 활동을 하는 곳이라고 정의할 수 있다. 부동산시장은 공간의 이용을 위하여 부동산을 임차하고 매입하는 공간이용 부동산시장과 투자로서 빌딩을 매매하는 부동산 자산시장으로 구별된다.

공간시장에서 부동산은 특정목적으로 사용하려는 공간의 필요성과 부동산의 유형과 상태, 재산보유의 한 형태에 따라서 공간의 임대 또는 소유가 결정된다. 자산시장에서 부동산은 증권이나 채권처럼 자산증식을 위한 투자의 대상으로 매매 및 교환이 이루어진다. 이러한 목적의 거래는 자본시장에서 발생하지만 공간으로서의 부동산의 가격을 결정하기도 한다.

2. 부동산시장의 종류

1) 공간시장

공간시장(space market)은 토지 또는 건물과 같은 부동산 그 자체를 이용하기 위한 시장으로 부동산 이용시장 또는 임대시장이라고 한다. 공간시장에서 수요자는 소비 또는 생산의 목적으로 공간을 이용하고자 하는 개인, 가구, 기업 등이며, 공급자는 부동산 소유자, 정부, 공공단체, 민간개발업자 등이다.

공간시장은 수요자가 특정기간동안 특정목적으로 공간을 이용하는 권리에 대한 대가인 임대료를 공급자에게 지불함으로써 거래가 이루어진다. 따라서 수요와 공급에 의하여 결정되는 공간시장의 임대료를 통하여 건축물 공간의 가격과 공간에 대한 수요 및 공급의 균형 상태를 알 수 있다. 가령 공간사용의 수요는 증가하는데 공급이 증가하지 않는다면 임대료는 오르게 된다.

공간시장의 수요와 공급은 위치와 유형에 따라서 명확히 구분될 수 있다. 부동산 입지의 고정성은 지역시장을 국지적인 지역시장으로 만들며, 공간이용자의 목적에 따라서 수요와 공급이 이루어지기 때문에 분절시장이라고 한다. 이러한 부동산 공간의 입지와 이용특성에 따른 가치변화를 지역성이라고 하며, 토지는 지역성에 따라 이용특성이 결정될 뿐만 아니라 주변토지 이용에 의한 외부성에 가치가 영향을 받으므로 분절시장 임대료 역시 차이를 보이는 특성이 있다.

2) 건설시장

토지이용을 효율화하기 위한 행위가 건축, 즉 부동산건설이며, 이는 도시구조를 구성하는 중요한 경제행위이다. 부동산건설은 도시 경제성장에서 발생하는 공간수요를 충족하는 수단이며, 새로 분출된 경제활동을 촉진하는 매개수단의 역할을 하고 미래 도시경제 성장을 위한 잠재력이다.

건설이란 물질적 자원과 금융을 결합하여 새로운 인공공간을 만드는 경제행위로서 투자자의 입장에서는 위험이 내재된 투자행위이다. 따라서 건설시장과 자본시장은 밀접한 관계에 있는데, 건설행위는 자본이 필요하며 건설시장에서 발생된 투자수익은 자본시장으로 다시 유입되어 새로운 자본수입이 되므로 두 시장 간에는 밀접한 관계가 있다.

3) 자산시장

부동산 산업은 필요한 자금을 자산시장에서 이용해야 하므로 부동산시장에서 자산시장은 매우 중요한 시장이 된다. 자산시장은 현금, 증권과 채권, 부동산 등을 포함하며, 현금흐름 측면에서 건물의 임대료는 일정 기간 동안 계속해서 현금흐름이 발생하기 때문에 부동산의 자본시장과 자산시장은 유사한 개념으로 이해되기도 한다. 경제학적 측면에서는 자산도 미래의 현금흐름으로 측정되며, 자본시장 역시 증권과 같은 투자행위이므로 부동산을 현금화하여 자산시장의 일부로 취급하기도 한다.

4) 자본시장

자본시장은 공공시장, 사적시장, 자기자본시장, 부채자산시장으로 구분된다. 공공자본시장은 증권시장처럼 일정한 공개시장에서 모든 참여자에게 특정상품이 동일가격에 거래되는 자산시장이다. 공공자본시장은 유동성이 높아서 언제라도 매매가능하며, 공개시장에서 정보가 가치에 즉시 반영되는 정보 효율성을 가진다는 특성이 있다.

사적자본시장은 부동산과 같이 중개인의 도움으로 매매당사자간에 사적으로 거래가 이루어지고 모든 자산이 한 번의 거래로 포괄적으로 이루어지므로 규모가 크고 거래에 많은 시간과 비용이 소요된다는 특성이 있어 다른 자본시장에 비해 유동성이 낮은 편이다. 사적자본시장에서의 가격은 공개·균형가격이 아니고 거래가 사적으로 진행되므로 정보가 공개되지 않는다는 특징이 있다.

부채자산이란 미래현금흐름을 획득하기 위하여 자본을 차입하여 소유하고 있는 권리자산을 말한다. 부채시장에는 공공시장에서 거래되는 채권, 담보증권 등과 사적시장에서 거래되는 은행부채, 담보부채 등이 있다. 부채자산의 특성은 증서 표면에 기재되어 있어서 현금흐름에 대해 알 수 있으며, 현금자산에 비해 위험이 적으나, 액면에 표시된 기간 이외의 기간에는 투자자본을 보장할 수 없다.

자기자산은 증권처럼 표시된 조건에 따라 현금흐름을 요구할 수 있는 자산으로서 스스로 관리가 가능하며 부채자산보다 수익을 많이 얻을 수도 있으나 위험도가 높다. 자기자산은 증권과 부동산처럼 무한소유가 가능하며 그 소유를 유동화하기 위해서는 거래를 통하여 현금화해야 한다. 자산의 현재가치는 가까운 장래에 기대되는 수익을 말하며, 부채자산에 비해 유동성이 높다. 부동산을 담보로 한 투자신탁, 담보부증권 등은 부동산 파생상품으로서 공개시장에서 많은 거래자들 간에 공개적으로 거래되는 공적 자본시장이며 부동산과 부동산 시장을 연결하는 자본상품이다.

3. 부동산시장간 상호관계

부동산시장은 건설시장과 자산시장, 그리고 자본시장에서 직접적·간접적 관계를 맺으며 상호작용하는 연계시장을 형성한다. 부동산이 자산에서 차지하고 있는 비중은 매우 높으며, 부동산 수입은 자산시장에 지대한 영향을 미치는 요인으로 작용한다. 또한 부동산에서 발생한 지대와 현금수입은 자본시장으로 유입되기도 하여 공간시장, 건설시장 및 자산시장 간에는 하나의 종합적인 연계체계를 이루고 있다. 공간시장과 건설시장은 직접적이며 밀접한 관계를 가지고 있으며, 자산시장은 투자시장으로서 역할을 수행하고 부동산시장은 여러 투자대안 중 하나의 투자시장 관계를 가진다.

건설시장은 신규부동산을 공급하면서 공간시장과 직접적인 관계를 가지며, 공간시장은 부동산 이용에 따른 현금흐름을 목적으로 부동산에 투자하면서 관계를 가진다. 즉 건설시장에 투자수익이 있다고 예측되면 자산시장에서 자본이 투입된다.

부동산 공간시장에서는 물리적 공간의 공급과 수요에 따라 임대료와 공실률을 결정한다. 국가와 도시경제 정도에 따른 공간비용 함수로서 공간시장의 임대료는 부동산 유형별 공간수요를 결정하게 된다. 즉 도시경제를 충족하기 위한 부동산 수요는 임대료 수준에 영향을 받으며, 부동산에서 발생한 현금흐름에 따라 공간시장이 결정되는 것이다. 이러한 부동산에서 발생한 현금흐름에 대한 수익률을 자본화율이라고 하며, 자본화율 정도에 따라 자본시장에서 부동산의 시장가치는 형성된다.

공간시장과 자산시장의 상호관계에서 경제상황 및 자본시장의 정도를 반영하여 상호작용 한다면 현재의 부동산 자산의 가격을 결정하게 된다. 따라서 이 가격은 자산시장에서 건설시장에 중요한 지표를 제공하는 역할을 한다. 개발비용은 건설비용 및 토지비용을 포함한 것으로 현재의 자산가치와 언제나 비교가 가능하다. 따라서 자산가치가 개발비용과 같거나 더 높다면 개발이 이루어지고 공간시장의 물리적 재고가 추가적으로 투입되어 공급이 증가한다.

4. 부동산 자산의 가격결정

자산시장(asset market)은 부동산과 관련된 자산의 현금흐름과 관련된 시장으로 자본시장에서 증권, 채권과 같은 유형의 자본자산들과 경쟁관계에 있다. 자본시장에서는 부동산을 기반으로 한 자본자산상품들이 개발되어 거래되고 있다. 리츠는 회사에서 소유하고 있는 소득창출 자산과 주택저당채권이 공개적으로 거래되는 주식의 지분으로 구성되어 있는 상품이다. MBS는 공개적으로 거래되는 채권과 같은 상품으로 부동산담보 채무상품이라 할 수 있는 모기지 풀에 기초한다.

자산시장의 공급자는 부동산자산의 지분을 팔거나 줄이기를 원하는 투자자이며, 수요자는 부동산자산의 지분을 늘리거나 더 많은 부동산을 구입하고자 하는 투자자이다. 이러한 수요와 공급의 균형은 한 국가의 물리적 자본의 다른 형태와 비교하여 부동산 자산가치의 전반적인 수준을 결정한다. 전반적이고 일반적인 가치 측면에서 개개 부동산 자산의 가치는 각 자산이 미래에 발생시킬 수 있는 현금흐름의 수준과 위험을 투자자들이 어떻게 인식하고 있느냐에 따라 결정된다. 부동산은 유형과 규모, 크기 등에 있어 엄청난 차이가 나기 때문에 자산의 가치를 측정하는 것은 간단한 일이 아니다. 특히 상업용 자산시장에서는 부동산 자산에서 창출되는 순수입을 이용하여 자산의 가치를 계산하는 경우가 많다.

부동산 투자의 수익성을 고려할 때 자본환원율을 활용한다. 자본환원율은 부동산의 연간 순임대수익을 부동산의 적정 시장가치로 나눈 비율로서 자산시장에 있어서 자본투자의 공급과 수요에 의하여 결정된다. 상업용 부동산의 경우 연간 순임대수익을 산출한 후 이를 자본환원율로 나누면 당해 부동산의 적정가치가 산출된다.

자본환원율은 자본의 기회비용이다. 부동산 자산은 자본시장에서 다른 투자상품과 경쟁하고 있기 때문에 현재의 이자율과 다른 유형의 투자에 대한 수익기회는 투자자들이 얼마나 부동산 자산에 투자할 것인가를 결정하는 데 중요한 요인이 된다. 일반적으로 이자율과 채권 및 주식 수익률이 저조한 시기에 투자자들은 부동산 자산시장으로 몰리게 된다. 현재 부동산 임대수입이 변함이 없다면 투자수요 증가로 인하여 투자대상 자산의 가격이 상승하게 되는데 이것이 바로 자본환원율을 낮추게 하는 요인이 된다.

자본환원율은 순임대료의 상승 가능성 또는 성장잠재력이다. 미래에 부동산자산이 창출할 것으로 기대되는 순임대료의 상승 또는 하락은 투자자들에게 있어서 매우 중요한 고려사항이 된다. 미래의 순임대료는 공간시장의 수요와 공급의 균형에 의하여 결정되지만, 투자자들은 임대료의 상승가능성에 대한 잠재력을 알아보기 위해 투자대상 부동산이 입지한 공간시장의 미래를 예측하고자 한다. 따라서 투자자들은 성장잠재력이 커 보이는 지역에 더 많은 자금을 투입하려 할 것이고, 해당 시장의 자본환원율도 떨어지게 된다. 이 밖에도 임대료의 상승은 현재의 시장상황, 미래의 수요예측, 시장의 장기공급곡선의 모양 등에 따라 결정되기도 한다.

자본환원율은 위험을 의미한다. 투자자가 부동산 투자에서 예상되는 미래의 잠재적 순수입의 위험도가 떨어지고 안정적이라고 판단되면 더 많은 자금을 투입할 것이고, 이는 자본환원율을 낮게 된다. 모든 조건이 같다면 투자자는 위험을 회피하고자 하므로 위험정도가 낮은 자산에 투자하게 된다. 어떤 투자자들은 투자포트폴리오를 짜는 데 있어 투자의 다양성을 확보하기 위해 위험도가 높은 자산을 포함하기도 하지만, 일반적으로 대부분의 투자자들은 안정적인 투자를 원하기에 특정형태의 자산을 선호하고 이런 자산일수록 투입해야 하는 자금이 더 크므로 결과적으로 자본환원율은 떨어지게 된다.

5. 부동산 자산시장의 특성

공간시장에서 수요자인 오피스빌딩의 사용자는 특정 입지, 특정 유형의 공간과 같이 부동산 자산의 물리적 특성을 요구하게 되지만 부동산 자산시장의 수요자인 투자자의 경우는 물리적 특성보다는 미래의 현금흐름을 중시한다. 기본적으로 투자자는 투자수익이 발생하는 곳이 부동산시장인지, 주식시장인지, 채권시장인지보다는 얻어지는 수입에 관심을 가지고 있다. 이는 부동산 자산시장이 부동산 공간시장보다 훨씬 더 통합되어 있음을 의미한다.

부동산 공간시장은 중앙시장으로 통합되기 어려운 특성이 있어서 하위시장이 발달되어 있다. 즉, 물리적으로 유사한 부동산이라도 그 가격은 부동산의 위치와 유형에 따라 차이가 발생할 수밖에 없다. 반대로 부동산 자산시장의 통합정도는 공간시장과는 정반대의 영향력을 행사하게 된다. 즉 두 개의 자산이 물리적으로 매우 다르고, 공간에 대한 임대료 수준도 차이가 있더라도 이 자산들이 유사한 성장잠재력과 위험도를 가지고 있는 것으로 인식된다면 자본환원율에 따라 시장이 형성되는 경향이 있다.

6. 부동산 공간시장의 분석

1) 공간시장에서의 수요의 증가

부동산 공간시장에서 인구증가 또는 가구수의 증가 등으로 수요가 증가하였을 경우 단기적으로 공간에 대한 추가적인 공급이 이루어질 수 없으므로 현재의 임대료는 인상된다. 하지만 임대료 상승은 자산가격 상승의 원인이 되어 신규건축을 발생시키므로 인상된 임대료가 장기적으로 지속되지는 않는다. 다만 다른 재화와 달리 부동산의 경우에는 토지에 구조물이 건설되게 되면 이를 철거하거나 대체하기가 매우 어렵기 때문에 단기적으로 상승한 자산 가격 모두를 고려하여 신규건축이 이루어지지는 않는다.

신규 건축되는 건축량이 자산가격에 대하여 탄력성이 높다면 새로운 균형가격과 균형임대료의 수준은 비탄력적인 경우보다 상승폭이 낮지만, 균형건축량과 균형재고는 상당히 증가하게 될 것이다. 공간에 대한 수요의 증가는 부동산 임대료, 부동산 가격, 그리고 부동산 공간의 건축량과 재고량 모두를 증가시키지만, 변수마다 상승의 정도는 다르게 나타나게 된다. 즉 공급과 수요의 상대적 탄력성과 자본시장의 부동산 투자에 대한 태도에 따라 다르며, 특히 수요증가에 따라 임대료가 상승할지의 여부는 건설공급을 나타내는 건설곡선의 형태와 관련이 있다.

2) 자산시장에서의 자본환원율의 변화

자산시장에서 자본환원율의 하락은 부동산에 대한 가치가 실질적으로 상승하였다는 것을 의미한다. 부동산 가격의 일시적 상승은 추가건설로 인하여 공간시장의 부동산 재고량이 실질적으로 증가하여 부동산 개발사업의 호황을 유발하게 된다. 결과적으로 부동산자산에 대한 투자자들의 선호로 인하여 자산시장으로 유입된 금융자본이 물적자본 증가의 결과를 초래하게 되고, 임대료는 하락하며 더 많은 공간이 사용되게 된다. 이는 장기적으로 자본환원율의 하락이 초기에 예상되었던 만큼의 높은 부동산가격을 지탱할 수 없음을 보여준다.

Ⅰ. 부동산 경기변동의 의의

1. 부동산 경기변동의 의의

자본주의 경제에서는 생산이나 소비와 같은 경제활동이 활발한 호경기와, 그러한 경제활동이 침체하는 불경기가 번갈아 발생하는데, 그러한 변동과정을 경기변동 또는 경기순환이라 한다. 경기변동은 일정한 주기를 두고 발생하는데, 호황과 불황이 순환적으로 나타나고, 그 변동은 경제의 모든 부문에 영향을 주며 국제적으로 파급해 나간다. 즉, 경기변동이란 경기순환을 포함하여 일반경기와 경제활동의 수준이 지속적으로 변동하는 현상을 의미하며 자본주의 시장경제의 특징적 현상이다.

부동산경제는 일반경제를 구성하는 가장 중요한 부문 중의 하나이며, 부동산경기는 부동산에 관한 생산, 고용 등 경제활동의 활발성 정도를 의미한다. 부동산 경기변동이란 부동산시장의 경제활동이 일반재화와 마찬가지로 몇 년 주기로 반복적으로 상승·하락하는 현상을 말하며, 이는 부동산의 수요, 공급, 가격변동에 큰 영향을 미친다. 부동산에 있어서는 주로 건축경기를 의미하며 토지가격의 급격한 변동도 큰 비중을 차지한다. 또한 부동산시장은 주거용·상업용·공업용 등 용도별 시장, 도시부동산 및 농촌부동산 등 지역별 시장과 같이 여러 개의 부분시장으로 이루어져 있으므로 부동산 경기변동은 부분시장에 따라 그 영향을 달리하게 된다.

2. 부동산 경기변동 분석의 필요성

부동산 경기변동은 부동산시장의 조건들을 변화시켜 부동산가격의 변동을 초래하므로 하나의 부동산이 경기변동의 순환국면에 따라 가격이 다르게 나타날 수 있으며, 이는 가격자료의 수집과 평가방식의 적용에도 영향을 주어 평가가격도 다양하게 나타날 수 있다. 따라서 부동산 경기순환에 따른 물가, 소득, 거래량, 공실률 등을 정확히 파악하여 거시적·장기적 관점에서 분석할 필요가 있다. 부동산경기변동은 토지투기에 의하여 유발되기도 하며, 이것은 일반기업과 주택 및 건축경기의 상태에 반영된다. 일반경기변동은 전반적인 고용, 임금수준, 신용의 공급, 이자율, 저축의 증가와 감소를 통하여 긍정적 또는 부정적으로 수요의 측면에 작용한다.

한편 건축경기변동은 인구변동, 가구형성, 공실률과 수익성 예측, 또는 임료수준과 관련하여 토지와 주택의 공급비용 반영에 따라 공급의 측면에서 작용한다. 물리적으로 풍부하지만 경제적으로 이용가치가 없는 토지는 공급부족 현상에 도움이 되지 못한다. 부동산의 가치는 장래편익의 현재가치라고 정의될 수 있으므로 장래 예상되는 부동산 경기변동은 현재 부동산의 가격에 영향을 미친다. 따라서 장래의 경기변동의 예상 및 현재 순환국면의 분석은 부동산가격의 파악에 있어서 중요한 작업이 된다.

II. 부동산 경기변동의 특징

1. 일반적 특징

1) 주기 및 진폭

부동산은 일반재화에 비해 수요와 공급의 불균형 정도가 심하기 때문에 부동산 경기변동은 일반 경기변동보다 정점은 높고 저점이 깊어 그 진폭이 크게 나타난다. 또한 부동산경기는 타성기간이 길며, 주기의 순환국면이 뚜렷하지 않은 특징을 갖는데 이는 부동산 공급의 비탄력성, 투자의 장기성, 부동산의 영속성 때문이다.

타성기간이란 부동산경기의 변동이 일반경기의 진퇴에 비해 뒤지는 시간차를 말하며, 이러한 타성현상이 나타나는 이유는 부동산경기가 주거용, 상업용, 공업용 등 부문별 경기순환의 가중평균치적인 성격을 갖고 있기 때문이며, 부동산의 경우 착공에서 완공까지 상당한 시간이 소요되기 때문이다. 주기나 진폭은 국가, 지역, 시대별로 다르며, 개별적·국지적으로 나타나는 현상이 전국적·광역적으로 확대되는 경향이 있다.

2) 우경사 비대칭성

일반적으로 일반경기는 확장국면이 느리고 길게 진행되며 수축국면이 빠르고 짧아서 좌경사 비대칭성을 보이는 경향이 있다. 반면 부동산경기는 확장국면이 짧고 빠

르게 진행되며 수축국면이 상대적으로 긴 기간 동안 서서히 진행되어 우경사 비대칭
성을 보이는 특징이 있다.

1997년 외환위기 당시 부동산가격 하락은 단기간에 급격하게 나타났지만, 그 이
후 일반경기가 회복되었음에도 불구하고 아파트 등 신규 부동산의 공급은 투자결정에
서 완공까지 상당한 기간이 소요되기 때문에 일반경기에 비하여 회복 속도가 느리게
나타났던 것이 좋은 예이다.

3) 시계열적 불일치

부동산의 용도에 따른 부분시장별로 변동의 시차가 존재하며, 부동산 경기순환
은 부문별 경기변동의 가중평균치적인 성격을 지니게 된다. 일반적으로 상업용 부동
산과 공업용 부동산은 일반경기와 대체로 일치하는 경향이 있으며 주거용부동산의
경우에는 주택금융의 이용가능성으로 인하여 일반경기의 변동에 역순환적 현상을
보이는 특징이 있다. 부동산시장의 전체 경기는 일반경기에 비하여 대체로 후행하는
경향이 있다.

2. 우리나라 부동산경기의 특징

우리나라의 부동산시장은 1960년대 이후 산업화, 도시화가 활발해지면서 급속한
변화가 시작되었다. 특히 경제개발5개년계획과 더불어 엄청난 경제성장과 인구증가 및
도시화, 핵가족화에 따라 급격한 주택수요의 증가는 주택가격의 상승을 가져왔으며,
본격적으로 부동산시장에 영향을 주었다. 게다가 투기적 수요에 의한 주택가격의 주기
적, 지역적 급등현상은 부동산시장에 종잡을 수 없는 영향을 미쳐왔다. 우리나라는
1990년대 이후부터 부동산경기의 진폭이 줄어들고 있으며, 비교적 안정화 단계에 접
어들었다. 그리고 상업용 부동산, 공업용 부동산은 일반경기에 역행하고 주거용 부동
산의 경우에는 순행하는바, 이는 부동산부문이 경기안정화 정책수단으로 이용된 것을
나타내며, 부동산경제활동의 흐름이 왜곡되어 왔던 것으로 해석된다.

경제규모의 확대와 경제개발과정에서 인구의 대도시 집중현상은 더욱 가속화되고
있으며, 토지, 주택 등 부동산에 수요가 급증하는 경향이 나타난다. 특히 우리나라와
같이 인구밀도가 높고 가용토지가 부족하며, 사회간접자본에 대한 투자비가 제한되어
있는 상태에서는 부동산의 공급이 한정된 반면, 산업활동의 확대 및 소득향상 등에 따

라 부동산수요는 급증할 개연성이 크다. 우리나라의 부동산경기는 부동산정책과 깊은 관련이 있으며, 부동산정책은 부동산경기 활성화정책과 부동산투기 억제정책을 번갈아가면서 시행해 오고 있다. 한 연구기관의 우리나라 부동산경기에 관한 분석결과를 보면 1962년부터 3~5년을 주기로 경기변동이 나타나고 있다.

1) 1962년~1965년

우리나라의 부동산경기는 1962년 제1차 경제개발5개년계획과 공업화에 따라 투자활동은 공업기반확충에 집중되고 대도시를 중심으로 한 공업지대의 확대와 신설, 제2차산업인구의 도시집중으로 인한 주택지의 수요증가는 택지의 가격을 상승시켰다. 1963년도 대비 1965년도 공업용지 가격은 2.6배가, 상업용지 가격은 1.9배가 상승하는 등 공업지대의 지가를 급등시켰다.

2) 1966년~1968년

정부의 공업화정택과 한일국교정상화, 외자유입 및 수출확대로 인해 공업단지가 확충되고 산업인구의 도시이동으로 공단과 주택용지의 수요가 팽창하여 평균지가가 58%로 급등한 시기이다. 주택금융제도의 기틀이 마련되었고, 과열된 부동경기안정화조치로 대단위택지조성, 택지채권발행 등의 제도가 도입되었으며, 아파트가 등장한 시기이다.

3) 1969년~1971년

부동산투기억제정책에도 불구하고 지속된 공업생산력의 증가가 도시의 인구집중과 수출증가로 인한 국내소비증대를 유발하여 상업활동을 자극함으로써 상업지역의 확대와 상업지역에 대한 지가를 상승시키면서 1971년에 금액면에서 큰 상승을 나타내기도 하였으나, 부동산시장에 대한 정부의 강력한 안정화정책으로 인해 전반적으로는 안정세를 유지한 시기이다.

4) 1972년~1975년

초기에는 지가가 비교적 안정세를 유지하였으나 1973년의 석유파동으로 인한 세계적인 불황과 기형적인 인플레이션하의 급격한 스태그플레이션, 국민복지와 생활향상을 위한 정부의 각종 개발정책들이 국민들의 환물투자심리를 일으켜 지가파동을 야기하였다.

5) 1976년~1979년

초기에는 안정세를 보였으나 1977년부터 민간아파트시장을 중심으로 부동산경기가 과열현상을 보이기 시작함에 따라 1987년에 부동산투기지역 설정, 토지거래허가제, 주택가격안정과 투지억제를 위한 주택공급에 관한 규칙 제정 등 8·8투기억제조치가 단행되고 미등기전매의 양도소득세 중과정책이 나온 시기이다.

6) 1980년~1985년

8·8투기억제조치 이후 부동산경기가 침체기로 접어들자 1981년에 분양가규제 일부해제 및 양도소득세 완화 등의 조치를 취한 결과 1982년에 부동산경기가 살아나면서 활성화되어 지가와 아파트가격이 급등하였다. 따라서 민영주택에 대한 채권입찰제 도입, 토지거래신고제 도입, 임대주택건설촉진법 제정 등 조치로 1984년 이후 부동산경기는 다시 침체국면에 진입하였다.

7) 1986년~1990년

1986년부터 저금리, 저유가, 저환율의 3저효과로 인한 수출경기 호전과 국제수지의 흑자가 계속 되고 88서울올림픽으로 인한 통화팽창과 시중자금의 확대에 따른 경제적·심리적 영향 등으로 1987년과 1988년에 부동산가격이 급등하였다. 1988년 8월에 검인계약서 사용 의무화, 1989년부터 분당 등 수도권 5개신도시가 건설되고, 택지소유상한제, 토지초과이득세 등 토지공개념의 도입으로 다시 침체기에 접어들었다.

8) 1991년~1995년

상업용건축물에 대한 건축허가제한 강화, 주택건설물량할당제 등 직접적 규제로 하강국면에 있던 중 건축허가제한 일부 완화 등 조치로 1994년부터 반등국면에 진입하였다.

9) 1996년~2000년

신도시개발로 인한 수도권 택지공급증가로 인하여 부동산시장이 비교적 안정적인 상태를 유지하고 있었으나, 1997년 말의 IMF사태로 인해 전반적인 일반경기와 함께 부동산경기도 급락하였다가 2000년에 회복을 보였던 시기이다.

10) 2001년~2004년

2001년 이후의 전국주택가격 상승률을 살펴보면 약 2년 간격으로 확대기와 축소기를 반복하고 있다.

11) 2005년~2012년

2004년 11월 이후 시작된 전국주택가격 상승세는 2007년 1월에 과열현상을 보이기도 했으나, 2008년 글로벌 금융위기와 구매력 약화, 부동산투기억제정책 등으로 인하여 그 이후로는 축소국면에 접어들면서 상승세가 크게 둔화되었고 부동산경기는 침체국면에 들어섰고, 매매보다는 전세시장이 활기를 띠어 전세가율이 계속 높아졌다.

12) 2013년~2021년

장기 침체국면에 이어 높은 전세가율, 낮은 이자율 등으로 인해 미분양이 사라지고 상승국면에 진입하였다. 전 세계적으로 저금리기조, 코로나로 인한 유동성완화로 인하여 국내 부동산경기는 고조되어 각종 부동산억제정책이 쏟아져 나왔고 신도시 택지공급발표가 이어졌다. 그럼에도 불구하고 부동산상승세는 수도권에서 지방까지 뻗어나가며 장기간 이어졌다.

13) 2022년~현재

우크라이나−러시아 전쟁, 건설자재 및 물가상승, 미국의 급격한 금리인상 등으로 인하여 국내 부동산경기는 급격하게 침체국면으로 들어섰고 현재까지 이어지고 있다.

3. 부동산용도별 경기변동의 특징

일반경기와 부동산용도별 경기변동의 시간적 관계는 전순환적, 동시 순환적, 후순환적, 역순환적 관계로 나타날 수 있다. 하지만 경우에 따라서는 양자가 보조를 같이 하지 않는 경우도 있기 때문에 일반경기의 상태가 언제나 부동산경기의 지침이 되지는 않는다. 일반경기가 안정된 성장을 나타내도 부동산경기는 호황과 불황이 순환하였고, 부동산경기에 호황이 없어도 일반경기는 확장되기도 하며, 부동산경기가 하락하여도 일반물가는 안정될 수 있다. 일반적으로 일반경제와 관련하여 주식시장의 경기는 전순환적이며, 부동산시장의 경기는 후 순환적인 것으로 인식되고 있으나 부문별 부동산시장에 따라 그 관계가 다르게 나타날 수 있음에 유의해야 한다.

1) 주거용 부동산

주거용부동산의 건축경기는 일반경제의 경기와는 반대되는 역순환적 현상을 보이는데 이것은 주거용부동산의 공급자와 수요자에게 제공되는 신용의 유용성, 즉 이자율과 밀접한 관계가 있다.

① 일반경기의 호황기에는 유용한 자금의 상당부분이 수익성이 높은 다른 부문으로 투자되기 때문에 주택부문에 투자되는 부분은 상대적으로 적어진다. 호황기에는 기업으로부터 자금수요가 많아 이자율이 높아지는 경향이 있다. 그런데 주택자금은 대부분 저리인 경우가 많으므로 금융기관이나 투자자는 수익성이 높은 다른 부문으로 자금을 이동시킨다. 따라서 주택자금의 융통이 어렵게 됨에 따라 주택에 대한 수요는 감소하고 주택수요가 감소함에 따라 주택건설업체의 주택공급량도 줄어든다.

② 일반경기의 불황기에는 일반산업부문의 투자기회가 적어지게 되어, 기업의 자금수요가 감소한다. 따라서 시장의 이자율은 하락하고, 상대적으로 저리인 주택금융부문에서 이용할 수 있는 자금이 풍부해진다. 이자율이 하락하므로 주택수요자나 공급자들의 자금융통도 수월해지고 그에 따라 주택 착공량도 증가하게 된다.

2) 상업용부동산과 공업용부동산

상업용부동산과 공업용부동산의 건축경기는 일반경제의 경기순환과 거의 일치하는데 이것은 공업용부동산과 상업용부동산이 일반경제활동과 밀접한 관계를 가지고 있기 때문이다.

① 일반경기의 호황기에는 경제가 활성화되면, 생산을 위한 공장건물이나 업무를 위한 사무실 공간에 대한 수요가 증대된다. 또한 호경기가 되면 소비자들의 구매력이 향상되기 때문에 판매를 위한 매장공간에 대한 수요도 아울러 증가한다. 수요가 증대됨에 따라 부동산의 공급도 늘어나게 되므로 상업용부동산과 공업용부동산의 건축경기는 일반경기와 대체로 일치하는 경향이 있다.

② 일반경기의 불황기에는 경제활동의 침체로 인하여 부동산공간에 대한 파생수요가 감소함에 따라 부동산의 공급도 감소하게 된다.

III. 부동산 경기변동요인 및 측정지표

1. 부동산경기의 변동요인

부동산경기의 변동에 영향을 미치는 제 요인을 복합개념에 따라 분류해 보면 자연적요인, 사회적요인, 경제적요인, 법적·행정적요인으로 분류할 수 있는데, 이는 부동산가격형성의 일반적요인이기도 하다. 자연적 요인에는 인구의 증가와 감소, 계절요인이 있다. 사회적 요인에는 사회, 심리요인(소유의식, 탐욕의 증대, 부동산 수익성·안전성의 장점), 도시화 및 공공시설의 정비(도시화와 편익시설 확대는 지가수준 높임), 교육 및 사회복지(학군, 생활안정, 복지요구), 토지거래 및 사용수익의 관행(지가하락이나 상승 요인으로 작용), 인구이동(도시집중, 공업화 및 산업화에 따른 인구의 변동)이 있다. 경제적 요인에는 저축, 소비, 투자의 수준(가처분 소득은 소비에 영향), 소득의 증가(부동산 소비 촉진), 대출금융조건(금리와 상환조건은 이용증가나 감소 초래), 기술혁신 및 산업구조의 변화(소비촉진이나 감소)가 있다. 행정적 요인에는 교통정책(교통시설 외연(外延) 확대는 부동산가격에 영향), 조세정책(조세의 탄력운용은 부동산가격에 영향), 주택정책(정책의지는 시장에 영향),

토지이용에 관한 계획 및 규제(통제 및 조장은 시장에 영향)가 있다.

부동산경기는 부동산시장을 둘러싸고 있는 제요인의 변화에 영향을 받으면서 변동하게 되는데, 부동산시장의 내부요인과 외부요인이 변화함에 따라 변동한다. 한편 부동산경기의 상승요인과 하강요인은 다음과 같다.

부동산경기 상승요인	부동산경기 하강요인
GNP성장률 고조	GNP성장률 둔화
재정지출 확대	재정지출 축소
통화량 증가	통화량 감소
금리하락	금리상승
실업률 감소	실업률 증가
소득증가율 상승	소득증가율 하락
부동산규제 완화	부동산규제 강화
가격상승심리 확산	가격하락심리 확산
조세정책 완화	조세정책 강화
건설경기 부양책 시행	건설경기 진정책 시행
금융완화정책 시행	금융억제정책 시행
부동산수요 증가	부동산수요 위축
부동산공급 확대	부동산공급 축소

2. 부동산경기의 측정지표

1) 의의

부동산 경기변동에 대한 종합적·과학적인 측정방법은 아직 개발되지 않고 있지만 일반적으로 과거의 경기변동 추세치를 연장하는 방법, 지역별 경제분석을 통한 방법, 건축허가·착공량 등 대표지수를 사용하는 방법 등이 있다.

측정지표는 부동산경기를 표시하는 Index를 말하며 일반 경기변동과 달리 부동산경기는 부동산의 고정성, 부증성 등으로 인해 체계적 파악이 곤란하므로 여러 가지 지표를 분석함으로써 어느 정도 측정할 수 있다. 또한 부동산경기를 측정함에 있어서 단순지표에만 의존할 것이 아니라 다양한 지표들을 종합적·동태적으로 분석하는 것이 필요하며 부동산투자, 부동산정책, 부동산증권화 등과 관련하여 부동산경기의 다양한 측정지표가 요구되고 있다.

부동산경기를 측정하는 지표로는 부동산거래량, 건축허가량, 건축착공량, 건축완공량, 공실률, 미분양 재고량, 임대료수준, 가격수준, 주택금융상태 등이 있다. 부동산 거래량, 건축착공량은 현재의 경제활동 수준을 나타내는 동행지표이며, 건축허가면적, 분양실적 등은 미래의 경제활동 수준을 예측하게 하는 선행지표이며, 건축완공량은 과거의 경제활동 상황을 확인시켜주는 후행지표의 성격을 지닌다.

2) 부동산거래량

주택거래량 등 부동산거래량의 다과는 부동산경기를 측정하는 주요한 지표가 되며, 이는 실거래가신고건수, 소유권이전등기건수, 취득세의 수입실적 등으로 파악할 수 있다. 특히, 부동산거래 및 임대활동과 관련한 공실률의 동향은 부동산경기의 선행지표가 된다. 또한 부동산거래량의 통계적 분석을 이용하여 주거이동의 동향을 파악하기도 한다.

택지의 분양실적은 부동산경기의 선행현상의 하나로서 택지분양은 건축활동의 전개가 예상되므로 택지의 분양이 활발하면 이는 부동산경기의 활황이 도래할 수 있음을 예측하게 할 수 있다. 택지의 수요는 건축활동을 위한 수요가 많기 때문에 건축경기에 비하여 선행성을 지닌다고 볼 수 있으나, 택지분양은 지역성, 개별성 등이 크게 작용하므로 보편적인 측정지표로서는 유의해야 한다.

3) 부동산가격변동

부동산의 가격변동지표를 부동산경기의 측정지표로 활용이 가능하며, 이에는 지가변동률, 주택가격지수(매매가격지수, 전세가격지수), 임대료지수 등이 있다.

그러나 부동산가격변동을 부동산경기변동의 측정지표로 활용할 때 주의할 점이 있다. ① 자재비, 인건비 등 건축비 상승으로 건물가격 및 분양가가 상승하여 주택(아파트)가격이 상승한 경우나 ② 부동산투기로 인해 부동산가격이 일시적으로 상승한 경우를 부동산거래나 건축활동이 활발한 부동산경기의 호황상태라고 단언할 수 없기 때문이다. 또한 부동산가격이 비교적 안정된 상태에서 부동산거래나 건축활동이 활발한 경우도 있다. 따라서 부동산가격이 상승하면 부동산경기가 좋다고 말하는 경향이 있는데, 이는 잘못된 개념이며, 부동산경기가 호황일 때 부동산가격이 상승하는 경향이 있다. 다만 부동산의 가격변동이 부동산시장의 수급현상 등 포괄적인 경기현상을 측정할 수 있는 주요지표가 된다는 것은 유의할 필요가 있다.

4) 건축량

건축량의 증감은 거래량과 함께 부동산경기를 측정하는 주요 지표가 되고 있는데, 거래량은 수요측 측정지표로, 건축량은 공급측 측정지표로 활용된다. 건축량에는 건축허가량, 건축착공량, 건축완공량 등이 있으며, 우리나라에서는 건축허가연면적, 착공연면적을 주로 활용하고 있다. 특히 민간부문의 건축량이 부동산경기변동을 파악하는 중심이 되나, 이를 측정지표로 활용할 경우에는 부동산경기의 후퇴조짐, 정부 부동산정책의 변화 등에 따라 착공을 지연시키는 경우가 있음을 감안하여야 한다.

5) 기타지표들

부동산경기의 미래 예측은 부동산부문의 내적 요인 외에도 외적요인인 일반경기 및 사회적 제반현상에 대한 분석도 중요하다. 따라서 인구수, 가구수, 인구증가율, 주택보급률, 주택건설호수, GNP·통화량·물가변동·경제성장률·국제지수 등 거시경제지표, 예금·대출금리, 주가지수 등 사회적·경제적 제반요소들을 종합적으로 분석하여야 한다.

IV. 부동산 경기순환론

1. 개 요

부동산 경기순환론이란 부동산경기가 어떠한 요인으로 인해 확장과 수축을 반복하면서 순환하는 것을 말한다. 미국의 과거 경험은 대체로 20여년을 주기로 순환하였으며, 우리나라와 일본은 5~15년을 주기로 호황·불황이 반복되고 있다. 이같이 경기 국면이 일정치 않은 것은 각종 부동산 현상이 국지성을 띠는 데 그 원인이 있다. 부동산경기가 순환하는 원인은 대체로 ① 일반경기순환 및 부동산수요에 의한 영향이며, ② 주택의 내용연수가 20년이고, 그 교체기가 20년마다 도래하며, ③ 인구증가보다 주택공급이 커서 가격이 침체하기 때문이라는 견해가 있다. 부동산 경기순환은 상향시장, 후퇴시장, 하향시장, 회복시장의 4개 국면으로 나타나며, 안정시장을 포함하여 5개 국면으로 파악되기도 한다.

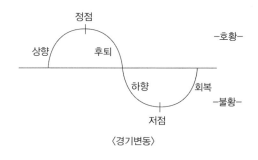

〈경기변동〉

2. 상향시장

상향시장은 부동산경기가 회복시장의 상황이 지속됨으로서 불황을 벗어나 호황에 이르러 경기상승국면을 지속해 가는 일반경기의 확장기에 해당하는 시장국면을 말한다. 전체적인 경제활동이 활발하여 투자, 소비, 고용, 소득이 증가하고 재고가 감소하며 기업이윤이 늘고 기업에 대한 대출도 증가한다.

① 부동산가격이 본격적으로 상승하여 정점에 도달하고, 투자활동이 활발하게 전개되며, 부동산수요가 확대되고 공급이 증가하여 부동산거래가 활발하게 전개된다.

② 공실률이 급감하여 임대료와 가격이 상승하고, 건축허가신청이 크게 증가하는 등 건축활동이 활발하게 된다.

③ 과거의 부동산거래가격은 새로운 거래의 하한선이 되며, 정점에 다다른 경우 부동산경기가 후퇴할 가능성을 내포하게 된다.

④ 매도자는 계속적인 가격상승으로 매도를 미루려는 반면 매수자는 구입을 앞당기려 하므로 부동산거래시장에서 매물부족으로 인해 매도자우위 현상이 나타난다.

3. 후퇴시장

후퇴시장은 부동산경기의 상승국면이 정점을 지나면서 하향세로 반전하지만 아직 불황의 시장에는 이르지 아니한 일반경기의 후퇴기에 해당하는 시장국면을 말한다. 전체적인 경제활동의 활기가 상실되어 투자, 소비, 고용, 소득이 감소하기 시작하고 재고가 늘어나며 기업이윤이 줄어들기 시작한다.

① 부동산가격이 상승을 중단·반전하여 하락하기 시작하고, 투자활동이 국지적으로 신중하게 이루어지며, 부동산에 대한 선별적 실수요 현상과 과잉공급 현상이 나타나 거래가 신중하게 진행된다.

② 금리는 높아지고 공실률이 서서히 증가하여 임대료와 가격이 하향세로 돌아서며, 건축허가신청은 감소하기 시작하나 시차로 인하여 건축활동은 정점에 도달한다.

③ 과거의 부동산거래가격은 새로운 거래의 기준가격이 되거나 상한선이 되며 매도자우위에서 매수자우위로 변화하기 시작한다.

④ 부동산담보대출조건 등이 강화되며, 경기에 민감한 부동산의 경우 단기간에 거래시장이 크게 위축되기도 한다.

4. 하향시장

하향시장은 부동산경기가 불황 하에서 지속적인 경기하강이 진행되는 국면으로서 일반경기의 수축기에 해당하는 시장국면을 말한다. 전체적인 경제활동이 불황기에 들어서면 투자, 소비, 고용, 소득이 큰 폭으로 감소하고 재고가 증가하며 기업이윤도 크게 줄어 파산기업이 속출하게 된다. 하향시장에서는 경기후퇴의 원인에 따라 다양한 차이를 나타내고 부동산의 종류, 규모, 위치, 용도 등에 따라서 개별적인 차이를 나타낸다.

① 부동산가격이 본격적으로 하락하여 저점에 도달하고, 투자심리는 크게 위축되며, 부동산수요가 위축되고 공급이 감소하여 부동산거래가 위축되어 거의 발생하지 않는다.

② 일반경기가 불황인 경우 공실률이 크게 증가하여 임대료와 가격이 하락하고, 건축허가신청이 크게 줄어드는 등 건축활동이 감소세로 반전하게 된다. 금리가 높아서 부동산을 소유하는 것이 부담이 되며, 하향시장이 장기화되면 규모가 큰 고급주택, 신도시지역의 택지, 교외의 전원주택 등 불황에 약한 부동산은 상대적으로 큰 타격을 받는다.

③ 과거의 부동산거래가격은 새로운 거래의 상한선이 되며, 저점에 다다른 경우 부동산경기가 회복할 가능성을 내포하게 된다.

④ 매수자는 계속적인 가격하락으로 매수를 연기하려는 반면 매도자는 판매를 앞당기려 하므로 부동산거래시장에서 수요부족으로 인해 매수자우위 현상이 나타난다.

⑤ 하향시장의 전 단계인 후퇴시장의 순환기간이 짧고, 과열경기를 경험해 온 지역일수록 부동산경기는 훨씬 깊은 불황에 빠지게 된다. 부동산투기가 과열된 후에 후퇴시장으로 경착륙하는 경우에는 부동산경기흐름을 잘 탄자와 못 탄자의 상대적 불평등이 사회문제화 될 수도 있다.

⑥ 이자율 증가 및 부동산 수요감소 등으로 인해 과도한 개발사업을 벌인 공급자는 분양률 감소 및 임대부진, 자금난 등 심각한 상황을 겪게 된다.

5. 회복시장

회복시장은 부동산경기의 하강이 저점(Trough)에 이르러 계속적인 하강을 멈추고 점차 상승하기 시작하는 일반경기의 회복기에 해당하는 시장국면을 말한다. 전체적인 경제활동이 서서히 활기를 찾아가며 투자와 소비가 서서히 증가하고, 고용과 소득이 완만하게 증가하게 되며 기존재고가 서서히 감소하고 기업적자가 줄어들기 시작한다. 회복시장은 아직 불황에 속하는 시장이지만 경기회복현상이 지속되는 경우 새로운 호황국면으로 접어드는 단계라는 점에서 부동산투자운용에 있어서 중요한 시장이 된다.

① 부동산가격이 하락을 중단·반전하여 상승기미가 보이고, 부동산 투자심리가 생성되며, 부동산에 대한 수요심리가 생성되고 부동산 공급계획이 수립되며, 거래여부 타진 등 활기를 띠기 시작한다.

② 금리는 낮아지기 시작하고 부동산거래고객이 조금씩 늘어나 공실률이 서서히 감소하여 임대료와 가격이 반등세로 돌아서며, 건축허가신청이 서서히 증가하나 시차로 인하여 건축활동은 증가 기미만 보이게 된다.

③ 과거의 부동산거래가격은 새로운 거래의 기준가격이 되거나 하한선이 되며 매수자우위에서 매도자우위로 변화하기 시작한다.

④ 부동산의 고정성, 개별성 등으로 인해 부동산경기회복은 지역적·개별적으로 나타나는 것이 일반적이며, 경기회복은 당해 지역을 찾는 고객의 동향, 부동산가격수준, 택지의 거래동향, 공실률상태, 건축허가신청 및 건축자재수요 동향 등을 통하여 파악이 가능하다.

6. 안정적시장

안정시장은 지역 내 부동산의 가격이 가벼운 상승을 유지하거나 안정되어 있고 거래가 비교적 활발하여 안정적인 경기변동을 나타내는 시장으로서 비교적 불황에 강한 유형의 시장이다.

① 위치가 좋고 규모가 작은 주택이나 도심지의 적정규모 점포가 거래되는 시장을 말한다. 이는 부동산경기의 호황과 불황의 진폭이 다른 부동산에 비하여 비교적 낮기 때문에 투자와 관련하여 그 위험성을 상정할 경우 비교적 안정시장의 형태라 할 수 있다. 따라서 과거의 부동산거래가격은 새로운 거래에서 비교적 신뢰할 수 있는 기준이 된다.

② 양질의 주택이나 신규 수요층이 하는 필수구매는 비교적 안정되어 있어 불황이라 하더라도 경기의 영향을 적게 받는다. 안정시장을 형성하는 계층은 주로 신규 및 임대수요층으로 주택이 긴급히 요구되는 수요층이며, 안정시장은 경기순환의 어느 국면에나 나타날 수 있는 특징이 있다.

부동산경기순환의 특징

구 분	회복기	상향기	후퇴기	하향기	안정시장
일반경기	회복기	확장기	후퇴기	수축기	
부동산가격	하락중단, 상승기미	본격상승, 정점도달	상승중단, 하락기미	본격하락	
부동산투자	투자심리 생성	투자활동 전개	신중한 국지적 투자	투자심리 위축	– 일반경기에 없는 국면 – 일반부동산과 달리 안정 국면을 유지하는 시장으로 위치가 좋고 수요가 왕성한 부동산부문에 나타남
부동산공급	공급계획수립	공급증가	과잉공급	공급감소	
부동산수요	수요심리 생성	수요확대	선별적실수요	수요위축	
부동산거래	거래 타진	거래 활발	신중한 거래	거래 위축	
공실률	감소로 반전	최저치	증가로 반전	증가	
건축활동	증가 기미	본격 증가	정점 도달	감소세 반전	
거래형태	매수자우위 → 매도자우위	매도자우위	매도자우위 → 매수자우위	매수자우위	

Chapter 06
부동산분석에 대한 이해

    부동산분석은 부동산과 관련한 현상이나 활동을 분석하는 것으로서 다양하게 나타날 수 있으며, 부동산권리분석, 부동산가치분석, 부동산가치형성분석, 부동산시장분석, 부동산경기변동분석, 부동산투자분석, 부동산개발분석, 부동산평가분석 등 실로 다양한 영역이 있다.

    부동산의 가치는 부동산의 유용성, 상대적 희소성 및 유효수요 등 가치발생요인과 이에 영향을 미치는 가치형성요인(일반적요인, 지역적요인, 개별적요인)의 상호작용에 따라 지역성으로 인해 지역적 차원의 가격수준이 형성되고 개별성으로 인해 개별부동산마다 가치가 구체화된다. 이와 관련하여 평가방식의 적용 전 단계에서 지역특성과 시장특성을 파악하고 부동산의 최유효이용을 판정하는 지역분석과 개별분석은 매우 중요한 작업이라고 할 수 있다. 부동산평가에서는 개별부동산의 가치형성요인이 작용하는 관계를 파악·분석함으로써 최유효이용을 판정한 후 가치를 구하는 일이 중요하며, 개별부동산의 지역분석 및 개별분석에서는 기초가 되는 일반요인이 구체적으로 어떤 영향을 미치고 있는지를 파악해야 한다.

    시장분석은 경제학에서 널리 사용되고 있는 것으로서 시장성분석과 타당성분석 등에 대하여 알아본다. 최유효이용은 부동산감정평가에서 근본을 이루는 중요한 개념이다. 부동산의 가치는 최유효이용을 전제로 형성되기 때문이다. 따라서 최유효이용분석이 필수적이며 최유효이용의 판단기준과 특수상황에서의 최유효이용 등에 대하여 알아본다.

I. 일반분석

일반분석이란 공간적으로 볼 때 특정지역이나 개별부동산에만 영향을 미치는 것이 아니라 일반 경제사회 전반에 있어서 모든 부동산의 상태 및 그 가격수준에 영향을 미치는 일반적 요인을 분석하는 것을 말한다. 내용에 따라서 자연적 요인·사회적 요인·경제적 요인·행정적 요인으로 구분할 수 있다.

일반분석은 대상부동산의 감정평가시마다 행해지는 것이 아니며 장래의 동향분석, 사례자료의 수집, 시산가액의 조정 등 감정평가절차의 간접적인 영향만을 미치는 경우도 많다. 그렇기 때문에 지역분석, 개별분석보다 경시되는 경향이 있을 수 있으나, 자본시장 및 금융시장과의 통합, 글로벌화 추세에서 일반분석의 중요성은 더욱 강조되고 있다. 미(美)연방공개시장위원회(FOMC)의 기준금리가, 중국의 소비자물가지수(CPI)가 대한민국 수도권 아파트 분양시장에 영향을 미치는 시대이다. 부동산 가치에 미치는 일반적 요인은 더욱 다양해지고 복합해지기 때문에 평소 일반적 요인에 관한 자료의 수집 및 분석이 필요하다.

II. 지역분석

1. 지역분석의 의의

부동산에는 지역성이 있어서 가격형성이나 기능발휘가 독립적인 것이 아니라 자연조건 및 인문조건의 전부 또는 일부를 공통으로 다른 부동산과 함께 어떤 지역을 구성하고, 그 지역의 구성분자로서 그 지역과 의존, 보완 등의 관계를 맺으며, 그 지역 내 다른 부동산과 협동, 대체, 경쟁 등의 관계를 맺고, 이러한 관계를 통하여 그 사회적·경제적인 유용성을 발휘하게 된다. 따라서 ① 대상부동산이 어떤 지역에 속하고 있는지, ② 그 지역은 어떤 특성을 갖고 있는지, ③ 대상부동산이 속한 시장은 어떤 특성을 나타내는지, ④ 그러한 특성들은 그 지역 내의 부동산 이용형태와 가격형성요인에 전반적으로 어떤 영향력을 갖고 있는가를 분석하고 판정하는 지역분석이 필요하게 된다. 즉, 지역분석은 지역요인의 분석을 통해 대상부동산이 속한 지역특성 및 시장특성, 표준적사용과 장래 동향을 구체적으로 명백히 하여 그 지역 내 부동산의 가격수준을 판정하는 작업을 말한다.

2. 지역분석의 내용

부동산의 가격은 부동산의 최유효이용을 전제로 하여 파악되는 가격을 표준으로 형성되지만, 부동산의 최유효이용은 그 속한 지역의 특성의 제약하에 있으므로 개별분석에 앞서 지역분석이 선행되어야 한다. 지역분석에서 중요한 지역은 용도적 관점에서 구분되는 지역으로서 실제적인 이용형태를 기준으로 한 지역이다. 즉, 인근지역 및 그 유사지역, 인근지역 및 이와 상관관계에 있는 유사지역과 주변지역을 포함하는 더 광역적인 지역인 동일수급권이다. 또한 인근지역의 특성은 통상 그 지역에 속하는 부동산의 일반적·표준적사용을 통하여 구체적으로 나타나며, 표준적사용은 이용형태 측면에서 지역상호간의 상대적인 위치관계 및 가격형성을 명확하게 하는 실마리가 되고, 그 지역에 속하는 개별부동산의 최유효이용을 판정하는 유력한 표준이 된다.

부동산이 속한 지역은 고정적인 것이 아니라 지역의 특성을 형성하는 지역요인이 늘 변동하기 때문에 지역분석시에는 대상부동산이 속한 시장의 특성을 파악한 결과를 고려하여 지역요인 및 표준적사용의 현상과 장래 동향을 함께 분석하여 그 지역 내 부동산의 가격수준을 판정해야 한다. 지역구성은 기후, 지세, 지반 등의 자연적 조건과 거주자의 계층, 교통시설과 위치관계 등 인문적 조건의 전부 또는 일부가 공통되는 일정한 지역범위에 속하는 지역으로 형성된다. 또한, 지역의 현재이용이 장래에도 유지될 것인지와 변화한다면 어떻게 변화할 것인지를 판정할 필요가 있다.

3. 지역분석의 대상지역

지역분석의 대상지역은 필요에 의해 용도적·기능적 관점에서 인위적으로 구분한 지역을 말한다. 부동산의 지역성으로 인하여 인근지역이 지역분석의 중심이 되지만 인근지역의 상대적 위치를 명백히 하고 자료수집의 범위를 확대·확정하기 위해서 유사지역을 포함하는 광역적 범위인 동일수급권의 분석이 필요하다.

1) 인근지역

(1) 인근지역의 개념

인근지역은 대상부동산이 속한 가장 소규모의 지역적 단위로서 용도적으로 동질성이 인정되는 지역이며, 대상부동산의 가격형성에 직접적인 영향을 미치는 지역이다. 인근지역은 보다 큰 규모와 내용을 갖는 지역인 도시 또는 농촌과 같은 지역사회의 내부에 있고, 거주, 상업활동, 공업생산활동 등 인간의 생활과 활동에 관련된 특정용도에 제공되는 것을 중심으로 지역적 통합성을 이루는 지역이며, 인근지역은 그 지역의 특성을 형성하는 지역요인의 추이와 동향에 따라 변화한다. 인근지역은 항상 변동하기 때문에 하나의 도시에서 어떤 지역이 급격히 성장하면 다른 지역이 상대적으로 쇠퇴하는 경우가 있으며 도시의 성장속도에 따라 인근지역도 변화한다. 인근지역의 부동산은 용도적·기능적으로 동질성이 있으며 상호 대체·경쟁의 관계에 있어야 하고, 용도적으로 단일화되지 않고 여러 개의 용도가 혼재하는 경우도 있다. 예를 들면 주거지역 안에 2~3개의 점포나 공장이 있더라도 일단의 지역이 동일한 용도를 가진다고 볼 필요가 있다.

(2) 인근지역의 분석

① 인근지역의 지역분석은 우선 대상부동산이 있는 인근지역을 명확히 하고, 그 인근지역이 어떤 특성을 가지고 있는지를 파악하는 것이다. 이는 대상부동산을 중심으로 하는 외연적인 지역에 대해 대상부동산의 시장특성을 고려하여 지역요인을 반복적으로 조사·분석하고, 그 차이점을 명확히 해야 한다. 지역의 구성분자인 부동산과 관련하여 지역요인을 공통으로 갖는 지역을 추출하는 것이기 때문에 인근지역인 지역 및 그 주변지역을 광역적으로 분석해야 한다.

② 인근지역의 상대적 위치를 파악할 때는 대상부동산의 시장특성을 고려하여 동일수급권내의 유사지역과 인근지역의 지역요인을 비교하여 상대적인 지역요인의 격차를 판정하며, 인근지역과 그 주변지역의 지역요인의 비교 검토도 유용성이 있다.

③ 인근지역의 지역분석은 대상부동산이 속한 인근지역의 요인자료로 분석하는 것이지만 이러한 분석의 전제로서 대상부동산의 시장의 특성과 인근지역을 포함하는 더 넓은 광역적인 지역의 지역요인을 파악하고 분석해야 한다. 따라서 광역적인 지역의 요인자료의 수집 및 분석에 노력을 기울여야 한다.

④ 인근지역의 지역요인을 분석할 때는 그 변화과정의 추이 및 동향을 시계열적으로 분석함과 동시에 인근지역 주변지역의 지역요인의 추이 및 동향, 인근지역에 주는 파급의 정도 등도 분석해야 한다. 이 경우 대상부동산의 시장특성이 인근지역 내 토지의 이용형태 및 가격형성에 주는 영향의 정도를 파악해야 한다.

(3) 인근지역의 범위와 경계

인근지역은 도시 또는 지역사회의 물리적 요소를 가지고 있기 때문에 그 범위와 경계는 이용형태에 따라 물리적으로 명백히 구분되는 경우도 있고 그렇지 않은 경우도 있으며, 물리적 측면 외에도 사회적, 경제적, 행정적 측면으로 구분이 가능하다. 우선 물리적으로 그 경계가 명백히 나타나는 경우는 토지의 이용형태, 건축물의 특징, 도로, 철도, 하천, 공원 등을 중심으로 기능적 측면에서 동질적이며 가격수준이 유사한 지역의 범위가 물리적으로 명백한 경우를 말하고, 물리적으로 명백하지 않은 지역의 범위는 주로 표준적 사용을 중심으로 판단되어야 한다. 표준적 사용은 그 지역에 가장 적합한 합리적인 사용방법을 말하며, 표준적사용이 동질적인 범위가 인근지역의 범위가 된다. 사회적 측면은 법·질서에 대한 태도, 가족의 규모와 연령분포, 인근지역의 사회적 명성 등으로, 경제적 측면은 경제생활수준 등으로, 행정적 측면은 행정구역단위나 법적 용도지역 등으로 동질성을 나타낸다. 인근지역의 범위가 지나치게 축소되면 사례자료를 구하기가 어렵게 되고, 지나치게 확대되면 가격수준의 판정이 어렵게 되며, 인근지역이 좁게 정의된 사례자료는 자료의 신빙성과 정확도가 높아진다.

구체적으로 인근지역의 범위를 판정할 때는 기본적인 토지이용형태와 토지이용상의 편리성 등에 영향을 미치는 사항에 유의해야 하며, 용도적 동질성을 기준으로 지역의 종별을 고려해야 한다. 자연상태에 관한 것에는 지역의 연속성 및 일체성을 단절시키는 하천, 산악 및 구릉, 거주나 상업활동 등 토지의 이용형태에 영향을 미치는 지세, 지질, 지반 등이 있다.

인문상태에 관한 것에는 지역의 연속성 및 일체성을 단절시키는 철도, 도로, 공원, 토지의 이용형태나 이용편의성에 영향을 미치는 언어, 종교, 소득수준 및 문화수준, 행정구역, 공법상 규제 등이 있다.

(4) 인근지역의 변화

인근지역의 사회적·경제적·행정적 위치는 유동적·가변적이고 일반적 요인과 지역적 요인의 변화에 따라 끊임없이 창조, 발전, 쇠퇴한다. 따라서 감정평가에서 해당 지역을 분석할 때는 지역이 어떤 단계에 있고, 다음 단계는 무엇이며, 지역특성은 어떠한지, 생태국면을 잘 파악하여 지역의 흐름이나 진행 방향을 예측해야 한다.

인근지역의 생애주기 또는 토지이용의 계승은 어떤 지역이 물리적·사회적·경제적 기능을 다하기까지의 연한을 말하는 것으로 그 지역이 나타내는 성쇠현상을 말한다. 그 근거는 건물이 내용연수가 있어서 시간의 흐름에 따라 점점 노후화되고, 그에 따라 지역 또한 쇠퇴한다는 생태학개념에 착안한 것이다. 이 이론은 부동산평가·관리·투자·거래에 유익한 사고방식의 지침이 되며 부동산의사결정에 아주 중요하다. 미국에서 연구된 인근지역의 생애주기는 성장기, 성숙기, 쇠퇴기, 천이기, 악화기의 과정을 거친다고 보고 있으나 우리나라는 성장·성숙·쇠퇴과정을 거치는 것이 보통이고 주거관습·재개발계획·지역구성요인·정치적인 면 등으로 보아 악화기 단계는 발생하지 않는 것 같다고 본다.

또한 인근지역은 일정한 용도지역에서 다른 용도지역으로 전환되기도 하며, 전환의 과정에 있는 용도지역을 후보지지역이라고 한다.

2) 유사지역

유사지역은 인근지역의 지역특성과 유사한 특성을 갖는 지역으로서, 그 지역에 속하는 부동산은 특정용도로 이용되는 것을 중심으로 지역적 통합성을 이루는 지역이며, 유사지역의 통합성은 인근지역의 특성과 유사성이 있는지 관찰하여 판정한다. 유사지역은 인근지역과 지리적 위치는 다르지만 물리적·경제적·사회적 상태로 보아 용도적·기능적으로 유사하여 지역의 구성요소가 동질적이다. 이는 거리의 원근관점이 아니라 용도적 관점에서 지가형성의 일반적 제 요인이 인근지역과 유사하여 대체성이 있다.

인근지역과 지역특성 면에서 용도적·기능적 유사성이 있어 상호 대체·경쟁관계가 성립하는 지역인 동일수급권 내 유사지역의 분석은 인근지역의 상대적 위치와 지역특성을 명백하게 한다. 인근지역에서 사례수집이 곤란한 경우에는 유사지역의 사례자료를 활용할 수 있으며, 사례자료가 있는 경우에는 적정한 가격수준을 파악하여 감정평가의 정확성을 기할 수 있다.

3) 동일수급권

(1) 동일수급권의 의의

동일수급권은 일반적으로 대상부동산과 대체·경쟁관계가 성립하고 그 가격형성에 있어 서로 영향을 미치는 관계에 있는 다른 부동산이 존재하는 권역을 말하며, 이는 인근지역뿐만 아니라 인근지역과 상관관계에 있는 유사지역 그리고 주변의 용도지역을 포함하는 광역적인 지역이라고 할 수 있다. 대체관계가 성립한다는 것은 대상부동산과 지역성이나 용도·기능면에서 유사성이 있고 가격면에서도 상호 경쟁·견인하는 관계에 있는 것을 말한다.

일반적으로 인근지역과 동일수급권 내의 유사지역은 인접성 여부에 상관없이 지역요인의 유사성에 기초하여 각기 지역의 구성분자인 부동산 상호간에 대체·경쟁관계가 성립하며 양지역은 가격형성에 서로 영향을 미친다. 또한 인근지역과 유사지역의 밖에 있는 인근지역의 주변지역에 속한 부동산일지라도 동일수급권 내에 있고 대상부동산과 그 용도·규모·품등 등의 유사성이 있어서 상호간에 대체·경쟁관계가 성립하는 경우가 있다. 동일수급권은 부동산의 종류, 성격 및 규모에 따라, 수요자의 선호성에 따라 그 지역적 범위가 달라지기 때문에 동일수급권의 한계는 부동산의 종별에 따라 수요자의 선호성을 정확하게 파악한 후 판정해야 한다.

(2) 동일수급권의 분석

동일수급권은 지역분석에서 대상부동산과 관계된 시장의 특성을 파악하고 분석대상이 되는 시장이다. 대상부동산의 최유효이용이 표준적사용과 다른 경우에는 대상부동산의 최유효이용에 관해 인근지역의 제약정도가 미약하다고 인정되는 경우가 많기 때문에 부동산이 존재하는 지역특성의 유사성보다는 개개부동산의 종류·규모·성격

등의 유사성에 기초하여 동일수급권을 판정하는 것이 필요하다.

동일수급권의 자료는 감정평가에 있어서 중요하게 활용된다. 대상부동산의 가격을 구함에 있어서 개별분석만으로는 불가능하고 다른 부동산의 사례자료를 통하여 그 부동산의 경제적 가치와의 상대적인 격차를 분석·검토함으로써 적정한 가격이 산출된다. 여기서 비교대상이 되는 것이 바로 인근지역이나 동일수급권 내의 유사지역의 사례자료이다. 부동산의 사례자료는 인근지역의 것이 비교적 적합하다고 볼 수 있으나, 인근지역에 사례가 없거나 있더라도 광역적인 지역간의 사례자료를 가능한 한 많이 수집하여 지역격차를 판정하여 대상부동산의 상대적 위치를 명백히 할 필요가 있다. 사례자료가 동일수급권 내의 유사지역의 것일 때에는 개별분석에 앞서 지역분석을 하여야 하는데, 이 경우 그 지역의 독자적인 가격질서와 가격수준을 갖는 상이한 지리적 위치를 극복하고 가격형성의 공통적인 기반을 찾아내기 위해서는 대상부동산이 존재하는 인근지역과 유사지역의 지역요인을 비교하여 그 지역격차를 비교조정하여야 한다.

(3) 동일수급권의 내용

① 택지의 동일수급권

㉮ 주택지의 동일수급권

주거지의 거주자는 통상 도심에 직장을 두고 경제활동을 하므로 통근가능한 주거지는 서로 대체성을 가지게 된다. 따라서 주택지의 동일수급권은 일반적으로 도시의 중심지까지 통근이 가능한 지역범위와 일치하는 경향이 있다. 다만 인간은 출생지역·성장지역·친족관계 등의 지연관계 및 혈연관계로 인하여 일정한 지역에 대한 애착심을 가지므로 지연적·연고적 선호성에 의하여 대체관계가 성립하여 동일수급권의 범위가 좁아지기도 있다. 또한 주택지의 동일수급권은 해당 지역의 사회적 명성, 품위 등에 따른 강한 선호도가 그 범위에 영향을 주는 경우가 있음에 유의해야 한다.

㉯ 상업지의 동일수급권

상업지는 상업적 배후지를 기초로 상업활동을 전개하여 상업수익을 올리는 데 주안점이 있는 택지이다. 따라서 상업지의 동일수급권은 동일 또는 유사 배후지를 배경으로 상업수익 측면에서 대체성을 가지는 지역의 범위와 일치하는 경향이 있다. 고도상업지는 상당히 광범위한 배후지를 가지며 그 배후지를 기반으로 높은 상업수익을 올리고 있는 상업지를 말하는데, 이는 상업시설 또는 업무시설의 종류, 규모, 집적도 상태와 상업 배후지 및 고객의 질과 양으로 판단한다. 일반적으로 고도상업지의 동일수급권은 광역적인 상업배후지를 기초로 얻어지는 상업수익 측면에서 대체성이 미치는 지역의 범위와 일치하는 경향이 있으며, 그 범위는 고도상업지의 성격에 따라서 광역적으로 형성되는 경향이 있다. 보통상업지의 동일수급권은 보다 소규모의 상업배후지를 기초로 얻어지는 상업수익 측면에서 대체성이 미치는 지역의 범위와 일치하는 경향이 있으며, 지역적 선호성에 의하여 지역의 범위가 좁아지는 경향이 있다.

ⓓ 공업지의 동일수급권

공업지는 제품생산 및 판매활동에 소요되는 비용의 경제성과 철도 및 도로 등의 수송수단을 기준하여 동일수급권이 결정되며, 공장이 소비지향형인지 원료지향형인지, 대규모인지 중소규모인지에 따라서 그 대체의 범위가 달라진다. 항만, 도로, 철도 등의 편리성을 지향하는 제철·정유 등과 같은 대규모공장지의 동일수급권은 일반적으로 원재료, 제품 등의 대규모 이동을 가능하게 하는 고도의 운송수단에 관하여 대체성을 가지는 지역의 범위와 일치하는 경향이 있으며 그 지역적 범위는 전국적인 규모를 갖는 경향이 있다. 제품에 대한 소비지의 거리, 규모 등의 시장접근성을 지향하는 중소규모 공장지의 동일수급권은 일반적으로 제품의 생산 및 판매비용의 경제성에 관하여 대체성을 가지는 지역의 범위와 일치하는 경향이 있다.

② 농지의 동일수급권

농지는 경작의 목적에 공하여진 농업지역에 있는 토지로서 사회적·경제적·행정적으로 보아 경작용으로 쓰이는 것이 합리적이라고 판단되는 것을 말한다. 농지의 보전 및 이용에 관한 법률 제2조에 의하면, 농지는 전·답·과수원 기타 그 법적 지목 여하에 불구하고 실제 토지현상이 농작물의 경작 또는 다년성식물 재배로 이용되는 토지 및 그 토지의 개량시설의 부지와 고정식온실·버섯재배사 등 농업생산에 필요한 일정시설의 부지를 말한다.

농지의 동일수급권은 일반적으로 농업경영의 주체를 중심으로 농업 생산활동이 가능한 지역의 범위와 일치하는 경향이 있는데, 이는 당해 농지를 중심으로 통상의 경작활동이 가능한 지역의 범위 내에 입지하며, 오늘날에는 기계화된 농업경영을 고려해야 할 것이다.

③ 임지의 동일수급권

임지는 임업지역 내에 있는 토지로서 임지지역은 임업생산활동 가운데 나무, 대나무의 생육에 제공되는 것이 사회적·경제적·행정적 관점에서 합리적이라고 판단되는 지역을 말한다. 임업은 농업이 가능한 토지에서도 경영할 수 있을 뿐만 아니라 경제적으로나 기술적으로 농업을 경영할 수 없는 토지에서도 임업경영은 가능하다. 이상과 같이 임업과 농업이 가능한 토지를 상대임지라 하고, 임업경영만 가능한 토지를 절대임지라고 한다. 절대임지와 상대임지의 개념은 고정불변한 것이 아니라 농산물 및 임산물의 가격·생산비·운반기기·인구·기술 등의 변화 정도에 따라 절대임지가 상대임지도 될 수 있다.

임지의 동일수급권은 일반적으로 임업경영의 주체를 중심으로 임업 생산활동이 가능한 지역의 범위와 일치하는 경향이 있는데, 이는 당해 임지를 중심으로 통상의 임업활동이 가능한 지역의 범위 내에 입지한다.

④ 후보지의 동일수급권

후보지는 택지지역, 농지지역, 임지지역 상호 간에 다른 지역으로 전환되고 있는 어느 지역의 토지를 말한다. 일반적으로 임지는 농지후보지로, 임지나 농지는 택지후보지로 전환되는 경우가 많지만 반대의 경우도 있다. 이는 집약적 이용 방향으로 진행되는 토지를 말하는데, 성숙도가 높은 방향으로 진행되는 토지이며 어떤 지역에 인구가 많아지거나 도시가 확장될 때 일어나는 현상으로서 토지가치가 상승한다. 후보지의 동일수급권은 일반적으로 해당 토지가 전환할 것으로 보이는 토지의 종별에 따른 동일수급권과 일치하는 경향이 있다. 다만 전환의 성숙도가 낮은 경우에는 전환 전의 토지의 종별에 따른 동일수급권과 일치하는 경향이 있다.

⑤ 복합부동산의 동일수급권

복합부동산은 토지와 건물 및 그 부대시설이 결합되어 구성된 부동산으로서, 토지와 그 토지 위의 정착물이 각각 독립적으로 거래되는 객체인 동시에 하나로 결합되어 다루어지는 부동산이다. 이는 건물과 부지의 배치 및 그 크기 등이 균형 잡혀 있어야 그 부동산의 유용성이 최대로 발휘된다. 복합부동산의 동일수급권은 일반적으로 그 부지의 용도에 따른 동일수급권과 일치하는 경향이 있으나, 건물 및 그 부지가 일체로서 용도, 규모, 품등 등에서 대체관계에 있는 부동산이 속하는 범위가 다르기 때문에 그 부지의 용도에 따른 동일수급권과 일치하지 않는 경우도 있다.

4. 대상부동산의 시장특성

지역분석에서 대상부동산의 시장특성을 파악할 때는 동일수급권의 시장참가자가 어떤 속성을 가지고 있으며, 어떤 관점에서 부동산의 이용형태를 선택하고 가격형성요인에 관하여 판단을 내리고 있는지를 정확하게 파악하는 일이 중요하다. 또한 동일수급권에서 시장의 수급동향을 정확하게 파악해야 한다.

시장참가자의 속성 및 행동을 파악할 경우 주거용 부동산에서는 거래주체의 연령, 가족구성, 소득수준, 수요자가 있는 지역의 범위가 중요하며, 상업용 부동산에서는 거래주체의 형태(개인, 법인), 업종, 업태, 수요자가 있는 지역의 범위가 중요하다. 또한 시장참가자가 거래의 가부, 거래가격, 거래조건 등의 의사결정에서 중요시하는 가격형성요인의 내용을 파악해야 한다. 시장의 수급동향을 파악할 때는 동일수급권에 속하고 대상부동산과 용도·규모·품등 등이 유사한 부동산의 수급추이 및 동향과 그것이 대상부동산의 가격형성에 미치는 영향에 유의해야 한다.

대상부동산의 시장특성을 파악하기 위해서는 부동산중개업자, 건설업자, 금융기관 등으로부터 거래건수, 거래가격, 매도호가, 매수호가 등의 정보를 수집해야 하며, 공적기관, 전문자격자, 상공단체 등으로부터 지역경제와 부동산 동향의 추이 등을 폭넓게 수집하고 분석하는 것이 중요하다. 이렇게 파악된 시장특성은 인근지역의 표준적사용의 판정에 활용하고, 감정평가기법의 적용과 시산가격의 조정 등 각종 판단에 적절하게 반영하여야 한다.

III. 개별분석

1. 의 의

개별분석은 대상부동산의 개별요인을 분석하여 그 개별요인이 대상부동산의 이용형태와 가격형성에 어떠한 영향력을 가지고 있는지를 분석하여 그 최유효이용을 판정하는 것을 말한다. 감정평가를 위한 부동산분석에서 개별분석이 중요한 이유는 부동산의 가격은 그 부동산의 최유효이용을 전제로 하여 파악되는 가격을 표준으로 형성되기 때문이다.

2. 내 용

1) 개별요인 분석시 유의점

개별요인을 분석할 때는 부동산에 작용하는 각각의 개별요인이 부동산의 이용형태와 가격형성에 작용하는 정도를 판단해야 한다. 개별요인의 작용정도는 용도지역별로 다르기 때문에 지역분석에 의해 지역의 특성을 파악한 후 부동산의 최유효이용을 판정해야 한다. 또한 개별부동산의 최유효이용은 일반적으로 인근지역의 지역특성에 제약을 받으므로 개별분석시에는 인근지역에 있는 부동산의 표준적사용과 상호관계를 명확히 파악해야 한다.

부동산의 가격은 그 부동산과 대체, 경쟁 등 관계에 있는 부동산의 개별요인의 차이를 반영하여 형성되기 때문에 개별요인이 부동산의 가격형성에 미치는 영향을 분석하는 경우에는 시장경쟁력에 유의해야 한다. 개별요인은 대상부동산의 가치를 개별적으로 형성하고 있는 요소이므로 개별요인을 분석할 때는 대상부동산의 전형적인 수요자가 어떠한 개별요인에 착안하고 행동하는지를 파악해야 한다. 또한 대상부동산과 대체·경쟁관계에 있는 부동산과 비교하여 우열여부, 경쟁력의 정도를 어떻게 평가하고 있는지를 파악해야 한다. 구체적으로 동일용도의 부동산이 위치한 수요자 가격대 및 주된 수요층의 속성, 대상부동산의 입지, 규모, 기능, 주변환경 등에 대한 수요자의 선호도 등에 유의하여야 한다.

개별요인의 분석결과는 감정평가의 기법 및 절차의 적용, 시산가격의 조정 등 판단과정에서 이를 반영하여야 한다.

2) 최유효이용 판정시 유의점

최유효이용이란 객관적으로 보아서 양식과 통상의 이용능력을 가진 사람에 의한 합리적이고 합법적인 최고최선의 사용방법을 말한다. 최유효이용은 토지의 유용성이 최고로 발휘될 가능성이 가장 풍부한 이용으로서 각종 부동산 활동의 행위 기준이 된다. 부동산은 일반재화와 달리 용도가 다양하기 때문에 최유효이용 상태의 가치가 이용측면에서 표준이 되어야 하며, 일정기간 동안에 최대의 순이익을 발생시킬 가능성이 가장 큰 방법으로 이용되어야 한다. 부동산의 순이익은 언제나 화폐적인 수익성만을 의미하는 것이 아니라 때로는 쾌적성이나 생산성의 형태로 나타나기도 한다.

부동산에 대한 최유효이용은 ① 토지의 자연적 특성 중에서 부증성으로 야기되는 토지와 인간과의 관계악화를 방지하기 위해서, ② 토지의 사회성·공공성이 최대한 발휘하기 위해서, ③ 공공복지를 증대하기 위한 능률적인 토지정책의 강구를 위해서, ④ 부동산 경영주체의 이유의 극대화와 적정화를 위해서, ⑤ 부동산을 이용하는 주체인 인간의 효율적 욕구충족을 위해서 필요하다.

일반적으로 토지의 최유효이용을 판정할 때는 다음과 같은 사항에 유의하여야 한다.

① 양식과 통상의 이용능력을 가진 사람이 채용할 것으로 생각되는 이용방법일 것, ② 이용에 따른 수익이 미래에도 상당기간 지속적으로 발생될 것으로 보이는 이용방법일 것, ③ 효용을 충분히 발휘할 것으로 보이는 장래 시점을 예측할 수 있을 것, ④ 개별부동산의 최유효이용은 일반적으로 인근지역특성의 제약하에 있으므로 개별분석시 인근지역에 있는 부동산의 표준적사용과의 상관관계를 명확히 판정할 것, ⑤ 개별부동산의 위치, 규모, 환경 등에 따라서는 표준적사용의 용도와 다를 수 있으므로 각각의 용도에 따라 개별요인을 분석한 후 최유효이용을 판정할 것, ⑥ 가격형성요인은 항상 변동하므로 특히 지역요인의 변동이 객관적으로 예측되는 경우 그에 따라 대상부동산의 최유효이용 방법이 변화할 가능성이 있다는 점을 감안할 것

또한 복합부동산의 최유효이용을 판정할 때는 다음과 같은 사항에 유의하여야 한다.

① 현재의 건물용도가 나지상태의 최유효이용과 일치하지 않는 경우에는 최유효

이용을 실현하기 위해 소요되는 비용 등을 감안해야 하므로 복합부동산과 나지의 최유효이용이 반드시 일치하는 것은 아니라는 점, ② 현재의 건물용도 등을 계속 유지하는 경우의 가치와 건물의 철거 또는 용도변경 등에 소요되는 비용 등을 감안한 가치를 충분히 비교하고 고려할 것, ③ 물리적·법적으로 보아 건물의 철거 및 용도변경 등의 실현가능성, ④ 건물의 철거나 용도변경 후 대상부동산의 시장경쟁력을 감안한 수익의 변동예측과 불확실성, 건물의 철거나 용도변경에 요하는 기간 중 발생한 손실의 정도, 임차인 교체에 드는 비용의 정도 등에 유의해야 한다.

3. 개별분석과 지역분석과의 관계

개별부동산의 최유효이용은 인근지역의 지역적 특성을 무시하고 판정할 수 없는데, 이는 개별부동산이 다른 부동산과 함께 지역을 구성하고 그 지역의 구성분자로서 그 지역적 특성의 제약하에 있으며, 그 지역 내의 다른 부동산과 상호 의존, 대체, 경쟁의 관계를 이루고 있기 때문이다. 따라서 감정평가에 있어서 인근지역에 존재하는 부동산의 표준적사용을 먼저 판정하고 개별분석에 의하여 최유효이용의 상태를 판정할 필요가 있다.

지역요인의 변동으로 지역특성이 변하여 표준적사용과 최유효이용이 불일치하는 경우 양자는 부동산의 지역성 때문에 다시 일치하려는 경향이 있다(feed back 관계). 또한, 개별부동산의 최유효이용은 인근지역의 특성 및 표준적사용에 의해 결정되는 경향이 있으나 개별적 요인의 제약도 강하므로 표준적사용과 반드시 일치하는 것은 아니다. 최유효이용의 판정은 표준적사용의 판단이 선행된 후에 이루어지는 것이 일반적이며, 지역의 변화에 따라 표준적사용이 변화하면 부동산의 지역성에 따라 최유효이용도

구 분	지역분석	개별분석
대상범위	거시적, 전체적	미시적, 국지적
선후관계	선행분석	후행분석
목 적	표준적사용과 가격수준 판정	최유효이용 판정
종별관계	종별에 따른 지역분석	유형에 따른 개별분석
일치여부	최유효이용은 개별성으로 인해 표준적사용과 반드시 일치하지는 않음	
최유효이용의 피결정성	최유효이용이 표준적사용에 의한 결정되는 현상	
피드백관계	양자는 서로 영향을 미치는 피드백관계	

변화하며, 창조적 토지이용이 침입·계승되어 최유효이용이 되는 경우에는 표준적사용의 변화를 초래하게 된다.

Ⅳ. 최유효이용분석

1. 최유효이용의 개념

1) 최유효이용의 의의

최유효이용이란 객관적으로 보아 양식과 통상의 이용능력을 가진 사람이 부동산을 합법적이고 합리적이며 최고·최선의 방법으로 이용하는 것을 말한다. 부동산의 감정평가시 최유효이용을 기준으로 감정평가하고, 최유효이용에 미달되는 경우에는 최유효이용으로 전환하기 위해 수반되는 비용을 고려하므로 항상 최유효이용을 판정하여야 한다.

2) 이론적 근거

토지의 부증성, 영속성, 용도의 다양성이라는 특성으로 인하여 끊임없는 대체, 경쟁의 결과 최유효이용으로 할당되어진다. 합리적인 경제주체는 토지의 최유효이용으로의 할당을 가속회시킨다. 또한 공공성과 사회성으로 인하여 국가나 사회의 공적 규제 등을 통하여 토지의 최유효이용이 강제되기도 한다.

2. 최유효이용의 판단기준

1) 합법적인 이용

용도지역, 용도지구, 용도구역 등의 지역지구제나 관련 공법상 규제에 어긋나지 않는 합법적인 이용이어야 한다.

2) 합리적인 이용

투기적 이용 또는 불확실한 이용 등 비합리적인 이용이 아니어야 한다. 경제적으로도 타당한 이용으로서 대상물건으로부터 창출되는 이익이 비용보다 큰 이용이어야 한다.

3) 물리적·기술적 가능한 이용

합법적이고 합리적인 이용이더라도 현재 물리적으로나 기술적으로 실현가능한 이용이어야 한다.

4) 경제적 최대의 수익

합법적이고 합리적이며 물리적·기술적으로 가능한 여러 가지 대안들 중에서 최대의 수익을 올릴 수 있는 이용을 말한다.

3. 최유효이용의 분석

1) 개념

최유효이용분석이란 대상 부동산의 최유효이용이 무엇인지 분석하는 것을 말한다. 현재 나지상태인 경우 수익성여부에 따라 나누어 분석하고, 지상에 개량물이 있는 상태인 경우 나지상태와 현재 개량물이 있는 상태로 나누어 분석한다.

2) 나지상태 최유효이용 분석

나지상태 최유효이용 분석이란 대상 토지의 잠재적 용도들의 수익성을 비교하여 최대 수익성을 창출할 수 있는 용도가 무엇인지 분석하는 것을 말한다. 이때 나지상태의 토지가치와도 비교하여야 한다는 사실에 유의한다.

3) 개량물 상태 최유효이용 분석

개량물 상태 최유효이용 분석이란 토지와 건축물이 결합하여 최고의 가치를 창출하는 이용이 무엇인지 분석하는 것을 말한다. 재개발, 재건축, 리모델링, 확장, 용도전환, 전부 또는 일부 철거 등이 최유효이용이 될 수 있으며 자본적 지출을 감안하여 분석한다. 이때 현재상태의 개량물 상태와도 비교하여야 한다는 사실에 유의한다.

4) 두 가지 분석결과가 다른 경우

현재 개량물이 토지의 최유효이용과 부합하지는 않는 경우 이는 현재의 이용이 비최유효 이용으로서 당분간 지속된다는 것을 의미할 수 있고, 현재의 이용이 비적법 이용으로서 특수상황에서의 최유효이용일 수 있다.

4. 특수상황에서의 최유효이용

1) 개요

최유효이용 분석은 대상부동산이 어떠한 상황에 있더라도 적용할 수 있다. 다만 특수상황에서는 주의하여야 하는데 이러한 경우를 특수상항에서의 최유효이용이라 한다.

2) 단독이용(Single Use)

일반적인 최유효이용은 주위의 표준적 이용과 일치하거나 유사하지만 주위용도와 전혀 다른데도 불구하고 최유효이용이 될 수 있는데 이러한 이용을 단독이용이라 한다. 이러한 이용이 최유효이용 상태인지 여부는 시장에서의 수용여부로 파악할 수 있다.

단독이용의 예로는 주거지역 내 편의점, 아파트단지 내 단지내상가, 지역사회 내 유일한 쇼핑센터 등이 있을 수 있다.

3) 일시적(중도적) 이용(Interim Use)

가까운 미래에 대상토지나 대상부동산에 대한 최유효이용이 도래할 것으로 기대될 때 대기상태에 있는 과정 중에 있는 이용을 말한다. 토지와 건축물은 결합하여 효용을 발휘하고 가치를 창출하므로 토지와 건축물에 대하여 동일용도를 가정하고 평가해야 하는데, 이를 일치성이용의 원리라고 한다. 중도적 이용에서는 이러한 일치성이용의 원리가 적용된다.

일시적(중도적)이용의 예로는 신도시 상업부지의 주차장이용, 고층건물 사이 오래된 저층건물, 신축 다세대주택 인근 단독주택 등이 있다.

4) 비적법이용

애초에 적법하게 설립 및 유지되던 이용이었으나 현재는 해당 부동산에 적법하게 이용될 수 없지만 유지되고 있는 이용을 말한다. 지역지구제 등 법률이 변경되었으나 기득권 보호를 위해 기존이용의 지속을 허용하는 경우에 발생하는 경우가 많은데 현재의 법률규정에는 부합하지 않지만 기존이용이 법률적으로 허용되므로 불법이용은 아닌 것이다.

비적법이용의 예로는 개발제한구역 내의 대(垈), 개발제한구역 내 상업용건축물, 현재는 허가가 나오지 않는 지역의 건축물(숙박업소 등), 이 외 건폐율, 용적률, 층수, 높이, 주차대수, 세대수, 조경 등 법률의 규정 또는 개정 전의 기준으로 적용된 개량물 등이 있다. 이러한 비적법이용은 인근의 적법한 부동산보다 높은 가치를 가지는 경우가 많으므로 유의하여야 한다.

5) 비최유효이용

현재 개량물상태의 이용이 나지상정시 최유효이용과 부합하지 않는 경우를 말한다. 개량물이 나지상정 최유효이용과 같은 범주인 경우는 물리적·기능적 감가의 대상이 되고, 개량물과 나지상정 최유효이용이 다른 범주인 경우에는 물리적·기능적 감가 외에 경제적 감가까지 고려하며 일치성이용의 원리를 적용하여야 한다.

6) 복합적 이용(Multiple Use)

하나의 부동산이라 하더라도 다양한 용도로 이용될 수 있다. 하나의 용도로 이용하는 것만이 최유효이용이 되는 것은 아니고, 복합적으로 이용하는 것만이 최유효이용이 되는 것만도 아니다. 어떠한 부동산은 복합적으로 이용 중인 것이 최유효이용이 되는 경우가 있다. 복합적 이용의 예로는 점포겸용주택, 주상복합아파트 등이 있다.

7) 특수목적 이용(Special Purpose Use)

부동산의 용도가 일반적인 이용이 아니라 특수한 용도일 경우에도 최유효이용인 경우가 있다. 호텔, 극장, 학교, 종교시설, 공공건물 등 특정 활동을 위하여 운영되는 부동산으로서 제한된 목적에만 적합하게 되어있으므로 그러한 이용이 최유효이용이 될 수 있다.

8) 초과토지(Excess Land)

개량물의 최유효이용에 필요한 토지를 초과하여 필요 이상으로 넓은 토지를 말한다. 학교운동장이나 백화점 등의 노상주차장은 개량물의 최유효이용에 필요한 토지이므로 초과토지로 볼 수 없다. 이러한 초과토지는 단순히 녹지공간으로 이용하거나 미개발 상태 그대로 존속시키는 것이 최유효이용일 수 있다. 경우에 따라서 기존건물이나 장래 개량물 확장을 위한 유보공간이 될 수도 있으며, 이와 별개로 개발하는 것도 최유효이용이 될 수 있다.

9) 잉여토지(Surplus Land)

개량물의 최유효이용에 필요한 토지를 과다하게 보유하더라도 초과토지와는 다르게 독립적으로 분리되거나 별도로 사용될 수 없는 부가적인 토지를 말한다. 기존 개량물의 확장을 위한 공간이나 건폐율, 용적률 산정을 위하여 사용될 수는 있지만, 별도의 최유효이용을 가지지는 못한다.

V. 시장분석과 시장성분석 등

1. 개 요

부동산시장의 분석은 부동산과 관련한 의사결정을 지원하기 위하여 부동산시장의 동향과 추세를 연구하는 부동산 활동을 말한다. 이는 부동산의 고정성·지역성 등 특성에 근거하며, 수요와 공급, 입지, 공간, 대체, 경쟁, 상호관계를 규명하여 최적의 의사결정을 내리기 위한 활동으로서 부동산평가뿐만 아니라 부동산개발, 부동산투자, 부동산임대와 관리, 부동산컨설팅 분야에서 기초적인 작업이라고 할 수 있다. 최근 부동산 증권화 제도의 도입에 따른 정확한 부동산시장 정보의 필요성 및 부동산 투자시장의 패러다임 변화, 부동산경기순환의 복잡다양화 등으로 인해 부동산 의사결정시 부동산시장의 분석이 점차 중요해지고 있다.

시장분석은 경제학에서 널리 사용되고 있는 것으로서, 부동산시장에서는 부동산의 특성과 부동산시장의 특성이 분석과정에 반영되므로 특별한 의미를 가지게 된다. 특히 평가분야와 관련하여 중요한 의미를 가지고 있는데, 부동산시장분석은 특정 부동산과 그 관련 서비스에 대한 시장을 확인하고 이를 연구하는 과정이라고 볼 수 있다. 부동산시장의 분석과 관련하여 부동산과 관련된 문제들을 분석하는 것으로 보아 지역경제분석, 시장분석, 시장성분석, 타당성분석, 투자분석으로 세분하기도 하며, 분석범주에 따라 거시적 측면의 분석과 미시적 측면의 분석으로 나누기도 한다. 일반적으로 부동산시장의 분석은 시장분석과 시장성분석, 타당성분석이 중요한 의미를 가지며, 평가와 관련하여 최유효이용의 분석이 매우 중요하게 인식되기도 한다.

2. 부동산시장의 분석유형

1) 시장분석과 시장성분석의 개념

시장분석은 특정 부동산유형에 대한 지리적 시장지역을 확인하고 수요와 공급을 조사하는 과정으로 이는 특정 부동산에 영향을 주는 요인들이 위치한 지리적 범위에 초점을 맞춘다.

시장성분석은 특정 부동산이 현재 또는 미래의 시장상황에서 어떻게 흡수되고 매도되며 임대될 수 있는지를 조사하는 과정으로 여기에는 분석대상과 같은 유형의 부동산에 대한 일반적인 시장연구나 분석이 포함된다. 시장분석과 시장성분석은 개념적으로는 구별되나 부동산 활동에서는 양자의 단계를 명확히 구분하기가 어려운 경우가 많으며 선후관계를 형성하지 않는 경우가 대부분이다.

2) 시장분석과 시장성분석의 내용

시장분석은 연구의 초점이 특정부동산이 아닌 일반시장의 관점에서 행하기도 하며, 분석대상이 경쟁하는 시장의 관점에서 행하기도 한다. 일반시장에서 지역시장이나 용도시장에 이르기까지 분석의 논리적 연속성은 있지만, 특정부동산에 적용되는 시장분석이 평가과정에서 특히 중요하며, 일반시장분석과 구별되어야 한다. 특정부동산에 적용되는 분석은 시장성연구이다. 시장분석은 부동산유형과 시장상황에 따라 유추분석이거나 기본분석일 수 있으며, 모든 평가는 시장성분석까지 포함해야 한다. 시장성분석에는 흡수율 분석 및 포착율의 추계뿐만 아니라 시장분석도 포함된다.

부동산평가에서 시장분석과 시장성분석은 소유자와 점유자로 구분되는 사용자시장뿐만 아니라 매수자와 매도자로 구분되는 경쟁자시장도 분석해야 한다. 매수자와 매도자에 대한 시장지역은 일반적으로 사용자에 대한 시장지역과는 다르다. 예를 들어 특급호텔의 매수자와 매도자에 대한 시장지역은 국제적일 수 있는 반면, 호텔의 사용자시장은 국내일 수 있다.

부동산 평가에서 시장분석과 시장성분석은 특정부동산에 대해 정의된 시장에서 부동산의 수요와 공급간의 관계를 조사하며, 수요와 공급의 상호작용이 부동산가치에 어떻게 영향을 주는지에 초점을 맞춘다. 현재 시장상황이 계획된 개발에 대해 적절한 수요를 나타내지 않는다면, 시장분석과 시장성분석은 해당 프로젝트에 대한 적절한 수요가 나타날 시점을 확인하는 것일 수 있다. 따라서 시장분석과 시장성분석은 해당 프로젝트에 대해 수요가 나타나는 시기와 특정기간 동안 예상되는 수요량을 예측하는데 도움을 준다. 시장성연구는 장래 흡수율과 기존시설의 장래 점유율 및 임대료에 대한 전망 등 대상부동산의 포착률이 얼마나 될 것인지 예측하는 데 도움이 된다.

또한, 시장분석과 시장성분석은 부동산의 최유효이용 결정을 위한 기초를 제공한다. 특정용도로 이용되는 건축물이나 개발예정인 건축물은 그 용도에 대해 적절한 수준의 시장지지가 있다는 것을 확인한 후에야 최고최선의 가치에 대한 분석을 행할 수 있다. 이를 통해 기존부동산 또는 계획된 부동산에 대한 마케팅 전략을 수립하거나, 건축계획이나 배치 등을 바로잡을 수 있으며, 대상부동산에 예상되는 시장점유율과 흡수율 추계치를 제시할 수 있다.

특정 부동산용도에 대한 시장지지를 측정하기 위해서는 현재 및 장래의 대상부동산시장에서의 수요와 공급 관계를 확인해야 한다. 이러한 수요와 공급의 관계는 현재 부동산시장의 균형이나 불균형의 정도, 분석기간 동안에 예상되는 기본적인 시장상황을 나타내 주며, 부동산시장은 전형적으로 불균형상태에 있다. 그 이유는 수요욕구를 확인하고 새로운 건축물을 개발하는 데는 시간이 걸리므로 공급이 수요에 부응하고 균형에 도달하는 데는 시차가 있기 때문이다.

부동산의 시장가치는 주로 시장에서의 경쟁적 지위로 결정된다. 일반적으로 대상부동산의 특성과 속성에 대한 분석을 통해 경쟁부동산을 확인하고, 대상부동산이 가능 매수자나 임차자에게 제공하는 비교우위와 열위를 이해할 수 있게 된다. 평가와 관련하여 시장분석과 시장성분석은 평가사에게 현행 건축비용과 시장상황에 관한 정보를 제공해준다. 이러한 정보를 이용하여 평가사는 기업자가 기대하는 이윤을 추계하고 대상부동산이 건축된 후 발생한 경제적 이점과 진부화를 추계한다. 또한 평가사가 비교부동산을 확인하고 대상부동산과의 비교가능성 정도를 결정하는데도 도움을 준다. 평가사는 시장분석과 시장성분석을 통해 획득한 현재 시장상황에 대한 철저한 이해를 바탕으로, 비교부동산의 매매 후에 발생한 시장상황의 변화에 대해 비교부동산의 매매가격을 수정할 수 있고, 비교부동산의 경제적 특성에 대한 수정을 지지할 수 있다. 시장분석과 시장성분석과정에서, 평가사는 공실 및 흡수율, 시장임대료, 현행 및 기대수익률과 특정시장에서 대상부동산의 경쟁적 지위에 관한 자료를 수집한다. 이러한 정보는 대상부동산의 예상임대율이나 매도율, 대상부동산의 가능성 있는 시장점유율, 장래의 소득흐름, 소득흐름 예측치나 안정화된 연간 소득기대치에 적용할 적절한 할인율 또는 환원율을 결정하기 위해 사용된다.

3) 타당성분석

타당성분석은 경제적 행위에 대한 비용과 편익의 관계를 연구하는 것으로서 계획하고 있는 개발사업이 투하자본에 대한 투자자의 요구수익율을 확보할 수 있겠느냐 여부를 분석하는 것을 말한다. 요구수익률은 투하자본에 대한 기회비용을 의미한다. 부동산 타당성분석에는 부동산투자사업이 지니는 제 측면, 즉 경제적·물리적·법적측면 등이 모두 포함되며 이는 결국 경제적 타당성분석의 문제가 된다.

경제적 타당성분석은 어떤 프로젝트가 투자자의 목적을 충족시킬 수 있는지 여부를 조사하는 것이므로 특정 부동산 프로젝트의 수익성은 특정 시장이나 투자자의 준거기준에 따라 분석된다. 여기서 수익성(profitability)은 모든 경비와 부담을 지불하고 투자금액에 대한 자본회수와 합리적인 수익을 제공하기에 충분한 수익을 창출하는 투자대상의 능력이라고 정의할 수 있다. 해당 프로젝트의 시장가치 또는 총매출액이 이윤이 포함된 모든 생산비와 같거나 이를 초과할 때 경제적 타당성이 있는 것으로 본다. 일반적으로 시장가치는 계획된 임대용 부동산에 적용되며, 총매출액은 해당 프로젝트가 분양되는 경우에 적용된다.

타당성분석은 대상 개발사업이 투자자의 자금을 유인할 수 있을 만한 충분한 수익성을 제공하는지를 분석하는 것으로 수익성은 세후현금수지를 기준으로 판단하되

시장상황뿐 아니라 대상개발사업의 공실률, 영업경비, 저당조건, 세금 등을 고려해야
한다.

최유효이용과 타당성분석은 서로 관련이 있지만, 타당성분석에는 최유효이용의
결정과 직접 관련이 없는 자료와 고려사항이 포함될 수 있다. 타당성분석은 최유효이
용의 분석보다 더 상세하거나 추가적인 연구를 요할 수 있으며, 전혀 상이한 초점을
가지고 행해질 수도 있다. 일반적으로 다양한 대안적 이용가능성이 있는 개발부동산의
타당성이 연구되며, 이때 가치를 극대화하는 이용이 최유효이용을 나타낸다.

부지에 대한 사업 타당성 분석은 부지의 개발에 소요될 비용을 산출하고, 개발로
가치가 상승하거나 이익이 발생할 가능성이 있는가를 탐색하는 일이다. 부지를 개발하
는 데 소요되는 총사업비용을 산정할 때는 ① 택지의 구입원가 또는 이미 소유하고 있
는 경우라면 시장가격, ② 토양 및 지질검사, 경관, 교통영향 및 환경영향 평가 등 부
지조사비용, ③ 건축가, 기술자 등의 전문가 비용, ④ 중개보수, ⑤ 건축물의 건설비
용, ⑥ 자금조달관련 금융비용, ⑦ 개발업자 이윤, ⑧ 기타 사업계획에 수반된 제비용
을 고려해야 한다.

PART

03

부동산감정평가의 방법

Chapter 07
감정평가원칙에 대한 이해

    감정평가에 관한 규칙은 감정평가를 할 때 준수해야 할 원칙과 기준을 규정한 것이다. 따라서 감정평가시 다른 법령에 특별한 규정이 있는 경우를 제외하고는 감정평가에 관한 규칙으로 정하는 바에 따라 감정평가해야 한다. 감정평가에 관한 규칙에서는 감정평가에 관하여 3가지의 원칙을 규정하고 있는데, 시장가치기준 원칙, 현황기준 원칙, 개별물건기준 원칙이 그것이다. 구체적인 부동산 감정평가방법을 알아보기에 앞서 감정평가원칙과 예외에 대하여 살펴보기로 한다.

    우선 다시 한 번 시장가치는 무엇인지, 그리고 시장가치기준 원칙과 시장가치 외의 가치를 기준하는 예외적인 경우에 대하여 알아본다. 두 번째로 기준시점에서의 현황기준 원칙과 이에 대한 예외로 불법적이거나 일시적인 이용인 경우, 감정평가조건을 부가한 경우에 대하여 알아본다. 마지막으로는 대상물건마다 개별로 감정평가하는 개별감정평가원칙과 일괄감정평가, 구분감정평가, 부분감정평가에 대하여 알아보기로 한다.

Ⅰ. 시장가치기준 원칙

1. 의 의

「감정평가에 관한 규칙」제9조 기본적 사항의 확정에 의거 감정평가를 의뢰받았을 때에는 의뢰인과 협의하여 '기준가치'를 확정해야 한다. 기준가치란 감정평가의 기준이 되는 가치를 말한다. 이에 대하여 우리나라는 시장가치기준이 원칙이다.

「감정평가에 관한 규칙」제5조에서는 시장가치기준 원칙에 대하여 대상물건에 대한 감정평가액은 시장가치를 기준으로 결정한다고 규정한다. 시장가치란 감정평가의 대상물건이 통상적인 시장에서 충분한 기간 동안 거래를 위하여 공개된 후 그 대상물건의 내용에 정통한 당사자 사이에 신중하고 자발적인 거래가 있을 경우 성립될 가능성이 가장 높다고 인정되는 대상물건의 가액을 말한다.

2. 시장가치 외의 가치

시장가치 외의 가치에 대한 명확한 개념은 없다. 다만, 「감정평가에 관한 규칙」제5조 제2항에는 시장가치기준 원칙에도 불구하고 다음의 경우에는 시장가치 외의 가치를 기준을 결정할 수 있다.

① 법령에 다른 규정이 있는 경우
② 감정평가 의뢰인이 요청하는 경우
③ 감정평가의 목적이나 대상물건의 특성에 비추어 사회통념상 필요하다고 인정되는 경우

이러한 규정을 볼 때, 시장가치 외의 가치는 시장가치의 요건을 충족하지 못할 경우 적용되는 가치로 해석될 수 있다.

시장가치 외의 가치를 기준가치로 확정하는 경우에는 별도 검토할 사항이 있다. 감정평가관계법규에 기준가치를 시장가치 외의 가치로 하는 것에 관한 규정이 있는 경우를 제외하고 나머지의 경우 해당 시장가치 외의 가치의 성격과 특징 및 해당 시장가치 외의 가치를 기준으로 하는 감정평가의 합리성 및 적법성에 대하여 검토하여야 한다.

상기 검토결과 시장가치 외의 가치를 기준으로 하는 감정평가의 합리성 및 적법성이 결여되었다고 판단될 때에는 감정평가 의뢰를 거부하거나 수임을 철회할 수 있다.

3. 시장가치기준 원칙의 문제점

개정 전 「감정평가에 관한 규칙」에서는 '정상가격'이라 하여 대상토지 등(대상물건)이 통상적인 시장에서 충분한 기간 거래된 후 그 대상물건의 내용에 정통한 거래당사자간에 통상 성립한다고 인정되는 적정가격으로 정의하며 정상가격주의를 견지하였다. 그러다 국제감정평가기준(IVS)의 제정 등의 영향으로 2012년 8월 감칙 전부개정으로 지금의 '시장가치기준 원칙'으로 변경된 것이다. 이렇게 시장가치기준이 원칙으로 규정됨에 따라 실무적으로 원칙에 어긋나는 것에 대한 거부감이 생겨나게 되었다. 시장가치 외의 가치를 기준하기 위하여는 예외적, 소극적인 규정들이 적용되고 합리성과 적법성을 검토해야 하며 별도의 감정평가서 표지를 사용하는 등 부담스러운 절차들이 있었다. 결국 그나마 가치개념이 비교적 명확한 공정가치와 토지보상법상 적정가격 정도의 사용에 머무를 수밖에 없었다.

개정 당시 시장가치와 시장가치 외의 가치 규정은 가치의 다원론을 명시적으로 인정한 것으로서 감정평가에 대한 다양한 사회적 요구에 부응할 것이라는 기대감이 있었지만, 그러지 못한 실정이다. 실무적으로 활용하기 위하여는 국제평가기준(IVS)등과 같이 시장가치 외의 가치에 대한 개념과 유형에 대한 구체적인 제시가 필요할 것이다.

II. 현황기준 원칙

1. 의 의

「감정평가에 관한 규칙」 제6조에서는 현황기준 원칙에 대하여 감정평가는 기준시점에서의 대상물건의 이용상황(불법적이거나 일시적인 이용은 제외한다) 및 공법상 제한을 받는 상태를 기준으로 한다고 규정한다.

현황기준에서의 시점은 감정평가의 기준시점이다. 감정평가에서 감정평가 의뢰일, 현장조사일, 감정평가서 작성일, 가격조사완료일 등 여러 가지 시점이 있을 수 있다. 「감정평가에 관한 규칙」 제9조에서는 감정평가를 의뢰받았을 때 의뢰인과 협의하여 기준시점을 확정해야 한다고 규정한다. 기준시점이란 대상물건의 감정평가액을 결정하는 기준이 되는 날짜를 말한다. 감칙 제9조 제2항에서 기준시점은 대상물건의 가격조사를 완료한 날짜로 하고, 기준시점을 미리 정하였을 때에는 그 날짜에 가격조사가 가능한 경우에만 기준시점으로 할 수 있다고 규정하고 있다.

기준시점에서의 이용상황과 공법상 제한을 제한받는 상태를 기준으로 한다고 규정되어 있는데, 이에 대하여 이용상황과 공법상 제한만을 의미하는 것인지 문제가 될수 있다. 현황기준 원칙은 이용상황, 공법상 제한뿐만 아니라 해당 부동산 가치에 영향을 미치는 모든 요인을 기준시점을 기준으로 한다는 것을 말한다. 현황기준 원칙의예외중 하나인 감정평가조건을 붙여 감정평가하는 경우는 이용상황 및 공법상 제한이아니라 가치형성요인 등이라 규정하고 있기도 하다.

2. 현황기준 원칙의 예외

현황기준 원칙이나 ① 불법적이거나 일시적인 이용인 경우 ② 감정평가조건을 붙인 경우에는 현황기준 원칙의 예외가 인정된다.

1) 불법적이거나 일시적인 이용

대상물건이 불법적인 이용인 경우에는 합법적인 이용을 기준으로 감정평가하되, 합법적인 이용으로 전환하기 위해 수반되는 비용을 고려하여야 한다. 불법적으로 대상물건을 이용하여 경제적 효용을 누리는 상태대로 감정평가 하는 경우 합법적인 이용과의 형평성에 어긋나며, 불법적인 이용을 방조하는 결과가 될 수 있기 때문이다. 이행강제금, 원상회복비용 등 행정조치가 있을 경우에 대한 비용, 양성화에 대한 고려도필요하다.

대상물건이 일시적인 이용 등 최유효이용에 미달되는 경우에는 최유효이용을 기준으로 감정평가하되, 최유효이용으로 전환하기 위해 수반되는 비용을 고려하여야 한다. 감정평가는 원칙적으로 최유효이용을 전제로 가치를 측정하는데 일시적 이용은 최유효이용에 해당하지 않기 때문이다. 일시적인 이용이란 관련 법령에 따라 국가나 지방자치단체의 계획이나 명령 등으로 부동산을 본래의 용도로 이용하는 것이 일시적으로 금지되거나 제한되어 다른 용도로 이용하고 있거나 부동산의 주위 환경 등으로 보아 현재의 이용이 임시적인 것으로 인정되는 이용을 말한다. 최유효이용으로 전환하기 위해 수반되는 비용은 일시적 이용 건물의 철거비용 등이 있다.

2) 감정평가조건을 부가하는 경우

(1) 조건부 감정평가의 개념

현광기준 원칙에도 불구하고 기준시점의 가치형성요인 등을 실제와 다르게 가정하거나 특수한 경우로 한정하는 조건(감정평가조건)을 붙여 감정평가할 수 있다. 이러한 경우를 조건부평가 또는 조건부 감정평가라 한다. 이 역시 기본적 사항의 확정에서 의뢰인과 협의하여 감정평가조건을 확정해야 한다.

조건부 감정평가는 현실적인 감정평가 수요에 대응하고, 불확실한 상황에 대한 내용을 사용자에게 알려 의사결정에 도움을 줄 수 있다. 또한 감정평가조건이 명확하게 기재된 감정평가서는 추후 분쟁에서도 책임소재를 분명히 하는 데 효과적이다. 다만, 감정평가조건에 따라 감정평가액의 차이가 크게 날 수 있으며 사회적·경제적으로 미치는 영향이 크다고 할 수 있으므로 제한적으로 이루어지고 있다.

(2) 조건을 부가하는 경우

감정평가조건은 다음의 어느 하나에 해당하는 경우에 한정하여 붙일 수 있다.
① 법령에 다른 규정이 있는 경우
② 의뢰인이 요청하는 경우
③ 감정평가의 목적이나 대상물건의 특성에 비추어 사회통념상 필요하다고 인정되는 경우

① 법령에 다른 규정이 있는 경우는 대표적으로 「공익사업을 위한 토지등의 취득 및 보상에 관한 법률」에서 이른바 개발이익(손실)배제를 조건으로 하는 보상 평가가 있다. 보상액을 산정할 경우에 해당 공익사업으로 인하여 토지등의 가격이 변동되었을 때에는 이를 고려하지 아니한다는 규정과 더불어 다양한 방법으로 해당 공익사업으로 인한 개발이익을 배제하여 보상평가한다.
② 의뢰인이 감정평가조건을 요청하는 경우 제시된 조건의 실현을 가정하여 감정

평가 하는 경우를 말한다. 예를 들어 도시계획의 변경, 택지의 조성, 불법점유의 해제, 건물의 증·개축을 상정하는 등 불확실한 상황에 대한 조건의 성취를 고려하여 그에 따른 감정평가를 요구할 수 있다. 이 경우 감정평가조건이 가능한 내용인지 신중하게 검토해야 한다. 감정평가조건에 따라 감정평가액이 크게 달라질 수 있으며, 의뢰인 등이 감정평가조건의 제시 없이 감정평가액만을 이용하여 제3자의 이익에 해를 끼칠 수도 있고, 감정평가조건 자체가 비합리적이거나 불법적일 수 있기 때문이다.

③ 감정평가의 목적이나 대상물건의 특성에 비추어 사회통념상 필요하다고 인정되는 경우는 국·공유재산의 매각 평가시 현황 국공유지의 지목 및 이용상황이 도로 또는 구거부지인 토지를 인접 토지소유자 등에게 매각시 용도폐지를 전제로 감정평가하는 경우가 해당된다. 이러한 상황에서는 의뢰인이 요청하는 경우가 대부분이다.

(3) 조건의 검토 등

의뢰인이 요청하는 경우와 감정평가의 목적이나 대상물건의 특성에 비추어 사회통념상 필요하다고 인정되는 경우 조건부 감정평가를 할 때에는 감정평가조건의 합리성, 적법성 및 실현가능성을 검토해야 한다. 감정평가조건이 공법, 사법을 불문하고 법률상 내용에 위배되지 않고 아울러 사회통념상 합리성을 갖추었는지를 확인하여야 한다. 또한 사회적·경제적·물리적 관점에서 실현가능성이 검토되어야 한다.

감정평가조건의 합리성, 적법성이 결여되거나 사실상 실현 불가능하다고 판단할 때에는 의뢰를 거부하거나 수임을 철회할 수 있다.

한편, 감정평가조건이 부가된 감정평가를 할 때에는 감정평가조건의 내용, 감정평가조건을 부가한 이유, 감정평가조건의 합리성, 적법성 및 실현가능성의 검토사항, 해당 감정평가가 감정평가조건을 전제로 할 때에만 성립될 수 있다는 사실을 감정평가서에 적어야 한다. 다만, 법령에 다른 규정이 있는 경우에는 해당 법령을 적는 것으로 갈음할 수 있다.

(4) 시장가치 외의 가치와 조건부 감정평가

「감정평가에 관한 규칙」제5조 제2항 시장가치기준 원칙의 예외(시장가치 외의 가치)와 동칙 제6조 제2항 현황기준 원칙의 예외(조건부 감정평가)의 요건은 다음과 같이 동일하다.

① 법령에 다른 규정이 있는 경우

② 의뢰인이 요청하는 경우

③ 감정평가의 목적이나 대상물건의 특성에 비추어 사회통념상 필요하다고 인정되는 경우

따라서 시장가치 외의 가치 = 조건부 감정평가라고 잘못 이해될 수 있다. 시장가치 외의 가치와 조건부 감정평가는 별개의 개념으로서 시장가치 외의 가치기준으로 현황기준 감정평가, 시장가치기준으로서 조건부 감정평가라는 개념이 얼마든지 가능하다.

III. 개별물건기준 원칙

1. 의 의

「감정평가에 관한 규칙」제7조에서는 개별물건기준 원칙에 대하여 감정평가는 대상물건마다 개별로 하여야 한다고 규정한다. 이를 개별감정평가라고 한다. 감정평가는 대상물건을 각각 독립된 개별 물건으로 취급하고 이에 대한 경제적 가치를 평가하는 것을 원칙으로 한다. 우리나라는 토지와 건물을 각각의 부동산으로 보는 법과 제도로 인하여 실제 관행상으로는 일체로 거래됨에도 토지와 건물을 별개의 부동산으로 감정평가하는 것을 기본원칙으로 하고 있다. 다만, 불가분의 관계인 경우, 하나의 물건이 부분별로 가치의 차이가 나는 경우, 하나의 물건 중 일부분만의 가치평가가 필요한 경우 등 현실적인 필요성에 의하여 예외적으로 일괄감정평가, 구분감정평가, 부분감정평가를 규정하고 있다.

2. 개별물건기준 원칙의 예외

개별감정평가가 원칙이나 대상물건의 성격, 감정평가조건, 거래관행 등에 따라 개별로 감정평가하는 것이 불합리한 경우에는 일괄감정평가, 구분감정평가 또는 부분감정평가의 예외가 인정된다.

1) 일괄감정평가

둘 이상의 대상물건이 일체로 거래되거나 대상물건 상호 간에 용도상 불가분의 관계가 있는 경우에는 일괄하여 감정평가할 수 있다. 2필지 이상의 토지가 일단지로 이용되고 있는 경우, 아파트, 다세대주택, 연립주택, 지식산업센터, 오피스텔 등 구분소유부동산에 있어 대지와 건물을 일괄하여 감정평가하는 경우, 임지와 입목을 일체로 거래하는 경우 등이 있다. 일괄감정평가 한 경우라도 의뢰인의 요구에 따라 감정평가액을 합리적인 기준에 따라 토지가액 및 건물가액으로 구분하여 표시하는 경우도 있다.

2) 구분감정평가

하나의 대상물건이라도 가치를 달리하는 부분은 이를 구분하여 감정평가할 수 있다. 가치를 서로 달리하는 부분을 구별하는 점에서 하기의 부분감정평가와 차이가 있다. 한 필지의 토지가 용도지역이나 도시계획시설 저촉 등으로 가치를 달리하는 경우, 광평수토지의 전면부와 후면부의 가치 차이가 심한 경우, 건물의 기존부분과 증축부분의 경우, 건물의 층별효용이 차이나는 경우 등이 있다.

3) 부분감정평가

일체로 이용되고 있는 대상물건의 일부분에 대하여 감정평가하여야 할 특수한 목적이나 합리적인 이유가 있는 경우에는 그 부분에 대하여 감정평가할 수 있다. 보상감정평가의 경우 일부분이 편입된 경우, 복합부동산에서 토지 또는 건물만을 감정평가하는 경우 등이 있다. 구분감정평가는 가치의 차이가 발생하는 경우 적용되는 데 반해 부분감정평가는 일부분만을 감정평가하지만 가치의 차이가 발생하는 것이 아니라 물건의 전체를 기준으로 한다는 점에서 차이가 있다.

Chapter 08
감정평가방법에 대한 이해

감정평가란 토지등의 경제적 가치를 판정하여 그 결과를 가액으로 표시하는 것을 말한다. 지금까지는 감정평가에 대한 기초부터 부동산이 무엇인지, 부동산의 가치는 무엇인지, 부동산의 가치는 어떻게 형성되는지, 형성되는 부동산시장은 무엇인지, 어떻게 분석하는지에 대하여 차근차근 알아보았다. 지금부터는 경제적 가치를 어떻게 판정하는지에 대한 구체적인 방법에 대한 이해가 필요하다.

section 01
서 론

1. 개요

감정평가에 관한 규칙 제11조에 의하면 부동산의 경제적 가치를 판정하는 감정평가의 방식에는 원가방식, 비교방식, 수익방식이 있다. 원가방식은 원가법 및 적산법 등 비용성의 원리에 기초한 감정평가방식이고, 비교방식은 거래사례비교법, 임대사례비교법 등 시장성의 원리에 기초한 감정평가방식 및 공시지가기준법이며, 수익방식은 수익환원법 및 수익분석법 등 수익성의 원리에 기초한 감정평가방식을 말한다. 비용성·시장성·수익성은 부동산가치의 3면성을 나타내며, 시장성은 "얼마에 시장에서 거래되는가?"를, 비용성은 "얼마의 비용이 투입되었는가?"를, 수익성은 "얼마의 수익을 얻을 수 있는가?"를 반영하는 접근방법이다. 일반 재화의 가격은 수요와 공급의 균형에 의해 결정되는데, 재화로서의 부동산도 수요측면의 수익방식, 공급측면의 원가방식, 그리고 균형측면의 비교방식으로 접근이 가능한 것이다. 이러한 감정평가 3방식은 부동산의 시장가치를 판정함에 있어서 접근방향을 달리하여 그 가치를 구하고자 하는 것이므로 3면 등가성에 따라 각 방식의 시산가액은 일치하여야 하나 접근방법의 상이, 각 평가 방식의 장단점, 평가주체의 판단 등 현실적인 제약으로 인하여 3면 등가성을 기대하기 어려워 시산가액을 조정할 필요가 있다.

가격3면성	3방식	가격을 구하는 방법	임대료를 구하는 방법
비용성	원가방식	원가법(적산가격)	적산법(적산임료)
시장성	비교방식	거래사례비교법(비준가격) 공시지가기준법	임대사례비교법(비준임료)
수익성	수익방식	수익환원법(수익가격)	수익분석법(수익임료)

2. 비교방식

비교방식은 거래사례비교법, 임대사례비교법 등 시장성의 원리에 기초한 감정평가 방식 및 공시지가기준법으로서 거래사례비교법 및 공시지가기준법에 의하여 대상물건의 가액을 산정하는 방법과 임대사례비교법에 의하여 대상물건의 임대료를 산정하는 방법을 말한다. 거래사례비교법은 대상물건과 가치형성요인이 같거나 비슷한 물건의 거래사례와 비교하여 대상물건의 현황에 맞게 사정보정(事情補正), 시점수정, 가치형성요인 비교 등의 과정을 거쳐 대상물건의 가액을 산정하는 감정평가방법을 말한다. 공시지가기준법은 감정평가 및 감정평가사에 관한 법률 제3조 제1항에 본문에 따라 감정평가의 대상이 된 토지와 가치형성요인이 같거나 비슷하여 유사한 이용가치를 지닌다고 인정되는 표준지의 공시지가를 기준으로 대상토지의 현황에 맞게 시점수정, 지역요인 및 개별요인 비교, 그 밖의 요인의 보정(補正)을 거쳐 대상토지의 가액을 산정하는 감정평가방법을 말한다. 임대사례비교법은 대상물건과 가치형성요인이 같거나 비슷한 물건의 임대사례와 비교하여 대상물건의 현황에 맞게 사정보정, 시점수정, 가치형성요인 비교 등의 과정을 거쳐 대상물건의 임대료를 산정하는 감정평가방법을 말한다.

비교방식은 '얼마에 시장에서 거래되는가?' 하는 시장성에 근거하며 시장에서 수요공급균형의 결과가 사례가 되고 이를 이용하여 비교하게 된다. 우리나라의 부동산시장은 2006년부터 「공인중개사의 업무 및 부동산 거래신고에 관한 법률」(현 「부동산 거래신고 등에 관한 법률」)에 의거 부동산의 실제 거래가격을 신고하도록 하였고, 주거용부동산의 신고내역을 일부 공개 및 프롭테크의 발전 등으로 효율적으로 바뀌고 있는 추세이다. 부동산시장 참여자들도 부동산 실거래 신고금액에 민감하게 반응하기도 한다. 그러나 일반 재화에 비해 정부의 규제, 정보의 시간차, 수급조절의 곤란성 등으로 비효율적인 부동산시장이 되는 경우도 많으며 이러한 시장의 거래사례는 왜곡된 정보를 반영할 여지가 있으므로 유의하여야 한다.

3. 원가방식

원가방식은 원가법 및 적산법 등 비용성의 원리에 기초한 감정평가방식으로서 원가법에 의하여 대상물건의 가액을 산정하는 방법과 적산법에 의하여 대상물건의 임대료를 산정하는 방법을 말한다. 원가법은 대상물건의 재조달원가에 감가수정(減價修正)을 하여 대상물건의 가액을 산정하는 감정평가방법을 말한다. 적산법은 대상물건의 기초가액에 기대이율을 곱하여 산정된 기대수익에 대상물건을 계속하여 임대하는 데에 필요한 경비를 더하여 대상물건의 임대료[(賃貸料), 사용료를 포함한다]를 산정하는 감정평가방법을 말한다.

원가방식은 '얼마의 비용이 투입되었는가?' 하는 비용성에 근거하며, 이는 부동산을 공급하는 측면에서의 가격이다. 합리적인 인간이라면 일반적인 경우 자신이 투입한 비용 이하로 시장에서 팔려고 하지 않을 것이다. 원가방식은 주로 처음부터 재조달원가의 파악이 명확한 건물의 감정평가에 주로 적용된다. 토지는 물리적인 공급은 불가능하지만, 노동과 자본을 투입하여 경제적인 공급은 가능하다. 엄밀히 말하면 우리가 사용하는 토지는 자연상태 그대로의 토지가 아니라 노동과 자본을 투입하여 생산한 것이라고 할 수 있으므로 토지의 가격도 소지가격에 개발비용을 통한 원가방식의 적용이 가능하다.

4. 수익방식

수익방식은 수익환원법 및 수익분석법 등 수익성의 원리에 기초한 감정평가방식으로서 수익환원법에 의하여 대상물건의 가액을 산정하는 방법과 수익분석법에 의하여 대상물건의 임대료를 산정하는 방법을 말한다. 수익환원법은 대상물건이 장래 산출할 것으로 기대되는 순수익이나 미래의 현금흐름을 환원하거나 할인하여 대상물건의 가액을 산정하는 감정평가방법을 말한다. 수익분석법은 일반기업 경영에 의하여 산출된 총수익을 분석하여 대상물건이 일정한 기간에 산출할 것으로 기대되는 순수익에 대상물건을 계속하여 임대하는 데에 필요한 경비를 더하여 대상물건의 임대료를 산정하는 감정평가방법을 말한다.

수익방식은 '얼마의 수익을 얻을 수 있는가?' 하는 수익성에 근거하며, 이는 부동산의 수요측면에서의 가격이다. 과거 우리나라가 고도성장 하던 시기에는 사실상 수익방식의 의미가 크지 않았었지만, 21세기 이후 자본시장과 부동산시장이 통합화, 글로벌화가 가속화되면서 그 중요성이 점점 커지고 있다. 수익방식은 부동산의 감정평가뿐만 아니라 기업가치, 무형자산의 감정평가 등에서도 두루 적용되고 있다.

section 02
비교방식

Ⅰ. 거래사례비교법

1. 개 요

1) 의의 및 산식

거래사례비교법이란 대상물건과 가치형성요인이 같거나 비슷한 물건의 거래사례와 비교하여 대상물건의 현황에 맞게 사정보정, 시점수정, 가치형성요인 비교 등의 과정을 거쳐 대상물건의 가액을 산정하는 감정평가방법을 말한다. 거래사례비교법에 따라 산정된 가액을 비준가액이라고 한다. 거래사례비교법의 산식은 다음과 같다.

• 비준가액＝거래사례가격×사정보정×시점수정×지역요인 비교×개별요인 비교

2) 성립근거

시장성의 원리와 대체의 원칙에 있다. 시장성의 원리란 수요와 공급의 상호작용에 의하여 결정되는 가격을 기준으로 하여 시장의 동향이 결정되는 원리를 말한다. 또한 인간의 경제행위는 최소의 비용으로 최대의 이윤을 추구하는 것이고, 경제주체의 선택행위에서 유용성이 같은 재화간에는 가격이 낮은 것을 선택한다는 대체성이 작용하므로 시장성이 있는 물건은 유용성과 가격의 관점에서 형성된다는 대체의 원칙이 거래사례비교법의 이론적인 성립근거가 된다.

3) 장점과 단점

대체의 원칙과 시장성의 원리에 이론적인 근거를 두고 있으므로 실증적·객관적이고, 유사부동산의 적절한 거래사례가 있는 모든 부동산에 적용이 가능하므로 재생산이 불가능한 토지의 평가, 수익발생이 어려운 부동산의 평가에 있어서 매우 유용하다. 다만 거래사례가 없으면 적용이 불가능하고, 거래가 많지 않은 대규모 빌딩, 시장성이 없는 특수용도의 부동산에는 적용이 곤란하다. 또한 사정보정, 지역요인 비교, 개별요인 비교시에 감정평가사의 지식·경험·판단력 등에 의존도가 높고 가격편차가 커지게 된다. 실무적으로도 부동산시장이 안정적이지 않고 상승시기이거나 하락시기인 경우 거래사례는 언제나 과거의 사례이므로, 기준시점 현재의 시장가치를 반영하기가 어렵다는 단점이 있다.

2. 거래사례의 수집 및 선택

1) 사례의 선정기준

거래사례비교법에서 사례선정의 적부는 비준가액의 정확성, 신뢰성을 좌우하므로 매우 중요하다고 할 수 있다. 따라서 거래사례비교법으로 감정평가할 때에는 거래사례를 수집하여 적정성 여부를 검토한 후 다음의 요건을 모두 갖춘 하나 또는 둘 이상의 적절한 거래사례를 선택하여야 한다.

① 거래사정이 정상이라고 인정되는 사례나 정상적인 것으로 보정이 가능한 사례
② 기준시점으로 시점수정이 가능한 사례

③ 대상물건과 위치적 유사성이나 물적 유사성이 있어 지역요인·개별요인 등 가
   치형성요인의 비교가 가능한 사례

(1) 사정보정 가능성

거래사례는 거래당사자간의 개별적인 동기나 특수한 사정이 없는 정상적인 것이
거나 사정이 있다하더라도 정상적으로 보정이 가능한 것이어야 한다.

(2) 시점수정 가능성

거래사례의 거래시점과 대상토지의 기준시점 사이에 가격변동이 있다면 그 차이
를 보정할 수 있어야 한다. 따라서 거래시점이 분명해야 하고, 물가지수, 지가변동률,
가격지수 등을 구할 수 있어야 한다.

(3) 위치적 유사성

부동산은 지리적 위치의 고정성에 의해 지역성을 가지므로 거래사례는 대상토지
와 지리적·용도적 위치가 동일·유사한 인근지역 또는 동일수급권내 유사지역에 소재
하여야 한다. 위치가 동일하거나 지역분석에 의해 격차를 계량화하여 보정할 수 있어
야 한다.

(4) 물적 유사성

거래사례는 대상부동산과 개별 물적 사항이 동일하거나 유사하여야 한다. 토지의
경우 도로조건·지형·지세·면적, 이용상황, 접근성 등, 건물의 경우 구조, 용도, 노후
도, 연면적, 설비 등을 의미한다.

2) 사례의 종류

건축물 등이 없는 나지인 거래사례는 바로 적용이 가능하나, 토지와 건물의 복합
부동산인 거래사례는 배분법을 적용하여 토지만의 가격을 추출할 수 있다.

배분법이란 토지·건물로 구성된 복합부동산의 거래가격에서 사례토지만의 가격
을 산정하기 위한 방법으로서 중심상업지의 경우 나지의 거래사례가 거의 없기 때문
에 배분법이 유용하게 활용된다. 다만, 배분법을 적용하는 경우에는 최유효이용의 상

태에 있는 거래사례를 선정하는 것이 원칙이며, 거래시점의 가격임에 유의해야 한다.

배분방법에는 공제방식과 비율방식이 있다. 공제방식은 복합부동산의 거래가격에서 건물가격을 공제하여 사례토지가격을 산정하는 방법이고, 비율방식은 복합부동산의 거래가격에 토지가격구성비율을 곱하여 사례토지가격을 산정하는 방법이다.

3. 사정보정

1) 사정보정의 의의

사정보정이란 거래사례에 특수한 사정이나 개별적인 동기가 반영되어 있거나 거래 당사자가 시장에 정통하지 않은 등 수집된 거래사례의 가격이 적절하지 못한 경우에 그러한 사정이 없었을 경우의 적절한 가격수준으로 정상화하는 것을 말한다. 거래사례가 많은 경우 사정이 개입된 거래사례는 제외하는 것이 원칙이며, 실무적으로도 사정보정을 하는 경우는 많지 않다.

2) 사정보정의 방법

① 사정보정률＝(거래가격－정상가격)/정상가격×100≒±A%(고가 또는 저가)
② 사정보정치＝100/(100±A)

3) 사정의 종류

보정이 필요한 사정의 예로는 현금등가를 요구하는 금융조건, 보증금 및 전세금 인수조건, 철거비용이나 양도소득세 매수자부담, 한정가격, 급매, 계열사 또는 친지와의 거래 등이 있다. 대표적인 사정보정의 하나인 철거비용에 있어서 매도자부담인 경우에는 보정이 필요하지 않으나, 매수자부담인 경우에는 정상적인 예상비용을 기준으로 보정하여야 한다.

4. 시점수정

1) 시점수정의 의의

시점수정이란 거래사례의 거래시점과 대상물건의 기준시점이 불일치하여 가격수준의 변동이 있을 경우 거래사례의 가격을 기준시점의 가격수준으로 정상화하는 것을 말한다. 시점을 정확하게 수정하기 위하여 거래사례의 거래시점이 분명해야 하고, 거래시점부터 기준시점까지의 가격변동에 대한 자료가 있어야 하며, 거래시점이 기준시점으로부터 너무 오래 되지 않아야 한다. 사례물건의 가격 변동률을 적용하는 것이 정확할 것이나 현실적으로 불가능하여 지가변동률·건축비지수·임대료지수·생산자물가지수·주택가격동향지수 등을 고려한다.

2) 시점수정의 방법

시점수정은 해당 거래사례의 가격변동률을 알 수 있는 경우 이를 적용하는 것이 가장 좋으나 현실적으로 불가능하므로, 실무적으로는 공식적으로 발표되는 각종 통계지수를 활용한다. 토지의 경우 지가변동률, 생산자물가지수, 주거용 구분건물의 경우 아파트매매가격지수, 연립·다세대매매가격지수, 상업용 구분건물의 경우 자본수익률 등을 활용하여 시점수정을 할 수 있다.

5. 가치형성요인의 비교

1) 의의

가치형성요인의 비교란 거래사례와 대상물건 간에 지역요인이나 개별요인 등 가치형성요인에서 차이가 있는 경우에 이를 각각 비교하여 대상물건의 가치를 개별화하고 구체화하는 것을 말한다. 거래사례가 속한 지역과 대상물건이 속한 지역간의 격차를 비교하고, 거래사례와 대상물건간의 개별적인 격차를 비교 및 보정하여 대상물건의 차원으로 정상화하는 작업이다.

2) 지역요인 비교

토지는 지역성이라는 특성으로 인하여 지역적 차원에서 가격수준이 형성되고, 이에 영향을 받아 개별적인 부동산가치가 구체화되는 피드백 관계에 있다. 거래사례가 대상물건과 인근지역에 속한다면 별다른 비교가 필요하지 않을 수 있지만, 동일수급권 내 유사지역에 속한다면 지역간 격차를 수정하여야 한다.

3) 개별요인 비교

토지는 개별성이라는 특성으로 가로조건, 접근조건, 환경조건, 획지조건, 행정조건, 기타조건 등 세부적인 요인들에 의한 가격격차가 생긴다. 이러한 격차를 개별적으로 보정하여야 하며 따라서 물적 동일성 내지 유사성이 높은 거래사례가 필요하다.

4) 비교방법

① 지역요인과 개별요인의 비교는 평가대상토지의 공법상 용도지역 및 실제이용 상황 등을 기준으로 분류한 용도지대에 따라 비교항목(조건, 항목, 세항목)을 비교한다. 지역요인의 비교조건에는 가로조건, 접근조건, 환경조건, 행정적조건, 기타조건이 있고, 개별요인의 비교조건에는 가로조건, 접근조건, 환경조건, 행정적조건, 획지조건, 기타조건이 있으며, 용도지대는 상업지대, 주택지대, 공업지대, 농경지대, 임야지대, 후보지지대로 분류할 수 있다.

② 인근지역에 적정한 거래사례가 없어서 동일수급권 안의 유사지역에서 거래사례를 선정한 경우에는 평가대상토지와 지역요인 및 개별요인을 비교하고, 인근지역에서 거래사례를 선정한 경우에는 지역요인이 같으므로 개별요인만 비교한다. 이때 비교표준지는 거래시점을 기준하고 평가대상토지는 기준시점 당시를 기준으로 한다.

5) 격차율 산정방법

① 지역요인비교치는 "평가대상토지가 속한 지역평점 ÷ 거래사례가 속한 지역평점"의 값이 되며, 개별요인비교치는 "평가대상토지평점 ÷ 거래사례평점"의 값이 된다. 이러한 격차율은 백분율로 소수점 이하 첫째 자리까지 표시하고 둘째 자리에서 반올림한다. 즉, 소수점 셋째 자리까지 산정한다.

② 격차율의 산정방법은 거래사례와 평가대상토지의 비교항목을 설정하고 각 비교항목의 평점을 비교하여 얻은 비율을 비교치로 적용하는 평점법이 있으며, 계산방법에 따라 상승식과 총화식이 있다. 상승식은 항목별 격차율을 서로 곱하여 비교치를 결정하는 방법이고, 총화식은 항목별 격차율의 차이를 합한 값을 비교치로 결정하는 방법이다.

II. 임대사례비교법

1. 의 의

임대사례비교법이란 대상물건과 가치형성요인이 같거나 비슷한 물건의 임대사례와 비교하여 대상물건의 현황에 맞게 사정보정, 시점수정, 가치형성요인 비교 등의 과정을 거쳐 대상물건의 임대료를 산정하는 감정평가방법을 말한다. 임대사례비교법에 따라 산정된 임대료를 비준임료라고 한다. 부동산의 가치는 교환의 대가인 협의의 가치와 사용·수익의 대가인 임대료로 표시되며, 시장성의 원리에 착안한 비교방식 중 토지 등의 임대료를 구하는 방법이 임대사례비교법이다. 합리적인 경제인이라면 시장에서의 수요와 공급의 상호작용에 의하여 결정되는 임대료를 기준으로 행동할 것이므로 시장에서 어느 정도의 임대료로 임대차되는가 하는 시장성의 원리 및 대체·경쟁관계에 있는 다른 부동산의 임대료와의 상호작용에 의해 임대료가 결정된다는 대체의 원칙에 이론적인 근거를 두고 있다.

- 비준임료＝임대사례임대료×사정보정×시점수정×지역요인 비교×개별요인 비교

---

2. 임대사례의 수집 및 선택

1) 사례의 선정기준

임대사례비교법으로 감정평가할 때에는 임대사례를 수집하여 적정성 여부를 검토한 후 다음의 요건을 모두 갖춘 하나 또는 둘 이상의 적절한 임대사례를 선택하여야 한다.

① 임대차 등의 계약내용이 같거나 비슷한 사례
② 임대차사정이 정상이라고 인정되는 사례나 정상적인 것으로 보정이 가능한 사례
③ 기준시점으로 시점수정이 가능한 사례
④ 대상물건과 위치적 유사성이나 물적 유사성이 있어 지역요인·개별요인 등 가치형성요인의 비교가 가능한 사례

2) 유의사항

임대사례의 선정기준은 거래사례비교법의 선정기준과 유사하다. 다만, 거래사례비교법의 선정기준 외에 임대차 등의 계약내용이 같거나 비슷한 사례를 선택해야 한다는 점에 유의하여야 한다. 임대차 계약내용이나 조건에 따라 임대차기간 동안 계속적으로 영향을 미치기 때문이다. 보증금의 유무, 보증금과 임대료의 비율, 관리비방식, 임대차계약기간, 임대료변경조건, 임대업종 등의 차이를 검토할 필요가 있다.

3. 사정보정

거래사례비교법과 마찬가지로 임대사례에 특수한 사정이나 개별적 동기가 반영되어 있거나 임대차 당사자가 시장에 정통하지 않은 등 수집된 임대사례의 임대료가 적절하지 못한 경우에는 사정보정을 통해 그러한 사정이 없었을 경우의 적절한 임대료 수준으로 정상화하여야 한다.

4. 시점수정

임대사례의 임대시점과 대상물건의 기준시점이 불일치하여 임대료 수준의 변동이 있을 경우에는 임대사례의 임대료를 기준시점의 임대료 수준으로 시점수정하여야 한다. 임대사례의 경우 신규로 체결하는 신규 임대료와 일정 기간 후 갱신되는 계속 임대료로 구분되는데, 대상물건의 임대료에 따라 임대사례의 종류가 구분되어야 한다. 시점수정은 임대사례물건의 가격 변동률을 적용하는 것이 정확할 것이나 현실적으로 불가능하여 임대사례 원본가치와 관련한 변동률·임대료지수·생산자물가지수 등을 고려한다.

5. 가치형성요인의 비교

가치형성요인의 비교란 임대사례와 대상물건 간에 지역요인이나 개별요인 등 가치형성요인에서 차이가 있는 경우에 이를 각각 비교하여 대상물건의 가치를 개별화하고 구체화하는 것을 말한다. 임대사례가 속한 지역과 대상물건이 속한 지역간의 격차를 비교하고, 임대사례와 대상물건간의 개별적인 격차를 비교 및 보정하여 대상물건의 차원으로 정상화하는 작업이다.

III. 공시지가기준법

1. 개 요

1) 의의

공시지가기준법이란 「감정평가 및 감정평가사에 관한 법률」 제3조 제1항 본문에 따라 감정평가의 대상이 된 토지(이하 "대상토지"라 한다)와 가치형성요인이 같거나 비슷하여 유사한 이용가치를 지닌다고 인정되는 표준지(이하 "비교표준지"라 한다)의 공시지가를 기준으로 대상토지의 현황에 맞게 시점수정, 지역요인 및 개별요인 비교, 그 밖의 요인의 보정(補正)을 거쳐 대상토지의 가액을 산정하는 감정평가방법을 말한다. 공시지가기준법은 비교표준지를 거래사례로 보고 평가하는 것과 마찬가지이므로 비교방식에 속하며, 대상물건 중 토지의 교환가치 감정평가에 한정된다.

2) 법적근거 및 산식

「감정평가 및 감정평가사에 관한 법률」 제3조 제1항 본문에 따라 토지를 감정평가하는 경우에는 공시지가기준법을 적용해야 한다고 규정되어 토지에 대한 평가방법이 강제되어 있다. 다만, 적정한 실거래가가 있는 경우에는 이를 기준으로 할 수 있다고 하여 예외를 인정하고 있으며, 동조 제2항에는 「주식회사 등의 외부감사에 관한 법률」에 따른 재무제표 작성 등 기업의 재무제표 작성에 필요한 감정평가와 담보권의 설정·경매 등의 감정평가에서는 해당 토지의 임대료, 조성비용 등을 고려하여 감정평가할 수 있다고 규정하고 있다.

한편 「감정평가에 관한 규칙」 제14조에는 토지의 감정평가시 공시지가기준법을 적용해야 하고 비교표준지 선정, 시점수정, 지역요인 비교, 개별요인 비교, 그 밖의 요인 보정의 순서에 따라야 한다고 규정하고 있다.

> • 표준지공시지가×시점수정×지역요인 비교×개별요인 비교×그 밖의 요인 보정

2. 비교표준지 선정

1) 비교표준지 선정의 의의

공시지가기준법에서 적정한 비교표준지 선정은 공시지가기준법의 기본적인 사항이자 거래사례비교법의 거래사례 선정과 같이 매우 중요하다고 할 수 있다. 비교표준지는 매년 발표하는 표준지 중에서 대상토지와 가치형성요인이 같거나 비슷하여 유사한 이용가치를 지닌다고 인정되어 대상토지의 공시지가기준법 적용시 비교기준으로 선정한 표준지를 말한다. 비교표준지 선정이란 인근지역에 있는 표준지 중에서 대상토지와 용도지역·이용상황·주변환경 등이 같거나 비슷한 표준지를 선정하는 것을 말하며, 인근지역에 적절한 표준지가 없는 경우 인근지역과 유사한 지역적 특성을 갖는 동일수급권 안의 유사지역에 있는 표준지를 선정할 수 있다.

2) 비교표준지의 선정기준

비교표준지는 다음의 선정기준을 충족하는 표준지 중에서 가장 적절하다고 인정되는 표준지를 선정한다. 다만, 한 필지의 토지가 둘 이상의 용도로 이용되고 있거나 적절한 감정평가액의 산정을 위하여 필요하다고 인정되는 경우에는 둘 이상의 비교표준지를 선정할 수 있다.

① 용도지역·지구·구역 등 공법상 제한사항이 같거나 비슷할 것
② 이용상황이 같거나 비슷할 것
③ 주변환경 등이 같거나 비슷할 것
④ 인근지역에 위치하여 지리적으로 가능한 한 가까이 있을 것

위의 선정기준은 ①~④ 순서에 따라 선정한다. 즉, 용도지역 등 공법상 제한사항이 같거나 비슷한 표준지를 선정, 이 중에서 이용상황이 같거나 비슷한 표준지를 선정, 이 중에서 주변환경 등이 같거나 비슷한 표준지를 선정하는 식이며, 이러한 요건을 충족하는 표준지가 여러 개 있는 경우 인근지역 내 지리적으로 가능한 가까이 있는 표준지를 선정한다.

(1) 공법상 제한사항이 같거나 비슷할 것

「국토의 계획 및 이용에 관한 법률」상 용도지역, 용도지구, 용도구역, 지구단위계획 등 공법상 제한사항이 같거나 비슷한 표준지를 선정한다. 이러한 공법상 제한사항으로 건폐율, 용적률, 높이, 층수, 용도 등 토지가치에 가장 큰 영향을 미치는 요인들이 정해지기 때문이다.

(2) 이용상황이 같거나 비슷할 것

현실적인 이용상황이 같거나 비슷한 표준지를 선정한다. 이때 이용상황이란 공부상 용도나 공부상의 지목을 말하는 것이 아니라 현실적으로 이용 중인 용도를 말한다. 이러한 이용상황 역시 토지가치에 큰 영향을 미친다.

(3) 주변환경 등이 같거나 비슷할 것

토지는 지리적 위치의 고정성에 의해 지역성을 가지므로 대상토지와 주변환경 등이 동일하거나 유사하여야 한다. 주변환경의 비교가 필요하지 않을 정도의 표준지를 선정하는 것이 좋다.

(4) 인근지역에 위치하여 지리적으로 가능한 한 가까이 있을 것

별도 지역요인 비교가 불필요한 인근지역에 위치하고 대상토지와 지리적으로 가능한 가장 가까운 곳에 소재하는 표준지를 선정한다. 지리적인 접근성은 실제거리, 시간거리, 의식거리 등을 고려하여 결정한다.

3) 예외적인 경우

비교표준지 선정기준을 충족하는 표준지가 없는 경우에는 인근지역과 유사한 지역적 특성을 갖는 동일수급권 안의 유사지역에 위치하는 표준지 중에서 선정기준 ①~③을 충족하는 표준지를 선정할 수 있다.

도로·구거 등 특수한 용도의 토지를 감정평가하는 경우에는 비교표준지 선정기준을 충족하는 표준지, 특히 이용상황이 같거나 비슷한 표준지가 없을 가능성이 높다. 이러한 경우 인근지역의 표준적인 이용상황의 표준지를 비교표준지로 선정할

수 있다. 특수한 용도로서의 감가 등은 개별요인 비교에서 합리적으로 비교하도록
한다.

4) 적용공시지가의 선택

적용공시지가란 표준지공시지가 중에서 대상토지의 감정평가를 위하여 비교의 기
준으로 선택된 연도별 공시지가를 말한다. 표준지공시지가는 매년 공시기준일(1월 1일)
을 기준으로 2월말경 공고되는데, 감정평가시 기준시점에 공시되어 있는 표준지공시지
가 중에서 기준시점에 가장 가까운 시점의 것을 선택하는 것이 원칙이다. 예외적으로
기준시점이 표준지공시지가 공고일 전이지만, 평가시점은 공고 이후인 경우에는 공고
된 표준지공시지가를 적용할 수 있다.

한편, 소급평가의 경우 기준시점 이전의 적용공시자가 선택, 보상평가의 경우 개
발이익배제를 위한 적용공시지가 선택 등에 유의하여야 한다.

3. 시점수정

1) 시점수정의 의의

시점수정이란 비교표준지의 공시기준일과(매년 1월 1일)과 대상토지의 기준시점이
시간적으로 불일치하여 가치의 변동이 있을 경우 공시기준일 현재의 표준지 공시지가
를 기준시점의 가치수준으로 정상화하는 것을 말한다. 지역별 지가변동률·생산자물가
지수 등을 고려한다.

2) 지가변동률

(1) 지가변동률의 적용

토지의 시점수정은 「부동산 거래신고 등에 관한 법률」 제19조에 따라 국토교통부
장관이 월별로 조사·발표한 지가변동률로서 비교표준지가 있는 시·군·구의 같은 용
도지역의 지가변동률을 적용한다.

(2) 지가변동률의 산정

지가변동률의 산정은 기준시점 직전 월까지의 지가변동률 누계에 기준시점 해당

월의 경과일수(해당 월의 첫날과 기준시점일을 포함한다. 이하 같다) 상당의 지가변동률을 곱하는 방법으로 구하되, 백분율로서 소수점 이하 셋째 자리까지 표시하고 넷째 자리 이하는 반올림한다. 해당 월의 경과일수 상당의 지가변동률 산정은 해당 월의 지가변동률이 조사·발표된 경우에는 해당 월의 총일수를 기준으로 하고, 해당 월의 지가변동률이 조사·발표되지 아니하여 지가변동률을 추정하는 경우에는 추정의 기준이 되는 월의 총일수를 기준으로 한다.

(3) 지가변동률의 추정

감정평가를 할 때 조사·발표되지 아니한 월의 지가변동률 추정은 조사·발표된 월별 지가변동률 중 기준시점에 가장 가까운 월의 지가변동률을 기준으로 하되, 월 단위로 구분하지 아니하고 일괄 추정방식에 따른다. 다만, 지가변동 추이로 보아 조사·발표된 월별 지가변동률 중 기준시점에 가장 가까운 월의 지가변동률로 추정하는 것이 적절하지 않다고 인정되는 경우에는 조사·발표된 최근 3개월의 지가변동률을 기준으로 추정하거나 조사·발표되지 아니한 월의 지가변동 추이를 분석·검토한 후 지가변동률을 따로 추정할 수 있다.

3) 생산자물가상승률의 적용

조성비용 등을 기준으로 감정평가하는 경우, 그 밖에 특별한 이유가 있다고 인정되는 경우에는 지가변동률을 적용하는 대신 「한국은행법」 제86조에 따라 한국은행이 조사·발표하는 생산자물가지수에 따라 산정된 생산자물가상승률을 적용하여 시점수정할 수 있다. 생산자물가상승률은 공시기준일과 기준시점의 각 직전 달의 생산자물가지수를 비교하여 산정한다. 다만, 기준시점이 그 달의 15일 이후이고, 감정평가시점 당시에 기준시점이 속한 달의 생산자물가지수가 조사·발표된 경우에는 기준시점이 속한 달의 지수로 비교한다. 감정평가 실무에서는 생산자물가상승률을 적용하는 경우는 드물다.

4. 지역요인의 비교

1) 지역요인의 의의

지역요인이란 대상물건이 속한 지역의 가격수준 형성에 영향을 미치는 자연적·사회적·경제적·행정적 요인을 말한다. 토지는 지역성이라는 특성으로 인하여 지역적 차원에서 가격수준이 형성되고, 이에 영향을 받아 개별적인 부동산가치가 구체화되는 피드백 관계에 있다. 비교표준지가 대상물건과 인근지역에 속한다면 별다른 비교가 필요하지 않을 수 있지만, 동일수급권 내 유사지역에 속한다면 지역간 격차를 수정하여야 한다.

2) 지역요인의 비교

지역요인의 비교는 비교표준지가 있는 지역의 표준적인 획지의 최유효이용과 대상토지가 있는 지역의 표준적인 획지의 최유효이용을 판정·비교하여 산정한 격차율을 적용한다. 기준시점을 기준으로 비교하되, 각 용도지대별 지역요인 비교항목을 참고하여 비교한다.

5. 개별요인의 비교

1) 개별요인의 의의

개별요인이란 대상물건의 구체적 가치에 영향을 미치는 대상물건의 고유한 특성을 말한다. 토지는 개별성이라는 특성으로 가로조건, 접근조건, 환경조건, 획지조건, 행정조건, 기타조건 등 세부적인 요인들에 의한 가격격차가 생긴다. 부동산의 가치는 지역적으로 가격수준이 형성되고 개별 부동산가치로 구체화되는 특성을 가지므로 개별요인 비교는 필수적이다.

2) 개별요인의 비교

개별요인의 비교는 비교표준지의 최유효이용과 대상토지의 최유효이용을 각각 판정한 후 이를 비교하여 적용한다. 대상 토지의 현재 이용이 최유효이용에 미달하는 경우에도 최유효이용에 대한 판정이 선행되어야 한다. 최유효이용의 판단시점은 비교표준지의 경우 공시기준일, 대상토지의 경우 기준시점을 기준으로 한다는 것이 유의하여야 하며, 각 용도지대별 개별요인 비교항목을 참고하여 비교한다.

6. 그 밖의 요인 보정

1) 의의

그 밖의 요인이란 시점수정, 지역요인 및 개별요인의 비교 외에 대상토지의 가치에 영향을 미치는 요인을 말하며, 시점수정, 지역요인 및 개별요인의 비교를 거쳤음에도 불구하고 기준가치에 도달하지 못하는 격차가 있는 경우 이러한 격차를 보완하기 위한 절차를 말한다.

2) 법적 근거

「감정평가에 관한 규칙」 제14조 제2항 제5호에 그 밖에 요인 보정에 대하여 대상토지의 인근지역 또는 동일수급권내 유사지역의 가치형성요인이 유사한 정상적인 거래사례 또는 평가사례 등을 고려할 것이라고 규정하고 있다.

3) 보정기준 및 산출방법

① 대상토지 기준 산정방식

$$\frac{(사례기준대상토지평가)사례가격 \times 시점수정 \times 지역요인 \times 개별요인}{(공시지가기준대상토지평가)공시지가 \times 시점수정 \times 지역요인 \times 개별요인}$$

② 표준지 기준 산정방식

$$\frac{(사례기준표준지평가)사례가격 \times 시점수정 \times 지역요인 \times 개별요인}{(표준지공시지가시점수정)공시지가 \times 시점수정}$$

4) 유의사항

그 밖의 요인 보정을 한 경우에는 그 근거를 감정평가서(감정평가액의 산출근거)에 구체적이고 명확하게 기재하여야 한다.

Ⅰ. 원가법

1. 개 요

1) 의의

원가법은 대상물건의 재조달원가에 감가수정을 하여 대상물건이 가지는 현재의 가액을 산정하는 감정평가방법을 말한다. 원가법에 의하여 산정된 가액을 적산가액이라고 한다. 특히, 건물의 평가에 대하여 감칙 제15조는 원가법을 적용해야 한다고 규정하고 있다. 건물, 구축물, 건설기계·선박·항공기 등 제작된 부동산, 조성지·매립지·개간지·간척지 등 개량된 토지는 원가방식이 적용되는 대표적인 부동산이다.

산식은 다음과 같다.

• 적산가액＝재조달원가－감가수정액

---

2) 성립근거

부동산의 가치는 투입된 비용을 기준으로 하여 그 유용성의 정도에 따라 결정된다는 비용성의 원리에 근거한다. 또한 사려 깊은 매수자는 대상부동산과 동일한 효용과 기능을 제공하는 대체부동산의 생산비보다도 더 많은 가격을 대상부동산에 지불하지 않을 것이라는 대체의 원칙에 근거하여 행동한다고 본다.

3) 장점과 단점

비용성에 따른 공급자측면의 평가방식으로서 논리적·설득적이고, 재생산이 가능한 부동산, 공공·공익용 부동산, 시장성이 없는 특수목적 부동산, 건물·구축물·기계 등 상각자산의 평가에 유용하며, 조성지·매립지 등의 토지 평가에 적용이 가능하다.

다만 비용성의 관점인 재조달원가에 초점을 맞추면 시장성과 수익성을 소홀히 할 우려가 있고, 표준비용·간접비용 등 항목의 결정 및 추계, 건축의 질적 차이 등을 재조달원가에 반영하는데 있어서의 어려움이 있으며, 기능적·경제적 하자의 파악 등 감가수정액을 결정하기가 어렵고 주관이 개입될 여지가 있다는 단점이 있다.

2. 재조달원가

1) 재조달원가의 의의

재조달원가란 기준시점에 대상물건을 원시적으로 재생산 또는 재취득하는 데 필요한 적정비용을 말한다. 재재조달원가는 생산이 가능한 경우 적용 가능한 재생산원가와 직접 생산이 불가능하여 구매해야 하는 경우 적용하는 재취득원가로 구분할 수 있으며, 재생산원가는 복제원가와 대체원가로 구분할 수 있다.

2) 재조달원가의 종류

(1) 재생산원가

재생산원가는 복제원가(reproduction cost)와 대체원가(replacement cost)로 구분할 수 있다. 복제원가란 기준시점 현재 대상물건과 동일한 모양, 구조, 질, 자재 등으로 복제품을 만드는 데 소요되는 원가를 말한다.

대체원가는 대상물건과 동일한 효용을 가지는 물건을 기준시점 현재의 자재, 질, 디자인 등에 따라 제작할 때 소요되는 원가를 말한다. 이는 주로 오래된 건물의 평가에서 유용하다. 대체원가는 대상물건과 동일한 유용성을 전제하여 산정하는 원가이므로 이미 기능적 감가가 반영되어 있다고 볼 수 있다. 따라서 감가수정에 있어 기능적 감가를 하면 이중감가가 발생하므로 대체원가에서는 물리적, 경제적 감가 외에 기능적 감가를 고려하지 않는다.

(2) 재취득원가

재취득원가는 직접 생산이 불가능하여 구매하여 취득하는 경우 적용될 수 있다. 해외에서 도입된 기계 등 예외적인 경우에 적용한다.

3) 재조달원가의 기준 및 구성요소

재조달원가 산정시 대상물건에 실제 투입된 비용에 특수한 방법, 주관적인 가치, 협상력 등에 의한 과다비용 또는 과소비용은 배제하고, 일반적인 방법으로 생산 또는 취득하는 데 소요되는 비용으로 한다. 또한 필수적으로 부과되는 제세공과금, 행정비용, 수수료, 정상이윤 등 일반적인 부대비용을 포함하여 산정한다.

4) 재조달원가의 산정방법

재조달원가는 건물의 도급계약서, 실제 투여비용 등 대상물건으로부터 직접 구하는 직접법과 대상물건과 동일 또는 유사한 사례로부터 구하는 간접법으로 구분할 수 있다.

건물 등 재조달원가를 산정하는 구체적 방법으로는 총량조사법, 구성단위법, 단위비교법, 비용지수법이 있다. 총량조사법은 모든 건축 항목에 대한 투입비용을 원가요소별로 재료비, 노무비, 경비 등을 집계하여 산정하는 방법이고, 구성단위법은 지붕·벽·바닥과 같은 주요구성부분으로 나누고 각 구성부분별 단가를 곱하여 추계하는 방법이다. 단위비교법은 평방미터(㎡) 같은 단위를 기준으로 비용을 추계하는 방법이며, 비용지수법(변동률적용법)은 실제 건설비용에 건설시점이후 기준시점까지의 지수나 변동률을 곱하여 비용을 추계하는 방법이다.

5) 물건별 재조달원가

① 건물, 구축물 등은 건설에 소요되는 표준적인 건설비에 통상의 부대비용을 가산하여 재조달원가를 구한다.
② 중기, 선박, 항공기 등 제작된 부동산에 대한 표준적 제작비에 통상 부대비용을 가산하여 재조달원가를 구한다.
③ 조성지, 매립지, 개간지, 간척지 등 개량된 토지는 투자비용의 산정이 가능하므로 표준 취득가격이나 또는 택지가격의 조성을 위해 소요되는 표준적 건설비에 통상부대비용을 가산하여 재조달원가를 구한다.
④ 복합부동산의 재조달원가는 토지의 재조달원가 또는 지상권 등의 가격에 건물의 재조달원가를 합하여 구한다.

3. 감가수정

1) 감가수정의 의의

감가수정이라 함은 대상물건에 대한 재조달원가를 감액하여야 할 요인이 있는 경우에 물리적 감가·기능적 감가 또는 경제적 감가 등을 고려하여 그에 해당하는 금액을 재조달원가에서 공제하여 기준시점에 있어서의 대상물건의 가액을 적정화하는 작업을 말한다.

감가수정은 감정평가상의 개념이고 감가상각은 기업회계상의 개념으로 양자는 다음과 같은 차이점이 있다.

① 기업회계상 상각자산의 가격은 취득가격이고 감가수정 대상의 가격은 기준시점에 있어서의 재조달원가로 대상부동산의 취득가격과 반드시 일치하지는 않는다.

② 감가상각은 기간적 손익계산을 정확히 하기 위하여 취득가격을 적정히 배분하는 데 목적이 있으나 감가수정은 감가요인에 의한 감가상당액을 재조달원가로부터 공제하여 적산가액(경제적 가치)을 구하는 데 목적이 있다.

③ 감가상각에서는 관찰감가법을 인정하지 않으나 감가수정에서는 이를 활용한다.

④ 감가상각에서는 법정내용연수를 기준으로 경과연수에 중점을 두나 감가수정은 경제적 내용연수를 기준으로 장래 보존연수에 중점을 둔다.

2) 감가요인의 유형

감가요인은 크게 물리적 요인, 기능적 요인, 경제적 요인으로 구분되며, 상호 복합적으로 작용한다. 감가는 감가요인이 원인이 되어 발생하는데, 물리적·기능적 감가는 내부적 감가로 치유 가능한 감가와 치유 불가능한 감가가 있으며, 경제적 감가는 외부적 감가로 항상 치유 불가능한 감가이다.

(1) 물리적 감가요인

물리적 감가는 대상물건의 물리적 상태의 변화에 따른 가치의 손실이다. 시간의 경과로 인한 노후화, 사용으로 인한 마모나 파손, 재해 등으로 인한 우발적 손상 등은 물리적 감가요인이다.

(2) 기능적 감가요인

기능적 감가는 대상물건의 기능적 효용의 변화로 발생하는 가치의 손실이다. 건물과 부지의 부적합, 설계의 불량, 능률의 저하, 형식의 구식화, 설비의 부족이나 과대, 이용효율의 저하 등은 기능적 감가요인이다.

(3) 경제적 감가요인

경제적 감가는 외부적인 환경 등 대상물건의 가치에 영향을 미치는 경제적 요소들의 변화에 따른 가치의 손실이다. 대상부동산이 인근환경에 부적합하거나 다른 부동산에 의해 시장성이 감퇴하는 것, 인근지역의 쇠퇴, 시장성의 감퇴 등은 경제적 감가요인이다. 이는 부동산의 특성 중 주로 지리적 위치의 고정성에 의하여 발생한다.

3) 감가수정의 방법

(1) 개요

감가수정은 경제적 내용연수를 표준으로 한 정액법·정률법 또는 상환기금법 중에서 대상물건에 적정한 방법에 따라 하여야 한다. 또한, 내용연수법에 의하여 산출된 대상물건의 감가누계액이 적정하지 아니할 때에는 관찰감가법 등 다른 방법을 적용할 수 있다고 하여 합리적이기만 하면 다양한 방법의 적용이 가능하다. 감가수정방법은 일반적으로 내용연수법, 관찰감가법, 분해법, 시장추출법, 임대료손실환원법이 있다.

(2) 내용연수법

경제적 내용연수를 기준으로 하는 감가수정방법에는 정액법, 정률법, 상환기금법이 있다.

내용연수에는 경제적 내용연수, 경과연수, 잔존연수가 있다. 내용연수에는 건물이 물리적으로 존속 가능한 기간인 물리적 내용연수와 효용적 가치를 가지는 기간인 경제적 내용연수가 있다. 이 중에서 감정평가는 건물이 기능적·효용적 가치를 지속하는 기간인 경제적 내용연수를 기준한다. 경과연수는 건물이 사용승인시점(준공시점)으로부터 실제로 경과한 연수를 의미하며 만년을 기준으로 한다. 다만, 실제경과연수의 적용이 불합리한 경우에는 물건의 상태, 사용정도 등을 고려하여 조정할 수 있다. 경제적 내용연수에서 경과연수를 차감하면 잔여기간인 잔존연수가 된다. 다만, 관리상태, 사용정도 등을 고려하여 잔존연수를 연장할 수 있다.

① 정액법

㉮ 의의

정액법은 대상물건의 가치가 매년 일정액씩 감소한다는 가정 하에 대상부동산의 감가총액을 경제적 내용연수로 나누어 매년의 감가수정액을 구하는 방법이다. 가치의 감소가 일정한 건물이나 구축물 등에 많이 사용되며, 내용연수의 조정여부에 따라 다음과 같이 나눌 수 있다.

㉯ 실제연수법

감가수정액이 실제경과연수에 비례하여 증가하는 경우로서 주로 최근에 지어진 건물에 적용한다.

- 매년 감가수정액$(D) = [$재조달원가$(C) -$ 최종잔존가치$(S)] /$ 전내용연수(N)

$$= C \times (1-R) \times 1 / N$$

- 감가수정누계액$(D_n) = (D \times n) = C \times (1-R) \times n / N$
- 적산가액$(P_n) = (C - D_n) = C \times [1 - (1-R) \times n / N]$
- * R: 최종잔가율, n: 경과연수, n/N: 감가율, $S = C \times R$

㉰ 유효연수법

증·개축을 고려한 유효경과연수를 기준으로 감가수정을 하는 방법으로 전내용연수는 고정하고 유효경과연수를 새로이 구하여 감가율을 산정한다. 주로 부가물 또는 증치물이 설치된 부동산에 적용한다.

> • 감가율＝유효경과연수/전내용연수

    ㉺ 미래수명법

장래의 잔존연수를 정확하게 알 수 있는 경우 경과연수를 더하여 전내용연수를 조정하는 방법으로 주로 오래 경과된 부동산에 적용한다.

> • 감가율＝경과연수/(경과연수＋잔존연수)

  ② 정률법

    ㉮ 의의

정률법은 대상물건의 가치가 매년 일정비율로 체감한다는 가정 하에 대상물건의 매년말 잔존가치에 일정한 감가율(상각율)을 곱하여 매년의 감가수정액을 구하는 방법이다. 주로 자산의 효용과 가치의 감소가 초기일수록 심한 기계, 동산 등에 적용한다.

    ㉯ 산식

> • 매년 감가율$(K)=1-r$ [전년대비잔가율(r) $= \sqrt[N]{S/C}$]
> • 매년 감가수정액$(D)=$ 전기말 잔존가격 $\times K$
> • 감가수정누계액$(D_n)=C \times (1-r^n)$
> • 적산가격$(P_n)=(C-D_n)=C \times r^n$

  ③ 상환기금법

    ㉮ 의의

상환기금법은 대상물건의 감가수정누계액과 이에 대한 복리 이자액을 더한 액수를 당해 물건의 내용연수 동안 상환한다는 가정 하에 매년의 감가수정액을 구한다. 즉, 내용연수 만료시에 동일한 가치를 갖는 물건을 취득하기 위해서 매년의 감가액을 국공채나 정기예금에 투자하여 복리로 운용한다는 전제하에 내용연수 만료시 그 원리금의 합계액과 감가상당액이 같도록 매년 적립할 일정액을 산정하는 방법이다. 주로 광산의 평가에 적용되며 감채기금계수를 사용한다.

　　　㉯ 산식

- 매년 감가수정액$(D) = C \times (1 - R) \times \dfrac{i}{(1+i)^N - 1}$
- 감가수정누계액$(D_n) = (D \times n) = C \times (1 - R) \times \dfrac{i}{(1+i)^N - 1} \times n$
- 적산가격$((P_n) = (C - D_n) = C \times [1 - (1 - R) \times n \times \dfrac{i}{(1+i)^N - 1}]$
- * i: 축적이율(안전이율)

---

　　④ 건물 증축의 경우

　　증축건물의 증축부분은 기존부분과 잔존연수가 일치하도록 전내용연수를 조정하여야 한다. 일반적으로 증축부분 중에서 주체시설부분의 전내용연수는 조정을 하지만 부대시설부분은 조정하지 않는다.

- 증축부분 감가수정누계액(D_n)
  = $C \times$ 증축부분 경과연수 / (증축부분 경과연수 + 기존부분 잔존연수)
- 증축부분 적산가액(P_n)
  = $C \times$ 기존부분 잔존연수 / (증축부분 경과연수 + 기존부분 잔존연수)

---

(3) 관찰감가법

　　관찰감가법은 감정평가사가 대상물건의 전체 또는 구성부분을 직접 관찰하여 물리적·기능적·경제적 감가요인에 해당하는 감가액을 산정하는 방법이다. 대상부동산의 개별적인 상태를 세밀하게 관찰하여 감가액을 산정하므로 실제 감가액을 산정할 수 있으나, 평가사의 개별적인 능력이나 주관에 의존하게 되고 외부에서 파악할 수 없는 기술적인 하자를 놓치기 쉽다.

　　내용연수법과 관찰감가법은 모두 장·단점을 가지고 있으므로 보다 정확한 감가액을 산정하기 위해서는 양자를 상호 적용·보완할 필요가 있다. 시간의 경과 등으로 인한 물리적 감가는 내용연수법으로 수정하고, 설비 등의 기능 부진이나 시장성 감소로 인한 기능적 감가와 경제적 감가는 관찰감가법으로 상호 보완하는 것이 필요하다.

(4) 시장추출법

시장추출법은 유사한 거래사례를 분석하여 적절한 연간 감가율을 구한 후에 이를 대상부동산에 적용하여 감가수정액을 구하는 방법이다. 이는 유사거래사례에 관한 자료가 풍부해야 하고, 그 자료는 적절하고 신뢰성이 있는 것일 때에만 적용할 수 있다는 점에 유의하여야 한다. 감가수정액 산정과정은 다음과 같다.

① 거래시점을 기준하여 사례건물의 재조달원가와 건물가액을 산정함
② 사례의 연간감가액과 연간 감가율을 산정함
③ 연간 감가액＝(사례재조달원가－사례건물가액)/경과연수
    연간 감가율＝연간 감가액/사례재조달원가
④ 연간 감가율을 대상에 적용하되, 필요시에는 수정하여 적용한다.
⑤ 감가수정액＝대상재조달원가×연간 감가율×대상경과연수

(5) 분해법

분해법(Breakdown Method)이란 대상부동산에 대한 감가수정의 요인을 물리적, 기능적, 경제적 감가요인으로 구분하고 각 요인별로 적정 평가기법을 적용하여 감가액을 산정한 후 이를 합산하여 대상부동산 전체의 발생감가액을 구하는 방법이다. 분해법의 이론적 근거로는 합리적이고 사려 깊은 매수자는 새 건물과 비교하여 대상부동산에 어떤 결함을 발견했을 때 그것을 치유하는 데 드는 비용만큼을 삭감한 금액을 지불할 것이고, 치유가 불가능할 경우 그 결함으로 인해 발생하는 손실만큼을 가격에서 제하려고 할 것이라는데 있다.

분해법은 감가의 각 요인이 구별가능하며, 또한 각 감가요인은 독립적으로 가치감소를 발생시키며, 부동산의 매수자는 이러한 요인별 발생감가를 세밀히 파악하고 이를 매수가격에서 공제하고자 한다는 합리적 경제인의 가정하에서 성립한다.

분해법에서는 발생감가를 그 원인별로 물리적, 기능적, 경제적 감가로 세분하고 이를 다시 "치유(회복)가능한 감가"와 "치유 불가능한 감가"로 구분하여 발생감가액을

파악하고 있는데 "치유의 가능성"은 물리적 가능성뿐만 아니라 경제적 가능성도 존재하는 경우 인정되며 경제적 타당성 분석을 통해 판정할 수 있게 된다.

이는 객관적이고 정치한 감가액의 산정을 위해 고안된 것으로 기존의 내용연수법보다 진일보한 방법이라 볼 수 있으나 각 감가요인의 구분 가능성에 대해 회의적이며 치유에 투자한 비용만큼 부동산의 가격이 증가한다는 가정이 현실에 부합하지 않는다는 한계를 지닌다.

분해법에서는 감가 요인에 따라 감가액의 산정방법을 개별적으로 적용한 후 이를 합산하여 발생 감가액을 산정하므로 일면 세밀하고 합리적으로 감가액을 산정할 수 있다. 또한 내용연수법에서 파악하기 어려운 기능적, 경제적 감가의 판정에 유용하게 사용될 수 있고 의뢰인의 요구에 부응할 수 있다. 다만 각 감가요인은 상호 연관되어 있는 것이므로 현실적으로 감가의 요인별로 감가액을 산정할 수 있는지에 대해서는 의문의 여지가 있고, 치유에 투자한 비용만큼 부동산의 가격이 증가한다는 가정이 현실에 부합하지 않는다는 한계를 지닌다.

(6) 임대료손실환원법

감가요인이 있는 부동산은 그렇지 않은 부동산에 비해 상대적으로 임대료가 낮을 것이라는 것을 쉽게 추측할 수 있는데, 임대료손실환원법에서는 감가요인으로부터 발생한 임대료손실을 "직접환원법"이나 "조소득승수법"으로 환원하여 감가수정액을 추계한다. 임대료손실환원법은 대상부동산의 감가수정액을 독립적으로 추계하는데 사용되기도 하지만 보다 일반적으로는 분해법이나 관찰감가법에 의한 추계과정의 일부로 사용된다.

4. 토지의 평가

1) 개요

비용성의 원리를 따르는 원가법은 토지의 평가에는 어울리지 않음이 일반적이다. 그러나 조성택지나 개발토지와 같은 일부 토지의 경우에는 원가법이 유용하게 활용되고 있다. 원가법에 의한 토지평가에서 가장 중요한 것은 기준이 되는 시점이다. 대상토지의 가격을 구하는데 기준이 되는 기준시점은 착공시점, 준공시점, 기준시점 등이 있다. 한편, 토지의 조성이 진행되는 과정은 다음과 같다.

- 농지·임지 ⇨ 택지후보지 ⇨ 조성택지(주택지, 상업지)

2) 가산방식

(1) 의의

가산방식이란 소지가격과 조성비용을 합산하여 조성된 토지의 가액을 산정하는 방식이다. 이는 조성지나 매립지처럼 소지를 취득한 후 제비용을 투입하여 택지를 조성하는 경우에서 활용된다.

(2) 산식

준공시점 토지가액×(성숙도수정)×시점수정(지가변동률)×1/유효택지면적
= 기준시점 조성택지가액(원/㎡)

- 성숙도수정이란 토지의 용도가 변화하는 과정에 있는 경우 이에 따른 가격변화를 수정하는 작업을 말한다. 조성택지가 택지로서 최유효이용 상태에 있는지 여부에 따라 성숙도수정이 필요한 경우가 있을 수 있다.
- 유효택지면적이란 개발구역의 총면적에서 공공시설용지 등의 기부채납면적을 뺀 조성 후의 판매가능한 택지면적을 말한다.

(3) 준공시점 토지가격

준공시점의 소지가액을 구하는 방법은 여러 가지가 있다. 일반적으로 토지도 비용으로 가정하여 소지구입일로부터 준공시점까지 투하자본이자율을 적용하는 방법이 많이 사용된다. 이 외에도 토지를 준공시점에 구입한 것으로 가정하여 소지구입일로부터 준공시점까지 지가변동률을 적용하는 방법, 토지를 착공시점에 구입한 것으로 가정하여 소지구입일로부터 착공시점까지는 지가변동률을 적용하고 착공시점부터 준공시점까지는 투하자본이자율을 적용하는 방법이 있다.

택지의 조성공사에 투하되는 제비용과 투하시점으로부터 준공시점까지의 이자액을 가산하여 조성비용을 산정한다. 조성비용의 항목에는 조성공사비(건설업자 적정이윤

포함), 판매관리비, 공공공익시설부담금, 개발부담금, 분할비용, 각종 세금, 개발업자의 적정이윤 등이 있다.

(4) 기준시점 토지가격

준공시점의 토지가격에 기준시점까지의 시점수정을 가하여 대상토지의 가액을 산정한다. 시점수정은 용도지역별 지가변동률을 사용한다.

3) 공제방식

(1) 의의

공제방식이란 분양가격에서 조성비용을 공제하여 소지가격 또는 대지가격을 구하는 방식이다. 이는 택지후보지 평가 등에서 활용되며, 평가대상토지와 성숙도수정 유무에 따라 전통적 공제방식과 개발방식으로 나눌 수 있으나 논리적으로는 동일하다.

(2) 전통적 공제방식

공사 준공시점을 기준시점으로 하여 소지가격을 구하는 방법으로서 즉시 개발사업에 착수할 수 없는 경우에도 소지가격을 구할 수 있다. 구입시점의 소지가격이 산정되므로 구입시점이 기준시점이 아닌 경우에는 기준시점까지의 시점수정을 요하며, 구입시점이 곧 착공시점일 수도 있다.

- {분양수입 − 조성(개발)비용} × (미성숙도 수정) × 1/택지면적
  = 소지(택지)가격(원/㎡)

소지가격을 미지수로 놓으며 소지구입액에 대한 금리도 비용으로 본다.

(3) 개발방식

소지 구입시점을 기준시점으로 하여 택지후보지가격을 구하는 방법으로 분양수입의 현가에서 개발비용의 현가를 공제하여 구한다. 즉시 개발사업이 가능한 성숙된 토지의 평가에 활용되므로 별도의 성숙도수정을 요하지 않는다. 구입시점이 기준시점이

아닌 경우에는 시점수정을 해야 한다.

- (분양수입의 현가−개발비용의 현가)×1/택지면적＝택지후보지가격(원/㎡)

Ⅱ. 적산법

1. 개 요

1) 의의

적산법이란 대상물건의 기초가액에 기대이율을 곱하여 산정된 기대수익에 대상물건을 계속하여 임대하는 데 필요한 경비를 더하여 임대료를 산정하는 방법으로 이때 구해진 임료를 적산임료라 한다. 적산법은 재조달원가와 기대이율, 필요제경비에 착안한 것으로 원가방식에 속하며 사용수익의 대가를 구하는 임대료평가방법이고 비용성에 기초를 두고 있으므로 공급자 임대료의 성격을 가진다. 산식은 다음과 같다.

- 적산임료＝기초가액×기대이율＋필요제경비

---

2) 성립근거

적산법은 원가방식에 속하는 임대료의 평가방법으로써 비용성의 원리, 대체의 원칙에 그 이론적 근거가 있으며 기초가액이 지니는 자본가치의 대체투자기회가 이 방법의 이론적 근거가 된다. 또한 필요제경비는 비용에 해당하기 때문에 비용성의 원리에 근거하며, 가치와 임대료의 원본과 과실 관계에 근거한다. 이는 비준임료·수익임료 평가가 용이하지 않은 비시장성·비수익성 물건에 적용된다. 특히 쟁송목적의 임대료 평가에 있어서는 대부분 과거에서 기준시점까지의 평가 중 적산임료가 많이 활용된다.

3) 장단점

원본과 과실의 관계에 따라 기초가액에 기대이율을 곱하여 산정되므로 이론적으로 타당하며, 원가방식에 착안하므로 비수익성물건과 비시장성물건의 임대료 평가에 유용하다. 다만 수익성 물건이나 경기변동이 심한 경우의 임대료 등은 현실적인 임대료가 반영되지 않으며, 기대이율과 기초가액 산정이 용이하지 않고, 기대이율 산정시 감정평가 주체의 주관개입이 있을 수 있다.

2. 기초가액

1) 의의

기초가액이란 적산임료를 구하는데 기초가 되는 가액으로, 임대료의 기준시점에 있어서의 대상물건의 원본가치를 말한다. 교환의 대가인 가치와 용익의 대가인 임대료와의 사이에는 원본과 과실의 상관관계를 인정할 수 있으므로 임대료를 구하기 위해서는 원본가치로서의 기초가액을 구할 필요가 있다. 또한 적산법은 부동산에서 일정한 양의 용익을 얻기 위하여 소비된 원가에 착안하여 임대료를 구하는 것이므로 투하된 가치인 기초가액을 구할 필요가 있다.

2) 산정방법 및 유의점

적산법은 원가에 착안하는 방법이므로 그 기초가액도 적산가액으로 하는 것이 타당하며, 비준가액도 하나의 취득가액이므로 기초가액으로 삼을 수 있다. 하지만 적산법에서 구하고자 하는 것이 임대료인데, 임대료 개념을 가치로 구한 수익가액을 기초가액으로 삼는 것은 순환논리상 모순이므로 불합리하다.

기초가액을 산정하는 경우에는 임대료의 기준시점에서 대상물건이 갖는 가치이지만 대상물건의 최유효이용을 전제로 하는 경제가치는 아니고, 임대차 계약내용이나 조건에 알맞은 사용을 전제로 한 가치임에 유의한다. 따라서 자본이득 및 임대차계약 조건 등에 의해 대상물건을 한정적으로 사용함에 따른 제한 등은 기대이율에서 반영하여야 한다.

다만, 실무적으로는 대상물건의 자본이득으로 인한 가치 등을 공제하고 임대차

계약내용이나 조건에 알맞은 사용가치를 감정평가하는 것이 어렵다. 따라서 기초가액을 최유효이용을 전제로 하는 시장가치로 하되, 기대이율 적용시 계약내용이나 조건에 따라 최유효이용 미달시 계약감가를 고려해야 한다. 이 경우 자본이득이나 임대차계약의 내용 등에 따른 가치의 제한은 기대이율에 반영하여야 할 것이다.

3. 기대이율

1) 의의

기대이율이란 임대차 계약내용에 따라 사용할 때 기대되는 수익의 기초가액에 대한 비율을 말하며, 임대차기간에 적용되는 단기적인 이율이다. 다른 투자대상에 투자하였을 경우의 기회비용을 포함하여 대상물건으로부터 얻고자 하는 요구수익률의 성격이므로, 금융시장에서의 이자율과 밀접한 관계가 있다. 기간이 짧은 임대차 활동의 기초가 되고, 상각 후 세공제의 순이익에 대응하는 이율이다.

2) 산정방법

투자에 대한 기대수익률이라고 할 수 있는 기대이율은 금융시장에서의 이자율과 밀접한 관련이 있으며, 환원이율과 그 궤를 같이하므로 기대이율을 구하는 방법은 환원이율을 구하는 방법과 유사하다. 기대이율은 타 투자분야와 경쟁관계에 의해 결정되기 때문에 부동산에 있어서 물건의 종별에 따라 차이가 거의 없다. 그러나 부동산은 부동성의 특성이 있어 부동산시장은 국지화되기 때문에 기대이율 또한 각 지역에 따라 다르게 결정될 수 있을 뿐만 아니라 부동산의 종별에 따라서도 일정하지 않다는 견해도 있다.

4. 필요제경비

필요제경비는 일정기간 동안 임대차계약에 기하여 대상부동산을 임대하여 투자수익을 확보함에 있어서 필요로 하는 제 경비를 말한다. 이는 대상부동산의 사용 수익에 필요한 제경비로서 통상적인 유지, 관리 등에 소요되는 비용이며 임대인이 임차인으로부터 계약기간 동안 확보해야 하는 비용이다.

1) 감가상각비

시간이 경과함에 따라 발생되는 물리적·기능적·경제적 감소분으로, 대상물건이 상각자산인 경우에는 투하자본의 회수방법으로 감가상각비를 계상하여야 하며, 산정 방법으로 부동산의 사정에 따라 정액법·정률법·상환기금법 등이 있다.

2) 유지관리비

유지비·수선비·관리비 등 수익적 지출에 해당하는 비용으로서, 대수선비와 같은 자본적 지출과 공용부분에 관계되는 공익비, 전유부분에 관계되는 부가사용료는 제외 된다.

3) 조세공과금

대상물건에 직접 부과되는 세금 및 공과금으로 재산세, 지역자원시설세 등 보유 와 관련된 세금이며, 취득 및 이전과 관련된 세금, 소득세, 법인세 등 영업성과에 따라 부과되는 세금 등은 제외된다.

4) 손해보험료

소멸성 보험료와 비소멸성보험료로 구분되나, 소멸성 보험료를 기준으로 한다.

5) 대손준비금

임대차 기간 중에 임차인이 임대료지불 불이행 등으로 인해 임대인의 손실을 전 보하기 위한 결손준비금을 말한다. 그러나 보증금 등 대손에 대한 충분한 조치가 있으 면 별도의 계상은 필요 없다. 결손준비금은 지역시장의 수급동향, 개량물의 용도 및 규모, 경기순환 등에 따라서 차이가 있으며 과거의 경험 등에 비추어 적정액을 계상하 여야 한다.

6) 공실손실상당액

임대기간의 공백이나 일부의 비입주 등으로 공실이 발생할 것에 대비한 손실상당 액으로 과거의 경험, 장래동향, 지역적 관행 등을 감안하여 적정하게 계상하여야 한다.

7) 정상운전자금이자

이는 임대영업을 하기 위하여 소요되는 정상적인 운전자금에 대한 이자율을 말하는 것으로서 재산세의 일시납입, 종업원에 대한 일시 상여금의 지급 등에 사용되는 자금 등을 포함하며, 통상 일시다액을 임대인이 지급하게 되나 임차인으로부터는 일년을 통하여 월별로 배분징수하므로 이자발생이 불가피하다. 따라서 이로 인한 이자도 임차인이 부담하여야 한다. 그러나 대상부동산의 일부를 구성하는 자금이자, 1년 이상의 장기차입금이자, 임대인의 자기자금이자상당액은 이에 포함시켜서는 안 된다.

---

section 04
수익방식

Ⅰ. 수익환원법

1. 개 요

1) 의의

수익환원법은 대상물건이 장래 산출할 것으로 기대되는 순수익 또는 미래의 현금흐름을 적정한 율로 환원 또는 할인하여 가액을 산정하는 방법을 말하며 직접환원법과 할인현금흐름분석법으로 구분할 수 있다. 이러한 수익환원법에 의하여 산정된 가격을 수익가액이라고 한다. 수익환원법으로 감정평가하는 경우 직접환원법이나 할인현금흐름분석법 중 감정평가목적이나 대상물건에 맞는 적절한 방법을 선택하여 적용해야한다. 수익환원법은 부동산시장이 비교적 안정적인 경우 임대료가 발생하는 부동산이나 수익이 발생하는 동산, 기업가치 및 영업권 등 무형자산의 감정평가시 적용할 수 있다.

2) 성립근거

부동산의 가격은 장래기대이익을 현재가치로 환원한 값이며, 대체부동산의 수익과의 관계를 감안하여 가격이 결정되므로 예측의 원칙과 대체의 원칙에 이론적인 근거가 있다. 또한 소득을 많이 창출하는 부동산일수록 가치는 크고 그렇지 못한 부동산일수록 가치는 작아진다는 수익성의 원리에 근거하며, 수요측면에서 유용성과 가치와의 관계를 파악한다.

3) 장점과 단점

수익성에 따른 수요자측면의 가치로서 현실적·이론적이며 가치의 본질에도 부합하고, 임대용 부동산 등 수익이 발생하는 모든 부동산 평가에 적용이 가능하며, 평가사의 주관이 비교적 배제가 가능하다. 반면 최유효이용이 아니거나 비수익성 부동산이 포함된 경우 과소평가 될 우려가 있고, 불완전한 시장에서는 순수익과 환원이율의 파악이 어려우며, 임대료의 지행성과 예측의 오류가능성 등이 크게 영향을 미친다는 단점이 있다.

2. 환원방법

1) 개요

(1) 의의

환원방법이란 소득을 가치로 전환하는 과정을 말하며 자본화(capitalization)라고도 한다.

(2) 환원방법의 분류

환원방법은 적용수익률(Rate of Return), 환원대상소득, 투하자본의 회수방법 등에 따라 분류할 수 있다. 또한 각 환원방법은 보유기간, 소득창출구성요소, 가치변화 고려여부, 저당조건 고려여부, 세금 고려여부 등에 있어 가정을 달리하고 있다. 일반적으로 환원방법에는 직접환원법과 할인현금흐름분석법이 있다.

2) 직접환원법

(1) 의의

직접환원법은 단일기간의 순수익을 적절한 환원율로 환원하여 대상물건의 가액을 산정하는 수익환원법을 말하며, 전통적인 직접환원법과 잔여환원법으로 구분할 수 있다. 전통적인 직접환원법은 다시 직접법, 직선법, 상환기금법, 연금법으로 세분되며, 잔여환원법은 토지잔여법, 건물잔여법, 부동산잔여법으로 세분된다.

(2) 전통적 직접환원법

① 직접법

• 부동산가격(V) = NOI ÷ R = 순수익 ÷ 자본환원율

내용연수가 무한하여 순수익이 영속적으로 발생하며 자본회수가 불필요하다고 가정한다. 토지와 같이 비상각자산과 복합부동산이 일체로 결합하여 영속적인 수익이 발생하는 경우에 적용가능하다.

② 직선법

• $R = r + \dfrac{1}{n}$ = 자본수익률 + 자본회수율

* n: 경제적 잔존연수

순수익이 매년 감소하며, 매년의 일정한 자본회수액을 재투자하지 않고 대상부동산의 경제적 내용연수 동안 적립한다고 가정한다. 경쟁력이 쇠퇴하고 있는 부동산, 수요에 비해 공급이 포화상태인 부동산 등에 적용한다.

③ 상환기금법(Hoskold Method)

• $R = r + \dfrac{i}{(1+i)^n - 1}$

* i: 안전이율, n: 경제적 잔존연수

순수익이 매기간 일정하며, 매기간의 자본회수액을 본래의 투자사업이 아니라 안정한 곳에 재투자한다고 가정한다. 수익이 불확실한 광산, 재투자가 어려운 소모성 자산인 산림, 건물을 경제적 수명까지 고정임대료로 장기임대차하는 경우 등에 적용한다.

④ 연금법(Inwood Method)

$$\bullet\ R = r + \frac{r}{(1+r)^n - 1} = \frac{r(1+r)^n}{(1+r)^n - 1}$$

순수익이 매기간 일정하며, 매기간의 자본회수액을 본래의 투자사업에 재투자한다고 가정한다. 수익이 비교적 확실한 임대용부동산, 순수익이 안정적인 부동산, 어장 등에 적용한다.

(3) 잔여환원법

복합부동산의 순수익을 토지수익과 건물수익으로 분리할 수 있다는 전제하에 토지와 건물의 귀속수익을 각각 환원하여 대상부동산의 수익가격을 산정하는 방법이다. 이는 수익배분의 원칙에 근거하고 있으며, 부동산가치는 시간이 경과함에 따라 언제나 감소한다는 것과 경제적 수명까지 보유한다는 가정을 전제로 한다.

한편, 토지·건물잔여법이 가진 결함을 시정한 부동산잔여법이 있으며 이는 토지와 건물을 각각 분리하지 않는 점에서 복합부동산 일괄평가에 유용하게 사용될 수 있다.

① 토지잔여법

• 부동산가격 = (토지귀속 NOI ÷ 토지환원율) + 건물가격

토지잔여법은 복합부동산의 순수익에서 건물에 귀속되는 순수익을 공제하여 토지 귀속 순수익을 구한 후 이를 토지환원율로 환원하여 토지의 가액을 구하는 방법이다. 건축비용을 정확히 추계할 수 있는 신규건물, 감가상각이 거의 없는 건물, 토지가치를 독립적으로 추계할 수 없는 부동산, 건물이 최유효이용 상태에 있는 부동산, 주차장과 같이 건물가격이 토지가격에 비해 상대적으로 적은 부동산 등에 적용한다.

② 건물잔여환원법

• 부동산가격 = (건물귀속 NOI ÷ 건물환원율) + 토지가격

건물잔여법은 복합부동산의 순수익에서 토지에 귀속되는 순수익을 공제하여 건물 귀속 순수익을 구한 후 이를 건물환원율로 환원하여 건물의 가액을 구하는 방법이다. 감가상각의 정도가 심한 부동산, 토지가격을 정확히 추계할 수 있는 부동산, 전체가격 중에서 토지가격이 차지하는 비율이 낮은 부동산 등에 적용한다. 건물잔여환원법은 건물이 최유효이용이 아닌 부동산에도 적용이 가능하며, 건물의 과대·과소 개량여부의 파악이 가능하다는 점에 유의해야 한다.

③ 부동산잔여법

$$
\bullet \quad P = NOI \times \frac{(1+r)^n - 1}{r(1+r)^n} + \frac{P_L}{(1+r)^n}
$$

* P: 부동산가격, NOI : 순수익, P_L: 기말복귀가액, n: 경제적 잔존연수

부동산잔여법은 토지·건물잔여법이 수익과 환원율을 각각 분리하여 적용한다는 단점을 시정하기 위하여 개량된 방법이다. 순수익은 일정하며, 기간말 건물가치는 없고 기간말 토지가치는 불변이며, 경제적 잔존연수 동안 보유한다고 가정한다. 이러한 전제 하에 복합부동산의 순수익을 잔존애용연수 동안 현가화하고 기간 말 토지가치를 현재가치로 현가화하여 더한 값으로 대상 부동산의 가액을 결정하는 방법이다. 오래된 부동산, 시장가치의 대부분이 토지가치로 구성되어 있는 부동산, 건물가치만을 평가해야하는 경우, 순수익이 연금의 성격이 강한 부동산 등에 적용한다.

3) 저당지분환원법

(1) 개요

저당지분환원법은 Ellwood에 의해 개발된 평가기법으로 지분가치와 저당가치의 합으로 부동산의 가치를 산정하는 방법이다. 여기서 지분가치는 대상부동산에 대한 매 기간 지분수익의 현재가치의 합과 기간말 지분복귀액의 현재가치를 합하여 구한다. 저당지분환원법은 전형적인 투자자는 부동산의 전체수익보다 지부수익에 관심이 있다고 보는데, 자본환원방법이면서 동시에 대규모 투자대안의 분석에도 많이 이용되고 있다.

(2) 가정

① 대부분의 투자자들은 자기자본뿐만 아니라 타인자본(저당대부)도 활용하여 부동산을 매수한다(저당대부 활용).

② 전형적인 투자자들은 부동산을 경제적 수명동안 보유하는 것이 아니라 비교적 짧은 기간만 보유한다(전형적인 보유기간).

③ 투자자들은 부동산의 가치변화에 대한 전망을 현재가치로 환원하여 투자여부를 결정한다(가치변화 고려).

④ 부동산의 가치는 그 부동산 전체가 창출하는 수익률보다는 지분투자자가 받게 되는 지분수익률에 더 많은 영향을 받고 있다(지분수익률에 관심).

⑤ 지분투자자가 향유하는 수익은 ㉠ 지분투자자의 몫인 지분수익액, ㉡ 보유기간말 대상부동산의 가치증감액, ㉢ 보유기간동안의 원금상환으로 인한 지분형성액으로 구성되어 있다(지분수익의 구성요소).

(3) 자본환원과정

① 영구환원방식

㉠ 복합부동산의 순영업소득 산정

㉡ 자본환원율 산정(Ellwood식 또는 Akerson식)

㉢ 부동산가치 산정(NOI ÷ R)

- Ellwood식: $R_0 = y - \dfrac{L}{V} \times (y + p \times SFF - MC) \pm \dfrac{dep}{app} \times SFF$
- Akerson식: $R_0 = \dfrac{E}{V} \times y + \dfrac{L}{V} \times (MC - P \times SFF) \pm \dfrac{dep}{app} \times SFF$

---

② 유기환원방식

㉠ 매기 순영업소득을 부채서비스액(저당소득)과 세전현금수지(지분소득)로 할당

㉡ 지분가치 산정(매기 지분소득의 현가합 + 기말 지분복귀액의 현가)

㉢ 저당가치 산정(매기 부채서비스액의 현가합 + 저당잔금의 현가 = 저당대부액)

㉣ 부동산가치 산정(㉡ + ㉢)

* 지분가치는 지분수익률로, 저당가치는 저당수익률(저당이자율)로 할인함

* 유기환원방식은 세금효과가 없는 DCF법과 동일함

4) 할인현금흐름분석법

(1) 개요

할인현금수지분석법(Dicounted Cash Flow Method: DCF법)이란 장래 매 기간 기대되는 현금흐름과 보유기간 말 복귀가액을 현재가치로 할인하여 대상부동산의 가치를 구하는 감정평가방법이다. 미래의 현금흐름은 순수익, 세전현금흐름(BTCF)모형과 세후현금흐름(ATCF)모형으로 구분되며, 여기서의 세금이란 영업소득세(소득세, 법인세) 및 자본이득세(양도소득세)를 말한다.

(2) 산정방법

$$• \ P = \sum_{k=1}^{n} \times \frac{NOI}{(1+r_k)^n} + \frac{P_L}{(1+r)^n}$$

* P: 부동산가격, NOI: 순수익, P_L: 기간말 복귀가액, n: 보유기간, r: 할인율

※ 저당대출과 세금 고려시

$$• \ P = \sum_{k=1}^{n} \times \frac{BTCF \ or \ ATCF}{(1+r_k)^n} + \frac{P_L}{(1+r)^n} + 저당가치$$

* BTCF: 세전현금흐름, ATCF: 세후현금흐름

(3) 전제조건 및 유용성

할인현금흐름분석법에서 ① 투자자는 부동산을 전형적인 보유기간 동안 보유하며, ② 투자자들은 저당을 지분자본과 혼합하여 지렛대 효과를 추구하고, ③ 지분투자자의 수익은 매기간의 지분수익, 보유기간 동안 원금상환에 의한 지분형성분, 기간말 가치증감분으로 구성되고, ④ 기간말 부동산의 가치변화를 고려하여 대상부동산에 대해 지불할 가치를 결정하고, ⑤ 투자자들은 순수익과 전체 수익률보다는 지분소득 및

지분수익률에 더 관심이 있으며, ⑥ 세금의 영향을 고려하여 지분투자자는 세후현금수지에 더 관심이 있다고 가정한다.

할인현금흐름분석법은 다음과 같은 유용성을 지니고 있다.

① 어떠한 소득흐름이나 부동산의 가격변동 유형에도 적용이 가능하다는 논리의 일반성과 유연성을 가지고 있다.

② 부동산 투자분석시 투자자는 매수가격과 매기간 현금수지, 기간말 예상매도가치를 분석하여 투자여부를 결정한다.

③ 부동산의 단기보유, 저당조건 및 세금효과의 고려, 부동산의 가치증감 반영, 지분투자자의 지분수익률에의 관심 등을 그 전제조건으로 삼고 있으므로 이는 현실 부동산시장에 참여하는 부동산 투자자의 행태를 현실성 있게 반영함으로써 평가의 신뢰성을 인정받고 있다.

④ 기존의 환원방법들은 순수익, 영업경비 또는 부동산의 가치 증감을 인정하면서 이를 수식을 통해 안정화하는 방법을 취함으로써 가치추계의 오류 가능성을 남겨놓고 있었으나, 할인현금흐름분석법에서는 이러한 수익가치 안정화 과정을 회피하여 가치추계의 정확성을 제고하였다. 또한, 수익의 예상기간을 단축하여 가치추계의 오차를 감소시켰다.

⑤ 현재 부동산시장은 각종 부동산증권이 발행되고 부동산리츠가 성행하는 등 투자자들은 투자상품의 수익성에 관심을 크게 가지고 있다. 기존의 평가방법들은 가치산정에 주로 이용되는 방법으로 투자분석에의 활용이 어려우나 할인현금흐름분석법은 다양한 방법으로 투자분석이 가능하다.

3. 순수익 등

가능총수익(PGI)
− 공실손실상당액 및 대손충당금
= 유효총수익(EGI)
− 영업경비(OE)
= 순수익(NOI)
− 부채서비스액(DS)
= 세전현금흐름(BTCF)

$-$ 영업소득세(TAX)

$=$ 세후현금흐름(ATCF)

1) 순수익(NOI: Net Operating Income)

(1) 개념

순수익은 대상물건에서 얻을 수 있는 총수익에서 그 수익의 발생에 계속적·통상적으로 기여하는 경비를 공제한 금액을 말한다. 감정평가에서의 기준가치는 시장가치로서 최유효이용을 기준하여 형성되므로 순수익도 최유효이용의 요건을 충족해야 한다. 또한 장래에 발생할 순수익을 기초로 하기 때문에 단순히 과거의 순수익이나 수익사례를 그대로 수익방식에 적용해서는 안 되고, 장래 동향을 파악하여 산정하여야 한다.

(2) 산정방법

순수익은 가능총수익에 공실손실상당액 및 대손충당금을 공제하여 산정한 유효총수익에서 운영경비를 공제하여 산정한다. 여기서 가능총수익은 해당 물건을 완전하게 임대하였을 때 얻을 수 있는 가능한 모든 수익을 말하고, 운영경비란 인건비, 수도광열비, 수선유지비, 세금 등을 말한다.

한편, 할인현금흐름분석법 적용시 순수익에서 저당지불액을 공제한 세전현금흐름(BTCF), 세전현금흐름에서 세금(영업소득세)을 공제한 세후현금흐름(ATCF)을 구하여 적용하는 경우도 있다.

(3) 유의사항

순수익은 통상적인 이용능력과 이용방법에 의하여 계속적이고 규칙적으로 발생하는 안전하고 확실한 순수익으로 합리적·합법적 사용에 의한 것이면서 표준적이고 객관적인 수익이어야 한다.

순수익은 다음과 같은 사항을 유의하여야 한다.

① 순수익을 산정하는 경우에는 과거의 추이와 인근지역의 변화, 도시형성, 공공

시설의 정비상태 같은 장래의 동향을 고려하여야 한다.

② 순수익은 표준적·정상적인 것이어야 하므로 표준적·정상적인 것을 초과하는 경우에는 그 지속여부 등을 파악하여 안정적 수익을 산정한다.

③ 부동산평가에서의 순수익은 회계학에서의 순수익과 구별되므로 손익계산서 상 수입과 비용항목을 일부 제외하거나 일부 추가하여 순수익을 산정하여야 한다.

④ 부동산의 종별·유형이 동일한 상태에서의 비교가 필요하며, 토지의 경우 최유효이용을 고려하여야 한다.

⑤ 임대료의 지행성에 유의한다. 즉, 수익에 직접적 영향을 주는 임대료의 변화는 부동산의 가치변화 보다는 시간적으로 뒤지는 경향이 있다.

⑥ 과거의 임대료는 임대차 계약당시의 당사자 간의 협상에 의한 계약 임대료의 성격이 강하므로 진정한 의미의 현행 임대료가 아닐 수도 있다.

2) 유효총수익(EGI: Effective Gross Income)

(1) 의의

유효총수익은 대상 물건을 완전하게 임대하였을 때 얻을 수 있는 가능한 모든 수익, 즉 가능총수익에서 공실손실상당액 및 대손충당금을 공제한 것을 말한다. 대상 물건의 현재 이용상태에 대한 분석으로 현 유효총수익의 적절성 여부를 판단하고, 증감 여부를 판단하여야 한다.

(2) 가능총수익(PGI: Potential Gross Income)

대상 물건을 완전하게 임대하였을 때 얻을 수 있는 가능한 모든 수익을 말한다. 통상 수익 중 가장 많은 부분을 차지하는 것은 임대료(월세)이며 연간으로 환산한다.

임대료의 연체 또는 미지급 등을 대비하여 일정금액을 지불하는 경우가 있는데 이를 보증금(전세금)이라 한다. 계약에 따라 보증금이 없는 경우, 비중이 작은 경우, 큰 경우, 임대료 없이 보증금만 있는 경우(전세계약)도 있을 수 있다. 임대인은 이러한 보증금을 받아 운용하는 것이 합리적이므로 보증금운용이율을 적용하여 수익을 산정한다. 보증금운용이율은 국공채수익률, 시중금리, 투자수익률, 요구수익률 등 종합적으로 고려하여 결정한다.

임차인은 통상 임대료 외 관리비를 임대인에게 납부한다. 관리비는 공용 전기, 수도, 청소비용 등으로 납부된 관리비와 실제 지출된 관리비와의 차액은 수익으로 산정된다.

이 외에 주차수입, 주차장 장소임대료, 외벽이나 옥상의 광고수입, 통신 중계기 장소임대료 등 해당물건으로부터 얻을 수 있는 모든 수익은 가능총수익에 계상된다.

(3) 공실손실상당액 및 대손충당금

공실손실상당액이란 해당 부동산의 공실로 인하여 발생할 손실을 계상하는 것을 말한다. 지역부동산의 임대차시장은 대체·경쟁 부동산의 수급변화로부터 형성되는데, 기준시점 현재 대상부동산의 공실이 없다 하더라도 수급변화에 의해 추후 공실이 예상되므로 최소한의 공실률은 계상하여야 한다.

대손충당금은 임차인이 임대료를 지급하지 아니할 경우를 대비해 일정금액을 손실로 계상하는 것을 말한다. 임차인의 신용도, 경제조건, 경제사정, 사업의 종류 등에 따라 달리 설정할 필요가 있다.

3) 운영경비(OE: Operation Expenses)

(1) 의의

운영경비는 대상 물건의 유지 또는 수익창출을 위해 지출되는 경비를 말한다. 보험료, 제세공과금, 대체충당금 등 부동산의 점유여부와 관계없이 지불되는 고정경비와 유지관리비, 공익비(전기, 가스, 수도요금 등) 등 변동경비로 나눌 수 있다.

(2) 운영경비 항목

① 인건비: 부동산의 유지관리를 위하여 직접 고용하는 경우 직영인건비, 외주인 경우 용역인건비가 소요된다.

② 수도광열비: 건물 공용부분에 부과되는 전기, 수도, 가스비 등을 말하며 임대부분은 임차인이 직접 납부하므로 공용부분만을 말한다.

③ 수선유지비: 부동산을 관리하기 위하여 통상 소요되는 비용(소모품비, 비품의 감

가상각액)으로 일반관리비가 있다. 이외 건물의 엘리베이터, 에스컬레이터, 내외벽, 천장, 바닥 등의 보수 및 부품교체비 등은 시설유지비라 한다.

④ 제세공과금: 당해 부동산에 대하여 부과되는 재산세, 종합부동산세, 지역자원시설세 등 보유 관련 세금항목과 도로점용료, 교통유발부담금 등 공과금 등이 이에 해당된다. 유의할 점은 취득세, 증여세, 상속세 등 부동산의 취득 관련 세금, 양도소득세 등 부동산의 양도 관련 세금, 부동산 임대료에 대한 소득세 등은 제세공과금에 포함되지 않는다.

⑤ 보험료: 대상 물건에 대한 화재보험료 및 손해보험료를 말한다. 보험은 계약조건에 따라 소멸성과 비소멸성으로 구분되는데 운영경비에 포함되는 것은 소멸성만이 해당된다.

⑥ 대체충당금: 대상 물건의 임대를 위하여 필요하나 내용연수가 짧고 정기적으로 교체가 필요한 부분의 교체를 위하여 적립해야 할 경비를 말한다. 주거용이나 숙박시설의 경우 가구, 냉장고, 세탁기, 매트리스 등이 설정 품목에 해당된다.

⑦ 광고선전비 등 그 밖의 경비: 대상 물건의 임대상황을 유지 및 개선을 위해 광고선전활동에 소요되는 비용을 말한다. 이외에도 운영과 유지를 위해 소요되는 비용이 있다면 운영경비에 포함시켜야 한다.

4) 세전현금흐름 및 세후현금흐름

(1) 세전현금흐름(BTCF: Before Tax Cash Flow)

살펴본 바와 같이 가능총수익에 공실손실상당액과 대손충당금을 공제하여 산정한 유효총수익에서 운영경비를 공제하면 순수익을 구할 수 있다. 부동산은 일반재화와 달리 고가성의 특징으로 인하여 대출 등 타인자본을 필요로 하게 된다. 대출조건에 따라 매달 원금과 이자를 지불하게 되며 이를 저당지불액(DS: Debt Service)이라 하는데 순수익에서 저당지불액을 공제하면 세전현금흐름을 구할 수 있다. 세전현금흐름을 이용하여 할인현금흐름분석법을 적용하면 지분가치를 산정할 수 있다.

(2) 세후현금흐름(ATCF: After Tax Cash Flow)

부동산 임대소득에 대하여 세금은 임대인이 개인인 경우 소득세, 법인인 경우 법인세가 부과된다. 세전현금흐름에서 세금을 공제하면 세후현금흐름을 구할 수 있고 이를 이용하여 할인현금흐름분석법을 적용하여 수익가치를 산정하는 것이 이상적인 방법일 것이다. 다만 한계세율, 누진세 등 산정된 세금이 개인 또는 법인에 따라 달라질 수 있음에 유의해야 한다.

5) 복귀가액

(1) 의의

복귀가액이란 예상했던 보유기간 말 해당 물건을 매도하였을 경우 매도자(소유자), 즉 임대인이 얻게 되는 순매도금액을 말한다. 매도금액에서 매도경비를 차감하여 산정한다.

(2) 산정방법

복귀가액을 추정하는 방법으로는 내부추계법과 외부추계법이 있다. 내부추계법은 보유기간 말의 다음연도 순수익을 추정하여 환원한 후 매도경비를 차감하여 복귀가액을 산정하는 방법을 말한다. 외부추계법은 가치성장률, 인플레이션 등 여러 변수를 고려하여 보유기간 말의 복귀가액을 산정하는 것을 말한다.

4. 환원율과 할인율

1) 의의

수익환원법에서 사용하는 자본환원율은 크게 환원율(Capitalization rate)과 할인율(Discount rate)로 구분할 수 있는데 직접환원법에서 환원율을, 할인현금흐름분석법에서 할인율을 사용한다. 환원율은 기준시점 당시 순수익을 경제적 가치로 환산하기 위해 적용하는 적정한 율(%)을 말한다. 할인율은 미래 현금흐름을 기준시점 당시의 경제적 가치로 환산하기 위해 적용하는 수익률로 투자자가 어떠한 투자안에 투자하기 위한 최소한의 요구수익률을 말한다.

2) 종류

(1) 개별환원이율과 종합환원이율

개별환원이율이란 토지환원이율, 건물환원이율 등을 말하는데, 이들은 물건의 종별에 따라 다르며 같은 물건일지라도 지역별, 품등별로 달라질 수 있다. 또한 종합환원이율이란 토지와 건물의 복합부동산에 적용되는 환원이율로서 토지와 건물의 환원이율을 가중산술평균하여 구한다.

(2) 상각전 환원이율과 상각후 환원이율

상각전과 후의 구분은 감가상각비를 순수익에 포함시키는지 여부에 따른 분류로서 상각전이란 포함하는 것이고, 상각후란 포함하지 않는 것이다. 구분의 실익은 상각전 순수익에는 상각전 환원이율을, 상각후 순수익에는 상각후 환원이율을 적용한다는 데 있다. 상각전 순수익은 상각후 환원이율에 상각율을 가산한 이율이다.

(3) 세전 환원이율과 세후 환원이율

여기서의 세금은 법인세, 소득세를 의미하며, 고정자산세, 도시계획세 등을 말하는 것이 아니다. 즉, 일반적인 공조공과가 아니라 영업성과나 기업이익에 따라 보유되는 세금을 의미한다.

3) 환원율의 산정방법

(1) 시장추출법

시장추출법은 부동산시장에서 직접 자본환원율을 추출하는 방법으로서 대상부동산과 유사한 최근의 매매사례로부터 자본환원율을 산정하는 방법이다. 매매사례는 대상부동산과 내용연수, 위치, 질, 상태 등 중요한 요인에 있어 유사성이 있어야 한다.

• 환원율＝사례부동산 순수익/사례부동산 매매가격

---

(2) 조성법(요소구성법)

요소구성법은 대상부동산에 대한 위험을 여러 가지 구성요소로 분해하고, 개별적인 위험에 따라 위험할증률을 순수이율에 더해감으로써 자본환원율을 구하는 방법이다. 위험에는 위험성, 비유동성, 관리의 난이성, 자금의 안정성 등이 있다.

• 환원율＝무위험률＋위험할증률

---

(3) 투자결합법

대상부동산에 대한 투자자본과 그것의 구성비율을 결합하여 자본환원율을 구하는 방법이다. 소득을 창출하는 부동산의 능력이 토지와 건물이 서로 다르며 이것은 분리될 수 있다고 가정하는 물리적 투자결합법과 저당투자자의 요구수익률과 지분투자자의 요구수익률이 서로 다르다고 가정하는 금융적 투자결합법으로 나뉜다.

① 물리적투자결합법

• 환원율 $= \dfrac{L}{V} \times R_L + \dfrac{B}{V} \times R_B$

  * L/V: 토지가격구성비, B/V: 건물가격구성비, R_L: 토지환원율, R_B: 건물환원율

---

② 금융적투자결합법

• ROSS식: 환원율 $= \dfrac{L}{V} \times i + \dfrac{E}{V} \times R_E$

  * L/V: 저당비율, E/V: 지분비율, i: 저당이자율, R_E : 지분배당률

• KAZDIN식: 환원율 $= \dfrac{L}{V} \times MC + \dfrac{E}{V} \times R_E$

---

(4) 유효총수익승수에 의한 결정방법

유효총수익승수는 시장의 거래사례를 유효총수익으로 나눈 값으로 이를 가져와 환원율을 산정하는 것이다. 사실상 시장추출법에 속한다고 볼 수 있다.

(5) ELLWOOD법

엘우드가 개발한 방법으로서 자본환원율에 영향을 미치는 요소는 ① 매 기간 동안의 현금수지, ② 보유기간 동안의 부동산의 가치상승 또는 하락, ③ 보유기간 동안의 지분형성분이라고 보고 자본환원율을 산정한다. 여기서 지분형성분이란 저당대부에 대한 원금과 이자를 정기적으로 지불함으로 인해서 기간말 지분투자자의 몫으로 돌아가는 지분가치의 증분을 의미한다.

- 환원율 $= y - \dfrac{L}{V} \times (y + p \times SFF - MC) \pm \dfrac{dep}{app} \times SFF$
  * y: 지분수익률, L/V: 대부비율, p: 상환비율, SFF: ($y\%$, n년)의 감채기금계수,
    MC: 저당상수, dep 또는 app: 보유기간 동안의 가치하락률 또는 상승률
  * 지분수익률이란 투자로부터 기대되는 모든 세전현금수지의 현재가치를 지분투자액과 같게 만드는 내부수익률이다.

---

(6) 부채감당률법

저당투자자의 입장에서 대상부동산의 순수익이 과연 매기간 원금과 이자를 지불할 수 있느냐 하는 부채감당률(Debt Coverage Ratio)에 근거하여 자본환원율을 구하는 방법이다.

- 환원율 $= DCR \times \dfrac{L}{V} \times MC$
  * 부채감당율(DCR)=순영업소득/부채서비스액=NOI/DS

---

(7) 시장에서 발표된 환원율

환원율을 직접 산정하지 않고 시장에서 발표된 환원율이 있다면 이를 활용할 수 있다. 다만 이러한 환원율은 발표의 주체, 대상, 기간 등에 대한 검토가 필수적이다. 또한 이는 과거자료에 기반한 것이고 해당 물건과의 지역적 격차, 개별적 격차 등이 반영되지 않았기 때문에 별도 적절한 보정이 이루어져야 할 것이다.

4) 할인율의 산정방법

(1) 투자자조사법(지분할인율)

투자자조사법은 투자자 등 시장참여자를 대상으로 하여 의견청취, 설문조사 등을 통해 할인율을 추정하는 방법을 말한다. 공표된 자료의 활용도 가능하나 조사시점, 공표시점, 조사물건과의 격차 등에 따른 보정이 필요하다. 평가자가 직접 조사하는 경우 표본 선정, 표본의 수 등에 특히 유의해야 한다.

(2) 투자결합법(종합할인율)

대상부동산에 대한 투자자본과 그것의 구성비율을 결합하여 할인율을 구하는 방법이다. 환원율과 마찬가지로 물리적 투자결합법은 토지와 건물의 구성비율에 각각 토지할인율과 건물할인율을 곱하고 이를 합산하여 할인율을 구한다. 금융적 투자결합법은 저당비율에 저당상수를 곱하고 지분비율에 지분할인율을 곱한 후 이를 합산하여 구한다.

(3) 시장에서 발표된 환원율

환원율과 마찬가지로 직접 산정하지 않고 시장에서 발표된 할인율이 있다면 이를 활용할 수 있다. 다만 이러한 할인율은 발표의 주체, 대상, 기간 등에 대한 검토가 필수적이다. 또한 이는 과거자료에 기반한 것이고 해당 물건과의 지역적 격차, 개별적 격차 등이 반영되지 않았기 때문에 별도 적절한 보정이 이루어져야 할 것이다.

1. 개 요

1) 의의

수익분석법이란 일반기업 경영에 의하여 산출된 총수익을 분석하여 대상물건이 일정한 기간에 산출할 것으로 기대되는 순수익에 대상물건을 계속하여 임대하는 데에 필요한 경비를 더하여 대상물건의 임대료를 산정하는 감정평가방법을 말하며, 이때 구해진 임대료를 수익임료라 한다. 이는 기업용 부동산의 임대차에 있어서 임차인이 부동산을 사용·수익하여 얻는 수익 중에서 얼마를 임대료로 지불할 수 있는가를 파악하여 그 수준을 기준으로 임대료를 평가하려는 것이다.

- 수익임료 = 순수익 + 필요제경비

---

2) 성립근거

수익분석법의 이론적 근거는 재화의 수익성과 수익배분의 원칙에 있다.

기업용 부동산에서는 대상부동산에 귀속되는 순이익을 일반수요자 가격으로서의 임대료 결정요소로 간주하고 있다. 순이익은 각 생산요소의 유기적 결합에 의해 발생하는 것이므로 그 기여도에 따라 임금, 이자, 지대 등으로 배분되기 때문에 수익배분의 원칙에 근거한다.

수익분석법은 수익성, 즉 부동산을 이용하여 어느 정도의 수익 또는 편익을 얻을 수 있는가에 기초한 수익방식에 의하여 임대료를 구하는 방법이며, 이 방법에 의하여 산정된 임대료는 수익자 임대료의 성격을 가지고 있다.

3) 장단점

수익분석법은 수익이 발생하는 임대용 부동산, 기업용 부동산의 평가에 유용한 방법으로서 이론적·과학적이며 평가자의 주관이 개입될 여지가 적다는 특징이 있다. 이는 거래사례의 수집이 어렵거나 투하비용을 알기 힘든 수익성 부동산의 임대료평가에 유리하나, 기업용 부동산 이외에는 적용하기 어렵고 순이익의 파악이 곤란한 경우에는 적용하기 어렵다는 단점이 있다.

2. 순수익

순수익은 대상물건의 총수익에서 그 수익을 발생시키는 데 드는 경비(매출원가, 판매비 및 일반관리비, 정상운전자금이자, 그 밖에 생산요소귀속 수익 등을 포함)를 공제하여 산정한 금액을 말한다. 따라서 수익분석법에 의한 수익임료를 산정할 때 순수익은 객관적·표준적·합법적이고 안정성이 확보된 것이어야 하나 반드시 최유효이용 상태일 필요는 없다. 기업은 노동, 자본, 경영, 부동산 등이 기업의 수익에 기여할 것이고, 이 중 부동산에만 귀속되는 수익을 배분하여야 한다.

필요제경비는 대상물건에 귀속될 부분만을 대상으로 산출한다는 점에 유의하며, 감가수정비, 유지관리비, 공조공과, 손해보험료, 대손충당금, 공실손실상당액, 정상운영자금이자 등으로 구성된다. 수익분석법에서의 순이익은 상각 후 세공제전의 순이익이므로 필요제경비에는 감가수정비가 항상 포함되어야 하며, 소득세, 법인세, 차입금이자, 자기자본이자 상당액 등은 계상되지 않는다.

3. 필요제경비

필요제경비는 일정기간 동안 임대차계약에 기하여 대상부동산을 임대하여 투자수익을 확보함에 있어서 필요로 하는 제 경비를 말한다. 이는 대상부동산의 사용 수익에 필요한 제경비로서 통상적인 유지, 관리 등에 소요되는 비용이며 임대인이 임차인으로부터 계약기간동안 확보해야 하는 비용이다.

1) 감가상각비

시간이 경과함에 따라 발생되는 물리적·기능적·경제적 감소분으로, 대상물건이 상각자산인 경우에는 투하자본의 회수방법으로 감가상각비를 계상하여야 하며, 산정방법으로 부동산의 사정에 따라 정액법·정률법·상환기금법 등이 있다.

2) 유지관리비

유지비·수선비·관리비 등 수익적 지출에 해당하는 비용으로서, 대수선비와 같은 자본적 지출과 공용부분에 관계되는 공익비, 전유부분에 관계되는 부가사용료는 제외된다.

3) 조세공과금

대상물건에 직접 부과되는 세금 및 공과금으로 재산세, 지역자원시설세 등 보유와 관련된 세금이며, 취득 및 이전과 관련된 세금, 소득세, 법인세 등 영업성과에 따라 부과되는 세금 등은 제외된다.

4) 손해보험료

소멸성 보험료와 비소멸성보험료로 구분되나, 소멸성 보험료를 기준으로 한다.

5) 대손준비금

임대차 기간 중에 임차인이 임대료지불 불이행 등으로 인해 임대인의 손실을 전보하기 위한 결손준비금을 말한다. 그러나 보증금 등 대손에 대한 충분한 조치가 있으면 별도의 계상은 필요 없다.

4. 수익분석법의 한계

1) 적용대상의 한계

주거용 부동산은 원칙적으로 사용을 목적으로 하는 것이지 수익발생을 목적으로 하는 부동산이 아니므로 수익성을 기본사고로 하는 수익분석법으로는 적용이 힘들다.

임대용 주거부동산에서 수익분석의 기초가 되는 것은 임료이나, 이미 구해진 임대료에서 순이익을 분석하여 다시 임대료를 구하는 것은 순환논리상 모순이 된다. 즉 주거용 부동산에서도 임대료 분석은 가능하지만 그 자체로 임대료를 알 수 있기 때문에 총수익을 분석하여 부동산에 귀속하는 임대료를 추출하는 수익분석법의 적용이 무의미하다.

2) 순이익 산정의 부정확성

순이익은 수요자가 부동산을 사용·수익하여 얻어지는 수익 중에서 임대료에 대한 수준을 정해서 임료로 평정한 것이기 때문에 공급자 측의 입장은 고려되지 않아 기업용 부동산에만 적용이 가능하다. 일반 경제활동이나 금리, 임대수준의 변화 등으로 순이익을 파악하기가 곤란하며, 신뢰성이 떨어진다.

3) 회계처리의 한계

어느 한 기업의 회계에서 현실적으로 어느 시점에서 어느 정도의 순이익이 부동산에 귀속되는지 여부, 부동산의 입지조건으로 인한 차이를 순이익에 어떻게 반영시킬 것인지 여부, 개별성을 가진 기업활동에서 특별한 경영수단 및 생산수단, 판매수단상의 유리한 조건의 처리 여부 등이 수익분석법에서의 어려운 점이다.

section 05
시산가액 조정

1. 개요

1) 의의

시산가액이란 감정평가 대상물건을 앞서 살펴본 감정평가방법 중 어느 하나를 적용하여 산정한 가액을 말한다. 이러한 시장성, 비용성, 수익성에 의하여 산정된 각각의 시산가액을 상호 비교하고 대상물건의 특성과 비교하는 등의 과정을 거쳐 감정평가액을 결정하는 과정을 시산가액 조정이라 한다.

2) 필요성

완전한 시장에서는 비용성, 시장성, 수익성 3가지 측면에서 산정된 가액이 같아지는, 즉 3면등가의 법칙이 성립되는 것을 근거로 시산가액이 다른 경우 이를 조정할 필요성이 있다고 할 수 있다. 다만, 현실의 부동산시장은 불완전한 시장이므로 3면등가의 법칙이 성립하는가를 떠나, 가치의 3면성이 가치형성과정에서 상호 유기적으로 관련되어 있으므로 당연히 시산가액조정이 필요하다고 볼 수 있다. 또한 부동산과 자본시장의 통합화 등 감정평가시장의 환경 변화로 시장수요자의 요구에 부응하고 국제평가기준과의 정합성 등 고려시 다양한 감정평가방식의 적용이 필요하다고 볼 수 있다. 또한 각각의 감정평가방식은 저마다의 특징과 유용성, 한계 등을 지니고 있으므로 다양한 방법을 적용 및 조정함으로써 보다 정확하고 객관적인 결과를 도출할 수 있다.

2. 시산가액 조정방법

우선 시산가액 산정시 적용한 자료들의 신뢰성, 자료의 양, 정확성 등을 재검토한다. 산식을 적용하였다면 산식 적용시 오기, 오타, 수식의 오류가 있는지 여부도 재검토한다. 평가방법 적용시 평가사의 판단 등이 적용된다면 이 역시 재검토한다.

이러한 시산가액이 평가대상물건의 성격과 맞는 적절한 평가방법인지 여부, 감정평가목적과 부합하는 평가방법인지 여부, 현재 부동산시장 및 경기변동상황 검토시 적정한 평가방법인지 여부 등을 고려하여 시산가액을 조정한다.

시산가액의 조정은 각 시산가액을 단순 산술평균으로 적용하는 것은 아니다. 감정평가의 목적, 대상물건의 특성, 시장상황 등을 토대로 특정 시산가액을 배제할 수도 있고, 시산가액당 가중치를 두고 조정할 수도 있다.

3. 시산가액 조정 규정

1) 감정평가방법의 적용

「감정평가에 관한 규칙」에서는 제14조에서부터 제26조까지에 대상물건별로 주된 평가방법을 규정하고 있다. 감정평가시 이러한 주된 방법을 적용하여 감정평가하는 것이 원칙이며 예외적으로 주된 방법을 적용하는 것이 곤란하거나 부적절한 경우에는 다른 감정평가방법을 적용할 수 있다.

2) 시산가액 조정 의무

대상물건의 감정평가시 주된 감정평가방법을 적용하여 산정한 가액(시산가액)을 주된 방법 외 다른 감정평가방식에 속하는 하나 이상의 감정평가방법(토지의 경우 공시지가기준법과 거래사례비교법은 서로 다른 감정평가방식에 속한 것으로 본다)으로 산출한 시산가액과 비교하여 합리성을 검토하여야 한다고 규정하여 시산가액 조정을 의무적으로 하도록 하고 있다. 다만, 대상물건의 특성 등으로 인하여 다른 감정평가방법을 적용하는 것이 곤란하거나 불필요한 경우에는 예외로 하고 있다. 예를 들어 대단지 아파트의 경우 원가법이나 수익환원법의 적용은 불필요할 정도로 거래사례비교법의 합리성이 높을 것이다.

한편, 시산가액의 조정 결과 주된 방법에 따라 산출한 시산가액(또는 곤란하거나 부적절하여 다른 감정평가방법을 적용한 경우의 시산가액)이 합리성이 없다고 판단되는 경우에는 이를 조정하여 감정평가액을 결정할 수 있도록 규정하고 있다.

부동산감정평가의 활동

Chapter 09
감정평가의 절차

지금까지 부동산의 감정평가에 대한 기초, 과정, 방법에 대하여 알아보았다면 이를 활용한 구체적인 감정평가활동에 대하여 살펴보기로 한다. 감정평가에 대한 이론적인 내용을 바탕으로 실무적으로는 어떻게 적용되고 활용되는지 이해할 수 있다.

감정평가를 하기 위해서는 합리적이고도 현실적인 인식과 판단에 기초한 질서 있는 절차가 필요하다. 감정평가실무에서는 정형화된 절차나 형식에 따라 감정평가하는 것이 하나의 관행으로 되어 있는데, 이러한 감정평가의 토대가 되는 정형화된 절차나 형식을 감정평가 절차(Appraisal Process)라 한다. 기본적 사항의 확정, 처리계획 수립, 대상물건 확인, 자료수집 및 정리, 자료검토 및 가치형성요인의 분석, 감정평가방법의 선정 및 적용, 감정평가액의 결정 및 표시에 이르는 일련의 감정평가 절차에 대하여 알아본다.

Ⅰ. 개요

감정평가의 절차란 감정평가의 업무를 보다 합리적이고 능률적으로 수행하기 위해 설정한 일련의 단계적 절차를 말한다. 감정평가 절차에 의해 평가업무를 실시함으로써 효율적인 평가작업이 가능하고 신뢰성 있는 감정평가액을 산출할 수 있으며, 합리적 또는 능률적인 평가를 위하여 필요한 때에는 순서를 신축적으로 조정하여 평가할 수 있다.

감정평가 절차와 관련하여 「감정평가에 관한 규칙」 제8조에서는 기본적 사항의 확정, 처리계획 수립, 대상물건 확인, 자료수집 및 정리, 자료검토 및 가치형성요인의 분석, 감정평가방법의 선정 및 적용, 감정평가액의 결정 및 표시를 규정하고 있다.

II. 감정평가절차

1. 기본적 사항의 확정

1) 의의

기본적 사항의 확정이란 감정평가의 기초가 되는 제반사항을 의뢰인과 협의하여 결정하는 절차를 말하며, 이에는 ① 의뢰인 ② 대상물건 ③ 감정평가 목적 ④ 기준시점 ⑤ 감정평가조건 ⑥ 기준가치 ⑦ 관련 전문가에 대한 자문 또는 용역에 관한 사항 ⑧ 수수료 및 실비에 관한 사항이 있다. 감정평가액은 부동산의 특정권리에 대한 특정시점에서의 특정한 가치유형을 기준으로 평가한 것이므로 기본적 사항의 확정 없이는 감정평가를 수행할 수 없게 된다. 기본적 사항의 확정은 확실한 자료 및 현장 조사의 결과에 기초하며 평가의뢰인의 객관적인 요구를 반영하여야 한다.

2) 의뢰인의 확정

감정평가를 의뢰한 개인의 성명 또는 법인이나 기관의 명칭을 확정한다. 감정평가의 대상물건의 소유자와 의뢰인이 일치하는 경우가 원칙이지만, 소유권 외의 권리나 특수한 목적을 위한 감정평가가 있을 수 있다. 사적 평가의 경우 감정평가로 인한 타인의 권리 침해 여부 등에 유의하여 소유자의 동의 또는 확인을 미리 구하는 것이 분쟁예방에 도움이 된다. 이외 담보평가의 경우 금융기관, 경매 또는 소송평가의 경우 법원, 보상평가의 경우 사업시행자 등 제3자가 의뢰하는 경우도 많다.

3) 대상물건(부동산)의 확정

대상부동산의 확정은 대상부동산의 물리적 사항 및 권리관계를 확정하여 감정평가의 범위를 명확하게 한다. 이는 대상부동산의 종류, 면적, 소재지, 지적 및 소유권·임차권 등의 권리관계를 확정하는 기본적 조건과 평가목적에 부응하는 대상의 범위를 확정하는 부가적 조건의 확정이 있다.

4) 감정평가 목적 확정

같은 부동산이라 하더라도 감정평가를 어떠한 목적으로 의뢰하였는지에 따라 적용 법령, 감정평가방법 등이 달라질 수 있으므로 감정평가 목적의 확정은 매우 중요하다. 또한 감정평가의 사용목적을 확정함에 불필요한 혼란을 방지할 수 있다. 대표적인 감정평가목적으로는 담보(은행, 보험회사 등), 법원경매(임의경매, 강제경매), 소송, 공매, 처분 등(처분, 매수, 교환, 매각), 보상(협의, 재결), 조세(상속, 증여 등), 일반거래(매매, 시가참고 등), 자산재평가 등이 있다.

5) 기준시점의 확정

기준시점이란 감정평가액을 결정하는 기준이 되는 일자를 말하는데, 일반적으로 부동산가치형성요인은 시간의 경과에 따라 변동하므로 감정평가액은 가격결정의 기준이 되는 날에만 타당하다고 볼 수 있다. 「감정평가에 관한 규칙」 제9조 제2항에 의하면 기준시점은 대상물건의 가격조사를 완료한 날짜로 한다. 다만, 기준시점을 미리 정하였을 때에는 그 날짜에 가격조사가 가능한 경우에만 기준시점으로 할 수 있다. 기준시점은 평가시점과 일치하는 것이 일반적이지만 소급평가나 미래평가 등에서는 차이가 발생한다. 여기서 평가시점이란 대상물건의 사실상의 평가기준일을 말한다.

6) 감정평가조건의 확정

감정평가는 기준시점에서의 대상물건의 이용상황 및 공법상 제한을 받는 상태를 기준으로 하는 현황기준이 원칙이지만, 일정한 경우 감정평가조건을 붙일 수 있기 때문에 이를 확정하여야 한다. 따라서 법령에 다른 규정이 있는지 여부, 의뢰인이 요청하는 조건과 감정평가의 목적이나 대상물건의 특성에 비추어 사회통념상 필요하다고 인정되는 경우인지 여부에 따라 해당 조건의 합리성, 적법성 및 실현가능성을 검토 후 감정평가조건의 부가여부를 확정한다.

7) 기준가치의 확정

감정평가의 대상물건에 대한 감정평가액은 시장가치를 기준으로 결정함이 원칙이지만 법령에 다른 규정이 있는 경우, 의뢰인이 요청하는 경우, 감정평가의 목적이나 대상물건의 특성에 비추어 사회통념상 필요하다고 인정되는 경우 등에 따라 시장가치 외의 가치를 기준으로 결정할 수도 있다. 다만, 시장가치 외의 가치를 기준으로 감정평가할 때에는 해당 시장가치 외의 가치의 성격과 특징, 시장가치 외의 가치를 기준으로 하는 감정평가의 합리성 및 적법성을 검토하여야 한다.

기준가치를 확정하는 이유는 가치의 다원화가 인정되며, 평가목적·의뢰조건·대상물건의 특성 등에 따라 구해야 할 가치의 종류 및 평가기법이 달라지기 때문이다.

8) 관련 전문가에 대한 자문 또는 용역에 관한 사항의 확정

「감정평가에 관한 규칙」 제9조 제3항에 의하면 감정평가 업무 수행시 필요한 경우 관련 전문가에 대한 자문등을 거쳐 감정평가할 수 있다. 감정평가의 대상이 광범위하고 관련 기술의 고도화 및 분야의 세분화, 감정평가액의 신뢰성을 향상시키기 위해 필요하다. 어업 또는 광업보상의 손실 범위 등의 산출 용역, 재개발 또는 재건축의 종후자산 감정평가시 설계도면에 의거 3D 가상 시뮬레이션 일조량, 조망권의 용역 등이 있다.

9) 수수료 및 실비에 관한 사항

「감정평가 및 감정평가사에 관한 법률」 제23조에 따라 국토교통부장관이 결정한 수수료의 요율 및 실비에 관한 기준을 준수하여야 한다.

2. 처리계획의 수립

감정평가에 관한 기본적 사항이 확정되면 감정평가의 적정화·능률화를 위하여 대상물건의 확인에서 감정평가액의 결정 및 표시에 이르기까지 일련의 작업과정에 대한 구체적인 처리계획을 미리 수립하여야 한다. 처리계획의 내용으로는 사전조사계획(평가선례, 토지실거래자료, 토지건물실거래자료), 실지조사계획(대상물건의 현황 확인), 가격조사계획, 감정평가서 작성계획 등이 있다. 처리계획의 수립은 능률적인 감정평가업무를 위한 목적 이외에도 의뢰인에게 감정평가 수임계약에 따른 업무 진행 상황을 보고하는 데에도 유용하다.

3. 대상물건의 확인

1) 의의

대상물건의 확인이란 기본적 사항의 확정에서 정해진 평가대상물건을 조사하여 그 존부, 동일성 여부, 권리상태, 물건의 상태 등을 조사하는 과정을 말한다. 사전조사와 실지조사를 말하며 사전조사란 실지조사 전에 감정평가 관련 구비서류의 완비 여부 등을 확인하고, 대상물건의 공부 등을 통해 토지등의 물리적 조건, 권리상태, 위치, 면적 및 공법상의 제한내용과 그 제한정도 등을 조사하는 절차를 말하고, 실지조사란 대상물건이 있는 곳에서 대상물건의 현황 등을 직접 확인하는 절차를 말한다. 이는 대상물건에 대한 내용에 따라 물적사항의 확인과 권리상태의 확인으로 크게 나눌 수 있다.

2) 「감정평가에 관한 규칙」 제10조

감정평가법인등이 감정평가를 할 때에는 실지조사를 하여 대상물건을 확인해야 한다. 다만, 천재지변, 전시·사변, 법령에 따른 제한 및 물리적인 접근 곤란 등으로 실지조사가 불가능하거나 매우 곤란한 경우, 유가증권 등 대상물건의 특성상 실지조사가 불가능하거나 불필요한 경우로서 실지조사를 하지 않고도 객관적이고 신뢰할 수 있는 자료를 충분히 확보할 수 있는 경우에는 실지조사를 하지 않을 수 있다.

실지조사는 대상물건이 있는 곳에서 대상물건의 현황 등을 직접 확인하는 절차를 말한다. 사전조사는 실지조사 전에 감정평가 관련 구비서류의 완비 여부 등을 확인하고, 대상물건의 공부 등을 통해 토지 등의 물리적 조건, 권리상태, 위치, 면적 및 공법상의 제한내용과 그 제한정도 등을 조사하는 절차를 말한다.

3) 확인의 내용

① 물적사항의 확인에 있어 토지의 경우에는 소재지, 지번, 지목, 면적, 경계, 공법상 제한내용 등을, 건물의 경우에는 소재지, 지번, 구조, 용도, 면적, 경과연수 등을 대상물건의 공부 등을 통해 실지 확인하여야 한다. 의뢰목록 및 공적

장부의 기재사항과 실제 현황을 비교·대조하여 존재여부, 동일성 여부, 상태 등을 확인하여야 하며, 기재되어 있지 않은 토지의 지형, 지세, 건물의 마감재, 관리상태 등도 면밀히 조사한다. 물적사항의 공적장부는 등기사항전부증명서보다 토지대장, 건축물대장이 우선시된다.

② 권리상태의 확인은 권리의 하자 유무, 제한물권의 설정 여부, 소유권의 형태 등을 확인하는 것으로서, 부동산의 가치가 소유권 기타 권리이익의 가치라고 할 때 중요한 의미를 가진다. 권리사항 역시 공적장부에 기재되어 있지 않는 권리가 있을 수 있는데 대표적인 것이 건축현장 등에서의 유치권이 있다. 권리상태의 확인은 등기사항전부증명서의 기재사항이 대장에 우선한다.

③ 한편, 대상물건의 공부의 내용과 실지가 다른 물적불일치가 경미하거나 경정 가능한 경우에는 이를 기재하고 정상평가할 수 있으나 동일성이 인정되지 않을 정도로 중대한 경우에는 평가를 반려하여야 한다.

4) 실지조사의 생략

사전조사와 실지조사 중 과거에는 실지조사의 중요성이 컸다면 최근에는 부동산의 정보화, GIS 및 프롭테크 등의 발달로 사전조사의 비중이 커지고 있다. 그렇다 하더라도 부동산은 지리적 위치의 고정성으로 현장조사, 임장활동은 필수적이며, 감정평가 업무에서도 실지조사를 통한 대상부동산의 확인은 생략하는 경우가 거의 없다.

다만, 천재지변, 전시·사변, 법령에 따른 제한 및 물리적인 접근 곤란 등으로 실지조사가 불가능하거나 매우 곤란한 경우로서 실지조사를 하지 않고도 객관적이고 신뢰할 수 있는 자료를 충분히 확보할 수 있는 경우에는 실지조사를 하지 않을 수 있다. 대표적인 경우로는 경사, 암반 등 물리적으로 접근 불가능한 임야인 경우, 민간인통제구역 내의 부동산인 경우 등이 있다. 이러한 경우 공적장부, 가치형성요인자료 등 객관적이고 신뢰할 수 있는 자료를 충분히 확보가능하다면 실지조사를 생략한 이유를 감정평가서에 명확히 적고 감정평가할 수 있다.

4. 자료의 수집 및 정리

1) 의의 및 필요성

자료의 수집 및 정리는 대상물건의 물적사항·권리관계·이용상황에 대한 분석 및 감정평가액 산정을 위해 필요한 확인자료·요인자료·사례자료 등을 수집하고 정리하는 절차를 말한다. 자료는 감정평가에 있어서 판단의 합리성과 논리성을 부여하는 중요한 기초자료이므로 풍부하고 질서 있게 수집·정리한다. 또한 자료는 감정평가액 결정시에 활용한 후에도 후일의 증빙자료 및 다른 평가에 활용하기 위해 정리·보관하여야 한다.

2) 자료의 종류

(1) 확인자료

확인자료는 대상물건의 확인 및 권리관계의 확인에 필요한 자료를 말한다. 토지의 경우 토지이용계획확인서, 지적도, 토지대장, 토지등기사항전부증명서, 건물의 경우 건축물대장, 건축물대장현황도, 건물등기사항전부증명서 등이 있다. 또한 의뢰인이 제시한 의뢰목록, 의뢰서, 용지도, 성과도면 등도 활용될 수 있다.

(2) 요인자료

요인자료는 대상물건의 가치형성에 영향을 주는 자연적·사회적·경제적·행정적 제 요인의 분석에 필요한 일반요인자료와 대상물건이 속해 있는 지역의 분석에 필요한 지역요인자료, 대상물건의 개별특성 분석에 필요한 개별요인자료로 구분된다. 일반 요인자료의 경우 평소 관심을 가지고 다양한 자료를 수집 및 틈틈이 분석하여야 하며, 지역요인자료의 경우에도 주된 업무지역은 평소에 용도지대별·내용별 체계적으로 정리해 두어야 업무의 효율성을 높일 수 있다.

(3) 사례자료

사례자료는 대상물건의 감정평가 방식의 적용 등에 필요한 자료를 말한다. 매매사례, 임대사례, 분양사례, 건설사례, 수익사례 등 시장에서 다양한 형태로 거래된 사례자료가 있을 수 있다. 이러한 사례 중 계약은 되었으나 해제된 사례, 계약이 되었으나 잔금을 치르지 않은 상태, 계약이 되었으나 부동산거래신고는 되지 않은 상태 등에 유의하여야 한다. 또한 부동산가격을 실제거래계약보다 높이거나 또는 낮춰서 신고하는 이른바 업계약, 다운계약등 불법계약과 양도소득세의 매수부담조건 등의 약정도 주의할 필요가 있다.

거래사례 이외에도 평가사례 역시 감정평가 방식의 적용에 사용된다. 공시지가기준법의 그 밖의 요인 산정시 평가사례가 활용되며, 산출된 감정평가액의 적정성 및 신뢰성 제고 자료로써 활용되기도 한다. 대상부동산 및 인근 유사부동산의 매물가격, 호가(呼價) 역시 감정평가의 참고로 활용될 수 있다.

3) 자료의 수집방법

자료의 수집방법에는 징구법, 실사법, 탐문법, 열람법이 있다. 징구법은 필요한 자료를 의뢰인으로부터 직접 제출받는 방법이고, 실사법은 제반자료를 현장조사를 통하여 수집하는 방법이다. 탐문법은 중개업자나 관공서 등을 탐문하여 자료를 수집하는 방법이며, 열람법은 평가에 필요한 자료를 인터넷 등을 통하여 직접 열람하는 방법으로 인터넷과 프롭테크 등의 발전으로 열람법에 의한 자료수집이 확대되고 있다.

5. 자료의 검토 및 가치형성요인의 분석

1) 자료의 검토

수집·정리된 자료가 대상물건의 감정평가에 필요한지, 필요한 자료가 충분한지, 감정평가목적이나 조건에 적합한 자료인지 등을 판단한다. 확인자료는 공신력·증거력이 중요하므로 평가목적, 대상물건의 성격 등에 따라 적합한 자료만 채택, 요인자료는 가치형성에 영향을 미치는 요인인지 여부를 검토, 사례자료는 대상물건과 위치적·물적 유사성 등이 인정되어 감정평가방법의 적용이 가능한 사례이어야 한다.

2) 가치형성요인의 분석

대상물건의 가치형성에 영향을 미치는 일반적·지역적·개별적 요인을 분석하여 대상물건의 경제적 위치를 명백히 하고 최유효이용을 판정한다. 일반요인은 대상물건이 속한 전체 사회에서 대상물건의 이용과 가격수준 형성에 전반적으로 영향을 미치는 일반적인 요인이고, 지역요인은 대상물건이 속한 지역의 가격수준 형성에 영향을 미치는 자연적·사회적·경제적·행정적 요인을 말하며, 개별요인은 대상물건의 구체적 가치에 영향을 미치는 대상물건의 고유한 개별적 요인을 말한다. 가치형성요인의 분석 시 제요인의 과거추이, 현재상태, 장래동향을 종합적으로 분석하고 부동산경기, 시장상황 등에 유의하여 분석한다.

6. 감정평가방법의 선정 및 적용

감정평가방법의 선정 및 적용이란 대상물건의 특성이나 감정평가목적, 평가조건 등에 따라 적절한 하나 이상의 감정평가방법을 선정하고, 그 방법에 따라 가치형성요인 분석 결과 등을 토대로 시산가액을 산정하는 절차를 말한다. 감정평가 방식은「감정평가에 관한 규칙」제11조에 규정되어 있는데, 원가방식은 원가법 및 적산법 등 비용성의 원리에 기초한 감정평가방식을 말한다. 비교방식은 거래사례비교법, 임대사례비교법 등 시장성의 원리에 기초한 감정평가방식 및 공시지가기준법을 말한다. 수익방식은 수익환원법 및 수익분석법 등 수익성의 원리에 기초한 감정평가방식을 말한다.

7. 감정평가액의 결정 및 표시

감정평가액의 결정 및 표시란 감정평가방법의 적용을 통하여 산정된 시산가액(試算價額)을 합리적으로 조정하여 대상물건이 갖는 구체적인 가치를 최종적으로 결정하고 감정평가서에 그 가액을 표시하는 절차를 말한다. 감정평가 3방식을 적용하여 산정한 각 평가가액을 시산가액(Indicated Value)이라고 하며, 이러한 시산가액의 조정을 통해 최종 감정평가액을 결정한다. 즉, 대상물건의 감정평가액을 결정하기 위하여 어느 하나의 감정평가방법을 적용하여 산정한 시산가액을 감정평가 방식 중 다른 감정평가방식에 속하는 하나 이상의 감정평가방법(이 경우 공시지가기준법과 그 밖의 비교방식에 속한 감정평가방법은 서로 다른 감정평가방식에 속한 것으로 본다)으로 산출한 시산가액과 비교하여 합리성을 검토하여야 한다. 다만, 대상물건의 특성 등으로 인하여 다른 감정평가방법을 적용하는 것이 곤란하거나 불필요한 경우에는 산출한 시산가액의 합리성을 검토하지 아니한다.

검토 결과 합리성이 없다고 판단되는 경우에는 주된 방법 및 다른 감정평가방법

부동산감정평가의 절차

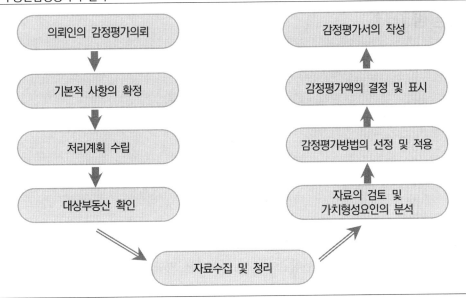

으로 산출한 시산가액을 조정하여 감정평가액을 결정할 수 있다. 구체적으로 시산가액의 조정은 각 평가방식에서 사용된 자료의 신뢰성과 평가가액간 유관성, 대상물건과 감정평가방법의 적절성 등을 중심으로 행해야 한다. 감정평가액은 하나의 수치로 표시하는 점가격과 범위로 표시하는 구간가격이 가능하며, 감정평가서의 기재사항 중 하나이다.

Chapter 10
감정평가서

감정평가활동은 감정평가 의뢰와 수임으로부터 시작하여 감정평가서를 작성하고 의뢰인에게 발급함으로써 마무리된다. 감정평가서는 명확성, 일관성, 충분성이라는 작성원칙을 두어 품질을 제고하고, '감정평가서'라는 제목을 사용하여야 한다. 감정평가서에는 법령에 근거를 둔 필수적 기재사항과 임의적 기재사항으로 구분할 수 있으며, 감정평가서의 효력발생요건으로서 감정평가를 한 감정평가사의 서명과 날인 등을 제시하고 있다. 이러한 감정평가서와 관련서류는 발급일로부터 일정기간 보존해야 할 의무가 있다. 한편, 감정평가심사제도와 새롭게 도입된 감정평가검토제도 및 유사제도에 대하여도 간략하게 알아보기로 한다.

Ⅰ. 개 요

감정평가서는 의뢰받은 대상물건에 대한 감정평가의 내용, 기준, 과정, 최종적인 결과 등을 감정평가 의뢰인에게 발급하기 위한 보고서를 말한다. 「감정평가 및 감정평가사에 관한 법률」제6조 제1항에서 감정평가법인등은 감정평가를 의뢰받은 때에는 지체 없이 감정평가를 실시한 후 국토교통부령으로 정하는 바에 따라 감정평가 의뢰인에게 감정평가서(「전자문서 및 전자거래기본법」제2조에 따른 전자문서로 된 감정평가서를 포함한다)를 발급하여야 한다고 규정한다. 따라서 감정평가서의 작성 및 발급은 감정평가업무의 필수사항이다.

II. 감정평가서

1. 감정평가서의 작성원칙

감정평가서는 의뢰인과 이해관계자가 이해할 수 있도록 명확하고 일관되게 작성하여야 한다. 감정평가 결과로부터 얻어진 분석 의견과 결론은 의뢰인에게 효과적인 방법으로 전달하여야 하며, 이해관계인이나 일반인도 그 내용을 쉽게 알 수 있도록 작성되어야 한다.

감정평가서에는 의뢰인과 이해관계자가 감정평가 결과를 이해할 수 있도록 충분한 정보가 포함되어야 한다. 이와 관련하여 감정평가서의 필수적 기재사항 및 내용에 대하여 「감정평가에 관한 규칙」등에 규정하고 있다.

2. 감정평가서의 형식과 제목

「감정평가에 관한 규칙」 제13조 제4항에는 감정평가서를 발급하는 경우 그 표지에 감정평가서라는 제목을 명확하게 적어야 한다고 규정하고 있다. 감정평가서에는 '감정평가서'라는 제목 외에 다른 제목을 사용해서는 아니 되며, 감정평가가 아닌 업무(감정평가와 관련된 상담 및 자문, 토지등의 이용 및 개발 등에 대한 조언이나 정보 등의 제공 등)를 하는 경우에는 '감정평가서' 또는 감정평가로 잘못 인식될 수 있는 제목을 사용하여서는 아니 된다. 우리나라는 법정평가주의에 따라 감정평가관계법규 등에 근거하여 자격을 취득한 감정평가사만이 감정평가서를 작성할 수 있으며, 비전문가에 의한 유사명칭 사용으로 인한 사회적·경제적 혼란을 예방한다. 또한 감정평가사의 업무 중에서도 감정평가업무와 감정평가업무 아닌 경우를 명확히 구분하기 위함이다.

과거에는 감정평가서의 형식과 관련하여「감정평가에 관한 규칙」 별지 제1호 서식과 제2호 서식(시장가치 외의 가치기준시, 감정평가조건 부가시)을 제공하고 원칙적으로 이에 따르되 예외적으로 국토교통부장관이 별도로 정하는 표준서식 또는 의뢰인의 요구에 따른 서식을 사용할 수 있도록 규정하고 있었다. 최근 2022년 1월 21일, 감정평가의 목적 및 의뢰인의 요구 등을 충실히 반영한 감정평가가 이루어질 수 있도록 정형화된 감정평가서 서식을 폐지하고, 한국감정평가사협회가 정하는 감정평가서 표준 서식을 사용할 수 있다고 개정되었다.

감 정 평 가 서
APPRAISAL REPORT

건　　명 :

의 　뢰 　인 :

감정평가서 번호 :

이 감정평가서는 감정평가 의뢰목적 외의 목적에 사용하거나 타인(의뢰인 또는 제출처가 아닌 자)이 사용할 수 없을 뿐 아니라 복사, 개작(改作), 전재(轉載)할 수 없으며 이로 인한 결과에 대하여 감정평가법인등은 책임을 지지 않습니다.

감정평가법인등의 명칭

2.1 (　　　)감정평가표(감정평가법인용)

본인은 감정평가에 관한 법규를 준수하고 감정평가이론에 따라 성실하고 공정하게 이 감정평가서를 작성하였기에 서명날인합니다.

감 정 평 가 사　　　　　　　　　　　　　　　　(인)
㈜ ○○감정평가법인
대 표 이 사　　　　　　　　　　　　　　　　(인)

감정평가액						
의 뢰 인			감정평가 목적			
제 출 처			기준가치			
소 유 자 (대상업체명)			감정평가조건			
목록표시 근거			기준시점	조사기간		작성일
(기타 참고사항)						

감 정 평 가 내 용	공부(公簿)(의뢰)		사　정		감정평가액	
	종류	면적 또는 수량	종류	면적 또는 수량	단 가	금 액(원)
	합계					

심 사 확 인	본인은 이 감정평가서에 제시된 자료를 기준으로 성실하고 공정하게 심사한 결과 이 감정평가 내용이 타당하다고 인정하므로 이에 서명날인합니다. 심 사 자 : 감 정 평 가 사　　　　　　　　(인)

3. 감정평가액의 산출근거 및 결정 의견

가. 대상물건 개요

· 대상물건의 형상, 이용상황, 공법상 제한사항 등

나. 감정평가 개요

· 감정평가 목적

· 감정평가 기준 및 근거

· 감정평가 기준시점

· 기준가치 및 감정평가조건

· 실지조사 여부 등

다. 감정평가액 산출근거

(1) 감정평가방법의 적용

(2) 감정평가액 산출과정

(3) 그 밖의 사항

라. 감정평가액 결정 의견

---

4. (　　)감정평가 명세표

4.1 부동산

일련 번호	소재지	지번	지 목 또는 용 도	용도지역 또는 구 조	면적(㎡)		감정평가액		비 고
					공 부	사 정	단 가 (원/㎡)	금 액 (원)	

3. 감정평가서의 기재사항

감정평가서의 기재사항 중 법령 등의 규정여부에 따라 필수적 기재사항과 임의적 기재사항으로 구분할 수 있다. 「감정평가에 관한 규칙」 제13조에서는 다음의 사항이 감정평가서에 포함돼야 한다고 규정하고 있다.

1. 감정평가법인등의 명칭
2. 의뢰인의 성명 또는 명칭
3. 대상물건(소재지, 종류, 수량, 그 밖에 필요한 사항)
4. 대상물건 목록의 표시근거
5. 감정평가 목적
6. 기준시점, 조사기간 및 감정평가서 작성일
7. 실지조사를 하지 않은 경우에는 그 이유
8. 시장가치 외의 가치를 기준으로 감정평가한 경우

　　① 해당 시장가치 외의 가치의 성격과 특징

　　② 시장가치 외의 가치를 기준으로 하는 감정평가의 합리성 및 적법성

다만, 법령에 다른 규정이 있는 경우에는 해당 법령을 적는 것으로 갈음할 수 있다.

9. 감정평가조건을 붙인 경우에는 그 이유 및 감정평가조건의 합리성, 적법성 및 실현가능성. 다만, 법령에 다른 규정이 있는 경우에는 해당 법령을 적는 것으로 갈음할 수 있다.

10. 감정평가액

11. 감정평가액의 산출근거 및 결정 의견(다음의 사항을 포함해야 한다. 다만, 부득이한 경우에는 그 이유를 적고 일부를 포함하지 아니할 수 있다.)

　　① 적용한 감정평가방법 및 시산가액 조정 등 감정평가액 결정 과정(제12조 제1항 단서 또는 제2항 단서에 해당하는 경우 그 이유를 포함한다)

　　② 공시지가기준법으로 토지를 감정평가한 경우 비교표준지의 선정 내용, 비교표준지와 대상토지를 비교한 내용 및 제14조 제2항 제5호에 따라 그 밖의 요인을 보정한 경우 그 내용

　　③ 재조달원가 산정 및 감가수정 등의 내용

④ 적산법이나 수익환원법으로 감정평가한 경우 기대이율 또는 환원율(할인율)의 산출근거

⑤ 제7조 제2항부터 제4항까지의 규정에 따라 일괄감정평가, 구분감정평가 또는 부분감정평가를 한 경우 그 이유

⑥ 감정평가액 결정에 참고한 자료가 있는 경우 그 자료의 명칭, 출처와 내용

⑦ 대상물건 중 일부를 감정평가에서 제외한 경우 그 이유

12. 전문가의 자문등을 거쳐 감정평가한 경우 그 자문등의 내용

13. 그 밖에 이 규칙이나 다른 법령에 따른 기재사항

4. 감정평가서의 서명과 날인

감정평가서에는 감정평가법인등의 사무소 또는 법인의 명칭을 적고, 감정평가를 한 감정평가사가 그 자격을 표시한 후 서명과 날인을 하여야 한다. 즉 감정평가사의 자격표시, 서명 및 날인이 감정평가서의 성립요소이다.

감정평가법인의 경우에는 그 대표사원 또는 대표이사도 서명이나 날인을 하여야 한다. 또한 감정평가법인은 감정평가서를 의뢰인에게 발급하기 전에 감정평가를 한 소속 감정평가사가 작성한 감정평가서의 적정성을 같은 법인 소속의 다른 감정평가사에게 심사하게 하고, 그 적정성을 심사한 감정평가사로 하여금 감정평가서에 그 심사사실을 표시하고 서명과 날인을 하게 하여야 한다.

5. 감정평가서의 발급 및 보존

1) 감정평가서의 발급

감정평가서는 의뢰인에게 직접 발급하여야 한다. 다만, 의뢰인의 대리인이 감정평가서를 수령할 때에는 대리인의 신분을 확인하고 교부할 수 있다. 감정평가서는 해당 감정평가에 대한 수수료 등이 완납되는 즉시 감정평가 의뢰인에게 발급해야 한다. 다만, 감정평가 의뢰인이 국가지방자치단체 또는 「공공기관의 운영에 관한 법률」에 따른 공공기관이거나 감정평가업자와 감정평가 의뢰인 간에 특약이 있는 경우에는 수수료 등을 완납하기 전에 감정평가서를 발급할 수 있다. 감정평가가 금융기관보험회사신탁회사 또는 「감정평가 및 감정평가사에 관한 법률 시행령」 제4조 제2항 각 호의 기

관으로부터 대출을 받기 위하여 의뢰된 때에는 대출기관에 직접 감정평가서를 송부할 수 있다. 이 경우 감정평가 의뢰인에게는 그 사본을 송부하여야 한다. 감정평가 의뢰인이 감정평가서를 분실하거나 훼손하여 감정평가서 재발급을 신청한 경우 감정평가법인등은 정당한 사유가 있을 때를 제외하고는 감정평가서를 재발급해야 한다. 이 경우 감정평가법인등은 재발급에 필요한 실비를 받을 수 있다.

2) 전자문서로 된 감정평가서

감정평가법인등이 전자문서로 된 감정평가서를 발급하는 경우 감정평가사의 서명과 날인은 「전자서명법」에 따른 전자서명의 방법으로 해야 한다. 감정평가법인등은 전자문서로 된 감정평가서의 위조·변조·훼손 등을 방지하기 위하여 감정평가 정보에 대한 접근 권한자 지정, 방화벽의 설치·운영 등의 조치를 해야 한다. 감정평가법인등은 의뢰인이나 이해관계자가 전자문서로 된 감정평가서의 진본성(眞本性)에 대한 확인을 요청한 경우에는 이를 확인해 줘야 한다.

3) 감정평가서의 보존

감정평가서의 원본은 발급일부터 5년 이상, 그 관련 서류는 발급일부터 2년 이상 보존하여야 한다. 이 경우 감정평가법인등은 감정평가서의 원본과 그 관련 서류를 이동식 저장장치 등 전자적 기록매체에 수록하여 보존할 수 있다.

해산하거나 폐업하는 경우 보존을 위하여 감정평가서의 원본과 그 관련 서류를 국토교통부장관에게 30일 내에 제출해야 한다. 감정평가서의 원본과 관련 서류를 전자적 기록매체에 수록하여 보존하고 있으면 감정평가서의 원본과 관련 서류의 제출을 갈음하여 그 전자적 기록매체를 제출할 수 있다.

감정평가서의 보존하지 아니하면 300만원 이하의 과태료를 부과한다.

III. 감정평가검토와 감정평가심사 등

1. 감정평가검토

1) 개념

감정평가검토(Appraisal Review)란 감정평가사가 작성하여 발급한 감정평가 보고서를 검토평가사(Reviewer)가 기술적, 법률적 합리성 여부에 대하여 조사 및 검증하는 행위라고 말할 수 있다. 이러한 평가검토는 미국의 경우 이미 일반화 되어 있지만 우리나라의 경우 최근 감정평가검토에 대하여 규정화하여 초기수준에 이르고 있다. 기존에도 각 금융기관 본점에서 감정평가사들을 고용하여 감정평가서 심사 업무를 해오고 있었는데, 사실상 감정평가 검토업무와 유사하다고 봐야할 것이다.

미국의 감정평가실무기준 USPAP(Uniform Standards if Professional Appraisal Practice)상 감정평가검토(APPRAISAL REVIEW)의 정의는 다른 감정평가사가 수행한 감정평가 또는 감정평가검토에 대한 의견을 도출하거나 보고하는 일 또는 과정이라고 한다.

한편 국제감정평가기준 IVS(International Valuation Standards)상 검토평가사(Valuation Reviewer)는 다른 감정평가사가 한 감정평가를 검토하는 감정평가사로 감정평가 검토의 일부로서, 검토 감정평가사는 감정평가 절차의 일부를 수행하거나 가치에 대한 의견을 제시할 수 있다고 규정하고 있다.

2) 관련 규정

「감정평가 및 감정평가사에 관한 법률」 제7조 제3항이 신설되어 감정평가 의뢰인, 의뢰인이 발급받은 감정평가서를 활용하는 거래나 계약 등의 상대방, 감정평가 결과를 고려하여 관계 법령에 따른 인가·허가·등록 등의 여부를 판단하거나 그 밖의 업무를 수행하려는 행정기관 등은 발급된 감정평가서의 적정성에 대한 검토를 소속된 감정평가사가 둘 이상인 감정평가법인등(해당 감정평가서를 발급한 감정평가법인등은 제외)에게 의뢰할 수 있다고 규정하고 있다.

적정성 검토 의뢰시 감정평가서의 사본을 첨부하며, 검토 의뢰를 받은 감정평가법인은 검토업무를 수행할 감정평가사를 지정하되, 5년 이상 감정평가 업무를 수행한 사람으로서 감정평가실적이 100건 이상인 사람이어야 한다.

2. 감정평가심사

1) 개념

감정평가심사란 감정평가사가 작성한 감정평가 보고서를 의뢰인에게 발급하기 전에 다른 감정평가사가 감정평가의 원칙과 기준 등 적정성 등에 대하여 검토하는 것을 말한다. 협회 '감정평가 심사업무 관리지침'상 심사란 관련 법률에 따라 감정평가서를 작성한 후 감정평가의뢰기관에게 제출하기 전 감정평가서의 품질향상을 위하여 적정성 등을 위원회에서 사전에 검토하는 것이라고 규정한다.

실무적으로는 법규로 정한 사항 외에 협회지침으로 일정한 경우 '감정평가심사위원회'의 심사를 거치도록 하고 있다. 예를 들어 「국유재산법」에 따라 매각하는 국유지에 대한 평가로서 감정평가액이 100억 이상인 경우 소속 감정평가사 외 같은 법인 소속 다른 감정평가사의 심사, 본사(지사)에서 별도로 심사, '감정평가심사위원회' 심사까지 거쳐야 한다.

2) 관련 규정

「감정평가 및 감정평가사에 관한 법률」 제7조 제1항에서 감정평가법인은 감정평가서를 의뢰인에게 발급하기 전에 감정평가를 한 소속 감정평가사가 작성한 감정평가서의 적정성을 같은 법인 소속의 다른 감정평가사에게 심사하게 하고, 그 적정성을 심사한 감정평가사로 하여금 감정평가서에 그 심사사실을 표시하고 서명과 날인을 하게 하여야 한다. 감정평가서의 적정성을 심사하는 감정평가사는 감정평가서가 감정평가의 원칙과 기준을 준수하여 작성되었는지 여부를 신의와 성실로써 공정하게 심사하여야 한다고 규정하고 있다. 또한 동법 시행령 제7조 제2항에서는 감정평가서를 심사하는 감정평가사는 작성된 감정평가서의 수정·보완이 필요하다고 판단하는 경우에는 해당 감정평가서를 작성한 감정평가사에게 수정·보완 의견을 제시하고, 해당 감정평가서의 수정·보완을 확인한 후 감정평가서에 심사사실을 표시하고 서명과 날인을 하여야 한다고 규정하고 있다.

이 외에도 공익사업을 위한 토지 등의 취득 및 보상에 관한 법률 시행규칙」 제16

조 제4항에서 보상평가서를 작성하여 심사자(감정평가업에 종사하는 감정평가사) 1인 이상의 심사를 받고 보상평가서에 당해 심사자의 서명날인을 받은 후 제출기한내에 사업시행자에게 이를 제출하여야 한다고 규정하고 있다.

3. 유사제도

1) 타당성조사

「감정평가 및 감정평가사에 관한 법률」제8조에서 국토교통부장관은 감정평가서가 발급된 후 해당 감정평가가 법률에서 정하는 절차와 방법 등에 따라 타당하게 이루어졌는지를 직권으로 또는 관계 기관 등의 요청에 따라 조사할 수 있다.

2) 표본조사

「감정평가 및 감정평가사에 관한 법률」제8조 제4항에서 국토교통부장관은 감정평가제도를 개선하기 위하여 감정평가서에 대한 표본조사를 실시할 수 있다.

3) 보상평가서 심사 및 검토

「공익사업을 위한 토지 등의 취득 및 보상에 관한 법률 시행규칙」제17조에서 제출된 보상평가서를 검토한 결과 그 평가가 관계법령에 위반하여 평가되었거나 합리적 근거 없이 비교 대상이 되는 표준지의 공시지가와 현저하게 차이가 나는 등 부당하게 평가되었다고 인정하는 경우에는 당해 감정평가법인등에게 그 사유를 명시하여 다시 평가할 것을 요구하여야 한다. 이 경우 사업시행자는 보상평가에 관한 전문성이 있는 것으로 인정하여 고시하는 기관에 해당 평가가 위법 또는 부당하게 이루어졌는지에 대한 검토를 의뢰할 수 있다고 규정하고 있다.

Chapter 11
물건별 감정평가

이번 장은 부동산 감정평가의 대상물건별 감정평가에 대한 실무적인 내용들을 담고 있다. 토지의 일반적인 감정평가방법과 용도별 토지의 감정평가, 각종 특수토지의 감정평가에 대하여 알아보고, 건물 역시 일반적인 감정평가방법과 특수한 건물의 감정평가에 대하여 알아본다. 또한 토지와 건물의 일괄평가로서 「집합건물의 소유 및 관리에 관한 법률」에 따른 구분소유 부동산과 토지와 건물이 결합되어 구성된 복합부동산의 감정평가에 대하여 살펴보기로 한다.

부동산의 가치는 크게 부동산을 사용·수익할 수 있는 용익가치와 처분에 따른 자본가치로 나눌 수 있다. 이에 따라 교환의 대가인 가치와 용익의 대가인 임대료로 표시할 수 있는데, 지금까지는 대부분 가치에 대하여 알아보았다면 임대료의 감정평가에 대하여 별도로 구체적으로 알아본다.

토지의 감정평가

Ⅰ. 개요

1. 정 의

토지란 소유권의 대상이 되는 땅으로서 지하공중 등 정당한 이익이 있는 범위 내에서 그 상하를 포함한다. 민법 제212조에서 토지소유권의 범위는 정당한 이익있는 범위내에서 토지의 상하에 미친다고 규정하고 있다.

2. 자료의 수집 및 정리

1) 개 념

토지에 관한 공적장부로서 토지이용계획확인서, 토지대장(임야대장), 지적도(임야도), 등기사항전부증명서 등이 있다. 서류 및 실지조사를 통하여 소재지, 지번, 지목, 면적, 사용·처분 등의 제한사항, 권리관계, 공부와 현황과의 동일성 여부, 제시목록 외의 물건 등을 확인한다.

토지에 관한 가격자료로서 매매사례가격, 토지분양가격, 소지가격, 조성사례의 공사비, 부대비용, 토지임대계약내용, 임대차계약서, 전환율, 수익률 등 가격자료 및 시장자료 등을 수집 및 정리한다.

2) 자료의 요건

① 인근지역에 존재하는 사례(다만, 인근지역에 적절한 사례가 없는 경우에는 동일수급권 안의 유사지역에 존재하는 사례 활용 가능)
② 정상적이거나 정상적인 것으로 보정할 수 있는 사례
③ 시점수정이 가능한 사례
④ 지역요인 및 개별요인 비교가 가능한 사례
⑤ 토지 및 그 지상 건물이 일체로 거래된 경우에는 합리적으로 가액을 배분할

수 있는 사례

II. 감정평가방법

　　토지의 감정평가시 원칙적으로는 공시지가기준법을 적용해야 하고 예외적으로 거래사례비교법, 해당 토지의 임대료, 조성비용 등을 고려하여 감정평가할 수 있다고 규정되어 있다. 임대료, 조성비용 등을 고려할 수 있다는 것은 수익환원법, 원가법을 말하는 것이며 이는 시산가액 조정을 위해 다양한 평가방법을 적용할 수 있다는 것이다.

　　따라서 토지 감정평가시 공시지가기준법에 의한 시산가액과 그 외의 하나 이상의 감정평가방법으로 구한 시산가액의 조정을 통해 감정평가액을 결정하는 것이 원칙이고, 공시지가기준법을 적용하는 것이 곤란하거나 부적절한 경우에는 공시지가기준법 이외 다른 감정평가방법을 적용하여 감정평가할 수 있다.

III. 용도별 토지의 감정평가

1. 주거용지

　　주거용지(주상복합용지 포함)는 주거의 쾌적성 및 편의성에 중점을 두어 다음의 사항 등을 고려하여 감정평가한다.

① 도심과의 거리 및 교통시설의 상태

② 상가와의 거리 및 배치상태

③ 학교·공원·병원 등의 배치상태

④ 조망·풍치·경관 등 지역의 자연적 환경

⑤ 변전소·폐수처리장 등 위험·혐오시설 등의 유무

⑥ 소음·대기오염 등 공해발생의 상태

⑦ 홍·사태 등 재해발생의 위험성

⑧ 각 획지의 면적과 배치 및 이용 등의 상태

2. 상업 · 업무용지

상업 · 업무용지는 수익성 및 업무의 효율성 등에 중점을 두어 다음의 사항 등을 고려하여 감정평가한다.

① 배후지의 상태 및 고객의 질과 양
② 영업의 종류 및 경쟁의 상태
③ 고객의 교통수단 상태 및 통행 패턴
④ 번영의 정도 및 성쇄의 상태
⑤ 번화가에의 접근성

3. 공업용지

공업용지는 제품생산 및 수송 · 판매에 관한 경제성에 중점을 두고 다음의 사항 등을 고려하여 감정평가한다.

① 제품의 판매시장 및 원재료 구입시장과의 위치관계
② 항만, 철도, 간선도로 등 수송시설의 정비상태
③ 동력자원, 용수·배수 등 공급처리시설의 상태
④ 노동력 확보의 용이성
⑤ 관련 산업과의 위치관계
⑥ 수질오염, 대기오염 등 공해발생의 위험성
⑦ 온도, 습도, 강우 등 기상의 상태

4. 농경지

농경지는 농산물의 생산성에 중점을 두고 다음의 사항 등을 고려하여 감정평가한다.

① 토질의 종류
② 관개 · 배수의 설비상태
③ 가뭄 피해나 홍수 피해의 유무와 그 정도
④ 관리의 편리성이나 경작의 편리성
⑤ 마을 및 출하지에의 접근성

5. 임야지

임야지는 자연환경에 중점을 두고 다음의 사항 등을 고려하여 감정평가한다.

① 표고, 지세 등의 자연상태

② 지층의 상태

③ 일조, 온도, 습도 등의 상태

④ 임도 등의 상태

IV. 특수토지의 감정평가

1. 광천지

광천지란 지하에서 온수·약수·석유류 등이 솟아 나오는 용출구와 그 유지에 사용되는 부지(운송시설 부지 제외)를 말한다. 광천지는 그 광천의 종류, 광천의 질과 양, 부근의 개발상태 및 편익시설의 종류와 규모, 사회적 명성, 그 밖에 수익성 등을 고려하여 감정평가 하되, 토지에 화체되지 아니한 건물, 구축물, 기계·기구 등의 가액은 포함하지 아니 한다.

2. 골프장용지

골프장용지란 국민의 건강증진 및 여가선용 등을 위하여 체육활동에 적합한 시설과 형태를 갖춘 골프장의 토지와 부속시설물의 부지를 뜻하며, 이용형태에 따라 회원제와 대중골프장으로 나눈다. 골프장용지는 해당 골프장의 등록된 면적 전체를 일단지로 보고 감정평가하되, 토지에 화체되지 아니한 건물, 구축물, 기계·기구 등(골프장 안의 클럽하우스·창고·오수처리시설 등을 포함한다)의 가액은 포함하지 아니한다. 이 경우 하나의 골프장이 회원제골프장과 대중골프장으로 구분되어 있을 때에는 각각 일단지로 구분하여 감정평가한다.

경마장, 스키장시설, 그 밖에 이와 비슷한 체육시설용지나 유원지 감정평가시 골프장용지 감정평가방법을 준용한다.

3. 공공용지

공공용지란 도시기반시설의 설치에 이용하는 토지 및 주민의 생활에 필요한 시설의 설치를 위한 토지를 말한다. 도로·공원·운동장·체육시설·철도·하천의 부지 등을 말하며 공공용지는 용도의 제한이나 거래제한 등을 고려하여 감정평가한다.

공공용지가 다른 용도로 전환하는 것을 전제로, 즉 용도폐지를 전제(국공유지 매각)로 의뢰된 경우에는 전환 이후의 상황을 고려하여 감정평가한다.

4. 사도

사도법 제2조에서 사도란 다음의 도로가 아닌 것으로서 그 도로에 연결되는 길을 말한다. 다만

- 「도로법」 제2조 제1항 제1호에 따른 도로
- 「도로법」의 준용을 받는 도로
- 「농어촌도로 정비법」 제2조 제1항에 따른 농어촌도로
- 「농어촌도로」에 따라 설치된 도로

사도가 인근 관련 토지와 함께 의뢰된 경우에는 인근 관련 토지와 사도부분의 감정평가액 총액을 전면적에 균등 배분하여 감정평가할 수 있으며 이 경우에는 그 내용을 감정평가서에 기재하여야 한다.

사도만 의뢰된 경우에는 다음의 사항을 고려하여 감정평가할 수 있다.

① 해당 토지로 인하여 효용이 증진되는 인접 토지와의 관계
② 용도의 제한이나 거래제한 등에 따른 적절한 감가율
③ 「공익사업을 위한 토지 등의 취득 및 보상에 관한 법률 시행규칙」 제26조에 따른 도로의 감정평가방법

5. 공법상 제한을 받는 토지

공법상 제한이란 관계법령의 규정에 의한 토지이용 및 처분 등의 제한을 의미한다. 도시·군계획시설 저촉 등 공법상 제한을 받는 토지를 감정평가할 때(보상평가는 제외한다)에는 비슷한 공법상 제한상태의 표준지 공시지가를 기준으로 감정평가한다. 다만, 그러한 표준지가 없는 경우에는 다른 표준지 공시지가를 기준으로 한 가액에서 공

법상 제한의 정도를 고려하여 감정평가할 수 있다.

토지의 일부가 도시·군계획시설 저촉 등 공법상 제한을 받아 잔여부분의 단독이용가치가 희박한 경우에는 해당 토지 전부가 그 공법상 제한을 받는 것으로 감정평가할 수 있다.

둘 이상의 용도지역에 걸쳐있는 토지는 각 용도지역 부분의 위치, 형상, 이용상황, 그 밖에 다른 용도지역 부분에 미치는 영향 등을 고려하여 면적 비율에 따른 평균가액으로 감정평가한다. 다만, 용도지역을 달리하는 부분의 면적비율이 현저하게 낮아 가치형성에 미치는 영향이 미미하거나 관련 법령에 따라 주된 용도지역을 기준으로 이용할 수 있는 경우에는 주된 용도지역의 가액을 기준으로 감정평가할 수 있다.

6. 일단으로 이용 중인 토지

일단지란 지적공부상 2필지 이상의 토지가 일단을 이루어 같은 용도로 이용되는 것이 사회적·경제적·행정적 측면에서 합리적이고 대상토지의 가치형성 측면에서 타당하다고 인정되는 등 용도상 불가분의 관계에 있는 토지를 말하며 이러한 일단지는 일괄감정평가할 수 있다.

7. 지상 정착물과 소유자가 다른 토지

토지 소유자와 지상의 건물 등 정착물의 소유자가 다른 경우에는 해당 토지는 정착물이 토지에 미치는 영향을 고려하여 감정평가한다. 즉, 다른 소유자의 건물이 존재함에 따른 불리함 등을 고려하여 감정평가한다.

8. 제시외 건물 등이 있는 토지

제시외 건물이란 종물과 부합물을 제외하고 의뢰인이 제시하지 않은 지상 정착물을 뜻한다. 제시외 건물 등이란 토지만 의뢰되었을 경우 그 지상건물, 구축물 등을 의미하고 토지와 건물이 함께 의뢰되었을 경우에는 대상물건의 종물이나 부합물이 아닌 것으로서 독립성이 강한 물건을 말한다. 의뢰인이 제시하지 않은 지상 정착물이 있는 토지의 감정평가는 소유자의 동일성 여부에 관계없이 지상 정착물과 소유자가 다른 토지를 준용하여 감정평가한다. 다만, 타인의 정착물이 있는 국·공유지의 처분을 위한 감정평가의 경우에는 지상 정착물이 있는 것에 따른 영향을 고려하지 않고 감정평가한다.

9. 공유지분 토지

1필지의 토지를 2인 이상이 공동으로 소유하고 있는 토지의 지분을 감정평가할 때에는 대상토지 전체의 가액에 지분비율을 적용하여 감정평가한다. 다만, 대상지분의 위치가 확인되는 경우에는 그 위치에 따라 감정평가할 수 있다.

공유지분 토지의 위치는 공유지분자 전원 또는 인근 공유자 2인 이상의 위치확인 동의서를 받아 확인한다. 다만, 공유지분 토지가 건물이 있는 토지(이하 "부지"라 한다)인 경우에는 다음의 방법에 따라 위치확인을 할 수 있으며 감정평가서에 그 내용을 기재한다.

① 합법적인 건축허가도면이나 합법적으로 건축된 건물로 확인하는 방법
② 상가빌딩 관리사무소나 상가번영회 등에 비치된 위치도면으로 확인하는 방법

구분소유적 공유(區分所有的 共有)란 1필의 토지 중 위치, 면적이 특정된 일부를 양수하고서도 분필에 의한 소유권이전등기를 하지 않은 채 편의상 그 필지의 면적에 대한 양수부분의 면적비율에 상응하는 공유지분등기를 경료한 경우가 대표적인 것을 말한다. 구분소유적 공유관계는 공유자 간 상호명의신탁관계로 보기 때문에 내부적으로는 토지의 특정 부분을 소유한 것이지만, 공부상으로는 공유지분을 갖는 것으로 본다.

10. 지상권이 설정된 토지

지상권이란 타인의 토지에 건물, 기타 공작물이나 수목을 소유하기 위하여 그 토지를 사용할 수 있는 물권을 말한다. 통상적으로 지상권이 설정되면 그 토지의 사용 및 수익이 제한된다. 지상권이 설정된 토지는 지상권이 설정되지 않은 상태의 토지가액에서 해당 지상권에 따른 제한정도 등을 고려하여 감정평가한다.

저당권자가 채권확보를 위하여 설정한 지상권의 경우에는 이에 따른 제한 등을 고려하지 않고 감정평가한다.

11. 규모가 과대하거나 과소한 토지

토지의 면적이 최유효이용 규모에 초과하거나 미달하는 토지는 대상물건의 면적

과 비슷한 규모의 표준지 공시지가를 기준으로 감정평가한다. 다만, 그러한 표준지 공시지가가 없는 경우에는 규모가 과대하거나 과소한 것에 따른 불리한 정도를 개별요인 비교 시 고려하여 감정평가한다. 한편, 인근의 표준적 규모의 토지보다 과대하거나 과소한 토지가 유리하게 거래되는 사례도 있을 수 있으며, 이러한 경우도 개별요인 비교 시 고려하여 감정평가한다.

12. 맹지

맹지란 지적도상 도로에 접한 부분이 없는 토지를 말한다. 맹지는 「민법」 제219조에 따라 공로에 출입하기 위한 통로를 개설하기 위해 비용이 발생하는 경우에는 그 비용을 고려하여 감정평가한다. 다만, 다음의 어느 하나에 해당하는 경우에는 해당 도로에 접한 것으로 보고 감정평가할 수 있다.

① 토지소유자가 그 의사에 의하여 타인의 통행을 제한할 수 없는 경우 등 관습상 도로가 있는 경우
② 지역권(도로로 사용하기 위한 경우) 등이 설정되어 있는 경우

13. 고압선등 통과 토지

송전선 또는 고압선(이하 "고압선등"이라 한다)이 통과하는 토지는 통과전압의 종별, 고압선등의 높이, 고압선등 통과부분의 면적 및 획지 안에서의 위치, 철탑 및 전선로의 이전 가능성, 지상권설정 여부 등에 따른 제한의 정도를 고려하여 감정평가할 수 있다.

고압선등 통과부분의 직접적인 이용저해율과 잔여부분에서의 심리적·환경적인 요인의 감가율을 파악할 수 있는 경우에는 이로 인한 감가율을 각각 정하고 고압선등이 통과하지 아니한 것을 상정한 토지가액에서 각각의 감가율에 의한 가치감소액을 공제하는 방식으로 감정평가한다.

14. 택지 등 조성공사 중에 있는 토지

1) 택지 등으로 조성 중인 토지

건물 등의 건축을 목적으로 농지전용허가나 산지전용허가를 받거나 토지의 형질

변경허가를 받아 택지 등으로 조성 중에 있는 토지는 다음에 따라 감정평가한다.

① 조성 중인 상태대로의 가격이 형성되어 있는 경우에는 그 가격을 기준으로 감정평가한다.

② 조성 중인 상태대로의 가격이 형성되어 있지 아니한 경우에는 조성 전 토지의 소지가액, 기준시점까지 조성공사에 실제 든 비용상당액, 공사진행정도, 택지조성에 걸리는 예상기간 등을 종합적으로 고려하여 감정평가한다.

2) 「도시개발법」환지방식에 따른 사업시행지구 안 토지

① 환지처분 이전에 환지예정지로 지정된 경우에는 환지예정지의 위치, 확정예정지번(블록·롯트), 면적, 형상, 도로접면상태와 그 성숙도 등을 고려하여 감정평가한다. 다만, 환지면적이 권리면적보다 큰 경우로서 청산금이 납부되지 않은 경우에는 권리면적을 기준으로 한다.

② 환지예정지로 지정 전인 경우에는 종전 토지의 위치, 지목, 면적, 형상, 이용상황 등을 기준으로 감정평가한다.

3) 「택지개발촉진법」에 따른 택지개발사업시행지구 안 토지

① 택지개발사업실시계획의 승인고시일 이후에 택지로서의 확정예정지번이 부여된 경우에는 위치, 면적, 형상, 도로접면상태와 그 성숙도, 해당 택지의 지정용도 등을 고려하여 감정평가한다.

② 택지로서의 확정예정지번이 부여되기 전인 경우에는 종전 토지의 이용상황 등을 기준으로 그 공사의 시행정도 등을 고려하여 감정평가하되, 「택지개발촉진법」에 따라 용도지역이 변경된 경우에는 변경된 용도지역을 기준으로 한다.

15. 석산

① 「산지관리법」에 따른 토석채취허가를 받거나 채석단지의 지정을 받은 토지, 「국토의 계획 및 이용에 관한 법률」에 따른 토석채취 개발행위허가를 받은 토지 또는 「골재채취법」에 따른 골재채취허가(육상골재에 한함)를 받은 토지(이하 "석산"이라 한다)를 감정평가할 때에는 수익환원법을 적용하여야 한다. 다만, 수익환원법으로 감정평가하는 것이 곤란하거나 적절하지 아니한 경우에는 토석의 시장성, 유사 석산의 거래사

례, 평가사례 등을 고려하여 공시지가기준법 또는 거래사례비교법으로 감정평가할 수 있다.

② 수익환원법을 적용할 때에는 허가기간동안의 순수익을 환원한 금액에서 장래 소요될 기업비를 현가화한 총액과 현존 시설의 가액을 공제하고 토석채취 완료시점의 토지가액을 현가화한 금액을 더하여 감정평가한다.

③ 토석채취 완료시점의 토지가액을 현가화한 금액은 허가기간 말의 토지현황(관련 법령 또는 허가의 내용에 원상회복·원상복구 등이 포함되어 있는 경우는 그 내용을 고려한 것을 말한다)을 상정한 기준시점 당시의 토지 감정평가액으로 한다.

④ 석산의 감정평가액은 합리적인 배분기준에 따라 토석(석재와 골재)의 가액과 토지가액으로 구분하여 표시할 수 있다.

section 02
건물의 감정평가

Ⅰ. 개요

1. 정 의

건물이란 토지에 정착하는 공작물 중 지붕과 기둥 또는 벽이 있는 것과 이에 부수되는 시설물, 지하 또는 고가의 공작물에 설치하는 사무소, 공연장, 점포, 차고, 창고, 그 밖에 「건축법」시행령으로 정하는 것을 말한다.

2. 자료의 수집 및 정리

1) 개 념

건물에 관한 공적장부로서 일반건축물대장, 등기사항전부증명서 등이 있다. 서류 및 실지조사를 통하여 소재지, 지번, 용도, 면적, 구조, 지붕, 건폐율, 용적률, 사용승인일, 권리관계, 공부와 현황과의 동일성 여부, 제시목록 외의 물건 등을 확인한다.

건물에 관한 가격자료로서 원가자료, 도급계약서, 건물신축단가표, 건물분양가격, 분양가의 부가가치세 포함여부, 건물임대료, 단위면적당 임대료 수준, 임대료에 부가가치세 포함여부, 관리비, 임대수익률, 보증금 등 가격자료 및 시장자료 등을 수집 및 정리한다.

2) 자료의 요건

최대한 객관적이고 정확하게 수집하여야 한다.

Ⅱ. 감정평가방법

건물을 감정평가할 때에는 원가법을 적용하여야 한다. 다만, 원가법을 적용하는 것이 곤란하거나 부적절한 경우에는 거래사례비교법, 수익환원법을 적용할 수 있으며, 시산가액 비교를 통해 합리성 검토를 하여야 한다.

1. 원가법

1) 재조달원가

재조달원가란 대상물건을 기준시점에 재생산하거나 재취득하는 데 필요한 적정원가의 총액을 말한다. 재조달원가는 대상물건을 일반적인 방법으로 생산하거나 취득하는 데 드는 비용으로 하되, 건물의 일반적인 효용을 위한 전기설비, 냉·난방설비, 승강기설비, 소화전설비 등 부대설비는 건물에 포함하여 감정평가한다. 다만, 특수한 목적의 경우에는 구분하여 감정평가할 수 있다. 건물의 경우 일반적인 방법으로 건축하는 데 소요되는 비용을 기준으로 산정하는 것을 원칙으로 한다.

직접법은 사용자재 및 소요비용의 품등·수량·시간 등을 조사하여 대상건물에서 직접 구하는 방법으로 대상건물의 건축비를 기준으로 한다. 간접법은 대상물건의 자료가 없거나 자료만으로는 정확한 재조달원가 산정이 어려운 경우 유사한 물건의 재조달원가를 구하여 사정보정 및 시점수정 등을 하여 대상 건물의 재조달원가를 구하는 방법이다. 대상물건과 비교가능성이 있는 유사사례 또는 건물신축단가표를 활용하여 구하는 방법도 있다.

2) 감가수정

감가수정이란 대상물건에 대한 재조달원가를 감액하여야 할 요인이 있는 경우에 물리적 감가, 기능적 감가 또는 경제적 감가 등을 고려하여 그에 해당하는 금액을 재조달원가에서 공제하여 기준시점에서의 대상물건의 가액을 적정화하는 작업을 말한다.

건물의 경우 경제적 내용연수를 기준으로 한 정액법·정률법 또는 상환기금법 중에서 대상건물에 가장 적합한 방법을 적용한다. 이 경우 물리적·기능적·경제적 감가요인을 고려하여 관찰감가 등으로 조정하거나 다른 방법에 따라 감가수정할 수 있다.

2. 거래사례비교법

거래사례비교법으로 감정평가할 때에는 적절한 건물의 거래사례를 선정하여 사정보정, 시점수정, 개별요인비교를 하여 비준가액을 산정한다. 다만, 적절한 건물만의 거래사례가 없는 경우에는 토지와 건물을 일체로 한 거래사례를 선정하여 토지가액을 빼는 공제방식이나 토지와 건물의 가액구성비율을 적용하는 비율방식 등을 적용하여 건물가액을 배분할 수 있다.

3. 수익환원법

수익환원법으로 감정평가할 때에는 전체 순수익 중에서 공제방식이나 비율방식 등으로 건물귀속순수익을 산정한 후 이를 건물의 환원율로 환원하여 건물의 수익가액을 산정한다.

III. 특수한 건물의 감정평가

1. 공법상 제한받는 건물

공법상 제한을 받는 건물이 제한을 받는 상태대로의 가격이 형성되어 있을 경우에는 그 가격을 기초로 하여 감정평가하여야 한다. 다만, 제한을 받는 상태대로의 가격이 형성되어 있지 아니한 경우에는 제한을 받지 않는 상태를 기준으로 하되 그 제한의 정도를 고려하여 감정평가한다.

건물의 일부가 도시·군계획시설에 저촉되어 저촉되지 않은 잔여부분이 건물로서 효용가치가 없는 경우에는 건물 전체가 저촉되는 것으로 감정평가하고, 잔여부분만으로도 독립건물로서의 가치가 있다고 인정되는 경우에는 그 잔여부분의 벽체나 기둥 등의 보수에 드는 비용 등을 고려하여 감정평가한다.

공법상 제한을 받는 건물로서 현재의 용도로 계속 사용할 수 있는 경우에는 이에 따른 제한 등을 고려하지 않고 감정평가한다.

2. 기존 건물 상층부에 증축한 건물

증축부분의 경과연수는 기존 건물의 경과연수에 관계없이 증축부분의 실제경과연수를 기준하며 장래보존연수는 기존 건물의 장래보존연수 범위에서 적용하여 감가수정한다.

3. 토지와 그 지상 건물의 소유자가 다른 건물

건물의 소유자와 그 건물이 소재하는 토지의 소유자가 다른 건물은 정상적인 사용·수익이 곤란할 경우에는 그 정도를 고려하여 감정평가한다. 다만, 다음의 경우에는 이에 따른 제한 등을 고려하지 않고 감정평가할 수 있다.

① 건물의 사용·수익에 지장이 없다고 인정되는 경우
② 사용·수익의 제한이 없는 상태로 감정평가할 것을 요청한 경우

4. 공부상 미등재 건물

실지조사 시 의뢰되지 않은 공부상 미등재 건물이 있는 경우에는 의뢰인에게 감정평가 포함 여부를 확인하여 실측면적을 기준으로 감정평가할 수 있다.

5. 건물 일부가 인접 토지상에 있는 건물

건물의 일부가 인접 토지상에 있는 건물은 그 건물의 사용·수익의 제한을 고려하여 감정평가한다. 다만, 그 건물의 사용·수익에 지장이 없다고 인정되는 경우에는 이에 따른 제한 등을 고려하지 않고 감정평가할 수 있다.

6. 공부상 지번과 실제 지번이 다른 건물

건물의 실제 지번이 건축물대장상이나 제시목록상의 지번과 다를 때에는 감정평가하지 않는 것을 원칙으로 한다. 다만, 다음의 경우로서 해당 건물의 구조·용도·면적 등을 확인하여 건축물대장과의 동일성이 인정되면 감정평가할 수 있다.

① 분할·합병 등으로 인하여 건물이 있는 토지의 지번이 변경되었으나 건축물대장상 지번이 변경되지 아니한 경우
② 건물이 있는 토지가 같은 소유자에 속하는 여러 필지로 구성된 일단지로 이용되고 있는 경우
③ 건축물대장상의 지번을 실제 지번으로 수정이 가능한 경우

7. 녹색건축물

「녹색건축물 조성 지원법」 제2조 제1호에 따른 녹색건축물이란 에너지이용 효율과 신·재생에너지의 사용비율이 높고 온실가스 배출을 최소화하는 건축물과 환경에 미치는 영향을 최소화하고 동시에 쾌적하고 건강한 거주환경을 제공하는 건축물을 말한다. 이러한 녹색건축물은 온실가스 배출량 감축설비, 신·재생에너지 활용설비 등 친환경 설비 및 에너지효율화 설비에 따른 가치증가분을 포함하여 감정평가한다.

section 03
토지와 건물의 일괄평가

Ⅰ. 구분소유 부동산

1. 개념

1) 정의

구분소유 부동산이란 「집합건물의 소유 및 관리에 관한 법률」에 따라 구분소유권의 대상이 되는 건물부분과 그 대지사용권(대지 지분소유권)을 말한다.

전유부분이란 구분소유권의 목적인 건물부분, 공용부분이란 전유부분 외의 건물부분, 전유부분에 속하지 아니하는 건물의 부속물 및 집합건물의 소유 및 관리에 관한 법률」 제3조 제2항 및 제3항에 따라 공용부분으로 된 부속의 건물을 말한다. 공용부분에 대한 공유자의 지분은 그가 가지는 전유부분의 처분에 따르며, 공유자는 그가 가지는 전유부분과 분리하여 공용부분에 대한 지분을 처분할 수 없다.

대지사용권이란 구분소유자가 전유부분을 소유하기 위하여 건물의 대지에 대하여 가지는 권리를 말한다.

2) 자료의 수집 및 정리

(1) 개념

구분소유 부동산에 관한 공적장부로서 토지이용계획확인서, 집합건축물대장(총괄, 표제부, 전유부), 집합건물등기사항전부증명서 등이 있다. 서류 및 실지조사를 통하여 소재지, 지번, 용도, 면적, 구조, 지붕, 대지권, 건폐율, 용적률, 사용승인일, 권리관계, 공부와 현황과의 동일성 여부, 제시목록 외의 물건 등을 확인한다.

구분소유 부동산에 관한 가격자료로서 원가자료, 도급계약서, 건물신축단가표, 구분소유 부동산 분양가격, 분양가의 부가가치세 포함여부, 임대료, 단위면적당 임대료수준, 임대료에 부가가치세 포함여부, 관리비, 임대수익률, 보증금 등 가격자료 및 시장자료 등을 수집 및 정리한다.

(2) 자료의 요건

최대한 객관적이고 정확하게 수집하여야 한다.

2. 감정평가방법

구분소유 부동산을 감정평가할 때에는 건물(전유부분과 공유부분)과 대지사용권을 일체로 한 거래사례비교법을 적용하여야 한다. 대상물건과 가치형성요인이 같거나 유사한 사례를 선정하며, 주거용의 경우 매매가격지수, 비주거용의 경우 수익률 등을 통해 시점수정을 한다. 공동주택의 경우 다음과 같은 가치형성요인 비교가 필요하며, 특히 단위면적의 경우 전유면적을 기준으로 하는 등 비교단위를 통일하여야 한다.

외부요인		
구 분	항 목	세부항목
가로조건	가로의 폭, 구조 등의 상태	도로의 폭, 포장상태, 계통의 연속성
접근조건	도심과의 거리, 교통시설의 상태	교통시설의 편의성, 도시중심과의 접근성
	상가의 배치상태	단지 내 및 인근상가의 편의성, 품격
	공공 및 교육편익시설의 배치상태	유치원, 초·중·고교, 대학교, 공원, 병원, 관공서 등
환경조건	기상조건	일조, 습도, 온도, 통풍 등
	자연환경	조망, 경관, 지반, 지질 등
	사회환경	거주자의 직업, 연령, 학군 등
	획지의 상태	획지의 표준인 면적, 획지의 정연성
		건물의 조밀도, 주변의 이용 상태
	공급 및 처리시설의 상태	상수도, 하수도, 도시가스 등
	위험 및 혐오시설	변전소, 가스탱크, 오수처리장 등의 유무
		특별고압선 등의 통과유무
	재해발생의 위험성	홍수, 상태, 절벽붕괴 등
	공해발생의 정도	소음, 진동, 대기오염 등
행정조건	행정상의 규제정도	용도지역, 지구, 구역 등 기타규제 사항
기타조건	기 타	장래의 동향, 기타

건물요인	
구 분	항 목
시공 상태	전체건물의 기초, 벽체의 방습, 방음, 단열 및 안전성 등
설계/설비	설계에 따른 구조의 양부와 각종 설비의 유무, 종류, 수준 등
노후도	준공 및 입주시점 등 실제 경과연수 및 잔존내용연수
공용시설	주차시설규모, 집회실, 현관시설, 놀이시설, 노인정, 조경
규모/구성비	건물의 층수, 총세대수, 공급면적별 구성비, 용적률
건물용도	대상건물이 주상복합용인가, 주거단일용도인가와 현재 이용 상태
관리체계	관리체계 및 관리현황
기타	그 밖의 공동주택 가격수준에 영향을 미치는 요인

개별요인	
구 분	항 목
층별 효용	일조, 채광의 정도
	조망, 압박감 등
	소음의 영향
	엘리베이터, 계단을 이용한 접근성
	난방 및 단열
	프라이버시 및 외부인 침입가능성
	재해시 안전(화재, 추락)
위치별 효용	일조, 채광의 정도
	조망, 압박감 등
	소음의 영향(특별한 경우)
	엘리베이터, 계단으로의 접근성
	난방 및 단열
	프라이버시 보호
	교통시설, 상권 및 학교 등 주요시설과의 접근성
향별 효용	일조, 채광의 정도
	조망, 압박감 등
	프라이버스 보호
공용부분의 전용사용권유무	주차장 등에 대한 전용사용권
부지에 대한 지분면적	대지권의 종류 및 크기
관리상태	배관 등
기타	그 밖의 공동주택가격에 직접적인 영향을 미치는 요인

구분소유 부동산을 원가법으로 감정평가하는 경우 전체 1동의 토지 및 건물 부분의 가액을 구하고 층별·위치별 효용비율을 적용하여하여야 한다. 구분소유 부동산이 장래 산출할 것으로 기대되는 순수익이나 미래의 현금흐름을 환원하거나 할인하여 가액을 산정하는 수익환원법을 적용할 수도 있다.

산정된 감정평가액은 경매감정평가나 의뢰인의 요청 등에 의해 토지가액과 건물가액 배분이 필요한 경우가 있다. 구분소유 부동산은 거래관행상 건물과 토지의 가액을 분리하는 것이 곤란하나 적정한 비율을 적용하거나 공제하는 등 합리적인 배분기준에 따라 토지가액과 건물가액으로 구분하여 표시할 수 있다.

3. 대지사용권을 수반하지 않은 구분건물

대지사용권을 수반하지 않은 구분건물의 감정평가는 건물만의 가액으로 감정평가한다. 다만, 추후 토지의 적정지분이 정리될 것을 전제로 가격이 형성되는 경우에는 대지사용권을 포함한 가액으로 감정평가할 수 있다. 택지개발지구, 도시개발사업지구, 재개발 및 재건축사업지구 등은 건물 사용승인이 되고 한참이 지나도록 대지권 등기가 이루어지지 못하는 경우가 많다. 이외 토지지분이 없는 토지임대부 아파트가 있을 수 있고 실제로 분쟁으로 인하여 대지권이 없는 경우가 있을 수 있으니 유의하여야 한다.

II. 복합부동산

1. 개념

1) 정의

복합부동산이란 토지와 건물이 결합되어 구성된 부동산을 말한다. 토지와 건물이 결합되어 구분소유권의 대상이 되면 구분소유 부동산이지만, 그렇지 않고 토지와 1동 건물 전체를 말한다.

2) 자료의 수집 및 정리

(1) 개념

토지와 건물을 합한 개념이므로 토지에 관한 자료와 건물에 관한 자료를 수집 및 정리하면 된다. 따라서 공적장부는 토지이용계획확인서, 토지대장, 지적도, 토지등기사항전부증명서, 건축물대장, 건물등기사항전부증명서 등이 있다.

(2) 자료의 요건

최대한 객관적이고 정확하게 수집하여야 한다.

2. 감정평가방법

1) 개별평가

토지와 건물은 별개의 부동산이고 「감정평가에 관한 규칙」 제7조 제1항에 따라 감정평가는 대상물건마다 개별로 하여야 한다. 따라서 토지와 건물로 이루어진 복합부동산은 토지와 건물을 개별로 감정평가하는 것을 원칙으로 한다. 즉 토지는 공시지가기준법, 건물은 원가법을 주된 방법으로 적용한다.

2) 일괄평가

다만, 토지와 건물이 일체로 거래되는 경우에는 일괄하여 감정평가할 수 있다. 토지와 건물을 일괄하여 감정평가할 때에는 거래사례비교법을 적용하여야 한다. 인근지역의 토지 및 건물의 규모가 유사한 부동산이 다수 거래되는 지역인 경우 일괄 거래사례비교법이 합리적인 경우가 될 수 있다. 한편 복합부동산으로부터 발생하는 수익 및 현금흐름을 바탕으로 수익환원법을 적용하여 대상물건이 장래 산출할 것으로 기대되는 순수익이나 미래의 현금흐름을 환원하거나 할인하여 대상물건을 감정평가하는 수익환원법을 적용할 수 있다.

토지와 건물을 일괄하여 감정평가한 경우의 감정평가액은 합리적인 배분기준에 따라 토지가액과 건물가액으로 구분하여 표시할 수 있다.

---

section 04
임대료의 감정평가

Ⅰ. 개요

1. 임대차의 의의

「민법」 제618조에 의하면 임대차란 당사자 일방(임대인)이 상대방(임차인)에게 목적물을 사용·수익하게 할 것을 약정하고 상대방이 이에 대하여 차임을 지급할 것을 약정함으로써 그 효력이 생기는 계약을 말한다. 임대차의 목적은 물건이므로 권리나 기업을 빌리고 그 대가를 지급하는 계약은 임대차가 아닌 무명계약이고, 사용·수익의 대가인 차임은 금전에 한하지 않는다. 임대차 중에서 중요한 사회적 기능을 지니고 있는 것은 택지, 건물, 농지의 임대차이다. 임대차에 있어서 임대인은 목적물을 임차인의 사용수익에 필요한 상태를 유지하게 할 적극적 의무를 부담하며, 임차인은 임차물을 반환할 때까지 「선량한 관리자의 주의」로 그 목적물을 보존하고 계약 또는 임대물의 성질에 의하여 정한 용법에 따라서 사용수익하여야 한다. 또한 민법은 임차인이 임대인의 승낙없이 임차인으로서의 권리, 즉 임차권을 양도하거나 임차물을 전대하는 것을 금하고 만약에 임차인이 이에 반하여 무단히 제3자에게 임차물의 사용수익을 하게 하면 임대차를 해지할 수 있다고 정하고 있다.

임대료는 임대차계약에 기초한 대상물건의 사용대가로서 지급되는 금액이므로 임대차계약을 통하여 발생한다. 임대차계약은 유상, 쌍무, 낙성계약으로서 임대차는 타인의 물건을 사용·수익하는 점에서 소비대차 및 사용대차와 같지만, 임차인이 임차물 자체를 반환하여야 하고 그 소유권을 취득하지 않는 점에서 소비대차와 다르다. 또한 사용·수익의 대가로서 차임을 지급하여야 하는 점에서 사용대차와도 다르다.

임대차는 임대인과 임차인 사이에 일정한 합의가 있으면 성립하는 것으로서, 임대인이 그 목적물에 대한 소유권 기타 이를 임대할 권한이 있을 것을 성립요건으로 하지 않는다.

2. 임대료의 의의

임대료란 임대차 등(임차권, 지상권 또는 전세권에 의하여 부동산을 사용·수익)의 계약을 기초로 하여 대상물건에 대한 사용·수익의 대가로 임차인이 임대인에게 지불하는 금액을 말한다. 일반적으로 임차인을 기준으로 하여 임대인에게 지급하는 임료를 임차료라고 하며, 임대인을 기준으로 하여 임차인으로부터 지급받는 금액을 임대료라고 한다.

소유권은 법률의 범위 내에서 사용·수익·처분의 권능이 있고, 목적물을 임대한 경우 사용·수익의 권능이 임차인에게 이전한 것으로 생각할 수 있다. 따라서 임대료는 임대인 측면에서는 소유권 제약에 대한 대가이며, 임차인 측면에서는 사용·수익에 대한 대가로 볼 수 있다.

부동산의 가격과 임대료의 관계를 원본과 과실의 관계라고 표현하기도 한다. 즉 부동산의 가격은 물리적, 기능적, 경제적으로 소멸할 때까지 부동산을 사용·수익할 수 있는 것을 기초로 하여 발생되는 경제가치를 화폐액으로 표시한 것이고, 부동산의 임대료는 임대차 등의 계약기간 동안 사용·수익할 수 있는 것을 기초로 하여 발생하는 경제가치를 화폐액으로 표시한 것이다.

II. 임대료의 특성 및 구분

1. 임대료의 특성

임대료는 임대차계약에 의하여 대상 부동산을 사용·수익하는 대가로 수수되는 금액이므로 광의의 가격에 포함된다. 그러므로 임대료의 특성은 부동산의 특성을 모두 포괄하고 있다.

1) 원본과 과실의 관계

부동산의 가치는 크게 부동산을 사용·수익할 수 있는 용익가치와 처분에 따른 자본가치로 나눌 수 있다. 이에 따라 교환의 대가인 가격과 용익의 대가인 임대료로 표시할 수 있는데, 부동산의 임대료는 해당 부동산의 경제적 가치를 적정하게 파악함으로써 구할 수 있다. 반대로 부동산의 경제적 가치는 임대료를 환원 또는 할인하여 도출할 수 있다, 즉 임대료는 기초가격에 기대이율을 곱한 후 필요제경비를 더하여 적산임료를 산정할 수 있고, 반대로 가격은 임대료를 환원이율로 나누어 구할 수 있다.

임대료와 가격은 원본과 과실의 관계라고 할 수 있으나, 계약기간, 임대인과의 연고관계 및 임대료변동의 경직성 등으로 인해 정확한 비례관계가 성립되는 것은 아니다.

2) 기간적 특성

부동산의 가격은 그 부동산이 물리적·경제적·기술적으로 소멸하기까지의 전 기간에 걸쳐 부동산을 사용하고 수익할 수 있는 것을 기초로 한 경제적 가치를 화폐액으로 표시한 교환가치라고 할 수 있다. 반면 임대료는 가격의 전기간 중 일부 기간에 걸쳐서 부동산의 임대차계약, 지상권 또는 지역권의 설정계약에 따라 부동산을 사용·수익할 수 있는 것을 기초로 하여 발생하는 경제적 가치를 화폐액으로 표시한 사용가치이다.

3) 기준시점

기준시점이란 대상물건의 감정평가액 결정의 기준이 되는 날로 대부분 평가일 현재가 되지만, 과거 또는 미래의 특정일이 될 수 있다. 감정평가에 관한 규칙 제9조에서는 대상물건의 가격조사를 완료한 날짜를 원칙으로 하나 기준시점을 미리 정하였을 때에는 그 날짜에 가격조사가 가능한 경우에만 기준시점으로 할 수 있다고 하여 예외를 인정하고 있다.

감정평가시 가격을 구할 때 고려하여야 하는 효용, 사회적 환경, 경제적 상황, 환경적 조건, 법률적·정책적 규제 등 거의 모든 항목들이 임대료를 구할 때에도 고려되어야 한다. 임대료의 기준시점은 임대료산정기간 동안의 수익의 기초시점을 기점으로 하므로 그 기간의 초일이 된다. 즉 매월 지불하면 매월의 초일이, 매년 지불하면 매년의 초일이 된다.

4) 임대료의 지연성(지행성)

감정평가액을 구할 때에는 계약기간과 관계없이 기준시점에서의 시장가치를 산정하고 있다. 그러나 임대료의 결정은 일정한 임대차계약 기간의 초일이 기준시점이 되어 기준시점의 임대료는 그 특성으로 인하여 가격보다 시장변동의 영향을 늦게 받게 되는데, 이를 임대료의 지행성이라고 한다.

2. 임대료의 구분

1) 개요

임대료는 지불방식, 임대료구성 내용에 따라 실질임대료와 지불임대료 등으로 구분될 수 있다. 원칙적으로 감정평가에서 구하는 임대료는 실질임대료이며 예외적으로 지불임대료를 의뢰받는 경우 지불임대료를 구할 수 있다. 이 경우 실질임대료와의 관계를 감정평가서에 명기하여야 한다.

2) 실질임대료

실질임대료는 임대인에게 지불하는 모든 경제적 대가를 말하며, 순임대료와 필요제경비등으로 구성된다. 감정평가에서 구해야 하는 임대료는 실질임대료이며, 각 지불기간에 지불되는 지불임대료와 예금적 성격을 지닌 일시금(보증금 등)의 운용익, 선불적 성격의 일시금(권리금 등)의 상각액 및 미상각액의 운용익 등으로 구성된다. 여기서 일시금이 예금적 성격인지 선불적 성격인지의 여부는 계약내용을 통하여 파악해야 한다.

임차인은 임대인에게 차임지급의무 및 목적물보관의무 등을 부담하므로 이러한 채무를 담보하기 위하여 임대인은 관행상 지불임대료 이외의 예금적 성격을 지닌 일시금(보증금 등)을 수수한다. 이러한 보증금은 임차인의 채무불이행이 발생하지 않는 한 목적물의 명도시 반환되므로 보증금의 운용익을 실질임대료에 포함시킨다.

또한 선불적 성격을 가진 일시금의 상각액 및 미상각액의 운용익이 실질임대료에 포함된다. 선불적 성격을 갖는 일시금은 임대기간 만료 후에도 임대인으로부터 임차인에게 반환되지 않는 일시금인데, 이 일시금 중에서 매 지불시기에 상각되는 상각액 및 미상각잔액의 운용익이 실질임대료에 포함되므로 선불적 성격을 갖는 일시금의 금액과 계약조건 등에 따라 매기에 지불되는 지불임대료의 금액이 달라진다.

이러한 일시금은 각 지불시기에 지불되는 지불임대료와 밀접한 관련이 있어 일시금의 액수가 많으면 많을수록 지불임대료가 적어지므로 일시금과 지불임대료의 내용을 파악하여야 한다.

임대료의 감정평가시에는 실질임대료를 구함을 원칙으로 하나, 보증금 등의 수수가 있는 경우에 지불임대료를 파악하고자 할 때에는 실질임대료의 일부인 지불임대료를 구할 수 있다. 이러한 경우 감정평가서상에는 양자를 구분하여 표시하여야 혼란을 방지할 수 있다.

3) 지불임대료

지불임대료는 대상부동산을 사용하는 대가로 임대인에게 매월, 매분기 또는 매년 등 사전에 정한 임대료의 지불시기에 임대료, 관리비 등의 명목으로 임차인이 지불하는 금액에서 임차인이 부담하여야 하는 부가사용료와 공익비 등 임대인이 임차인으로

부터 받아 제3자에게 지급하는 금액을 공제한 차액을 말한다.

부가사용료란 부동산 중 임차인이 독점적으로 사용하는 임대 부분에 관계되는 가스료, 전기료, 수도료, 청소비, 냉난방비 등으로 임차인이 직접 가스회사, 전기회사 등 공급자에게 지불하여야 하는 비용임에도 불구하고 편의상 임차인이 임대인에게 지불하고 임대인이 이를 모아서 공급자에게 지급하는 비용을 말한다. 공익비란 부동산의 공용부분에 소요되는 수도료, 광열비, 위생비, 공용설비비, 공용안전관리비 등의 비용을 말한다.

전용부분에 관계되는 부가사용료와 공용부분에 관계되는 공익비는 임차인의 실비적 성격의 비용으로 임대인의 지불임대료 수입에서 제외되어야 한다. 그런데 임차인이 임대인에게 관리비 명목으로 지불하는 금액은 통상 실제 부가사용료 및 공익비보다 많으므로 지불임대료를 계산하기 위해서는 실제 부가사용료 및 공익비에 대한 정밀조사가 필요하다.

특히 지불임대료를 구할 때에는 임대료산정기간, 지불시기, 선불적 성격의 일시금에 대한 금액 및 상각방법, 예금적 성격을 갖는 일시금과 이자유무, 공익비와 부가사용료의 실태 및 실비초과 유무를 명확하게 하여야 한다.

III. 임대료의 지불방식 및 임대차계약의 내용

1. 임대료의 지불방식

우리나라 임대시장은 주거용의 경우 독특한 임대료 지급방식인 전세방식이 존재하고, 상업용만이 적용가능한 비율임대차방식, 이외 가장 흔하게 볼 수 있는 보증부월세방식, 월세방식으로 임대차계약을 체결하고 있다.

1) 전세방식

전세방식은 임대 개시시점에 상당한 금액의 전세보증금을 임차인이 임대인에게 지급하고 임대부동산에 입주한 후 임대기간 동안에는 관리비 명목의 비용만 지급하며, 임대 종료시점에는 임대부동산을 명도하여 보증금을 환급받는 방식을 말한다.

이는 부동산금융이 발달하기 전부터 우리나라에 존재하는 독특하고 전통적인 임대차계약 방식이다. 과거에는 부동산 매입자금을 금융기관으로부터 차입하기 힘들고, 시장이자율이 매우 높아서 임대인이 임차인으로부터 전세보증금을 많이 받을수록 유리하던 시기에 성행하였던 방식이다.

2) 보증부 월세방식

보증부 월세방식은 임대 개시시점에 임차인이 임대인에게 보증금을 지급하고, 매월 정해진 날에 임대료와 관리비를 지급하다가 임대종료시점에 임대부동산을 명도하여 보증금을 환급받는 방식을 말한다. 이는 임대인이 매월 대체로 안정된 일정금액의 월세를 받을 수 있는 장점과 연체될지도 모를 월세를 보증금으로 담보할 수 있다는 장점이 있다.

보증부 월세방식은 전세방식과 마찬가지로 먼저 임대인과 임차인 사이에 단위면적당 보증금액을 먼저 결정하고 임대면적(전유면적과 공용면적의 합계)에 이를 곱하여 총 보증금액을 산정한다. 그런 다음 총 보증금액 중에서 양자가 인정하는 일정금액을 전세보증금으로 결정하고, 나머지 금액에 대해서는 전월세전환율을 적용하여 매월 지급받는 월세를 결정한다.

3) 월세방식

월세방식은 보증없는 월세방식으로서 기간이 짧은 단기 임대차, 금액이 적은 소액 임대차에서 주로 사용되는 방식을 말한다. 매월 임대료를 지급하는 경우도 있지만, 통상 단기의 임대차기간을 정하고 그 임대차기간 내의 총 임대료를 임대개시시점에 일시 지급하여 임대인은 보증금 없이도 임대차기간 중의 위험을 회피할 수 있다는 장점이 있다.

4) 비율임대차방식

비율임대차방식은 주로 매장용 임대차에서 나타나는데, 임차인의 매출액 등 수입과 연동하여 일정비율을 임대료로 결정하는 방식을 말한다. 즉, 임차인의 영업활동과 연계되어 매월 임대료가 높아질 수도, 낮아질 수도 있다는 것이다. 계약내용에 따라 최저한도와 최고한도를 정할 수도 있다. 임대인과 임차인이 상부상조할 수 있다는 장점이 있는 반면, 임차인에게 의존적일 수 있다는 단점이 있다. 주로 매출이 투명하게 밝혀지는 백화점 입점업체, 글로벌 대기업 등에서 주로 적용된다.

2. 임대차계약의 내용

부동산 임대차계약은 민사상의 계약이므로 계약자유원칙에 입각하여 임대인과 임차인은 임대차의 종류, 방법, 기간, 임대료 및 계약조건 등을 계약서를 통해 결정한다. 특히 임대조건은 임대인과 임차인간의 계약에 따라 결정되므로 임대계약의 내용과 그 형태에 대한 분석이 요구된다. 임대인과 임차인간에 작성된 계약서를 보면 공통으로 이용하는 표준적인 양식은 없고 당사자가 임의로 작성한 계약서를 이용한다.

임대계약의 핵심항목에는 임대료와 관리비에 관한 사항, 임대차 기간 및 기간 연장에 관한 사항, 임차인 사업 내용의 제한 사항, 임차인의 지위 양도와 재임대에 관한 사항, 부동산의 개조 및 변경에 관한 사항, 재계약 선택권 및 취소조항에 관한 사항 등이 있다.

1) 임대료

임대료는 부동산 임대차계약의 형태에 따라 다르다. 전세계약의 경우 전세보증금을 표시하고, 보증부 월세계약과 보증금의 월세 전환계약에서는 보증금과 월세 금액이 명시된다. 단기간의 경우 임대료 수준은 그 기간 동안 고정되지만 시간이 경과한 특정 시점에는 임대료를 상향조정하거나 차후에 특정지수의 변동에 따라 임대료를 조정할 수 있도록 계약하기도 한다. 기본임대료를 징수하면서 임차인의 매출액이 일정금액 이상이 되었을 때 매출액의 일정비율로 임대료를 추가로 징수하는 비율임대료에 관한 조항이 있을 수 있다. 비율임대료계약은 대형음식점, 극장, 사우나 등 영업용 부동산의 임대계약에 최근 많이 활용되고 있다.

2) 관리비

관리비는 임대인이 빌딩관리에 필요한 비용을 임차인에게 징수하는 비용으로서 두 가지로 나눌 수 있다. 하나는 임대인이 임차인에게 월 일정액을 징수하고 이후 건물관련 모든 비용을 부담하는 형식과 월 일정액을 징수하고 수도료와 같이 임차인별로 상이한 비용을 별도로 징수하는 형태가 있다.

임대인이 일정액을 관리비로 징수하고 이후 모든 비용을 부담하는 형식은 주로 대형 오피스빌딩에서 일반적으로 이루어지는 관리비 징수형태이다. 이런 계약의 경우 임대인은 계약기간 중 비용 증가의 위험을 부담하게 되는데, 전산실이나 근무 외 시간의 공조 등 일반적인 사무실 이용에 따라 발생되는 비용이 아니라 상당한 비용부담이 수반되는 사안에 대하여는 별도로 임차인에게 비용을 징수할 수 있는 조항이 있을 수도 있다.

임대인이 일정액을 징수한 후 별도 항목에 대해 추가적으로 징수하는 관리비 징수형태는 중소형 오피스빌딩이나 매장용 빌딩에서 주로 나타난다. 이때 임대인은 빌딩 청소 등과 관련된 일반관리비만 징수하고 나머지 전기, 광열, 공조 등과 같은 비용에 대해서는 개별적으로 임차인이 실비를 부담하도록 계약이 이루어진다.

3) 계약기간

계약기간은 임차인이 임대계약에 의해 임차한 면적을 사용할 수 있는 기간으로서 계약기간에 따라 임대료수준뿐만 아니라 관리비 수준의 변화도 가능하다. 예를 들어 계약기간이 1년인 경우 기간 말 계약을 갱신할 때 임대료 및 관리비를 조정할 수 있다. 계약기간이 1년 이상인 경우에는 매년 상호 협의하여 임대료 및 관리비를 조정할 수 있도록 특약조항을 부가하는 경우가 많다.

통상적으로 계약기간이 만료되기 1~2개월 전에 사전통지를 하여야 임대차계약이 종료되며, 사전통지가 없는 경우에는 임대차계약이 자동 연장되는 것으로 보는 것이 일반적인 통례이다(주택임대차보호법, 상가건물 임대차보호법 등 별도적용).

계약기간이 만료되기 이전에 새로운 임대조건을 임대인과 임차인이 협의하여 결정할 수 있으며, 원만한 협의가 이루어지지 않는 경우에는 임대차계약이 해지된다.

4) 기타 주요내용

임대차계약에서 사용·수익에 제한을 두는 조항의 설정 등을 규정할 수 있으며, 이러한 계약내용에서 정한 범위 내에서만 대상부동산을 사용·수익할 수 있으므로 이에 대한 검토가 요구된다.

임대료, 관리비, 계약기간 외에도 임대차계약의 내용에 일반적으로 포함될 수 있는 사항은 다음과 같다.

① 임차인의 사업제한, ② 재임대(전대)에 관한 내용, ③ 임대목적물의 개조 및 변경에 관한 사항, ④ 임대특권, ⑤ 재계약 선택권, ⑥ 취소조항, ⑦ 임대인시설물 등

임차인의 사업제한은 건물관리와 추가이윤의 획득 등을 목적으로 임차인이 할 수 있는 사업의 종류와 내용 등을 제한하는 것을 말한다.

재임대(전대)는 임차인이 제3의 임차인에게 다시 임대하는 것으로서 임차인의 지위양도와 재임대는 특별한 경우에만 인정되고 있다.

개조 및 변경은 임차인이 임대목적물을 임의적으로 개조 및 변경하는 것을 규정하는 것을 말하며, 부동산을 개조하거나 변경하는 경우 임차인을 임대인의 허락을 받아야 하고, 계약이 만료되는 시점에서 원래의 상태로 복구하는 조항이 계약서상에 있는 경우가 대부분이다.

임대특권이란 부동산시장이 초과공급일 때 임대인은 특별기간 동안 부동산을 무임료로 제공하거나 임대인 소유의 내부시설물에 대한 사용권한을 임차인에게 주는 특권을 말한다. 이는 부동산시장의 조건을 반영하며, 임대인과 임차인의 상대적 협상력이 반영된 결과이다.

재계약 선택권은 계약기간을 임차인에게 한번 이상 연장할 수 있게 해 주는 것으로서 임차인에게 유리한 임대차조항이다.

취소조항이란 수용, 재해 등의 사유로 인해 사용·수익에 심한 장애를 받을 때 임차인이 임대차계약을 취소하는 조항을 말하며, 이는 부동산 소유자가 매매 및 재개발을 위하여 임대차계약을 파기하는 조항도 포함하고 있다.

임대인의 자본부담으로 인한 시설물은 임대차 기간의 전부 또는 일부를 통하여 임대료를 증가시키는 요인이 된다. 반면 임차인이 시설한 경우에는 해당 비용만큼 임대료를 낮추는 요인이 되기도 하며, 임대계약 기간의 만료시 이에 대한 처리방법을 결정하는 것이 실질임대료에 영향을 미칠 수 있다.

IV. 임대료 감정평가의 절차 및 원칙 등

1. 임대차 감정평가의 절차

임대료평가의 절차는 ① 기본적 사항의 확정, ② 처리계획의 수립, ③ 대상물건의 확인, ④ 자료수집 및 정리, ⑤ 자료검토 및 가치형성요인의 분석, ⑥ 감정평가방법의 선정 및 적용, ⑦ 감정평가액의 결정 및 표시의 순서로 이루어지는 것이 원칙이다. 다만, 합리적이고 능률적인 임대료 감정평가를 위하여 필요할 때에는 순서를 조정할 수 있다.

임대료의 감정평가에 있어서 기본적 사항의 확정은 매우 중요하다. 감정평가법인 등은 감정평가를 의뢰받았을 때에는 의뢰인과 협의하여 의뢰인, 대상물건, 감정평가목적, 기준시점, 감정평가조건, 기준가치 등을 확정하여야 한다.

기본적 사항의 확정은 첫째, 대상 부동산의 소재지, 지번, 수량, 건물의 구조, 용도, 연면적 등을 확정하여야 한다. 둘째, 임대료의 기준시점을 확정하여야 한다. 임대료의 기준시점은 임대료산정기간의 초일이며, 임대료의 실현시점은 임대료산정기간의 말일이 기준이 되므로 지불임대료를 매년 또는 매달 선불한다면 임대료에 운영이익을 합산하여야 한다. 셋째, 임대료의 종류를 확정하는 것이다. 임대료의 종류가 실질임대료인지, 지불임대료인지의뢰인으로부터 확정하여야 한다.

이후에 임대료평가의 처리계획을 수립하고, 현장 확인 및 등기부 등의 공적 장부를 통하여 물적 및 권리태양을 확인한다. 확인자료, 요인자료, 사례자료의 수집과 정리를 통하여 임대료형성요인을 분석하고 평가방식을 적용하여 시산가액을 산출한다.

마지막으로 주된 방법 및 다른 감정평가방법으로 산출한 시산가액을 조정하여 임대료평가액을 결정하고 표시할 수 있다.

2. 임대료 감정평가의 원칙(기준)

감정평가의 일반원칙인 시장가치기준 원칙, 현황기준 원칙, 개별물건기준 원칙을 따른다. 이외 실질임대료 기준, 임대사례비교법 기준, 신규임대료 기준, 1월 또는 1년 단위 기준이 있다.

임대료는 실질임대료를 기준하는 것을 원칙으로 하고, 의뢰인이 지불임대료를 산정하도록 요구한 경우에는 지불임대료를 산정하고 그 내용을 감정평가서에 기재하도록 규정하고 있다. 임대료의 감정평가방법은 「감정평가에 관한 규칙」 제22조에 따라 임대사례비교법을 주된 방법으로 하되 적산법 또는 수익분석법 등을 적용할 수 있다. 국내의 경우 임대차 기간이 비교적 짧고 임대차 기간 만료 후 재계약시 통상 신규임대료에 상응하는 임대료수준을 요구하며 감정평가원칙상 시장가치를 기준하므로 신규임대료를 기준한다. 산정기간은 1월 또는 1년 단위를 기준으로 하나 의뢰인이 요청하는 경우 그에 따라 감정평가할 수 있으며 감정평가서에 그 기간을 명시하여야 한다.

V. 임대료 감정평가방법

1. 개요

일반적으로 임대료의 감정평가는 임대사례비교법, 적산법, 수익분석법 등의 세 가지 방법에 의해 이루어진다. 임대료를 감정평가하는 경우 임대사례비교법을 적용하여야 하며, 임대사례비교법에 의한 평가가 곤란하거나 부적절한 경우에는 대상물건의 종류 및 성격에 따라 적산법 또는 수익분석법으로 평가할 수 있다.

2. 임대사례비교법

1) 의의 및 이론적 근거

임대사례비교법은 대상물건과 가치형성요인이 같거나 비슷한 물건의 임대사례와 비교하여 대상물건의 현황에 맞게 사정보정, 시점수정, 가치형성요인 비교 등의 과정을 거쳐 대상물건의 임대료를 산정하는 방법으로서 이 방법에 의하여 산정된 임대료를 비준임료라고 한다.

이는 시장에서 다수의 임대사례를 수집하여 이들 중 가장 적절한 사례를 선택하고 사례의 실제실질임대료를 사정보정 및 시점수정 등을 한 다음 가치형성요인을 비교하여 대상물건의 임대료를 구하는 방법이다.

• 비준임료＝사례임료×사정보정×시점수정×가치형성요인 비교

임대사례비교법의 이론적 근거는 시장성의 사고방식과 대체의 원칙에 있다. 또한 대체의 원칙과 관련이 있는 수요·공급의 원칙 및 경쟁의 원칙과도 관련이 있다.

합리적인 경제인이라면 시장에서의 수요와 공급의 상호작용에 의하여 결정되는 임대료를 기준으로 행동할 것이므로 시장에서 어느 정도의 임대료로 임대차되는가 하는 시장성의 원리가 작용한다. 또한 대체·경쟁관계에 있는 물건 간에는 상호작용과 견인의 과정을 거쳐 임대료가 형성되고 서로 일치하려는 경향이 있다.

이는 수요와 공급 측면에서 재화의 가치를 파악한 신고전학파의 수요·공급이론에 영향을 받았으며, 비준임료는 균형임대료의 성격을 가지고 있으나 부동산의 특성상 수요측면이 주도적이 된다.

2) 평가방법

(1) 사례의 수집 및 선택

사례자료는 임대사례비교법 적용을 위해 필요한 현실 거래사례에 관한 자료로서 풍부한 다수의 사례를 수집해야 함은 물론 사례의 적절한 선택 역시 무엇보다 중요하다. 임대사례는 임대차 등의 계약이 체결된 사정이 정상적이거나 정상적인 것으로 보정이 가능한 경우라면 사례로 선택할 수 있다. 부동산 임대료는 변동의 원칙에 의하여 끊임없이 변동하고 시간의 법칙에 의해 부동산 임대료를 결정하는 제반 형성요인 역시 부단히 변동하므로 임대사례는 시점수정이 가능한 사례이어야 한다.

임대사례는 대상부동산과 인근지역 또는 동일수급권 내의 유사지역의 사례여야 대체의 원칙이 적용될 수 있고 지역요인의 비교가 가능하다. 또한 부동산의 특성에 의하여 가격형성의 개별적 제 요인이 완전하게 동일할 수 없다고 하더라도 최소한 물적 비교의 가능성은 있어야 한다.

임대사례의 선택시 계약내용의 유사성을 판단할 때는 임대형식, 임대면적, 계약기간, 경과기간 및 잔존기간, 임대료의 산정기간 및 그 지급방법, 수선 및 현상변경에 관한 사항, 임대차 등에 제공되는 물적 범위 및 그 이용방법 등에 유의하여야 한다.

(2) 사정보정

사정보정은 수집된 임대사례에 사정이 개입된 경우 계약 당사자 간에 특수한 사정이나 개별적인 동기가 없는 적정한 임대료로 수정하는 것을 말한다.

일반적으로 사정보정이 필요한 경우는 다음과 같다.

① 계열사 또는 친지 등 특수 이해관계인과의 거래나 경영상 꼭 필요한 경우
② 임차인의 업종이 특수하거나 영업상태가 극히 부진한 경우
③ 임대기간이 장기간 계속되었거나 신축건물인 경우
④ 청산, 경매, 공매 등으로 가격이 성립하였거나 상속, 전근 등으로 급하게 거래된 경우
⑤ 시장 사정에 정통하지 못하여 정상임대료로 보기 어려운 경우

(3) 시점수정

임대사례가 대상물건의 임대료를 구하는 기준시점과 일치하지 않아서 임대료수준에 변동이 있는 경우에는 임대사례의 임대료를 기준시점의 임대료수준으로 정상화하는 작업이 요구되는데, 이를 시점수정이라고 한다.

시점수정을 하는 방법으로는 지수법과 변동률 적용법으로 나눌 수 있으며, 일반적으로 토지는 지가변동률을, 건물은 생산자물가지수나 건축비지수를 사용한다.

(4) 가치형성요인 비교

임대사례와 대상물건 간에 종별·유형별 특성에 따라 지역요인이나 개별요인 등 임대료의 형성에 영향을 미치는 여러 요인에 차이가 있는 경우에는 이를 각각 비교하여 대상물건의 임대료를 개별화·구체화하여야 한다.

(5) 면적 비교

면적비교는 임대사례비교법에서 원칙은 개별요인 비교의 최종단계이나 면적차이가 임대료에 미치는 영향이 크기 때문에 따로 분류하여 비교하여야 한다. 임대사례의 공부상 면적과 실제 면적이 차이가 나는 경우에는 공부상 면적을 기준하되, 현장조사를 통하여 실제면적의 확인을 반드시 요한다.

공용면적은 층별 공용부분과 전체 공용부분으로 나누어지며, 전체 임대면적 중 공용부분이 차지하는 비율은 동일한 건물 내에서도 층별로 달라질 수 있는 점에 유의하여야 한다. 임대료수준의 비교는 전유면적으로 하는 것이 합리적이나 전유면적과 공용면적의 비율을 비교해 보아 적절한 보정이 필요한 경우에는 이를 행하여야 한다.

임대규모의 크기는 임대료의 수준과 밀접한 관련이 있을 수 있으며, 지역 및 상권의 크기에 따라 임대료가 그 지역의 상황과 통상적인 관행을 반영하여 형성될 수 있어 이에 대한 판단이 수반되어야 하는 경우가 있다.

3) 특징

비준임료는 구매자와 판매자, 이용자와 투자자들의 각각의 특징적인 행위와 반응을 나타내주는 훌륭한 실증적인 가치이다. 임대사례비교법은 가장 실증적인 방법으로 임대평가의 중추적인 역할을 하고 있으며, 일반인이나 의뢰인에게 가장 설득력이 있고 모든 물건에 광범위하게 적용할 수 있으며, 간편하고 쉬운 장점이 있다.

그러나 시장자료가 부족한 경우 적용상 한계가 있고 사례의 선택 및 비교작업에 있어서 유의하여야 하는 방법이다. 이에 다수사례의 수집을 통하여 비교가능성이 커지고 가치판단의 객관성을 확보할 수 있다.

3. 적산법

1) 의의 및 이론적 근거

적산법은 기준시점에 있어서 대상물건의 기초가액에 기대이율을 곱하여 산정한 기대수익에 대상물건을 계속하여 임대하는 데 필요한 경비를 더하여 임대료를 산정하는 방법으로서 이 방법에 의하여 산정된 임대료를 적산임료라고 한다.

적산법은 대상물건이 일정한 용익을 위해 소요된 원가에 착안하여 사용수익의 대가를 구하는 임대료평가방법으로서 기초가액과 기대이율, 필요제경비 등을 정확히 파악할 수 있는 경우에 유용한 방법이다.

• 적산임료＝기초가액×기대이율＋필요제경비

적산법의 이론적 근거는 비용성의 사고방식과 대체의 원칙에 있다. 기초가액은 자본가치의 대체투자기회를 의미하며, 대상부동산과 대체·경쟁 관계에 있는 유사부동산의 가격과 밀접한 관계에 의해 형성된다. 기대이율은 선택되지 않은 다른 투자대상의 수익률이 고려되어 결정되므로 기회비용의 원칙이 적용되며, 필요제경비는 비용에 해당하기 때문에 비용성의 원리에 근거한다. 부동산은 개별성의 특성으로 인해 엄격한 의미에서의 대체성은 없으나 수요의 측면에서 본다면 어느 정도 대체관계가 발생하게 된다.

적산법은 일정용익을 얻기 위하여 어느 정도의 비용이 투입되어 만들어졌는가라는 비용성에 기초한 방법으로서 적산임료는 공급자 임대료의 성격을 지니고 있다. 이는 비준임료와 수익임료 평가가 용이하지 않은 비시장성·비수익성 물건의 임대료평가에 유용하며, 건물의 사용료 평가에 적용된다. 특히 쟁송목적의 임대료평가에 있어서는 대부분 과거에서 기준시점까지의 평가 중 적산임료가 많이 활용된다.

적산법은 원본과 과실의 관계에 따라 기초가액에 기대이율을 승하여 산정되므로 이론적으로 타당하며, 평가시 주관이 개입될 여지가 비교적 적은 방법이다.

다만 수익성 물건이나 경기변동이 심한 경우에는 현실적인 임대료가 반영되지 않으며, 기초가격과 기대이율의 산정이 용이하지 않고, 기대이율 산정시 감정평가 주체의 주관개입이 있을 수 있다는 단점이 있다.

2) 평가방법

(1) 기초가액

기초가액이란 적산임료를 구하는데 기초가 되는 대상물건의 원본가치를 말한다. 교환의 대가인 가격과 용익의 대가인 임료와의 사이에는 원본과 과실의 상관관계를 인정할 수 있으므로 임대료를 구하기 위해서는 원본가치로서의 기초가액을 구할 필요가 있다.

적산법은 원가에 착안하는 방법이므로 그 기초가액은 원가법으로 구하는 것이 타당하며, 원가법 적용이 곤란한 부동산은 거래사례비교법으로 구해도 무방하다. 하지만 적산법에서 구하고자 하는 임대료를 안다는 전제하에서 수익방식으로 구한 가액을 기초가액으로 삼는 것은 순환논리상 모순이므로 일반적으로 사용하지 않는다.

기초가액을 산정하는 경우에는 임대료의 기준시점에서 대상물건이 갖는 가액이지만 반드시 대상물건의 최유효이용을 전제로 하는 경제가치는 아니고, 임대차 계약내용이나 조건에 알맞은 사용을 전제로 한 가액임에 유의한다. 따라서 계약내용이나 조건에 따라 최유효이용 미달시 계약감가를 고려해야 한다(용익가치). 다만, 감정평가 실무상 현실적으로 계약감가를 반영한 용익가치를 산정하기 어려우므로 시장가치를 기준으로 기초가액을 산정하되, 그에 상응하는 기대이율을 적용하여 적산임료를 산정하는 것이 타당하다는 의견도 있다.

(2) 기대이율

기대이율은 임대차에 제공되는 대상물건을 취득하는 데에 투입된 일정액의 자본에 대하여 기대되는 임대수익의 비율을 말한다. 이는 금융시장에서의 이자율과 밀접한 관계가 있으며 수익계산과 관계되는 비율로서 기간이 짧은 임대차 활동의 기초가 되고, 감가수정 후 세금공제 전의 순이익에 대응하는 이율이다.

기대이율은 임대차 계약내용에 따라 사용할 때 기대되는 수익의 기초가액에 대한 비율을 말하며, 임대차기간에 적용되는 단기적인 이율로서 부동산 투자에 대한 기대보수율이라고 할 수 있다.

기대이율은 환원이율과 그 궤를 같이하므로 기대이율을 구하는 방법은 환원이율을 구하는 방법과 유사하다. 기대이율은 타 투자분야와 경쟁관계에 의해 결정되기 때문에 부동산에 있어서 물건의 종별에 따라 차이가 거의 없다. 그러나 부동산은 부동성의 특성이 있어 부동산시장은 국지화되기 때문에 기대이율 또한 각 지역에 따라 다르게 결정될 수 있을 뿐만 아니라 부동산의 종별에 따라서도 일정하지 않다는 견해도 있다. 앞서 기초가액과 밀접하게 연관되어 기초가액의 성격을 어떻게 보느냐에 따라 형태가 달라질 수 있다.

(3) 필요제경비

필요제경비는 부동산의 임대인이 임대차 기간 중에도 임차인이 임대물건을 사용·수익하는 데 문제가 없도록 유지하고 관리하기 위하여 필요한 비용으로서 임대료산정에 있어 미리 계산하고 임대수입으로 확보되어야 하는 비용이다. 이는 일정기간 동안 임대차계약에 기하여 대상부동산을 임대하여 투자수익을 확보함에 있어서 필요로 하는 제 경비를 말하며, 감가상각비, 유지관리비, 조세공과금, 손해보험료, 대손준비금, 공실손실상당액, 정상운영자금이자 등이 있다.

필요제경비는 모든 물건에 대하여 항상 전부 다 계상되는 것은 아니다. 예를 들어 토지의 임대차에는 감가상각비와 손해보험료를 제외하여야 하며, 유지관리비의 경우 당사자 간에 별도의 계약이 있으면 이에 따라야 한다. 즉 필요제경비의 계상에 있어서는 대상물건의 종류, 계약관행, 임대차 계약의 내용 등에 따라 적정하게 처리되어야 한다.

① 감가상각비

감가상각비는 시간이 경과함에 따라 발생되는 물리적·기능적·경제적 감소분으로서. 대상물건이 상각자산인 경우에는 투하자본의 회수방법으로 감가상각비를 계상하여야 한다. 건물과 같은 상각자산은 내용연수가 한정되어 있어 임대기간 동안 가치와 효용이 감소되므로 그 감가상각비를 회수하기 위해 적정액을 실질임대료에 포함시켜야 한다.

감가상각액을 구하는 방법 중 실무상 적용이 간편하고 객관적인 방법은 정액법·정률법·상환기금법 등의 내용연수법이다. 또한 평가대상 부동산의 현재 상태를 면밀히 관찰하여 감가수정하는 관찰감가법도 많이 사용되고 있다.

일반적으로 내용연수법을 통해 감가상각을 추계한 후 실제 부동산의 가치가 시장가치와 유사하지 않은 경우나 유지, 보수, 추가 투자 등에 따라 내용연수가 단축 또는 연장되는 경우에는 부동산의 개별성을 반영하여 적정한 평가액을 구하기 위해 관찰감가법을 병행하여 사용한다.

② 유지관리비

임대인은 임차인이 임대차계약의 목적물을 적정하게 사용·수익할 수 있도록 필요한 상태를 계속 유지하거나 수선해야 할 의무를 지는데, 유지비·수선비·관리비 등 수익적 지출에 해당하는 비용을 말한다. 부동산이 지속적인 기능적 효율성을 유지하기 위하여 건물의 수명동안 정기적인 수선이 요구되므로 특정년도에 수선비의 지출이 없더라도 합리적으로 예상되는 연간 수선비를 경비로 계상하여야 한다.

유지관리비는 현상유지에 목적을 두고 지출하는 비용이므로 기존건물에 추가로

덧붙여진 부가물이나 부동산 가치나 유효수명을 증진시키는 증치물은 자본적 지출이 므로 유지관리비에 포함되지 않는다. 또한 임차인이 직접 지불하는 부가사용료와 공익 비는 임차인의 실비적 성격의 비용이므로 필요제경비에서 제외시키며, 그 중 실비를 초과하여 임대인에게 귀속되는 부분은 실질임대료에 포함하여야 한다.

③ 조세공과금

조세공과금은 국가나 지방자치단체가 국민으로부터 강제적으로 징수하는 세금 등 으로서 조세란 국세 또는 지방세이고, 공과란 세금 이외에 각종 공법상의 수수료를 의 미한다. 대상물건에 직접 부과되는 세금 및 공과금은 재산세, 목적세(지역자원시설세, 사 업소세, 지방교육세, 지역개발세 등), 도로점용료, 환경개선부담금, 교통유발부담금 등이다. 소득세, 법인세와 같이 영업성과인 소득에 따라 부과되는 세금이나 취득세, 주민세와 같이 대상부동산에 직접 귀속되지 않는 것은 제외된다.

④ 손해보험료

손해보험료는 건물 등에 대한 화재보험, 기계나 설비에 대한 보험료처럼 보험자 가 보험계약상의 책임을 부담하는 데 대하여 보험계약자가 보험자에게 지급하는 대가 를 말한다. 손해보험료는 임대차를 지속하는데 통상적으로 필요한 경비이므로 임대차 에 제공되는 부분에 해당하는 적정액을 계상하여야 하며, 소멸성 보험료를 기준으로 한다.

⑤ 대손충당금

임차인이 임대차 기간 중에 임대료지불의무를 불이행하여 발생할 수 있는 임대인 의 손실을 방지하기 위해 일정액을 계상하는 결손준비금을 말한다. 그러나 보증금 등 대손에 대한 충분한 조치가 있으면 별도의 계상은 필요가 없다. 대손충당금은 지역시 장의 수급동향, 개량물의 용도 및 규모, 경기순환, 임차인의 신용 등에 따라서 차이가 있다. 보통 공실손실액과 합산하여 지불임대료의 1개월 또는 2개월분이며 과거의 경험 등에 비추어 적정액을 계상하여야 한다.

⑥ 공실손실상당액

일반적으로 일정 면적에 공실이 발생하고, 현재 공실부분이 없다고 하더라고 수리 등 내부공사를 하거나 임차인이 변경되는 기간에는 임대료 손실이 발생할 수 있으므로 이로 인한 손실상당액을 총비용에 포함시켜야 한다. 이는 공실이 발생할 것에 대비한 손실상당액으로 과거의 경험, 장래동향, 지역적 관행 등을 감안하여 적정하게 계상하여야 한다.

공실비율은 시장의 조건에 따라 결정되며, 시장의 수요와 공급, 개별 부동산이 시장에서의 위치, 부동산의 관리정도, 대상의 실제 공실경험치, 임차인의 개량물 투자금액 등의 요인이 영향을 미치게 된다. 실무적으로 대상의 공실률이 균형공실률에 미달하더라도 약 5% 정도의 공실률을 적용하고 있다.

⑦ 정상운전자금이자

이는 임대영업을 하기 위하여 소요되는 정상적인 운전자금에 대한 이자율을 말하는 것으로서 고정자산세의 일시납입, 종업원에 대한 일시 상여금의 지급 등에 사용되는 자금 등을 포함하며, 통상 일시다액을 임대인이 지급하게 되나 임차인으로부터는 일년을 통하여 월별로 배분징수하므로 이자발생이 불가피하다. 그러나 대상부동산의 일부를 구성하는 자금이자, 1년 이상의 장기차입금이자, 임대인의 자기자금이자상당액은 이에 포함시켜서는 안 된다.

3) 적산법 관련 논의

(1) 기초가액에 관한 논의

기초가액이 시장가치인지에 대한 논의가 있으며, 일반적으로는 다음과 같다.

① 시장가치로 보는 견해

기초가액은 적산임료를 구하는데 기초가 되는 가액으로서 통상적인 시장에서 성립한다고 인정되는 시장가치로 볼 수 있다는 견해이다.

② 평가목적에 따라 구분하는 견해

기초가액을 시장가치로 볼 것인지 아니면 용익가치로 볼 것인지는 감정평가의 목적과 관련이 있다고 본다. 구하고자 하는 임대료가 시장임대료라면 그것에 대응하는 기초가액은 시장가치일 것이고, 구하고자 하는 임대료가 특정임대료라면 그것에 대응하는 기초가격은 비시장가치일 수밖에 없다는 견해이다.

③ 용익가치에 부합한다고 보는 견해

기초가액은 자산가치를 배제한 용익가치만이 중심이 된다고 보는 견해이다.

부동산의 사용권은 미래의 효용을 현재화하고 있지 않으므로 사용권의 원본인 기초가액은 장래 예측에 근거한 효용이 이용권자의 사용수익에 직접 반영되지 않으므로 이것을 공제해야 한다고 본다.

또한 부동산의 소유자는 법령의 범위 내에서 부동산을 자유롭게 사용·수익·처분할 권리를 가지고 있다. 따라서 소유권의 가치는 사용·수익할 수 있는 용익가치와 처분할 수 있는 자본가치로 구성할 수 있으며, 임차인이 향유할 수 있는 이익은 이 용익가치에 대응하는 권리가격이고, 처분권에 관련된 자본가치는 소유자에게 유보되어야 한다고 본다.

④ 기초가격이 이론 및 실무상 적용에서 차이난다는 견해

이론상 적산법과 실무상 적용방법은 상이하다고 보고 기초가액이 시장가치와 다음과 같은 점에서 다르다고 보는 견해이다.

- ㉠ 기초가액은 임대료기준시점에 있어 대상물건의 원본가액이고, 시장가치는 대상물건이 통상적인 시장에서 충분한 기간 동안 거래를 위하여 공개된 후 그 대상물건의 내용에 정통한 당사자 사이에 신중하고 자발적인 거래가 있을 경우 성립될 가능성이 가장 높다고 인정되는 대상물건의 가액을 말한다.
- ㉡ 기초가액은 적산가액과 비준가액을 참작하여 구하는 반면, 시장가치는 적산가액, 비준가액, 수익가액을 산정한 후 조정하여 구한다.
- ㉢ 기초가액은 계약내용, 조건에 따라 미달된 때에는 이에 따른 계약감가가 고려된 가격이지만, 시장가치는 최유효이용을 전제로 파악되는 가격이다.
- ㉣ 기초가액은 계약내용의 해당부분에 대한 계약기간에 한해 성립되는 데 반하여, 시장가치는 물건 전체에 대해 잔존내용연수 전 기간에 걸쳐 적용되는 가격이다.

(2) 기대이율에 관한 논의

① 토지보상평가지침

적산법에 따른 적산임료를 구하는 경우에 적용할 기대이율은 해당 지역 및 대상 토지의 특성을 반영하는 이율로 정하되, 이의 산정이 사실상 곤란한 경우에는 별표7의 2(기대이율 적용기준율표)에서 정하는 율과 「국유재산법 시행령」 및 「공유재산 및 물품 관리법 시행령」에 따른 국유재산 또는 공유재산의 사용료율(대부료율) 등을 참고하여 실현 가능한 율로 정할 수 있다.

기대이율적용기준율표

대분류				소분류	실제 이용상황	
					표준적 이용	임시적 이용
I	주거용	아파트		수도권 및 광역시	1.5~3.5%	0.5~2.5%
				기타 시도	2.0~5.0%	1.0~3.0%
		연립·다세대		수도권 및 광역시	1.5~5.0%	0.5~3.0%
				기타 시도	2.5~6.5%	1.0~4.0%
		다가구		수도권 및 광역시	2.0~6.0%	1.0~3.0%
				기타 시도	3.0~7.0%	1.0~4.0%
		단독주택		수도권 및 광역시	1.0~4.0%	0.5~2.0%
				기타 시도	1.0~5.0%	0.5~3.0%
	상업용	업무용			1.5~5.0%	0.5~3.0%
		매장용			3.0~6.0%	1.0~4.0%
	공업용	산업단지			2.5~5.5%	1.0~3.0%
		기타 공업용			1.5~4.5%	0.5~2.5%
II	농지	도시근교농지			1.0% 이내	
		기타농지			1.0~3.0%	
	임지	유실수 단지 등 수익성이 있는 임지			1.5% 이내	
		자연임지			1.0% 이내	

주) 1. 이 표의 기대이율은 부동산 유형별 및 실제 이용상황에 따른 일반적인 기대이율의 범위를 정한 것이므로 실제 적용시에는 지역여건이나 해당 토지의 상황 등을 고려하여 그 율을 증감 조정할 수 있다.
2. "표준적 이용"은 인근지역 내 일반적이고 평균적인 이용을 의미하고, "임시적 이용"은 인근지역 내 표준적인 이용에 비해 그 이용이 임시적인 것을 의미하며, 해당 토지에 모델하우스, 가설건축 물 등 일시적 이용, 상업용지의 주차장이용 또는 주거용지의 텃밭이용 및 건축물이 없는 상태의 이용(주거용, 상업용, 공업용에 한정)을 포함하는 이용이다.

② 국유재산의 사용료율

국유재산법 시행령은 국유재산의 사용에 대한 사용료율을 토지의 용도와 국유재산의 사용목적에 따라 다음과 같이 규정하고 있다.

사용목적	사용료율
경작용인 경우	1천분의 10 이상
주거용인 경우	1천분의 20 이상
행정목적의 수행에 사용하는 경우	1천분의 25 이상
공무원의 후생목적으로 사용하는 경우	1천분의 40 이상
사회복지사업에 직접 사용하는 경우 및 종교단체가 그 고유목적사업에 직접 사용하는 경우	1천분의 25 이상
소상공인이 경영하는 업종에 직접 사용하는 경우	1천분의 30 이상
중소기업이 경영하는 업종에 직접 사용하는 경우	1천분의 30 이상
기타의 경우	1천분의 25 이상

③ 공유재산의 사용료율

공유재산 및 물품관리법 시행령은 일반재산의 대부료는 시가를 반영한 해당 재산 평정가격의 연 1천분의 10 이상의 범위에서 지방자치단체의 조례로 정하되, 월할 또는 일할로 계산할 수 있다고 규정하고 있다.

④ 대법원 판례

대법원 판례(대법원 2000.06.23. 선고 2000다12020 판결)는 부동산의 기초가격에 그 기대이율을 곱하는 이른바 적산법에 의한 방식으로 임대료를 산정함에 있어 기대이율이란 임대할 부동산을 취득함에 있어 소요되는 비용에 대한 기대되는 이익의 비율을 뜻하는 것으로서 원칙적으로 개개 토지의 소재지, 종류, 품등 등에 따라 달라지는 것이 아니고, 국공채이율, 은행의 장기대출금리, 일반시중금리, 정상적인 부동산거래이윤율, 국유재산법과 지방재정법이 정하는 대부료율 등을 참작하여 결정되어지는 것이며, 따라서 위와 같은 방식에 의한 임대료 산정시 이미 기초가격이 구체적인 개개의 부동산의 실제 이용상황이 참작되어 평가결정된 이상 그 기대이율을 산정함에 있어서 다시 위 실제 이용상황을 참작할 필요는 없다고 판시하였다.

대법원 판례는 토지의 기대이율을 그 실제이용 상황이 대지일 경우에는 7%, 도로일 경우에는 1%, 실제이용상황은 도로이나 지목이 대지일 경우에는 3%라고 하는 한편 각 경우에 따라 그 기초가격도 달리 정하고 있고, 그 기대이율 산정시 참작하여야 할 제반 요소 등에 대한 합리적인 설명도 하지 않고 있다고 판시하였다. 즉 기초가격 산정시 참작이 되어 기대이율의 산정시에는 고려할 필요가 없는 부동산의 실제 이용상황에 따라 심한 편차가 나도록 기대이율을 산정하면서도 그에 대한 아무런 합리적인 설명도 하지 않고 있어 이를 그대로 믿기 어렵다고 할 것임에도 불구하고, 감정결과를 채택하여 임대료 상당의 부당이득금을 산정한 것은 사실을 오인하였거나 심리를 다하지 아니한 위법을 저지른 것이라고 판시하였다.

⑤ 논의 검토

기대이율이란 임대차에 제공되는 물건을 취득하는데 투입된 일정액의 자본에 대하여 기대되는 임대수익의 자본에 대한 비율을 말한다. 부동산의 임대차에 사용되는 기대이율은 부동산 투자이율을 중심으로 하고 필요제경비로는 충족할 수 없는 위험성을 가미시켜 결정하는 것이므로 적산임대료 산정시 적정한 기대이율의 결정이 선행되어야 한다.

부동산은 일반재화와는 다른 고정성, 개별성, 용도의 다양성 등을 지니고 있으며, 부동산시장은 위치에 따라 여러 개의 부분시장으로 분화현상이 나타나는 고도의 국지화된 시장의 특성을 나타낸다. 따라서 실질적으로 토지의 소재지 및 용도에 따라서 기대이율에 차이가 발생하는 것으로 볼 수 있다.

4. 수익분석법

1) 의의 및 이론적 근거

수익분석법은 일반기업 경영에 의하여 산출된 총수익을 분석하여 대상물건이 일정한 기간에 산출할 것으로 기대되는 순이익에 대상물건을 계속하여 임대하는 데 필요한 경비를 더하여 대상물건의 임대료를 산정하는 방법을 말하며, 이 방법에 의하여 산정된 임대료를 수익임료라고 한다.

이는 기업용 부동산의 임대차에 있어서 임차인이 부동산을 사용·수익하여 얻는 수익 중에서 얼마를 임대료로 지불할 수 있는가를 파악하여 그 수준을 기준으로 임대료를 평가하려는 것이다.

• 수익임료＝순수익＋필요제경비

수익분석법의 이론적 근거는 재화의 수익성과 수익배분의 원칙에 있다.

기업용 부동산에서는 대상부동산에 귀속되는 순수익을 일반수요자 가격으로서의 임대료 결정요소로 간주하고 있다. 순수익은 각 생산요소의 유기적 결합에 의해 발생하는 것이므로 그 기여도에 따라 임금, 이자, 지대 등으로 배분되기 때문에 수익배분의 원칙에 근거한다.

수익분석법은 수익성, 즉 부동산을 이용하여 어느 정도의 수익 또는 편익을 얻을 수 있는가에 기초한 수익방식에 의하여 임대료를 구하는 방법이며, 이 방법에 의하여 산정된 임대료는 수익자 임대료의 성격을 가지고 있다.

수익분석법은 수익이 발생하는 임대용 부동산, 기업용 부동산의 평가에 유용한 방법으로서 이론적·과학적이며 평가자의 주관이 개입될 여지가 적다는 특징이 있다. 이는 거래사례의 수집이 어렵거나 투하비용을 알기 힘든 수익성 부동산의 임대료평가에 유리하나, 기업용 부동산 이외에는 적용하기 어렵고 순수익의 파악이 곤란한 경우에는 적용하기 어렵다는 단점이 있다.

2) 평가방법

순수익은 경제주체가 대상물건을 통하여 획득한 총수익에서 그 수익을 발생시키는 데 소요된 비용을 공제한 금액을 말하며, 이러한 순수익은 임대기간에 통상의 이용능력과 이용방법을 갖고 산출할 것으로 기대되고, 표준적·객관적·합리적·합법적이고, 임대차계약의 내용 및 조건에 알맞은 것이어야 한다.

일반기업 경영에 의한 표준적인 연간 순수익은 판매수입에서 매출원가 및 순이익을 올리기 위해 필요한 판매비, 일반관리비 및 정상운전자금이자 상당액 등을 차감하여 구한다. 기업은 노동, 자본, 경영, 부동산 등이 기업의 수익에 기여할 것이고, 이 중 부동산에만 귀속되는 수익을 배분하여야 한다.

필요제경비는 대상물건에 귀속될 부분만을 대상으로 산출한다는 점에 유의하며,

감가상각비, 유지관리비, 조세공과금, 손해보험료, 대손충당금, 공실손실상당액, 정상운영자금이자 등으로 구성된다. 수익분석법에서의 순수익은 상각 후 세공제전의 순수익이므로 필요제경비에는 감가상각비가 항상 포함되어야 하며, 소득세, 법인세, 차입금이자, 자기자본이자 상당액 등은 계상되지 않는다.

수익임료를 구하는 방법에는 ① 총수익을 분석하여 대상물건이 일정기간에 발생한다고 기대되는 상각 후 세공제전 순수익을 구한 후 여기에 필요제경비를 가산하여 구하는 방법, ② 일반기업 경영에 의한 총수익을 분석하여 수익순임대료와 필요제경비를 포함한 임대료상당액을 수익임료로 직접 구하는 방법이 있다.

3) 수익분석법의 한계

(1) 적용대상의 한계

주거용 부동산은 원칙적으로 사용을 목적으로 하는 것이지 수익발생을 목적으로 하는 부동산이 아니므로 수익성을 기본사고로 하는 수익분석법으로는 적용이 힘들다.

임대용 주거부동산에서 수익분석의 기초가 되는 것은 임대료이나, 이미 구해진 임대료에서 순수익을 분석하여 다시 임대료를 구하는 것은 순환논리상 모순이 된다. 즉 주거용 부동산에서도 임대료 분석은 가능하지만 그 자체로 임대료를 알 수 있기 때문에 총수익을 분석하여 부동산에 귀속하는 임대료를 추출하는 수익분석법의 적용이 무의미하다.

(2) 순이익 산정의 부정확성

순수익은 수요자가 부동산을 사용·수익하여 얻어지는 수익 중에서 임대료에 대한 수준을 정해서 임대료로 평정한 것이기 때문에 공급자 측의 입장은 고려되지 않아 기업용 부동산에만 적용이 가능하다. 일반 경제활동이나 금리, 임대수준의 변화 등으로 순수익을 파악하기가 곤란하며, 신뢰성이 떨어진다.

(3) 회계처리의 한계

어느 한 기업의 회계에서 현실적으로 어느 시점에서 어느 정도의 순수익이 부동산에 귀속되는지 여부, 부동산의 입지조건으로 인한 차이를 순수익에 어떻게 반영시킬 것인지 여부, 개별성을 가진 기업활동에서 특별한 경영수단 및 생산수단, 판매수단상의 유리한 조건의 처리 여부 등이 수익분석법에서의 어려운 점이다.

Chapter 12
목적별 감정평가

    부동산 감정평가는 대상물건별로 구분되어 접근방법이 달라질 수 있으며, 동일한 부동산이라도 감정평가목적별로 구분되어 달라지기도 한다. 감정평가목적은 표준지공시지가, 보상평가, 국공유재산평가, 담보평가, 경매평가, 공매평가, 소송평가, 도시정비평가, 재무보고평가, 일반거래평가, 자문상담, 적정성검토 등으로 구분되며 이는 다시 세부적으로 나눌 수 있다. 감정평가 의뢰인이 요구하는 감정평가의 목적은 다양하며 날로 복잡해지고 있다.

    이 중 큰 비중을 차지하는 것 중 담보평가업무, 경매평가업무에 대하여 구체적으로 살펴보고 그 밖에 도시정비평가, 재무보고평가, 보상평가 등에 대하여도 알아보기로 한다.

section 01
담보평가

Ⅰ. 개요

1. 개념

담보평가란 담보를 제공받고 대출 등을 하는 금융기관등(은행·보험회사·신탁회사·

일반기업체 등)이 대출을 하거나 채무자(담보를 제공하고 대출 등을 받아 채무상환의 의무를 지닌 자)가 대출을 받기 위하여 의뢰하는 담보물건(채무자로부터 담보로 제공받는 물건)에 대한 감정평가를 말한다. 실무적으로는 감정평가업무의 가장 많은 비중을 차지하고 있는 부분으로, 부동산 매매시장에서 중요한 역할을 한다. 담보평가는 채무자의 재산권 가치 인정, 채권자의 안정적인 채권 확보 등 공정한 부동산시장과 건전한 금융시장을 조성하여 국민경제에 이바지하는 매우 중요한 분야이다.

2. 기준가치

현재 감정평가에 관한 규칙에서는 시장가치를 기준으로 하고 있고 ① 법령에 다른 규정이 있는 경우 ② 감정평가 의뢰인이 요청하는 경우 ③ 감정평가의 목적이나 대상물건의 특성에 비추어 사회통념상 필요하다고 인정되는 경우 시장가치 외의 가치를 기준으로 결정할 수 있다고 규정하고 있다.

담보가치의 경우 미실현 개발이익 등의 보수적 반영, 범위로 나타나는 가치에서 다소 안정적인 가액 결정 등 시장가치와는 그 성격을 달리한다고 볼 수 있다. 그렇다면 담보평가에서의 가치는 시장가치인 것인지, 시장가치 외 가치로서의 담보가치인 것인지, 시장가치를 산정하되 별도 환가성 및 안정성을 고려할 것인지, 시장가치만을 산정하고 의뢰인인 금융기관에서 판단할 것인지 문제가 될 수 있다.

실무적으로는 시장가치원칙으로서 시장가치로 산정하되 물건별로 환가성 및 안전성 조정여부가 달라지거나 조정률이 일정한 기준 없이 적용되는 등 문제가 되고 있다. 이에 대하여 가치의 기준을 명확하게 세우고, 시장가치 기준 하에서는 의뢰인이 스스로 감안하여 결정하는 것이 필요하다.

3. 담보평가의 업무절차

① 금융기관 등 업무협약 체결
② 의뢰인의 관리 및 응대
③ 담보평가 의뢰 및 수임
④ 담보평가 수행
⑤ 감정평가서 작성, 발송 등

4. 담보평가 시 준수사항

1) 직업윤리에 따를 것

의뢰인의 담보평가 목적과 내용을 충분히 이해하고, 의뢰인 및 이해관계인들에게 성실하게 응대하며, 감정평가가 적정하고 합리적으로 이루어질 수 있도록 노력한다.

2) 관계법규 및 협약서를 준수할 것

「감정평가 및 감정평가사에 관한 법」등 관계법규에서 규정한 의무 및 윤리규정을 준수하고 금융기관 등과 체결한 협약서의 내용에 따라 업무에 임한다. 금융기관 등의 협약서 체결부서와 이후 담보평가 업무의 실질적인 의뢰부서가 다르다는 점을 이해하고, 영업점의뢰내용이 협약서와 부합되는지, 배치되는 업무 수행을 요구하지는 않는지 검토하여야 한다.

II. 담보평가의 의뢰와 수임

1. 담보평가의 의뢰

1) 담보평가의 중지

다음 어느 하나의 사유에 해당하는 경우 담보평가를 중지한다.

① 의뢰인이 감정평가의 중지 또는 철회를 요청하는 경우
② 담보물 소유자가 감정평가의 중지 또는 철회를 요청하는 경우
③ 의뢰인이 감정평가관계법규나 협약서에 위배되는 감정평가를 요구하거나 의뢰내용이 감정평가관계법규나 협약서에 위배되는 경우
④ 담보권 설정과 무관하거나 담보물에 대한 감정평가가 아닌 경우 등 사실상 담보평가로 수행하기에 적합하지 않음에도 불구하고 담보평가로 의뢰한 경우
⑤ 의뢰인이 거짓되거나 잘못된 사실을 제시한 경우
⑥ 의뢰내용이 미비하거나 감정평가에 필요한 서류를 받지 못하는 등의 경우에

청하였으나 의뢰인이 정당한 사유 없이 제시하지 않는 경우

⑦ 담보물 소유자 및 점유자 등 이해관계인이 감정평가를 거부 또는 방해하는 등 노력에도 불구하고 실질적으로 감정평가를 수행할 수 없는 경우

⑧ 실제 현황이 의뢰내용이나 공부의 내용과 현저하게 달라 대상물건의 동일성 인정이 어렵다고 판단하는 경우

⑨ 감정평가 실무기준상 감정평가 수임제한 이유에 해당하는 경우

⑩ 이외에 대상물건이 담보물로서 부적격하거나 합리적인 사유로 감정평가가 불가능하다고 판단하는 경우

2) 의뢰인에게 통지

담보평가의 중지사유 중 ②~⑩에 해당한다고 판단하는 경우에는 다음 사유를 의뢰인에게 통지한다.

① 감정평가를 수행하기 어려운 사유

② 위의 사유를 보완 또는 시정해 달라는 취지

③ 위의 보완 또는 시정이 되지 않으면 감정평가를 반려할 수 있다는 사실

3) 담보평가의 반려

의뢰인에게 담보평가의 중지사유를 통지하였음에도 불구하고 해당 사유를 보완 또는 시정되지 않으면 감정평가를 반려할 수 있다.

2. 대상물건

1) 대상물건의 판단과 처리

의뢰된 물건이 담보평가의 대상물건이 아니라고 판단하는 경우 의뢰인과 협의한 후 업무를 진행한다. 담보물의 범위, 해당 담보권의 효력이 미치는 물건인지 여부 등을 의뢰인과 협의하여 대상물건을 결정하고 그 내용을 감정평가서에 적는다. 담보권의 종류에 따라 일반적인 저당권 설정 외 공장저당 등 재단의 목적물로서의 저당권 및 「동산·채권 등의 담보에 관한 법률」상 동산담보권을 설정할 수 있다.

2) 담보제공이 금지되거나 제한되는 물건

대상물건이 관계법규 등에 따라 담보제공이 금지되거나 제한되는 물건에 해당하는 경우 의뢰인과 협의 후 감정평가 진행 여부를 결정할 수 있다.

① 「국유재산법」상 행정재산
② 「보조금 관리에 관한 법률」상 중요재산
③ 「지방재정법」상 지방보조사업자의 중요재산
④ 「공익법인의 설립운영에 관한 법률」상 공익법인의 기본재산
⑤ 「사립학교법」상 학교법인의 재산
⑥ 「의료법」상 의료법인의 기본재산
⑦ 「사회복지사업법」상 (사회복지)법인의 기본재산
⑧ 「전통사찰의 보존 및 지원에 관한 법률」상 전통사찰의 동산 또는 부동산
⑨ 「향교재산법」상 향교재산
⑩ 「공익신탁법」상 공익사업을 위한 신탁재산
⑪ 「주택법」상 주택건설사업에 의하여 건설된 주택 및 대지
⑫ 「한국주택금융공사법」상 주택담보노후연금채권을 담보한 주택(담보주택)
⑬ 「북한이탈주민의 보호 및 정착지원에 관한 법률」상 주거지원을 받는 보호대상자가 주거지원에 따라 취득하게 된 소유권 등 정착금품
⑭ 「민사집행법」상 압류가 금지되는 물건 및 압류금지채권
⑮ 그 밖에 다른 법규에 따라 담보의 취득이 금지되거나 제한되는 물건

3) 협약서 등에 따라 담보취득하지 않는 물건

개별적인 협약에 따라 각 금융기관별 담보로 취득하지 않는 물건도 있다. 따라서 동일한 대상물건이라도 금융기관별 내부규정에 따라 담보로 취득하는 기관과 취득하지 않는 기관이 나뉠 수 있다. 공유부동산 중 지분, 맹지, 특정 토지이용규제에 해당하는 토지(비오톱1등급, 보전산지), 일부 구분점포(오픈상가), 2개호 이상 경계벽을 제거하여 이용 중인 집합건물(일명 '튼상가') 등이 있다.

3. 처리기한 등

감정평가의 목적은 '담보' 평가임을 명확히 하고, 담보 외의 목적으로 감정평가서를 사용할 수 없음을 명시한다.

원칙적으로 담보평가에서는 조건부 감정평가를 하지 않는 것이 권장된다. 다만, 협약서에 조건부 감정평가를 허용한 경우 의뢰인의 요청에 의해 감정평가 조건을 붙여 하되, 조건의 합리성, 적법성 및 실현가능성 등을 검토하여야 한다.

처리기한의 경우 통상적인 물건은 협약서 등에 처리기간이 명시되는 등 정해진 기간 내에 처리하고, 물건의 복잡성, 특수한 사정 등 그 기간 내 처리가 사실상 곤란하거나 업무를 수행할 수 없는 사유가 있을 때에는 의뢰인과 처리기간에 대하여 협의하여 결정한다.

III. 담보평가의 절차, 원칙 등

1. 담보평가의 절차

담보평가는 다음의 순서에 따라 하되, 합리적이고 능률적인 담보평가를 위하여 필요한 경우 순서를 조정할 수 있다.
① 기본적 사항의 확정
② 처리계획의 수립
③ 대상물건의 확인
④ 자료수집 및 정리
⑤ 자료검토 및 가치형성요인의 분석
⑥ 감정평가방법의 선정 및 적용
⑦ 감정평가액의 결정 및 표시

2. 대상물건의 확인

1) 물적사항 확인

대상물건에 대한 사전조사 및 실지조사를 통하여 물적사항과 관련한 다음 사항을 확인한다.

① 실지조사에서 확인한 대상물건의 현황이 의뢰내용, 공부(公簿)의 내용과 부합 여부
② 대상물건의 개별적인 상황
③ 대상물건에 담보권의 효력을 제한할 수 있는 다른 물건의 소재 여부
④ 이외 대상물건의 경제적 가치 및 담보물로서 가치에 영향을 미치는 사항

2) 권리관계 확인

대상물건에 대한 사전조사 및 실지조사를 통하여 소유권 및 소유권 이외 권리의 존재 여부 및 내용을 확인한다. 특히 금융기관으로부터 의뢰받아 임대차 조사를 하는 경우, 이와 관련하여 책임을 지는 경우가 많아 유의하여야 한다.

3. 현황기준 원칙

담보평가에서도 「감정평가에 관한 규칙」 제6조 제1항에 따라 기준시점에서의 대상물건의 이용상황(불법적이거나 일시적인 이용은 제외한다) 및 공법상 제한을 받는 상태를 기준으로 하는 현황기준 원칙에 따라야 한다. 담보평가의 경우 다음의 경우 감정평가를 중지하고 의뢰인에게 그 내용을 알려 협의 후 진행한다.

① 불법적인 이용으로서 합법적인 이용으로 전환하는 것이 사실상 곤란한 경우
② 합법적인 이용으로 전환하는 비용을 고려하기 곤란하거나 감정평가액 대비 과다한 경우

근린생활시설을 실제 주거용으로 사용하는 경우, 허용가구수 이상으로 이용하는 경우 등 추후 위반건축물로 지정되어 이행강제금을 부과 받게 될 수 있다. 이러한 경우 과다 감정평가, 대출액이 과다하게 실행되는 문제, 수익성이 저하되어 환가성이 낮

아지는 문제 등이 생긴다.

4. 개별물건 기준 원칙

담보평가에서도 「감정평가에 관한 규칙」 제7조 제1항에 따라 대상물건마다 개별로 하는 것이 원칙이다. 다만 둘 이상의 대상물건이 일체로 거래되거나 대상물건 상호 간에 용도상 불가분의 관계가 있는 경우에는 일괄하여 감정평가할 수 있다. 여기서 용도상 불가분의 관계란 일단의 토지로 이용되고 있는 상황이 사회적·경제적·행정적 측면에서 합리적이고 당해 토지의 가치형성 측면에서도 타당하다고 인정되는 관계를 말한다.

① 개발사업시행예정지의 경우 기준시점 현재 관계법규 등에 의한 개발행위허가, 사업계획의 승인, 그 밖에 각종 인허가 등의 절차가 진행된 이후 부담금납부, 성·절토 및 기반시설 구축 같은 형질변경 행위 등을 통해 하나의 부지로 이용되는 것이 객관적으로 인정되는 경우 일괄감정평가를 할 수 있다.

② 2필지 이상의 토지에 하나의 건축물(부속건축물을 포함)이 건립되어 있거나 건축중에 있는 토지, 기준시점 현재 건축물 등이 없으나 건축허가 등을 받고 공사를 착수한 경우에는 토지소유자가 다른 경우에도 일괄감정평가를 할 수 있다.

③ 2필지 이상의 토지가 일단으로 이용되고 있는 경우라도 주위환경 등의 사정으로 보아 일시적인 이용상황으로 인정되는 경우 일괄감정평가를 하지 않는다.

④ 하나의 물건 중 일부분에 대한 담보평가는 무의미하거나 부적절할 수 있다. 우리나라는 일물일권(一物一權)주의를 취하고 있으므로, 관계법규 등에서 허용하는 경우 외에는 하나의 물건 중 일부에 담보권을 설정할 수 없기 때문이다.

5. 담보평가 시 유의사항

담보평가는 담보권 대상물건의 경제적 가치만을 산정하면 되는 것이지 채무자의 신용도, 자금사정, 재무상태, 상환능력, 기업규모, 평판 등을 고려하지 않아야 한다. 즉, 담보물건의 경제적 가치에 채무자의 신용도 등이 영향을 미치면 안 된다. 이러한 것들은 대출을 실행하는 금융기관 등에서 수행하는 업무이며, 담보평가시 고려하게 되면 중복 고려하게 되기 때문에 대출액 등이 과다하게 산정될 수 있다.

IV. 담보 감정평가서의 작성, 검토

1. 감정평가서의 작성

감정평가서는 원칙적으로 행정구역별로 작성한다. 다만, 의뢰인의 요청이 있거나 의뢰내용, 대상물건의 종류와 성격 등에 비추어 일괄로 작성하는 것이 합리적이라고 판단되는 경우에는 하나의 감정평가서로 작성하되 총괄표를 붙인다.「감정평가에 관한 규칙」 제13조에 따라 명확하고 일관성 있게 작성하되, 금융기관과의 협약서, 감정평가 목적, 의뢰인의 요청 등을 고려하여 기재를 요청한 사항, 협의한 사항, 그 밖에 필요하다고 판단하는 사항 등을 추가적으로 기재할 수 있다.

2. 감정평가서의 적정성 검토

감정평가서 발송 전 다음의 사항을 미리 검토한다.
① 감정평가서의 위산·오기 여부
② 의뢰내용 및 공부와 현황의 일치 여부
③ 감정평가관계법규 및 협약서에 위배된 내용이 있는지 여부
④ 감정평가서 기재사항이 적절히 기재되었는지 여부
⑤ 감정평가액의 산출근거 및 결정 의견이 적절히 기재되었는지 여부

V. 물건별 담보평가

1. 토지

1) 자료의 수집 및 정리

① 등기사항전부증명서 ─ 토지 ─
② 토지대장(임야대장)
③ 지적도(임야도)

④ 토지이용계획확인서

⑤ 환지계획 및 환지처분 관련 서류(환지사업지인 경우)

⑥ 공유지분 위차확인(동의)서(공유지분 토지인 경우)

⑦ 형질변경허가서, 전용허가서, 건축허가(신고)서, 사업계획승인서 등 관련 도면, 서류

⑧ 매매계약서, 분양계약서, 임대차계약서 등 사권(私權)계약서, 그 밖의 계약서 등

⑨ 그 밖에 필요한 서류

2) 공공용지

도로, 공원, 운동장, 체육시설, 철도, 하천 등의 공공용지는 담보평가 하지 않는 것이 원칙이나, 의뢰인과 협의를 거쳐 합리적인 사유가 있는 경우 감정평가할 수 있다. 이 경우 용도나 거래의 제한 등을 고려하여 감정평가하거나, 다른 용도로 전환하는 것을 전제로 의뢰된 경우 조건부 감정평가하는 경우가 있을 수 있다.

3) 공법상 제한을 받는 토지(도시계획시설 저촉 부지)

도시계획시설 저촉부분과 잔여부분을 구분하여 감정평가하거나 저촉부분과 잔여부분의 면적비율에 의한 평균가액으로 감정평가한다. 다만, 저촉부분의 면적비율이 현저하게 낮아 대상물건의 사용수익에 지장이 없다고 인정되는 경우 저촉되지 않은 것으로 보아 감정평가할 수 있고, 반대로 잔여부분의 단독이용가치가 희박한 경우에는 해당 토지의 전부가 저촉된 것으로 보아 감정평가할 수 있다.

4) 지상 정착물과 소유자가 다른 토지 및 제시 외 건물 등이 있는 토지

토지 소유자와 지상의 건물 등 정착물의 소유자가 다른 토지나 의뢰인이 제시하지 않은 지상 정착물(종물과 부합물 제외)이 있는 토지는 평가하지 않는 것이 원칙이며, 의뢰인과 진행 여부 등을 협의한다. 감정평가하는 경우 지상 정착물 등의 철거를 전제로 조건을 붙여 감정평가하거나, 정착물 등이 토지에 미치는 영향을 고려하여 감정평가한다.

5) 거래가격 및 거래의 상대방이 제한되는 토지

다음의 관계법규 등에 따라 거래가격 및 거래의 상대방이 제한되는 토지는 진행 여부를 의뢰인과 협의하고, 감정평가하는 경우 제한됨에 따라 토지에 미치는 영향을 고려하여 감정평가하며, 이러한 내용 및 협의 내용 등을 감정평가서에 기재한다.

① 「산업입지 및 개발에 관한 법률」에 따라 개발한 토지

② 「산업집적활성화 및 공장설립에 관한 법률」에 따라 분양받은 토지

③ 「연구개발특구의 육성에 관한 특별법」에 따른 교육·연구 및 사업화 시설구역 의 부지

④ 그 밖에 국가·지방자치단체·공공기관 등으로부터 분양받은 토지로서, 분양계 약서 및 등기사항증명서에 매매·처분제한 또는 환매특약 등의 취지가 기재· 등기되어 있는 토지

2. 건물

1) 자료의 수집 및 정리

① 등기사항전부증명서 —건물—

② 일반건축물대장 및 건축물현황도

③ 토지이용계획확인서

④ 매매계약서, 분양계약서, 임대차계약서 등 사권(私權)계약서, 그 밖의 계약서 등

⑤ 도급계약서, 설계도서 등

⑥ 그 밖에 필요한 서류

2) 공부상 미등재 건물

건축물대장에 등재되지 않은 건물은 감정평가하지 않는 것이 원칙이며 의뢰인과의 협의를 거쳐 합리적인 사유가 있는 경우 그 사유를 적고 감정평가할 수 있다.

3) 종물 · 부합물의 처리

대상물건에 종물 또는 부합물이 있는지 여부를 파악하고 해당여부를 판단하기 어려운 경우 의뢰인과 협의하고 감정평가서에 적는다. 다만, 경제적 가치가 없거나 대상물건의 경제적 가치에 영향을 미치지 않는다고 판단되는 경우 그러하지 않을 수 있다.

> **참고** 종물과 부합물
>
> **가. 종물(민법 제100조)**
> 물건의 소유자가 그 물건의 상용(常用)에 공(供)하기 위하여 자기소유인 다른 물건을 이에 부속하게 한 경우 그 물건은 주물이고 주물에 부속된 다른 물건은 종물이다. 종물의 예로는 주택에 딸린 광, 횟집점포의 수족관, 주유소의 주유기가 있다. 종물은 주물의 상용에 공할 것(계속적·경제적 효용), 주물에 부속되어 있을 것(장소적 밀접성), 주물로부터 독립된 물건일 것(동산, 부동산 모두 가능), 주물과 종물의 소유자가 동일할 것을 요건으로 한다. 이러한 종물은 주물의 처분에 따른다.
>
> **나. 부합물(민법 제256조)**
> 부동산의 소유자는 그 부동산에 부합한 물건의 소유권을 획득한다. 그러나 타인의 권원에 의하여 부속된 것은 그러하지 아니한다. 다시 말해, 부합물이란 주된 부동산에 부착되어 합체된 물건으로 구조적·경제적 독립물로서의 효용을 갖지 못하는 것을 말한다.
>
> **다. 평가방법**
> 종물과 부합물의 평가는 주물 또는 부동산의 소유자와의 관계를 조사하여 평가하며 주물의 처분에 따른다는 것에 유의해야 한다. 담보평가시 종물과 부합물은 별도의 가격산정은 불필요하나 건물의 구조, 면적 등을 개략적으로 감정평가표 및 감정평가명세표에 기재하여야 한다. 그러나 경매평가시에는 종물과 부합물도 권리이전의 범위에 속하므로 반드시 그 가격을 산정한다.

4) 노후 정도가 심한 건물

경과연수가 내용연수를 지났으나 리모델링 또는 관리가 잘 된 건물은 관찰감가 등을 통하여 감정평가하게 되나, 반대로 노후 정도가 심하여 경제적 가치가 없다고 인정되는 건물 또는 철거가 예정되어 있는 건물은 감정평가서에 그 내용을 적고 감정평가하지 않을 수 있다.

5) 그 밖의 건물

이외 일부 지분만 의뢰된 경우, 거래가격 및 거래의 상대방이 제한되는 경우, 공익사업시행지구에 편입된 경우, 공법상 제한을 받는 경우 등은 토지와 유사하게 처리한다.

3. 구분소유 부동산

1) 자료의 수집 및 정리

① 등기사항전부증명서 - 집합건물 -
② 집합건축물대장(표제부, 전유부) 및 건축물현황도
③ 토지이용계획확인서
④ 토지대장(대지권등록부 포함)
⑤ 매매계약서, 분양계약서, 임대차계약서 등 사권(私權)계약서, 그 밖의 계약서 등
⑥ 대지사용권을 수반하고 있으나 미등기 된 경우, 전유부분과 함께 대지사용권을 지니고 있음을 입증할 수 있는 서류
⑦ 그 밖에 필요한 서류

2) 대상물건의 확인

건축물대장의 건축물현황도가 있는 경우 평면도 등을 발급받아 현황과 대조하여 확인한다. 건축물현황도가 없는 경우 해당 구분건물의 관리사무소 등에 비치된 도면과 현황을 대조하여 확인하되, 그 내용을 감정평가서에 적는다.

3) 구조상 · 이용상 독립성이 없는 구분건물

「집합건물의 소유 및 관리에 관한 법률」 제1조에서는 1동의 건물 중 구조상 구분된 여러 개의 부분이 독립한 건물로서 사용될 수 있을 때에는 그 각 부분은 각각 소유권의 목적으로 할 수 있다고 규정한다. 특히 상가건물의 구분소유는 1동의 건물이 해당 방식(① 용도가 판매시설 및 운수시설일 것 ② 경계를 명확하게 알아볼 수 있는 표지를 바닥

에 견고하게 설치할 것 ③ 구분점포별로 부여된 건물번호표지를 견고하게 붙일 것)으로 여러 개의 건물부분으로 이용상 구분된 경우에 그 건물부분(구분점포)은 각각 소유권의 목적으로 할 수 있다고 규정한다. 즉, 구분소유권의 객체가 될 수 있으려면 구조상·이용상 독립성이 있어야 하는데, 이러한 독립성이 없다고 판단되거나 판단하기 어려운 경우 의뢰인과 협의하여 업무를 진행한다.

4) 대지사용권을 수반하지 않은 구분건물

「집합건물의 소유 및 관리에 관한 법률」 제20조에서는 구분소유자의 대지사용권은 그가 가지는 전유부분의 처분에 따르고, 규약으로써 달리 정한 경우가 아니라면 구분소유자는 그가 가지는 전유부분과 분리하여 대지사용권을 처분할 수 없다고 규정한다. 구분소유 부동산을 담보평가시 대지사용권이 제시되지 않은 경우에는 다음의 사항을 확인한다.

① 의뢰인이 대지사용권을 제시하지 않은 이유
② 대상물건이 대지사용권을 수반하고 있는지 여부 및 그 근거
③ 등기사항전부증명서에 대지사용권이 등재되어 있지 않다면 그 이유
④ 대상물건에 대하여 대지사용권을 수반하지 않은 건물만의 가격이 형성되어 있는지 여부
⑤ 그 밖에 대상물건을 감정평가하는 데 필요한 사항

한편, 대지사용권이 제시되지 않은 구분소유 부동산으로서 다음에 해당하는 경우에는 의뢰인과 협의하여 대지사용권을 포함한 가액으로 감정평가할 수 있다.

① 분양계약서 등에 따라 대상물건이 실질적으로 대지사용권을 수반하고 있지만 토지의 분할·합병, 지적미정리 등으로 인하여 기준시점 현재 대지사용권이 등기되어 있지 않은 경우
② 분양계약서 등에 따라 대상물건이 실질적으로 대지사용권을 수반하고 있지만 등기절차의 지연 등으로 기준시점 현재 대지사용권이 등기되어 있지 않은 경우
③ 그 밖에 대상물건이 실질적으로 대지사용권을 수반하고 있지만 합리적인 사유로 기준시점 현재 대지사용권이 등기되어 있지 않은 경우

실제 대지사용권이 없는 경우에는 의뢰인과 협의한 후 건물만의 가액으로 감정평가를 진행할 수 있다.

VI. 동산담보평가

「동산·채권 등의 담보에 관한 법률」에 따라 동산 등에 담보권을 설정하거나 관리하기 위해 이루어지는 감정평가를 동삼담보평가라 한다. 법인 또는 부가가치세법에 따라 사업자등록을 한 사람이 담보약정에 따라 동산을 담보로 제공하는 경우 담보등기를 할 수 있고, 여러 개의 동산(장래에 취득할 동산을 포함)이더라도 목적물의 종류, 보관장소, 수량을 정하거나 그 밖에 이와 유사한 방법으로 특정할 수 있는 경우 이를 목적으로 담보등기를 할 수 있다.

담보평가의 대상물건 중 동산의 특성에 따라 특정할 수 있는 물건은 동산담보등기의 목적물이 될 수 있는데 이를 개별동산이라 하고, 여러 개의 동산에 대하여 1개의 담보권을 설정하려는 동산의 집합으로서, 경제적으로 단일한 가치를 가지고 거래상으로도 일체로 다루어지는 일단의 동산 집합물을 집합동산이라 하며 이 중 보관장소에 따라 특정할 수 있는 물건은 동산담보등기의 목적물이 될 수 있다.

section 02
경매평가

Ⅰ. 개요

1. 경매평가의 의의

경매평가란 해당 집행법원(경매사건의 관할 법원)이 경매의 대상이 되는 물건의 경매에서 최저매각가격(물건의 매각을 허가하는 최저가격)을 결정하기 위해 의뢰하는 감정평가를 말한다. 넓은 의미로서 경매는 물품을 판매하는 방법 중 하나로, 구매 희망자

(입찰자)들이 희망하는 가격을 적어내면 그 중 최고가를 적은 입찰자에게 판매(낙찰)하는 방식을 말한다. 경매는 개인 사이에서 행해지는 사(私)경매와 국가기관 등에 의해 행해지는 공(公)경매로 나눌 수 있는데, 이 중 공경매는 국가의 공권력에 의해 금전채권의 실현을 목적으로 하는 강제적 환매제도로서 「국세징수법」상 체납처분에 의한 공매와 「민사집행법」상 강제이행절차에 따른 경매가 있다. 경매는 일반 채권자에 의한 경매(강제경매)와 담보권 실행을 위한 경매(임의경매)로 구분할 수 있다.

이와 관련하여 「민사집행법」 제97조(부동산의 평가와 최저매각가격의 결정)에서 법원은 감정인(鑑定人)에게 부동산을 평가하게 하고 그 평가액을 참작하여 최저매각가격을 정하여야 한다고 규정하고 있다. 결국, 경매감정평가는 집행법원이 경매절차에서 감정인에게 부동산 평가를 명하는 것에 따라 대상 부동산의 가치를 정확히 파악하여 최저매각가격을 결정하기 위한 것이다.

2. 경매의 종류

경매는 집행권원의 필요 여부에 따라 강제경매와 임의경매로 구분하고, 경매기일의 선후에 따라 최초매각(최초경매), 새매각(신경매), 재매각(재경매)으로 나눌 수 있으며, 매각방법에 따라 일괄매각과 분할매각 등으로 분류할 수 있다.

강제경매란 채무에 대한 집행권원을 가진 채권자의 신청에 의해 채무자 소유의 부동산을 압류, 경매를 통해 매각하고 그 대금으로 채권자의 채권을 변제하기 위한 강제집행절차를 말한다. 한편, 임의경매란 근저당권 또는 전세권 등 담보권자가 담보권 실행을 위하여 담보권의 목적물이나 전세권의 목적물을 경매 신청하여 후순위 권리자들보다 우선하여 경매 매각대금에서 자기채권의 만족을 얻는 강제집행절차이다. 양자는 집행권원의 요부, 공신적 효과의 요부 등의 차이가 있다.

3. 경매평가의 대상

경매평가의 대상은 토지(공유지분 포함), 건물, 미등기부동산, 공장재단, 광업재단, 광업권, 어업권, 「입목에 관한 법률」에 의해 소유권 보존등기 또는 명인방법을 갖춘 수목, 지상권, 자동차, 건설기계 및 항공기 등이 있다.

4. 경매절차

경매는 채권자의 만족을 목적으로 한다고는 하지만 동시에 채무자나 그 밖의 이해관계인이 다수 관여되어 있는 것이 보통이므로 그 이해관계인들 사이의 공평과 이익 보호를 위하여 엄격한 절차에 의하여 진행된다. 경매절차는 ① 경매신청 및 경매개시결정 ② 배당요구의 종기 결정 및 공고 ③ 매각의 준비(현황조사, 최저매각가격의 결정 등) ④ 매각 및 매각결정기일의 지정·공고·통지 ⑤ 매각의 실시 ⑥ 매각허가여부 결정절차 ⑦ 매각대금의 납부 ⑧ 배당절차 ⑨ 소유권이전등기 등의 촉탁, 부동산 인도명령으로 이루어진다.

Ⅱ. 경매 감정평가업무 처리

경매평가를 위한 법원의 감정평가명령서는 다음과 같다.

○ ○ 지방법원
평 가 명 령

감정인 ○○○ 귀하

사   건   20   타경   부동산강제(임의)경매
소 유 자   ○○○

위 소유자 소유의 별지기재 부동산에 대한 평가를 하여 ○○○○.○○.○○.까지 그 평가서를 제출하되(열람·비치용 사본 1부 첨부), 평가서에는 다음 각 호의 사항을 기재하고, 부동산의 형상 및 그 소재지 주변의 개황을 알 수 있는 도면·사진 및 토지대장·건축물대장 등본 등을 첨부하여야 합니다.
1. 사건의 표시
2. 부동산의 표시
3. 부동산의 평가액 및 평가년월일

가. 집합건물인 경우에는 건물 및 토지의 배분가액 표시

나. 제시외 건물이 있는 경우에는 반드시 그 가액을 평가하고, 제시외 건물이 경매대상에서 제외되어 그 대지가 소유권행사를 제한 받는 경우에는 그 가액도 평가

다. 등기부상 지목과 현황이 다른 토지의 경우는 등기부상 지목 및 현황에 따른 각 평가액을 병기

4. 평가의 목적이 토지인 경우에는 지적(공부상 및 실제 면적), 법령에 따른 규제의 유무 및 그 내용과 공시지가(표준지가 아닌 경우에는 비교대상 표준지의 공시지가와 함께 표준지의 위치와 주변의 상황을 평가대상 토지와 비교할 수 있도록 도면·사진 등을 붙여야 합니다.), 그 밖에 평가에 참고가 된 사항(토지이용계획확인서 등 첨부)

5. 평가의 목적이 건물인 경우에는 그 종류, 구조, 평면적(공부상 및 실제면적), 추정되는 잔존 내구연수 등 평가에 참고가 된 사항

6. 평가액의 구체적 산출 과정(평가근거를 고려한 요소들에 대한 평가내역을 개별적으로 표시 하여야 하고 통합형 설시를 통해 결론만 기재하여서는 아니됩니다.)

7. 대지권 등기가 되어 있지 아니한 집합건물인 경우에는 분양계약내용, 분양대금 납부 여부, 등기되지 아니한 사유

8. 그 밖에 집행법원이 기재를 명한 사항

2020. . .

판　사　사법보좌관　○　○　○

주의: 감정인은 감정평가서를 제출할 때 원본 이외에 열람·비치용 사본 1부를 첨부하여 주십시오.

주의 1. 감정인은 감정평가서를 제출할 때 원본 이외에 열람·비치용 사본 1부를 첨부하여 주십시오.
　　2. 감정인은 연계시스템을 통해 감정평가서의 내용을 구분하여 입력(물건의 용도별 구분입력을 누락하지 않도록 주의)하고, 해당 내용을 전자적으로 전송하여 주시기 바랍니다.

1. 법원감정평가서 표지

① 건명: 법원의뢰 감정평가는 소유자명을 위쪽에 적고, 괄호를 사용하여 사건번호를 아래쪽에 적는다.

② 감정평가서 번호: 접수번호를 적는다.

③ 명칭: 감정평가사사무소 또는 감정평가법인의 명칭을 적고 대표전화번호, 팩스번호 등을 적는다.

2. (   ) 감정평가표

1) (   ) : 괄호

괄호 내에는 「감정평가에 관한 규칙」에서 규정하고 있는 물건의 종류(토지, 건물, 산림, 과수원, 공장 등)를 기재한다. 토지·건물로 구성된 복합부동산과 구분소유권의 대상이 되는 구분소유 부동산인 경우에는 "부동산"으로 기재한다.

2) 감정평가사의 서명 · 날인

감정평가사가 자필서명 및 날인한다.

3) 감정평가액

① 감정평가액은 한글로 적고, 괄호 안에 아라비아 숫자로 병기한다.

예 일천이백삼십사만오천원(₩12,345,000.-)

② 아라비아숫자로 표시할 경우에는 금액의 바로 앞에 "₩"을, 끝에 마침표와 횡선(-)을 각각 표시하며, 세 자리마다 쉼표(,)로서 자릿점을 나타낸다.

예 ₩12,345,000.-

4) 감정평가의뢰인

"○○ 지방법원 사법보좌관 ○○○"로 기재한다.

5) 소유자

상단에 소유자명을 기재하고 하단에 사건번호를 괄호하여 기재한다.

예 ○○○

(2023타경○○)

6) 목록표시근거

감정평가명세표의 목록표시근거 자료명을 기재한다.

예 등기사항전부증명서, 토지대장등본, 자동차등록원부, 제시목록 등

7) 감정평가목적

"경매"라고 표시한다.

8) 기준가치

시장가치를 기준으로 감정평가한 경우 "시장가치"라고 적고, 시장가치 외의 가치로 감정평가한 경우에는 해당 가치의 명칭이 있는 경우에는 그 명칭을 적고, 명칭이 없는 경우에는 "시장가치 외의 가치"라고 적는다.

9) 감정평가조건

「감정평가에 관한 규칙」 제6조의 현황기준 원칙에도 불구하고 조건부 감정평가를 실시한 경우에는 "감정평가액 산출근거 및 그 결정에 관한 의견"란에 그 사유를 상세히 기재하여야 한다.

10) 기준시점, 조사기간 및 작성일자

(1) 기준시점

감정평가 대상물건의 가격조사를 완료한 일자를 기재한다. 다만, 소급감정평가 등 기준시점이 미리 정하여진 때에는 그 날짜에 가격조사가 가능한 경우에만 그 일자를 기준시점으로 할 수 있다.

(2) 조사기간

실지조사 착수일로부터 가격조사 완료일까지의 기간을 기재한다.

(3) 작성일자

감정평가서 작성 완료일자를 기재한다.

11) 감정평가내용

감정평가 내용란은 감정평가명세표상의 감정평가 내용을 종류로 분류하여 합산

기재하되 다음 내용에 따른다.

① 토지: 종류란에 "토지"라 적고, 면적란에 공부 또는 사정 총면적을 적는다. 다만, 사정면적은 제곱미터(㎡)로 적는다(이하 같다).

② 건물: 종류란에 "건물"이라 적고, 면적란에 공부 또는 사정 총면적을 적는다. 다만 미등기건물 또는 제시외 건물은 종류란에 "미등기건물(또는 제시외 건물)"이라 적고, 면적란에 사정 총면적을 적는다.

③ 구분소유건물: 종류란에 "구분건물"이라 적고, 수량란에 세대수(주거용의 경우) 또는 개수(상업용, 업무용의 경우)를 적는다.

④ 단가는 유효숫자 두 자리까지 표시함을 원칙으로 하되 제곱미터(㎡)당 가격이 10만원 이상인 경우에는 유효숫자 세 자리까지 표시할 수 있다. 다만, "사정 면적(또는 수량)×단가=금액"의 등식이 성립하지 않을 때에는 단가란에 횡선(-)을 긋는다.

예 기본형식

공 부(의 뢰)		사 정		감정평가액	
종 류	면적 또는 수량	종 류	면적 또는 수량	단 가 (원/㎡)	금 액 (원)
토지	36,121㎡	토지	36,121㎡	-	193,232,130
건물	2,742.45㎡	건물	2,742.45㎡	352,000	965,342,400
제시외건물	10.7㎡	제시외건물	10.7㎡	60,000	642,000

〈환지예정지인 경우〉(공부상 1,500㎡, 환지면적 1,200㎡)

공 부(의 뢰)		사 정		감정평가액	
종 류	면적 또는 수량	종 류	면적 또는 수량	단 가 (원/㎡)	금 액 (원)
토지	1,500㎡	토지	1,200㎡	105,000	126,000,000

〈공유지분인 경우〉

공 부(의 뢰)		사 정		감정평가액	
종 류	면적 또는 수량	종 류	면적 또는 수량	단 가 (원/㎡)	금 액 (원)
토지	$1,500㎡ \times \dfrac{500}{1,500}$	대	500㎡	100,000	50,000,000

〈단가가 10만원 이상인 경우〉

공 부(의 뢰)		사 정		감정평가액	
종 류	면적 또는 수량	종 류	면적 또는 수량	단 가 (원/㎡)	금 액 (원)
대	155㎡	대	155㎡	127,000	19,685,000

〈단가가 10만원 이하인 경우〉

공 부(의 뢰)		사 정		감정평가액	
종 류	면적 또는 수량	종 류	면적 또는 수량	단 가 (원/㎡)	금 액 (원)
건물	304.96㎡	건물	314.8㎡	92,000	28,961,000

〈구분건물인 경우〉

공 부(의 뢰)		사 정		감정평가액	
종 류	면적 또는 수량	종 류	면적 또는 수량	단 가 (원/㎡)	금 액 (원)
구분건물	1세대	구분건물	1세대	–	100,000,000
구분건물	1개호	구분건물	1개호	–	250,000,000

12) 감정평가 내용 마감

합계액은 감정평가내역 하단에 기재하며, 합계액 앞에는 금액과 공간이 없게 "₩"를 표시한다.

3. 감정평가액 산출근거 및 그 결정에 관한 의견

대상물건의 가격산출방법 및 근거, 결정 의견 등 다음 사항에 관한 핵심적인 사항을 요약 기재한다.

① 적용한 감정평가방법 및 시산가액 조정 등 감정평가액 결정 과정

② 공시지가기준법으로 토지를 감정평가한 경우 비교표준지의 선정 내용, 비교표준지와 대상토지를 비교한 내용 및 그 밖의 요인을 보정한 경우 그 내용

③ 재조달원가 산정 및 감가수정 등의 내용

④ 적산법이나 수익환원법으로 감정평가한 경우 기대이율 또는 환원율(할인율)의 산출근거

⑤ 일괄감정평가, 구분감정평가 또는 부분감정평가를 한 경우 그 이유

⑥ 감정평가액 결정에 참고한 자료가 있는 경우 그 자료의 명칭, 출처와 내용

⑦ 대상물건 중 일부를 감정평가에서 제외한 경우 그 이유

4. (   ) 감정평가명세표

1) 일련번호

평가명령서상의 의뢰목록의 일련번호와 일치되게 표시하며, 미등기건물은 ㄱ,ㄴ, ㄷ…으로 표시한다.

2) 소재지

공부(의뢰목록) 내용대로 기재한다. 다만, 행정구역이 변경되었으나 공부상에 행정구역 변경에 따른 정리가 되어 있지 않은 경우의 소재지 표시는 변경된 소재지를 기재할 수 있다.

3) 지번

① 공부(의뢰목록) 내용대로 기재한다.

② 구분건물의 지번 기재방법

공부내용대로 기재하되 건물의 명칭 및 동수가 표시되어 있을 경우에는 이를 함께 기재한다. 건물 등기사항전부증명서상 1동 건물의 표제부(이하 '공통표제부'라 한다)에서 '대지권의 목적인 토지의 표시'란 이 10필지 이상일 경우는 "(대표필지의 지번)외 ○○필지"라고 기재하고, 그 밖의 필지 지번에 대해서는 그 기재를 생략할 수 있다.

4) 지목, 용도 및 구조

- 현황에 불구하고 공부(의뢰목록) 표시대로 기재한다.
- 구분건물의 지목, 용도 및 구조 기재방법
① 건물 등기사항전부증명서상의 공통표제부 내용을 기재한 다음 전유부분 표제부 내용을 기재한다. 다만, 아파트의 경우에는 공통표제부의 내용 중 각 층별 표시 및 부속건축물의 용도, 구조, 층별 표시의 기재는 생략할 수 있으며, 대지권의 표시는 소유권 대지권만을 기재한다.
② 1동의 건물 중 구분소유권의 목적이 되는 수개의 물건을 평가하여야할 경우에는 최초의 구분건물에 한해서 공통표제부의 지목, 용도 및 구조를 기재하고 기타의 구분건물에 대해서는 그 기재를 생략할 수 있다.
③ 건물 등기사항전부증명서상 공통표제부에서 '대지권의 목적인 토지의 표시'란에 적을 토지가 10필지 이상일 경우에는 "(대표필지의 지목) 외"라고 기재하고, 그 밖의 필지 지목에 대해서는 그 기재를 생략할 수 있다.

5) 면적(공부면적 및 사정면적)

① 공부란에는 공부(의뢰물건)내용대로 기재하고 사정란에는 사정면적을 제곱미터(㎡)단위로 기재한다. 이 경우 면적은 아라비아 숫자로 표시한다.

② 부분평가 면적기재방법

공부란에 공부면적 중 의뢰목록면적으로 표시함을 원칙으로 한다. 다만, 국가 또는 지방자치단체 그 밖에 이에 준하는 공공기관에서 의뢰되었을 경우에 한하여 일부분에 대한 제시목록을 공부로 보고 통상의 경우와 같이 처리할 수 있다.

보기   300㎡ 중 20㎡로 평가 의뢰된 경우

공 부	사 정
300㎡중 20㎡	20㎡

③ 공유지분 면적기재방법

공부란에는 등기사항전부증명서상 표제부의 면적에 갑구란에 표시되는 평가대상 공유지분을 승하여 기재하고 사정란에는 공유지분 권리면적으로 사정한다. 다만, 점유를 수반할 때에는 현실적인 점유면적을 초과하여 사정할 수 없다.

보기

면 적 500㎡	공 부	사 정
지분 $\dfrac{300}{500}$ 일 때	500㎡ × $\dfrac{300}{500}$	300㎡

④ 구분건물의 면적기재방법

- 구분건물의 공부표시는 건물공부(등기사항전부증명서)에 의하여 공통표제부 내용을 기재한 다음, 전유부분 표제부 내용을 기재한다. 다만, 아파트, 오피스텔, 일정규모 이상의 상가 등의 경우에는 공통표제부의 내용 중 층별 면적기재는 생략할 수 있다.
- 구분건물의 면적사정은 전유부분의 건물면적과 소유권 대지권의 환산면적을 기재한다.
- 1동의 건물 중 구분소유권의 목적이 되는 수개의 물건을 평가하여야 할 경우에는 최초의 구분건물에 한하여 공통표제부 표시란의 면적을 기재하고 기타에 대하여는 그 기재를 생략할 수 있다.
- 건물 등기사항전부증명서상 공통표제부에서 '대지권의 목적인 토지의 표시'란이 10필지 이상일 경우에는 합계면적만을 기재할 수 있다.

⑤ 일괄사정, 구분사정

둘 이상의 대상물건이 일체로 거래되거나 대상물건 상호 간에 용도상 불가분의 관계가 있는 경우에는 일괄하여 사정할 수 있고 하나의 대상물건이라도 가치를 달리하는 부분은 구분하여 사정할 수 있다.

⑥ 면적 단위 기재방법

공부 또는 사정면적 숫자 끝에 면적단위(㎡)를 기재하나 정형식 평가서 상단에 단위표시가 있으면 생략한다.

⑦ 면적환산방법

면적단위가 "평"으로 표시되어 있는 경우에는 다음의 요령에 의거 ㎡로 환산한다.

■ 토지면적 환산방법

• 축척이 500분의 1 또는 600분의 1인 지역의 토지는 공부상의 면적(평)에 400/121을 곱하여 소수점 이하 둘째 자리에서 반올림한다.

   [예] $87.1평 \times \dfrac{400}{121} ≒ 287.9338843 ≒ 287.9㎡$

• 이외 지역의 토지는 공부상의 면적(평)에 400/121을 곱하여 소수점 이하 첫째 자리에서 반올림한다.

   [예] $448평 \times \dfrac{400}{121} ≒ 1,480.991736 ≒ 1,481.0㎡$

■ 건물면적 환산방법

공부상의 면적(평)에 400/121을 곱하여 소수점 이하 셋째 자리에서 반올림한다.

   [예] $35평 \times \dfrac{400}{121} ≒ 115.7024793 ≒ 115.70㎡$

⑧ 면적사정단위 기재방법

■ 토지

축척이 500분의 1 또는 600분의 1인 지역과 경계점좌표등록부 시행지역의 토지는 소수점 이하 첫째 자리까지 사정한다. 이 외 지역의 토지는 1㎡까지 사정한다.

■ 건물

• 법원 촉탁평가의 경우에는 소수점 이하 첫째 자리까지 절사 없이 사정(연면적 사정포함)한다.

- 실측할 경우에는 소수점 이하 첫째 자리까지 사정(연면적 사정 포함)할 수 있다.
- 건물의 전체면적이 멸실된 경우 사정란은 횡선(−)을 긋는다.
- 연건면적을 기재할 경우 "연" 표시는 생략한다.

6) 단가 및 금액란 기재방법

① 단가란은 적용단가를 기재한다. 아파트 또는 상가 등 대지와 건물을 일체로 하여 비준가액 또는 수익가액으로 결정할 경우 또는 구조조잡, 평가불능 등으로 감정평가 제외할 경우 및 건물이 멸실된 경우에는 단가란에 횡선(−)을 긋는다.

② 금액란은 구조조잡, 평가불능 등으로 감정평가 제외하였을 경우에는 "감정평가외"라 기재하고, 건물이 멸실된 경우에는 횡선(−)을 긋는다.

7) 비고란

다음 사항을 요약 기재하되 발송용 감정평가서에도 동일하게 기재한다.

① 공부내용과 실제가 상이한 경우 그 내용

예 현황 전, 현황 임야 등

② 도시계획에 저촉하는 경우 그 내용

예 도시계획시설 저촉분

③ 환지에 관한 사항

예ㅍ환지예정지, 환지확정지, 환지 후 신지번 및 부호

④ 구분평가의 경우 구분기호 또는 구분별 현황

예 현황 답 부분, 전면, 후면 등

⑤ 일괄평가하였을 경우 그 사유

예 불가분 관계, 일단지 등

⑥ 적산가액으로 감정평가시 감가수정 내용(다만, 종물 또는 부합물로서 그 가치가 미미한 것은 생략 가능)

예 450,000 × 25/40

⑦ 주된 방법으로 감정평가하지 않고 다른 방법으로 감정평가하였을 경우 그 가액 종류의 표시

⑧ 감정평가에서 제외하였을 경우 그 사유

예 구조조잡, 멸실, 평가불능 등

⑨ 구분건물은 건물 등기사항전부증명서상 공통표제부에서 "대지권의 목적인 토지의 표시"란이 10필지 이상이 되어 그 기재를 생략한 경우에는 그 내용을 요약 기재한다.

예 "필지내용 별첨" 등

⑩ 그 밖의 참고사항

예 실측사정 등

8) 감정평가명세표의 마감

합계액은 감정평가내역 하단에 기재하며, 합계액 앞에는 금액과 공간이 없게 "₩" 기호를 표시한다.

5. 감정평가요항표

1) 토지감정평가요항표

(1) 위치 및 주위환경

감정평가대상 물건이 소재하는 주변의 위치 및 부근상황을 조사 기재한다. 즉, 주요표적물로부터의 위치 및 주택지대·상업지대·공장지대·농경지대·임야지대·택지후보지지대 등에 관한 사항, 편익시설·위험 및 혐오시설의 유무, 상가일 경우 배후지의

성숙도 등 위치적 조건의 양부 등을 조사 기재한다.

(2) 교통상황

간선도로 및 대중교통수단 등 대중교통사정의 양부, 차량출입가능여부 등을 조사 기재한다.

(3) 형상 및 이용상황

지적도, 지형도 및 실지조사한 결과를 토대로 정방형, 세장형, 삼각형, 부정형, 사다리형 등 대상토지의 형상, 간선도로 또는 주변 토지와 비교한 고저의 상태 및 경사도, 지반의 견고도, 축대의 유무, 향, 주된 이용상황, 인근의 표준적인 이용 상황과 대비한 내용 등을 조사 기재하며, 일단지로서의 사용상태 등도 요약 기재한다.

(4) 인접 도로상태

인접도로의 폭, 포장의 유무, 출입의 편부 등을 조사 기재한다.

(5) 토지이용계획 및 제한상태

토지이용계획확인서상의 용도지역·지구의 지정내용, 도시계획시설의 저촉 정도, 그 밖의 제한사항 등을 요약 기재한다.

(6) 제시목록 외의 물건

토지만 의뢰되었을 경우 그 지상건물 또는 구축물 등이 소재하거나 또는 토지, 건물 등이 같이 의뢰되었으나 규모, 용도 등으로 보아 제시된 건물 등의 처분시 같이 처분될 수 없는, 즉 주종관계에 있지 않는 건물, 구축물 등이 소재하는 경우에 다음 사항을 기재한다.

① 구조, 규모 및 이용상태

제시목록 이외 건물의 구조·면적·이용 및 관리상태 등을 기재한다.

② 감정평가물건에 미치는 영향

감정평가대상 물건의 관리 또는 처분 등 환가에 미치는 영향을 기재한다.

(7) 공부와의 차이

공부상 내용과 실제와의 차이를 기재한다.

(8) 그 밖의 참고사항

감정평가대상 토지와 관계가 되는 그, 밖의 참고사항을 기재한다.

2) 건물감정평가요항표

(1) 건물의 구조

대상건물의 신축연도, 기초, 기둥, 벽체(내·외), 지붕, 창호 등 주요 구조체에 따른 용재와 마감재, 시공상태, 수리여부, 향 등을 조사 기재한다.

(2) 이용상황

건물의 주용도와 세부적인 이용상황 및 관리상태 등을 조사 기재한다.

(3) 부대설비 내역

위생·냉난방설비의 양부 및 그 종류, 그 밖의 건물 본체의 효용에 영향이 있는 주요설비에 관한 상황을 조사 기재한다.

(4) 부합물 및 종물

주물의 처분 시 같이 처분될 수 있는 즉, 주종관계에 있는 물건(부합물 및 종물)에 대하여 다음 사항을 조사 기재한다.

① 구조 및 규모

구조, 면적, 용재, 시공상태 등을 조사·기재한다.

② 이용상태

주용도 및 세부적인 이용상태, 관리상태 등을 조사·기재한다.

③ 감정평가물건에 미치는 영향

감정평가물건의 관리 또는 처분 등 환가에 미치는 영향을 기재한다.

(5) 공부와의 차이

공부상 내용과 실제와의 차이를 기재한다.

(6) 그 밖의 참고사항

주차면적·주차의 편부 등 주차시설관계를 기재하며, 건물만 의뢰되는 경우 건물의 입지조건 및 토지이용계획관계 등 그 밖의 참고사항을 기재한다.

3) 구분건물감정평가요항표

(1) 위치 및 주위환경

감정평가대상 물건이 소재하는 주변의 위치 및 부근상황을 조사 기재한다. 즉, 주요표적물로부터의 위치 및 주택지대·상업지대·공장지대·농경지대·임야지대·택지후보지지대 등에 관한 사항, 편익시설·위험 및 혐오시설의 유무, 상가일 경우 배후지의 성숙도 등 위치적 조건의 양부 등을 조사 기재하되, 아파트·연립주택·다세대주택 등은 총세대수, 평형별 세대수 등을 기재한다.

(2) 교통상황

간선도로 및 대중교통수단 등 대중교통사정의 양부, 차량출입가능여부 등을 조사 기재한다.

(3) 건물의 구조

대상건물의 신축연도, 기초, 기둥, 벽체(내·외), 지붕, 창호 등 주요 구조체에 따른 용재와 마감재, 시공상태, 수리여부, 향 등을 조사 기재한다.

(4) 이용상황

건물의 주용도와 세부적인 이용상황 및 관리상태 등을 조사 기재한다.

(5) 부대설비 내역

위생·냉난방설비의 양부 및 그 종류, 그 밖의 건물 본체의 효용에 영향이 있는 주요설비에 관한 상황을 조사 기재한다.

(6) 토지의 형상 및 이용상황

지적도, 지형도 및 실지조사한 결과를 토대로 정방형, 세장형, 삼각형, 부정형, 사다리형 등 대상토지의 형상, 간선도로 또는 주변 토지와 비교한 고저의 상태 및 경사도, 지반의 견고도, 축대의 유무, 향, 주된 이용상황, 인근의 표준적인 이용 상황과 대비한 내용 등을 조사 기재하며, 일단지로서의 사용상태 등도 요약 기재한다.

(7) 인접 도로상태 등

인접도로의 폭, 포장의 유무, 출입의 편부 등을 조사 기재한다.

(8) 토지이용계획 및 제한상태

토지이용계획확인서상의 용도지역·지구의 지정내용, 도시계획시설의 저촉 정도, 그 밖의 제한사항 등을 요약 기재한다.

(9) 공부와의 차이

공부상 내용과 실제와의 차이를 기재한다.

(10) 그 밖의 참고사항

주차면적·주차의 편부 등 주차시설관계를 기재하며, 건물만 의뢰되는 경우 건물의 입지조건 및 토지이용계획관계 등 그 밖의 참고사항을 기재한다.

4) 공장현황표

(1) 사업체의 개요

대상업체의 설립일자, 설립목적, 설립 당시의 상호 등 설립일 이후 실지조사일까지의 연혁을 조사하여 요약 기재한다.

(2) 원료의 수급관계

대상업체에서 생산하는 제품의 주된 원료(원자재 등)에 대한 수요·공급상황을 조사하여 요약 기재한다.

(3) 주요생산품목

대상업체의 주요생산품목 및 주요판매처 등을 요약 기재한다.

(4) 주요제품의 생산공정

대상업체에서 생산하는 주요 생산품목의 생산공정을 요약 기재한다.

(5) 사업체 규모 등

현장조사 당시 대상업체가 보유하고 있는 시설 및 일간·월간 생산능력을 조사기재한다.

(6) 생산실적 및 예상

실지현장조사 당시를 기준으로 하여 과거의 제품생산실적과 현 보유시설 및 시설확장계획 등에 따른 장래 생산목표를 조사·기재한다.

(7) 입지조건

토지감정평가요항표의 입지조건 기재요령에 준하여 기재하고 사업체 가동에 필요한 동력, 용수 등을 조사·기재한다.

(8) 대상업체의 경영자 및 종사자의 현황

대상업체 경영자의 경영능력 및 종사자의 인원, 구성, 기술축적 등에 따른 경영 및 기술능력에 따른 구성현황을 조사하여 대략 분류 기재하고 운영과 관련하여 적정여부를 요약 기재한다.

5) 공장감정평가요항표

(1) 위치 및 부근의 상황, 토지의 상황, 건물의 구조 및 현상

토지 또는 건물 감정평가요항표의 기재요령에 준한다.

(2) 기계·기구의 현상

기계·기구 및 장치에 대한 이용 및 관리상태 등 제 현상을 요약하여 기재한다. 다만, 다수의 기계·기구 및 장치류일 경우에는 이를 일괄하여 기재할 수 있다.

(3) 공작물의 현상

토지에 정착된 구축물 또는 공작물에 대한 특기할 사항과 이용관리상태 등 현상을 요약하여 기대한다.

(4) 그 밖의 참고사항

감정평가대상 물건과 관계가 되는 그 밖의 참고사항을 기재한다.

6. 위치도

① 위치도는 평가대상물건을 쉽게 찾을 수 있도록 주요건물 등 표적물을 명시하고 인근주요간선도로 및 진입로를 그림이나 도표로 그려 표시한다. 이 경우 도면은 방위표시에 맞추어 도시하되, 위치도 양식을 사용하기가 곤란할 때에는 지형도 및 청사진 등 별도의 도면으로 대신할 수 있다.

② 평가대상물건의 소재지번은 소재지란에 기재하며 필지수가 많을 경우에는 대표지번을 표시하고 "(대표지번) 외 ○필지"를 부기한다.

③ 도색방법은 다음과 같다.

　　㉠ 감정평가 대상물건: 적색

　　㉡ 도로: 황색

　　㉢ 바다, 강, 하천, 구거, 유지, 저수지 등: 청색

7. 지적 및 건물개황도(면적산출근거)

1) 지적개황도는 다음의 요령에 의하여 도시한다.

① 축척은 지적개황도 좌측 상단에 표시한다.

② 감정평가대상 토지의 지적을 방위표시 및 축척에 맞추어 도시한다.

③ 지상에 건물 등이 있는 경우에는 토지 경계선과의 거리, 건물의 형태, 건물의 방향에 맞추어 도시한다. 다만, 지적 및 건물개황도 양식을 사용하기가 곤란할 경우에는 지적약사도 및 청사진 등 별도의 도면으로 대신할 수 있다.

④ 감정평가대상 토지 및 비교표준지의 지번 표시는 아라비아 숫자(적색)로 표기하고 인접토지의 지번은 아라비아 숫자(흑색)로 표기한다.

⑤ 지적개황도의 도색은 다음과 같이 도시한다.

(1) 등기건물

• 감정평가할 경우

① 외곽선을 실선으로, 층수를 사선으로 표시한다.

② 2층일 경우에는 격자무늬로, 3층 이상일 경우에는 사선을 표시한 뒤 ○내에 층수를 기재한다.

③ 지하건물인 경우에는 ○내에 층수를 지1, 지2, 지3… 등으로 표시한다.

예

1층	2층	3층 이상

○내에 층수표시

• 평가에서 제외할 경우

위의 방법을 준용하되 사선 표시는 하지 않는다.

(2) 미등기건물인 경우

• 감정평가할 경우

등기건물과 같으며 다만, 외곽선 형태를 점선 처리한다.

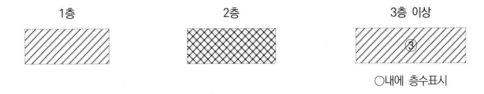

보기 미등기 건물을 평가할 경우

1층   2층   3층 이상

○내에 층수표시

• 감정평가에서 제외할 경우

위의 방법을 준용하되 사선표시는 하지 않는다.

(3) 구분건물을 감정평가할 때는 감정평가 대상물건이 위치하는 층의 배치도를 작성하여 연적색(사선)으로 표시한다.

보기

101	102	103	104	105	106	107

본건 (제103동, 1층 102호)

2) 건물개황도는 다음의 요령에 의하여 도시한다.

① 축척은 건물개황도 좌측 상단에 표시한다.

② 감정평가 대상건물을 방위표시 및 축척에 맞추어 도시한다. 다만, 지적 및 건물개황도 양식을 사용하기가 곤란할 경우에는 청사진 등 별도의 도면으로 대신할 수 있다.

③ 건물의 도시 및 실측숫자는 실선으로 표시하며, 기호의 표시는 토지·건물 감정평가명세표상의 표기방법과 일치하도록 기재한다.

면적산출근거
4 × 3.5 = 14㎡

④ 건물의 면적산출근거는 건물개황도 하부 또는 여백에 감정평가건물과 감정평가제외 건물로 구분하여 명기한다. 다만, 미등기건물의 경우에는 구조 및 용도를 함께 적는다.

8. 건물 내부 구조도(이용상황)

내부이용현황은 건축물대장상 용도가 아닌 실제 이용현황을 도시하고 사정상 내부확인이 안 되는 부득이한 경우 건축물대장상 구조를 도시하고 그 사유 및 작성 요령을 부기한다.

9. 사진

사진은 대상물건이 사진 전체의 3분의 2 이내 크기가 되도록 하고 주변환경이 같이 보이도록 촬영한다.

비교표준지와 비교할 수 있도록 비교표준지의 사진과 주위환경을 같이 보이도록 촬영한다.

III. 물건별 경매평가

1. 토지

1) 법정지상권 등

평가명령서 발췌

3 - 나. 제시외 건물이 있는 경우에는 반드시 그 가액을 평가하고, 제시외 건물이 경매대상에서 제외되어 그 대지가 소유권행사를 제한 받는 경우에는 그 가액도 평가

(1) 법정지상권의 제한을 받는 토지

현행법상 법정지상권이 인정되는 경우로서는 전세권에 의한 경우(민법 제305조), 저당권에 의한 경우(민법 제366조), 가등기담보권등에 의한 경우(가등기담보등에 관한 법률 제10조), 입목에 관한 경우(입목에 관한 법률 제6조)의 네 가지 경우와 관습법상의 법정지상권이 있다. 이는 경매부동산상의 부담으로서의 용익권 가운데 실무상 가장 많이 문제되는 부분이다.

위 법정지상권은 부동산을 감정평가할 당시에는 아직 발생하지 않은 것이지만 경락인이 토지소유권을 취득할 때에는 그 토지의 부담으로 성립되는 것이므로 매수신청가격의 기준을 제시하는 의미를 가지는 최저매각가격의 취지로 미루어 법정지상권이 성립하는 경우에 토지의 경락인이 지료를 받게 된다는 점과 지상권의 존속기간을 고려하여 법정지상권에 의한 부담을 고려하여 감정평가하여야 한다. 해당 감정평가는 지상권이 설정된 인근 토지의 거래사례(지료의 유무에 따라 그 평가의 기준이 달라야 함은 물론이다)와 대항력을 갖춘 임차권이 있는 인근 토지의 거래사례를 조사하여 지상권과 임차권 등 용익권에 의한 사용가치의 제한으로 말미암아 토지가 그 제한이 없는 토지에 비하여 얼마정도로 감액되어 거래되고 있는가를 밝힌 뒤 감정평가대상 토지의 특수성을 고려하여 감정평가한다.

참고 관습법상의 법정지상권

> 토지와 건물이 동일 소유자에게 속하였다가 그 중 어느 하나가 매매 기타 일정 원인으로 각각 소유자를 달리하게 된 때에 그 건물을 철거한다는 특약이 없으면 건물소유자가 등기 없이도 당연히 취득하게 되는 법정지상권을 말한다.

(2) 유치권

경락인은 유치권자에게 그 유치권으로 담보하는 채권을 변제할 책임이 있으므로 피담보채권액만큼 감액하여야 하는데, 구체적인 감액은 유치권자가 주장하는 금액이 아니라 감정인에 의한 피담보채권의 평가액이다. 채권변제 책임이 있는 유치권에는 경락인에게 대항할 수 있는 점유자가 갖는 유치권과 압류의 효력발생 이전에 생긴 유치권은 물론 대항력 없는 점유자의 유치권 및 압류의 효력 발생 이후에 생긴 유치권도 포함된다. 다만 감정평가실무상 유치권의 존부 및 권리파악이 곤란하므로 정상평가한 후 조사내용을 별도로 기재하여 재판부에서 유치권에 대해 처리할 수 있도록 한다.

(3) 타인점유부분의 평가

점유권원 유무, 점용료 지급여부 등을 조사하여 권리의 내용에 따라 감액 또는 정상평가하되 조사된 내용을 의견서에 표시한다.

(4) 건축이 중단된 구축물이 있는 토지

토지만을 정상평가한 뒤에 의견서에 명기하고, 구축물에 대해서 법원의 구축물 추가 평가명령이 있으면 추가로 감정평가한다. 판례는 건축이 중단된 일정한 조건을 갖춘 경우 토지와 함께 경매를 진행할 수 있도록 하는 점을 고려하여 적절히 조치하여야 한다.

(5) 건축 중인 건물이 있는 토지

경매 대상 토지 위에 있는 건축 중인 건물이 비록 미완성이지만 기둥, 주벽 및 천장 등을 갖추어 독립한 건물의 요건을 갖춘 경우에는 위 건축 중인 건물 전체를 토지의 부합물로 볼 수 없으므로 경매목적물에서 제외하고 법정지상권 성립 가능성을 고려하여야 한다(지하층이 위와 같이 기둥, 주벽, 천장슬라브의 구조를 갖추었다면 지상층은 골조공사만 이루어진 상태라고 하더라도 독립된 건물로서 요건을 갖추었다고 본 대법원 2003.05.30. 자 2002다 21592 판결 등 참조).

(6) 용익권

① 지상권

지상권의 존재로 인하여 경락인이 경락토지의 사용가치를 향유할 수 없음으로 인한 손해액 상당을 감액한다. 지료는 지상권의 필요적 요소는 아니나 이를 정할 수 있는 것이므로 지료가 정해져 있는 경우에는 그 지료에 의한 이득만큼은 손해액에서 공제하여야 한다.

② 지역권

경매토지가 인접토지(요역지)의 지역권을 부담하고 있는 때, 즉 승역지인 경우에는 경락인은 이를 인수하지 않을 수 없으므로 이로 인한 사용가치 감소액 상당의 손해액을 감액한다. 지역권의 대가가 정해져 있는 경우에는 그 이득만큼은 손해액에서 공제하여 평가하여야 한다.

③ 전세권

경매부동산의 평가는 원칙적으로 감정평가시를 기준으로 하는 것이므로, 존속기간 만료 후에 전세권자가 경매신청을 한 경우 또는 제3자가 경매신청을 하였더라도 감정평가 시에 이미 전세권의 존속기간이 만료되었다면 전세권의 물적 부담이 없는 부동산가격을 감정평가하여야 한다. 그리고 존속기간의 정함이 없거나 경매신청의 기입등기 후 6월 이내에 그 기간이 만료되는 전세권도 경락으로 인하여 소멸하므로 그 경우에도 감정평가에 있어서 전세권의 존재를 참작할 필요가 없다. 존속기간이 남아있고 그 잔여기간이 경매신청의 기입등기시로부터 6월을 초과하는 경우에도 그 전세권이 경매신청기입등기보다 후에 등기된 것이거나, 전세권보다 선순위의 저당권이 설정되어 있는 경우에는 경락으로 인하여 전세권도 소멸하므로 감정평가에 있어서 전세권의 존재를 참작할 필요가 없다. 따라서 전세권을 감안하여 감정평가하는 경우는 선순위의 저당권설정등기(담보가등기 포함) 및 전세권설정등기전의 압류가 없는 경우로서, 경매신청의 기입등기 후 6월을 경과하여 그 존속기간이 만료되는 전세권에 한하게 된다.

④ 대항력 있는 임차권

대항력 있는 임차권으로서는 등기된 임차권(민법 제621조 제2항), 지상건물의 등기가 된 토지임차권(민법 제622조), 주민등록 및 점유를 하고 있는 주택임차권(주택임대차보호법 제3조)이 있다. 대항력 있는 임차권이 존재하고 있는 경우에는 그 부담이 있는 가격을 평가하여야 하며, 보증금이 납입되어 있는 경우에는 그 금액도 감액하여 감정평가할 것이라는 설과 임차보증금을 공제하지 아니하고 감정평가하여도 위법하다고는 할 수 없다는 견해가 대립한다.

2) 공부상 지목과 현황이 다른 토지

> **평가명령서 발췌**
>
> 3 - 다. 등기부상 지목과 현황이 다른 토지의 경우는 등기부상 지목 및 현황에 따른 각 평가액을 병기

경매제도는 기본적으로 매매의 성질을 가지고 있다. 따라서 공부상 또는 평가명령상의 경매목적물의 표시와 현황이 다른 경우라 하더라도 그것이 실제 시장에서 거래되는 가격으로 감정평가를 하여야 하고 따라서 그 한도 내에서의 실제 이용현황에 따른 감정평가를 하여야 한다.

따라서 공부상 대지라 하더라도 실제의 이용상황이 도로라면 도로의 가격을 감정평가하여야 할 것이다. 또한 상가건물의 경우 평가명령상 그 부지의 일정 지분과 전체 건물의 일정 지분을 감정평가하도록 되어있다 하더라도 실제의 소유상황 및 이용상황을 파악하여 현황에 맞도록 감정평가하여야 할 것이다.

다만 공부상 위치와 현황 위치가 부합하지 않는 경우는 감정평가하지 않는 것이 원칙인바 법원에 통보하여 정정 후 감정평가하도록 하고, 면적이 부합하지 않는 경우는 그 내용과 원인을 조사하여 법원에 통보하고 집행법원과 협의하에 감정평가 여부를 결정해야 할 것이다.

3) 도로저촉토지

(1) 도시계획시설도로

경매목적 토지 중의 일부가 도시계획시설에 저촉되는 경우에는 사정을 참작하여 감정평가하여야 한다. 따라서 도로개설시기 및 예상 보상가 등을 고려하여 감정평가하여야 한다.

(2) 현황도로

현황도로는 일시적 이용이 아니고 불특정 다수인이 통행하는 관습상 사도인지 특정인이 사용하여 지료청구가 가능한 도로인지 등을 조사하고 보상평가의 대상이 될 경우 등을 고려하여 감액평가하여야 할 것이다.

4) 도시계획시설 녹지와 접도구역 내 토지의 감정평가

도시계획시설 녹지란 도시계획시설사업의 시행으로 설치되는 것으로 이에는 완충녹지와 경관녹지가 있다. 완충녹지란 대기오염, 소음, 진동, 악취, 그 밖에 이에 준하는 공해와 각종 사고나 자연재해, 그 밖에 이에 준하는 재해 등의 방지를 위하여 설치하는 녹지를 말한다. 경관녹지란 도시 안의 자연적 환경을 보전하거나 이를 개선하고 이미 자연이 훼손된 지역을 복원·개선함으로써 도시경관을 향상시키기 위하여 설치하는 녹지이다.

접도구역은 도로 구조의 파손 방지, 미관의 훼손 또는 교통에 대한 위험 방지를 지정한 구역이다. 접도구역은 토지이용계획확인서로 확인할 수 있다.

도시계획시설 녹지와 접도구역 내 토지는 일정한 행위제한이 가해지므로 주의를 요한다. 따라서 도시계획시설 녹지와 접도구역 내 토지는 이용에 제한을 받는 점을 고려하여 감액평가하여야 할 것이다.

5) 토지의 부합물

정원수, 정원석, 석등 등이 있을 수 있으나 대표적인 부합물로는 수목을 들 수 있다. 수목은 「입목에 관한 법률」에 따라 등기된 입목과 명인방법을 갖춘 수목이 아닌 한 부합물로서 감정평가의 대상이 된다.

- 타인의 토지상에 권원 없이 식재한 수목의 소유권은 토지소유자에게 귀속하고 권원에 의하여 식재한 경우에는 그 소유권이 식재한 자에게 있다.
- 교량, 도랑, 돌담, 도로의 포장 등도 부합물로서 평가의 대상이 된다.
- 논둑은 논의 구성부분이므로 평가의 대상이 된다.
- 지하굴착공사에 의한 콘크리트 구조물은 토지의 구성부분으로서 토지의 일부로 간주될 뿐만 아니라 부동산에 건축공사를 시행할 경우에 이를 활용할 수 있는 것으로서 객관적으로 부동산의 가액을 현저히 증가시키는 것이므로 감정평가 시 이를 고려하여야 한다.
- 지하구조물이나 주유소 땅 속에 부설된 유류저장탱크는 주유소 토지의 부합물이 되는 경우가 많다.
- 공유수면의 빈지(濱地)에 옹벽을 쌓고 토사를 다져 넣어 축조한 공작물이 사실

상 매립지와 같은 형태를 가지게 된 경우 위 공작물만이 독립한 소유권의 객체로 될 수 없다.

- 토지에 대한 경매절차에서 그 지상건물을 토지의 종물 내지 부합물로 보고 경매를 진행하여 경락되었다 하여도 경락인이 건물에 대한 소유권을 취득할 수 없다.

> **참고** 명인방법
>
> 명인방법은 입목 등의 소유권이 누구에게 귀속하고 있다는 것을 제3자로 하여금 명백하게 인식하게 함에 족한 적당한 방법을 통틀어 일컫는 것이다. 입목 등에 관한 명인방법의 통상의 예는 나무의 껍질을 깎아 거기에 소유자의 이름을 써넣는다거나 또는 나무의 집단 주위에 새끼를 둘러치는 등의 방법으로 특정한 후 누가 이를 매수하여 소유하고 있다는 뜻을 기재한 표지판을 여러 곳에 세워 제3자가 쉽게 소유자를 알아 볼 수 있게 하는 것이다. 토지의 주위에 울타리를 치고 그 안에 수목을 정원수로 심어 가꾸어 온 사실, 법원의 검증당시 시행한 페인트칠과 번호표기, 특정하지 아니하고 매수한 입목에 대하여 그 입목을 특정하지 않은 채 한 명인방법만으로는 명인방법을 갖춘 것으로 보기 어렵다. 반면 집달관의 공시문을 붙인 팻말의 설치는 입목에 대한 명인방법으로서 유효하다.

6) 미분리의 천연과실

물건의 용법에 의하여 수취하는 산출물을 천연과실이라 하며(민법 제101조 제1항), 이러한 천연과실은 원물로부터 분리하는 때에는 이를 수취할 권리자에게 속하게 된다(민법 제101조 제1항).

부동산의 경매에 관계되는 천연과실에는 과수의 열매, 곡물, 광물, 석재, 토사 등이 있다. 미분리의 천연과실은 원래 토지의 구성부분이므로 명인방법을 갖추어 제3자에게 양도된 경우가 아니면 원칙적으로 감정평가의 대상이 되나 그것이 경락 시까지 성숙기에 달하여 채무자에 의하여 수취될 것이 예상되거나 채굴이 예상되는 경우에는 감정평가의 대상에서 제외된다.

그러나 임의경매의 경우에는 민법 제359조가 "저당권의 효력은 저당부동산에 대한 압류가 있은 후에 저당권설정자가 그 부동산으로부터 수취한 과실 또는 수취할 수 있는 과실에 미친다"고 규정하고 있으므로 항상 천연과실까지 고려하여 감정평가를 하여야 한다.

7) 부동산의 공유지분에 관한 평가

부동산의 공유지분이 경매의 대상으로 된 경우에는 공유물 전체에 관하여 감정평가한 다음 그 지분비율에 따른 가격을 산출한다.

그러나 각 지분별로 토지상에 위치가 특정되어 있어 확인이 가능한 경우엔 그 위치에 따라 감정평가하여야 한다. 위치확인은 공유지분자 전원 또는 인근 공유지분자 2인 이상의 위치확인동의서를 받아 확인한다. 다만 공유지분 토지가 건물이 있는 토지인 경우에는 ① 합법적인 건축허가도면이나 합법적으로 건축된 건물로 확인하는 방법 또는 ② 상가·빌딩 관리사무소나 상가번영회 등에 비치된 위치도면으로 확인하는 방법에 따라 위치확인을 할 수 있으며 감정평가서에 그 내용을 기재한다.

8) 구분소유적 공유에 있어서의 감정평가

1필지의 토지 중 구분소유적 공유관계에 있는 부동산지분에 근저당권이 설정된 후 그 근저당권의 실행에 의하여 위 공유지분을 취득한 경락인은 구분소유적 공유지분을 그대로 취득한다. 따라서 집행법원은 평가명령에 있어서 구분소유적 공유일 때는 이를 명시하여 토지의 지분에 대한 평가가 아닌 특정 구분소유목적물에 대한 평가를 명할 것이고, 감정인으로서는 평가명령서에 이러한 기재가 없을 때에도 감정평가를 위한 조사결과 현황이 구분소유적 공유일 때에는 집행법원에 이를 알리고 필요한 지시를 받아 그에 따라 감정평가할 것이다.

구분소유적 공유관계

판례에 따르면 1필지의 토지를 여러 사람이 전소유자로부터 각각 일부씩을 구분 특정하여 매수하고 등기만은 편의상 매수면적에 해당하는 비율로 공유지분이전등기를 하여 놓은 경우이거나 한필지의 대지를 여러 사람이 각자 특정하여 매수하고 배타적으로 점유하여 왔으나 분필이 되어 있지 아니한 탓으로 그 특정부분에 상응하는 지분소유권이전등기만을 경료한 경우 그 특정부분 이외의 부분에 관한 등기는 상호명의신탁관계에 있는 이른바 '구분소유적 공유관계'라고 하였다.

9) 공부의 오류가 있는 토지의 감정평가

(1) 위치의 불부합

위치가 지적공부와 부합하지 않는 토지는 실제의 위치로 정정하는 것이 원칙이므로, 법원에 통보하여 정정 후 감정평가한다.

(2) 면적의 불부합

토지대장, 지적도 등 공부의 오류로 면적이 불부합되는 토지는 불부합 내용을 기재하고 현황을 확인하여 조치 후 감정평가한다.

2. 건물

1) 면적산출근거

감정평가 시 면적을 측정하는 것은 물적동일성을 확인하기 위한 것으로 공부상의 물건과 실측면적이 동일성을 인정할 수 있는 정도의 오차를 보일 경우 공부면적으로 사정하고, 동일성을 인정하기 곤란한 정도의 큰 차이를 보이면 실측면적으로 사정한다. 이때 의견란과 명세표상의 비고란에 실측 사정하였음을 기재한다.

2) 제시외 건물

평가명령서 발췌
3 - 나. 제시외 건물이 있는 경우에는 반드시 그 가액을 평가하고, 제시외 건물이 경매대상에서 제외되어 그 대지가 소유권행사를 제한 받는 경우에는 그 가액도 평가

제시외 건물은 구조, 면적, 이용상황 등을 기재하고 그로 인한 대상물건의 감정평가액 및 환가성에 미치는 영향을 기재하여야 한다.

미등기 부동산이라 하여도 채무자 소유임이 확인되면 건축물대장 등 채무자의 명의로 등기할 수 있는 서류를 첨부하여 집행법원에 의해 등기촉탁할 수 있으며 절차를 거쳐 강제경매할 수 있게 된다.

3) 건물에의 부합물

증축 또는 개축되는 부분이 독립된 구분소유권의 객체로 거래될 수 없는 것일 때에는 기존건물에 부합하며 기존건물에 부합 여부는 증축 부분이 기존건물에 부착된 물리적 구조뿐만 아니라, 그 용도와 기능면에서 기존 건물과 독립한 경제적 효용을 가지고 거래상 별개의 소유권의 객체가 될 수 있는지 여부 및 증축하여 이를 소유하는 자의 의사 등을 종합하여 판단하여야 한다. 따라서 증축부분에 대한 평가를 누락한 감정평가액을 최저경매가격으로 정한 것은 잘못이다.

- 낡은 가재도구 등의 보관장소로 사용되고 있는 방과 연탄창고 및 공동변소가 본채에서 떨어져 축조되어 있으나 본채의 종물이라고 본 사례가 있다.
- 건물의 임차인이 그 권원에 의하여 벽, 천정에 부착시킨 석재, 합판 등도 부착과 동시에 건물에 부합된다.
- 건물의 증축부분이 축조당시는 본건물의 구성부분이 됨으로써 독립의 권리의 객체성을 상실하여 본건물에 부합되었다고 할지라도 그 후 구조의 변경 등으로 독립한 권리의 객체성을 취득하게 된 때에는 본건물과 독립하여 거래의 대상이 될 수 있다.
- 기존건물에 부합된 증축부분이 기존건물에 대한 경매절차에서 경매목적물로 평가되지 아니한 경우에도 경락인이 증축부분의 소유권을 취득한다.

3. 구분건물

1) 토지 및 건물의 배분가액 표시

평가명령서 발췌

3 - 가. 집합건물인 경우에는 건물 및 토지의 배분가액 표시

감정평가에 관한 규칙 제7조 제2항은 개별물건기준 원칙의 예외적 규정으로 둘 이상의 대상물건이 일체로 거래되거나 대상물건 상호 간에 용도상 불가분의 관계가 있는 경우에는 일괄하여 감정평가할 수 있도록 규정하고 있다. 이에 「감칙」 제16조에서는 「집합건물의 소유 및 관리에 관한 법률」에 따른 구분소유권의 대상이 되는 건물

부분과 그 대지사용권을 일괄하여 감정평가하는 경우에는 거래사례비교법에 의해 일괄감정평가할 수 있게 되어있다. 이러한 규정은 일반적인 부동산 시장에서 아파트 등 구분건물의 경우 토지와 건물이 일체로 거래되는 관행이 있음을 명시적으로 반영한 것이다.

그러나 경매감정평가 시에는 구분건물을 일괄하여 감정평가하더라도 토지와 건물의 배분비율을 산정하여 각각의 가격배분 내역을 감정평가서에 명시하여야 한다. 법원경매 시 토지와 건물 각각의 후순위자 배당참여에 결정적인 영향을 미치기 때문에 법적인 권리관계를 명확히 하기 위해서이다. 이는 토지와 건물을 별개의 부동산으로 취급하고 등기사항전부증명서 등 관련 공부도 각각 별도로 관리하는 우리나라의 제도적 특성 때문이기도 하다.

구분건물의 토지가격과 건물가격 배분은 최유효이용·용적률·건폐율·건물의 건축연도·관리상태 등을 고려하여 결정하되 토지·건물 배분비율 등을 참고로 가감 조정하는 것이 바람직하다.

2) 대지사용권을 수반하지 않은 구분건물의 경우

평가명령서 발췌
7. 대지권등기가 되어 있지 아니한 집합건물인 경우에는 분양계약 내용, 분양대금납부 여부, 등기되지 아니한 사유

대지사용권을 수반하지 않은 구분건물의 경우 대지사용권이 제시되지 않은 이유 및 실질적인 대지사용권 수반여부, 대지사용권 등기 시 필요한 내용을 조사하여 대지사용권을 포함한 가액으로 감정평가할 것인지 건물만의 가액으로 감정평가할 것인지를 결정하고 그 사유를 의견란에 기재해 주어야 한다. 대지권 등기가 되어 있지 아니한 구분건물에 대하여 경매신청이 있는 경우 대지사용권을 입찰목적물에 포함되는 것으로 보고 그에 대한 감정평가액을 최저매각가격에 포함시킬지 여부가 문제된다.

대지사용권은 원칙적으로 전유부분 건물의 종된 권리이다(종물과는 다름).「집합건물의 소유 및 관리에 관한 법률」제20조 제1항은 "구분소유자의 대지사용권은 그가 가지는 전유부분의 처분에 따른다." 제2항은 "구분소유자는 그가 가지는 전유부분과 분리하여 대지사용권을 처분할 수 없다. 다만, 규약으로써 달리 정한 때에는 그러하지 아니하다"라고 규정하고 있으므로 위 2항에 따라 규약으로써 달리 정한 경우가 아닌 한 대지사용권은 전유부분의 종된 권리에 불과하다고 보아야 한다. 대법원 판례도 이러한 법리를 전제로 하여 판시하고 있다(대법원 1995.8.22. 선고 94다12722 판결, 1992.7.14 92다527판결 등).

따라서 임의경매든 강제경매든 구별 없이 전유부분의 소유자가 대지사용권을 취득하고 있다면, 비록 그것이 등기되어 있지 아니하다 할지라도 그 대지사용권은 '대지사용권의 분리처분이 가능하도록 규약으로 정해져 있는 경우가 아닌 한' 종된 권리로서 당연히 경매목적물에 포함이 된다고 할 것이고. 경매개시결정의 효력이 대지사용권에도 미쳐 낙찰자는 당연히 대지사용권을 취득하게 된다. 구분건물에 대지권등기가 경료되지 않게 된 사정은 여러 가지 경우가 있을 수 있으나, 저당권설정 당시에 저당권설정자가 대지사용권을 취득하고 있었으나 대지권등기만을 경료하지 않고 있어 구분건물의 전유부분에만 저당권설정등기가 경료된 경우에 관하여는 대법원 판례 98.8.22. 94다12722(배당이의사건)가 저당권의 효력이 대지사용권에 미치게 됨을 명백히 하고 있다.

그러므로 대지권 등기 없는 구분건물에 대한 경매신청이 있는 경우에 경매법원은 신청채권자에 대한 보정명령이나 감정인에 대한 사실조회 등을 통하여 저당권설정 당시에 저당권설정자가 대지사용권을 취득하고 있었는지 여부를 조사하여 적어도 저당권설정시에 저당권설정자가 대지사용권을 취득하고 있었다면 저당권의 효력이 대지사용권에도 미치므로 대지사용권을 경매목적물에 포함시켜 그에 대한 감정평가액을 포함하여 최저경매가격을 정하여야 할 것이다(대법원 1997.6.10. 자 97마814 결정). 여기서 저당권설정자가 저당권설정 당시에 대지사용권을 취득하고 있는 경우란 저당권설정자가 자신 명의로 대지사용권을 취득하여 그에 대한 등기까지 마친 경우뿐만 아니라 저당권설정자가 구분건물의 수분양자인 경우에 그 분양자에게 대지사용권이 있고 수분양자가 대지사용권까지 분양받은 경우를 포함한다고 하여야 할 것이다. 왜냐하면, 구분건물의 분양자에게 대지사용권이 성립되어 있는 경우에 수분양자가 대지사용권까지 분양을 받게 되면 수분양자는 등기 없이도 대지사용권을 취득하게 되는 것이므로 이 경우에도 저당권설정자에게 대지사용권이 있다고 하여야 할 것이기 때문이다.

감정인은 평가명령서상 감정평가대상 부동산의 구분건물임에도 대지권의 표시가 없는 경우에도 저당권설정당시에 저당권설정자가 대지사용권을 취득하고 있었는지 여부를 조사하여 위와 경우는 물론 구분건물의 분양자에게 대지사용권이 있고 수분양자가 대지사용권까지 분양받은 경우 등에는 대지사용권을 평가대상에 포함시켜 평가하고 이를 감정평가액에 포함시키고 이러한 취지를 평가서에 기재하여 제출하여야 할 것이다. 또한, 토지에 대한 소유권대지권이 배분되지 않은 원인을 확인 가능한 대로 기재한다(신도시 아파트의 경우 지적미정리, 시영아파트의 경우 분할합병, 소유고 다세대주택의 경우 토지에 대한 분쟁 등).

3) 그 밖의 유의사항

(1) 구분건물의 제시외 건물로써 감정평가에 포함되어야 할 주요 내용
① 최상층의 다락방
② 지하층에 배분된 전용면적
③ 구조변경으로 확장된 부분 등

(2) 건축물현황도상 도면과 현황이 동일한지 여부 확인
현장조사 시 건축물현황도상 도면과 현황이 일치하는지 여부를 확인하여 물적동일성에 유의한다.

(3) 감정평가대상 물건이 최상층인 경우, 복층 여부 확인에 주의
건축물현황도 발급 시에 지붕층 도면을 발급받고, 현장조사 시 본건 내부 확인이 불가능한 경우에 동일층 다른 호수를 확인하거나 옥상에 다락 등을 위한 별도 층 소재 여부를 주의 깊게 확인하여야 한다.

(4) 추가사용공간 확인에 주의
전용 테라스, 지하층 또는 1층 세대별 부여된 창고 등 공부상 확인되지 않지만 독립적으로 사용가능한 면적이 소재하는지 여부를 확인하여야 한다.

(5) 구분점포의 요건
「집합건물의 소유 및 관리에 관한 법률」상 ① 구분점포의 용도가 건축법상 판매시설 및 운수시설일 것 ② 구 경계를 명확하게 알아볼 수 있는 표지를 바닥에 견고하게 설치할 것 ③ 구분점포별로 부여된 건물번호표지를 견고하게 붙일 것 등 구분점포의 요건에 해당하는지 각각 조사하여 기재하도록 한다.

그 밖의 감정평가

Ⅰ. 도시정비평가

1. 개념 등

도시정비평가란 「도시 및 주거환경정비법」에 따른 정비사업과 관련된 감정평가를 말한다. 정비사업이란 「도시 및 주거환경정비법」에서 정한 절차에 따라 도시기능을 회복하기 위하여 정비구역에서 정비기반시설을 정비하거나 주택 등 건축물을 개량 또는 건설하는 사업을 말한다.

① 주거환경개선사업: 도시저소득 주민이 집단거주하는 지역으로서 정비기반시설이 극히 열악하고 노후·불량건축물이 과도하게 밀집한 지역의 주거환경을 개선하거나 단독주택 및 다세대주택이 밀집한 지역에서 정비기반시설과 공동이용시설 확충을 통하여 주거환경을 보전·정비·개량하기 위한 사업

② 재개발사업: 정비기산시설이 열악하고 노후·불량건축물이 밀집한 지역에서 주거환경을 개선하거나 상업지역·공업지역 등에서 도시기능의 회복 및 상권 활성화 등을 위하여 도시환경을 개선하기 위한 사업. 이 경우 다음 요건을 모두 갖추어 시행하는 재개발사업을 "공공재개발사업"이라 한다.

　㉠ 특별자치시장, 특별자치도지사, 시장, 군수, 자치구의 구청장 또는 토지주택공사등이 주거환경개선사업의 시행자, 재개발사업의 시행자나 대행자일 것

　㉡ 건설·공급되는 주택의 전체 세대수 또는 전체 연면적 중 토지등소유자 대상 분양분(지분형주택 제외)을 제외한 나머지 주택의 세대수 또는 연면적의

100분의 50 이상을 지분형주택, 공공임대주택 또는 공공지원민간임대주택으로 건설·공급할 것

③ 재건축사업: 정비기반시설은 양호하나 노후·불량건축물에 해당하는 공동주택이 밀집한 지역에서 주거환경을 개선하기 위한 사업. 이 경우 다음 요건을 모두 갖추어 시행하는 재건축사업을 "공공재건축사업"이라 한다.

　　㉠ 특별자치시장, 특별자치도지사, 시장, 군수, 자치구의 구청장 또는 토지주택공사등이 재건축사업의 시행자나 대행자일 것

　　㉡ 종전의 용적률, 토지면적, 기반시설 현황 등을 고려하여 대통령령으로 정하는 세대수 이상을 건설·공급할 것. 다만, 정비구역의 지정권자가 도시·군기본계획, 토지이용 현황 등 대통령령으로 정하는 불가피한 사유로 해당하는 세대수를 충족할 수 없다고 인정하는 경우에는 그러하지 아니하다.

2. 도시정비평가의 대상

도시정비평가의 대상은 사업시행자 등이 감정평가를 요청한 물건으로 한다.

3. 도시정비평가의 기준 및 방법

1) 종전자산의 감정평가

종전자산이란 분양대상자별 종전의 토지 또는 건축물 명세 및 사업시행계약인가고시가 있은 날을 기준으로 한 가격을 말한다. 따라서 종전자산의 감정평가는 사업시행인가고시가 있은 날의 현황을 기준으로 감정평가하여야 한다.

종전자산의 감정평가는 조합원별 조합출자 자산의 상대적 가치비율 산정의 기준이 되므로 대상물건의 유형·위치·규모 등에 따라 감정평가액의 균형이 유지되도록 하여야 한다. 해당 정비구역의 지정에 따른 공법상 제한을 받지 아니한 상태, 해당 정비사업의 시행을 직접 목적으로 하여 용도지역이나 용도지구 등의 토지이용계획이 변경된 경우에는 변경되기 전의 용도지역이나 용도지구 등을 기준으로 감정평가한다.

비교표준지는 해당 정비구역 안에 있는 표준지 중에서 비교표준지 선정기준에 적합한 표준지를 선정하는 것을 원칙으로 한다. 다만, 해당 정비구역 안에 적절한 표준지가 없거나 해당 정비구역 안 표준지를 선정하는 것이 적절하지 아니한 경우에는 해

당 정비구역 밖의 표준지를 선정할 수 있다. 적용 공시지가의 선택은 해당 정비구역의 사업시행인가고시일 이전 시점을 공시기준일로 하는 공시지가로서 사업시행인가고시일에 가장 가까운 시점에 공시된 공시지가를 기준으로 한다.

2) 종후자산의 감정평가

종후자산이란 분양대상자별 분양예정인 대지 또는 건축물을 말한다. 종후자산의 감정평가는 분양신청기간 만료일이나 의뢰인이 제시하는 날을 기준으로 하며, 대상물건의 유형·위치·규모 등에 따라 감정평가액의 균형이 유지되도록 하여야 한다. 종후자산은 인근지역이나 동일수급권 안의 유사지역에 있는 유사물건의 분양사례·거래사례·평가선례 및 수요성, 총 사업비 원가 등을 고려하여 감정평가한다.

3) 국·공유재산의 처분을 위한 감정평가

국·공유재산의 처분이란 정비사업을 목적으로 우선매각하는 국·공유재산의 처분을 말한다. 처분을 위한 감정평가는 사업시행인가고시가 있은 날의 현황을 기준으로 감정평가하되, 다음의 어느 하나에 해당하는 경우에는 이에 따를 수 있다.

① 재개발사업등의 사업구역 안에 있는 국·공유지를 사업시행자에게 매각하는 경우로서 도로 등의 지목을 "대"로 변경하여 감정평가를 의뢰한 경우에는 "대"를 기준으로 그 국·공유지의 위치·형상·환경 등 토지의 객관적 가치형성에 영향을 미치는 개별적인 요인을 고려한 가액으로 감정평가한다.

② 재건축사업구역 안에 있는 국·공유지는 공부상 지목에도 불구하고 "대"를 기준으로 그 국·공유지의 위치·형상·환경 등 토지의 객관적 가치형성에 영향을 미치는 개별적인 요인 등을 고려한 가액으로 감정평가한다.

③ 사업시행인가고시가 있은 날부터 3년이 지난 후에 매매계약을 체결하기 위한 국·공유재산의 감정평가는 가격조사 완료일의 현황을 기준으로 감정평가한다.

4) 매도청구에 따른 감정평가

재건축사업구역 안의 토지등에 대한 매도청구에 따른 감정평가는 법원에서 제시하는 날을 기준으로 한다. 다만, 기준시점에 현실화·구체화되지 아니한 개발이익이나 조합원의 비용부담을 전제로 한 개발이익은 배제하여 감정평가한다.

5) 토지등의 수용등에 따른 감정평가

토지등의 수용등이란 토지·물건이나 그 밖의 권리를 수용하거나 사용하는 것을 말하며 이에 따른 감정평가는 「공익사업을 위한 토지등의 취득 및 보상에 관한 법률」 등 보상감정평가에 따라 감정평가한다.

II. 재무보고평가

1. 개념 등

재무보고평가란 「주식회사의 외부감사에 관한 법률」의 회계처리기준에 따른 재무보고를 목적으로 하는 공정가치의 추정을 위한 감정평가를 말한다. 재무보고평가는 국제회계기준(IFRS)의 도입, 자산재평가법에 의한 기업의 자산재평가, 국가·지방자치단체·공공기관의 자산과 시설에 대한 재평가 및 회계업무 등과도 관련이 있다.

2. 재무보고평가의 대상 및 확인사항

재무보고평가의 대상은 회사·국가·지방자치단체·공공기관의 재무제표에 계상되는 유형자산·무형자산·유가증권 등의 자산 및 관련 부채와 재평가를 위한 시설 등의 자산으로서 의뢰인이 감정평가를 요청한 물건으로 한다.

재무보고평가를 할 때에는 다음의 사항을 의뢰인과 협의하여 명확히 확인하여야 한다.

① 의뢰인이 재무제표상의 자산분류 기준과 감정평가서에 표시될 감정평가 목록 분류의 기준의 일치 여부
② 대상 자산에 대한 담보설정 등 소유권에 대한 제한사항의 내용
③ 기준가치

3. 공정가치

재무보고평가는 일반적인 감정평가가 시장가치를 기준으로 감정평가하는 것과는

달리 공정가치를 기준으로 감정평가하는 것을 원칙으로 한다. 공정가치는 한국채택국제회계기준(K-IFRS)에 따라 자산 및 부채의 가치를 추정하기 위한 기본적 가치기준으로서 합리적인 판단력과 거래의사가 있는 독립된 당사자 사이의 거래에서 자산이 교환되거나 부채가 결제될 수 있는 금액을 말한다. 한편 국제평가기준(IVSC)에서는 "공정가치는 시장에 정통하고, 정상적인 거래를 하고자 하는 당사자 사이에 자산 교환을 하거나 채무청산을 하고자 할 경우 결정될 수 있는 가액을 말한다"라고 정의하고 있다.

III. 감정평가와 관련된 상담 및 자문 등

1. 개념 등

「감정평가 및 감정평가사에 관한 법률」 제10조 감정평가법인등의 업무에서는 감정평가와 관련된 상담 및 자문 및 토지등의 이용 및 개발 등에 대한 조언이나 정보 등의 제공에 대하여 규정하고 있다. 실제로 토지등에 대하여 취득할 것인지, 무엇으로 개발할 것인지, 어떻게 이용할 것인지, 언제 매각할 것인지 등에 대해 다양한 영역에 대하여 상담 등을 할 수 있다. 실무적으로는 컨설팅, 이에 따른 보고서는 컨설팅보고서로 쓰이는 경우가 많다.

2. 상담자문등

1) 상담자문등의 수임

상담자문등을 수임하는 경우에는 다음의 사항을 의뢰인과 협의하여야 한다.
① 상담자문등의 목적
② 상담자문등의 업무범위 및 소요시간
③ 대상물건 및 자료수집의 범위
④ 상담자문등의 의뢰조건 및 시점
⑤ 상담자문등의 보고 형식
⑥ 상담자문등의 수수료 및 실비의 청구와 지급

⑦ 상담자문등의 책임범위

2) 상담자문등의 보고

상담자문등의 보고서에는 다음의 사항이 포함되어야 한다.

① 의뢰인에 관한 사항 및 이용제한

② 상담자문등 업무의 목적, 부대조건, 자문 대상, 적용기준

③ 보고서 작성일

④ 보고서의 책임범위

3. 정보제공등

1) 정보제공등의 접수

정보제공등을 수임할 때에는 다음의 사항을 의뢰인과 협의하여 계약내용에 포함하여야 한다.

① 정보제공등의 목적 및 범위

② 수행기간

③ 정보제공등의 보수

④ 결과보고서의 양식 및 성과품

⑤ 준수사항 및 비밀보장

⑥ 정보제공등의 중지 및 변경

⑦ 계약의 해제 등

⑧ 계약일자

⑨ 계약당사자

⑩ 그 밖의 업무특약사항

2) 정보제공등의 수행 및 보고

(1) 수행시 고려사항

① 정보제공등의 목적

② 정보제공등의 업무범위

③ 대상물건 및 자료수집의 범위

④ 정보제공등의 의뢰조건 및 시점

(2) 보고서 작성시 준수사항

① 조사 및 분석결과 객관적으로 입증된 사실에 대한 기술

② 인용자료의 출처

③ 보고서의 목적에 맞지 않는 사실이나 자료 등의 기술 배제

④ 일반인이 이해하기 쉬운 용어 사용

3) 상담자문등의 보고

상담자문등의 보고서에는 다음의 사항이 포함되어야 한다.

① 의뢰인에 관한 사항 및 이용제한

② 상담자문등 업무의 목적, 부대조건, 자문 대상, 적용기준

③ 보고서 작성일

④ 보고서의 책임범위

IV. 보상평가

1. 개념 등

행정상 손실보상이란 공공의 필요에 따른 행정기관의 적법한 공권력 행사로 인하여 개인의 재산권에 가하여진 특별한 희생에 대하여 사유재산보장과 공평부담의 차원에서 행하여지는 재산적 보전을 말한다.

헌법 제23조 제3항은 "공공필요에 의한 재산권의 수용·사용 또는 제한 및 그에 대한 보상은 법률로써 하되, 정당한 보상을 지급하여야 한다"라고 규정하고 있다. 이에 대한 일반법으로서 「공익사업을 위한 토지등의 취득 및 보상에 관한 법률」(이하 "토지보상법"이라 한다)에 의거 손실의 보상에 관한 사항을 규정하고 있다. 이와 같이 공익사업을 위한 목적의 감정평가를 보상평가라 한다.

공익사업을 위한 토지 등의 취득 및 보상에 관한 법률 제4조

1. 국방·군사에 관한 사업
2. 관계 법률에 따라 허가인가승인·지정 등을 받아 공익을 목적으로 시행하는 철도·도로·공항·항만·주차장·공영차고지·화물터미널·궤도(軌道)·하천·제방·댐·운하·수도·하수도·하수종말처리·폐수처리·사방(砂防)·방풍(防風)·방화(防火)·방조(防潮)·방수(防水)·저수지·용수로·배수로·석유비축·송유·폐기물처리·전기·전기통신·방송·가스 및 기상 관측에 관한 사업
3. 국가나 지방자치단체가 설치하는 청사·공장·연구소·시험소·보건시설·문화시설·공원·수목원·광장·운동장·시장·묘지·화장장·도축장 또는 그 밖의 공공용 시설에 관한 사업
4. 관계 법률에 따라 허가·인가·승인·지정 등을 받아 공익을 목적으로 시행하는 학교·도서관·박물관 및 미술관 건립에 관한 사업
5. 국가, 지방자치단체, 「공공기관의 운영에 관한 법률」 제4조에 따른 공공기관, 「지방공기업법」에 따른 지방공기업 또는 국가나 지방자치단체가 지정한 자가 임대나 양도의 목적으로 시행하는 주택 건설 또는 택지 및 산업단지 조성에 관한 사업
6. 제1호부터 제5호까지의 사업을 시행하기 위하여 필요한 통로, 교량, 전선로, 재료 적치장 또는 그 밖의 부속시설에 관한 사업
7. 제1호부터 제5호까지의 사업을 시행하기 위하여 필요한 주택, 공장 등의 이주단지 조성에 관한 사업
8. 그 밖에 별표에 규정된 법률에 따라 토지등을 수용하거나 사용할 수 있는 사업

2. 손실보상의 원칙

1) 사업시행자 보상 원칙

공익사업에 필요한 토지 등의 취득 또는 사용으로 인하여 토지소유자 등이 입은 손실은 사업시행자가 보상하여야 한다(토지보상법 제61조). 사업시행자가 보상업무를 지방자치단체나 보상전문기관에 위탁하여 시행하는 경우라고 하더라도 보상책임은 궁극적으로 사업시행자에게 있다. 종전의 공익사업에서 보상금이 지급되지 않은 미보상용지가 새로운 공익사업의 대상으로 편입된 경우에는 원칙적으로 종전 공익사업의 사업시행자가 보상을 해야 하지만 사업 일정과 행정 편의를 고려하여 새로운 사업시행자가 보상을 하도록 하고 있다.

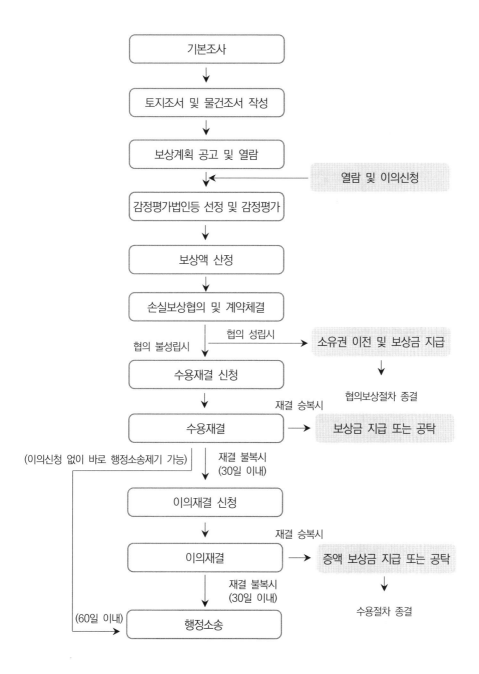

기본조사

↓

토지조서 및 물건조서 작성

↓

보상계획 공고 및 열람 ← 열람 및 이의신청

↓

감정평가법인등 선정 및 감정평가

↓

보상액 산정

↓

손실보상협의 및 계약체결

협의 불성립시 ↓   협의 성립시 → 소유권 이전 및 보상금 지급

수용재결 신청 ↓   협의보상절차 종결

↓   재결 승복시

수용재결 → 보상금 지급 또는 공탁

(이의신청 없이 바로 행정소송제기 가능)   재결 불복시 (30일 이내) ↓

이의재결 신청

↓   재결 승복시

이의재결 → 증액 보상금 지급 또는 공탁

재결 불복시 (30일 이내) ↓   수용절차 종결

(60일 이내) → 행정소송

2) 사전보상 원칙

사업시행자는 해당 공익사업을 위한 공사에 착수하기 이전에 토지소유자 등에게 보상액 전액을 지급하여야 한다(토지보상법 제62조). 다만 천재지변이나 그 밖의 사변발생으로부터 공공의 안전을 유지하기 위한 토지사용(토지보상법 제38조)과 토지수용위원회가 재해방지 및 공공의 이익에 지장을 줄 우려가 있어 시급하게 토지사용이 필요하다고 인정하는 경우(토지보상법 제39조)에는 사실상 사전보상이 어렵기 때문에 사후보상을 하도록 하고 있다. 토지소유자 및 관계인의 승낙이 있는 경우에도 사후보상이 가능하다(토지보상법 제62조). 다만 사업시행자가 사전에 보상금을 지급하지 않고 승낙도 받지 아니한 채로 공사에 착수하여 토지소유자 등에게 손해가 발생하였다면 발생하는 손실을 보상하여야 한다.

3) 현금보상 원칙

손실보상은 다른 법률에 특별한 규정이 있는 경우를 제외하고는 현금으로 지급하여야 한다. 다만, 토지소유자가 원하는 경우로서 사업시행자가 해당 공익사업의 합리적인 토지이용계획과 사업계획 등을 고려하여 토지로 보상이 가능한 경우에는 토지소유자가 받을 보상금 중 현금 또는 채권으로 보상받는 금액을 제외한 부분에 대하여 공익사업의 시행으로 조성한 토지로 보상할 수 있다(토지보상법 제63조).

4) 개인별 보상 원칙

손실보상은 토지소유자 등에게 개인별로 보상하는 것을 원칙으로 한다. 다만, 개인별로 보상액을 산정할 수 없을 때에는 그러하지 아니하다(토지보상법 제64조).

5) 일괄 보상의 원칙

사업시행자는 동일한 사업지역에 보상시기를 달리하는 동일인 소유의 토지 등이 여러 개 있는 경우 토지소유자나 관계인이 요구할 때에는 한꺼번에 보상금을 지급하도록 하여야 한다(토지보상법 제65조). 여기에서 토지 등이라 함은 토지뿐만 아니라 건물, 기타 권리 등 모든 보상대상 자산을 포함한다.

6) 사업시행 이익과의 상계 금지

사업시행자는 동일한 소유자에게 속하는 일단의 토지의 일부를 취득하거나 사용하는 경우 해당 공익사업의 시행으로 인하여 잔여지의 가격이 증가하거나 그 밖의 이익이 발생한 경우에도 그 이익을 그 취득 또는 사용으로 인한 손실과 상계할 수 없다(토지보상법 제66조).

7) 계약예상일·수용재결일 기준 보상의 원칙

보상액 산정에 있어 협의에 의한 것인지, 재결에 의한 것인지에 따라 평가 기준시점이 달라지는데 협의에 의한 경우 협의 성립 당시의 가격을, 재결에 의한 경우에는 수용 또는 사용의 재결 당시의 가격을 기준으로 한다(토지보상법 제67조 제1항).

8) 공익사업으로 인한 가치변동 제외의 원칙

(1) 개발이익과 개발이익의 배제

보상액을 산정할 경우에 해당 공익사업으로 인하여 토지등의 가격이 변동되었을 때에는 이를 고려하지 아니한다(토지보상법 제67조 제2항). 가격이 상승한 경우 상승분을 해당 공익사업으로 인한 개발이익이라고 할 수 있으나 토지보상법상 용어로 정의되어 있지는 않다. 이러한 개발이익은 보상평가에서 배제해야 하는데 이는 사업시행자의 투자에 의해 발생된 것이지 토지소유자의 노력이나 자본투자에 의해 발생된 것이 아니기 때문이다. 따라서 개발이익은 사업시행자와 국민 모두에게 돌아가야 할 성질의 것이다.

(2) 개발이익 배제방법

해당 공익사업의 시행에 따라 발생된 토지이용계획의 설정·변경·해제 등은 이러한 변동이 있기 전을 기준으로 보상평가한다. 해당 공익사업의 공고 등으로 인하여 표준지 또는 지가변동률에 개발이익이 반영되었다면 그 공고일 이전에 고시된 표준지공시지가, 주변 지역의 지가변동률이나 생산자물가상승률을 적용하여 개발이익을 배제하도록 하고 있다. 보상평가에 적용되는 평가사례, 거래사례 등도 해당 공익사업의 개발이익이 반영되지 않은 사례를 선정하도록 한다.

(3) 개발이익 배제의 예외 조건

해당 지역의 자연적인 지가상승분 및 해당 사업과 전혀 관련이 없는 별개의 사업 시행으로 인한 개발이익이 발생한 경우 이를 반영하여 평가하여야 한다.

3. 물건별 보상평가

1) 토지의 보상

(1) 현황기준평가

토지에 대한 보상액은 가격시점에서의 현실적인 이용상황을 고려하여 평가해야 한다(토지보상법 제70조 제2항). 현실적인 이용상황이란 공부상 지목에도 불구하고 실제 이용 중인 용도로 주위환경이나 대상토지의 공법상 규제 정도 등으로 보아 인정 가능한 범위의 이용상황을 의미한다. '현황기준평가'라고도 하는데, 일시적인 이용상황이거나 미지급용지, 무허가건축물부지, 불법형질변경토지는 현황기준평가의 예외 대상이다.

(2) 객관적 상황 기준

일반적인 이용방법에 따른 객관적 상황을 기준으로 감정평가하며, 일시적인 이용상황, 토지소유자가 갖는 주관적 가치, 특별한 용도에 사용할 것을 전제로 한 것 등은 고려하지 아니한다(토지보상법 제70조 제2항). 일시적인 이용상황이란 관계 법령에 따른 국가 또는 지방자치단체의 계획이나 명령 등에 따라 해당 토지를 본래의 용도로 이용하는 것이 일시적으로 금지되거나 제한되어 그 본래의 용도와 다른 용도로 이용되고 있거나 해당 토지의 주위환경의 사정으로 보아 현재의 이용방법이 임시적인 것을 의미한다(토지보상법 시행령 제38조).

(3) 개별 감정평가 및 구분평가

토지 보상평가를 할 때에는 대상토지 및 소유권외의 권리마다 개별로 하는 것을 원칙으로 한다. 다만, 개별로 보상액을 산정할 수 없는 등 특별한 사정이 있는 경우에는 소유권 외의 권리를 대상토지에 포함하여 감정평가할 수 있다. 또한 토지에 건축물·입목·공작물 그 밖에 토지에 정착한 물건이 있는 경우에는 토지와 그 건축물 등을 각각 구분하여 평가하여야 한다. 다만, 건축물 등이 토지와 함께 거래되는 사례나 관행이 있는 경우에는 그 건축물 등과 토지를 일괄하여 평가하여야 하며, 이 경우 보상평가서에 그 내용을 기재하여야 한다(토지보상법 시행규칙 제20조).

(4) 건축물 등이 없는 상태 상정

토지에 건축물 등이 없는 상태를 가정하여 감정평가를 하는 것을 의미하며 이를 나지상정평가라고 한다. 건축물 등이 토지와 함께 거래되는 사례나 관행이 있어 토지와 건축물 등을 일괄하여 감정평가할 필요가 있는 경우에는 그러지 아니한다(토지보상법 시행규칙 제22조 제2항).

(5) 공시지가 기준 감정평가

토지의 보상액을 평가할 때는 표준지 공시지가를 기준으로 하여야 한다. 취득하는 토지에 대하여는 공시지가를 기준으로 하여 보상하되, 그 공시기준일부터 가격시점까지의 관계 법령에 따른 그 토지의 이용계획, 해당 공익사업으로 인한 지가의 영향을 받지 아니하는 지역의 대통령령으로 정하는 지가변동률, 생산자물가상승률과 그 밖에 그 토지의 위치·형상·환경·이용상황 등을 고려하여 평가한 적정가격으로 보상하여야 한다(토지보상법 제70조 제1항).

2) 토지사용의 보상

사용하는 토지에 대한 손실보상은 그 토지와 인근 유사토지의 지료, 임대료, 사용방법, 사용기간 및 그 토지의 가격 등을 고려하여 평가한 적정가격으로 보상하여야 한다(토지보상법 제71조 제1항). 토지의 사용료는 임대사례비교법으로 평가한다. 다만, 적정한 임대사례가 없거나 대상토지의 특성으로 보아 임대사례비교법으로 평가하는 것이 적정하지 아니한 경우에는 적산법으로 평가할 수 있다(토지보상법 시행규칙 제30조).

3) 지장물의 보상

(1) 이전비 보상 원칙

공익사업시행지구 내에 소재하는 건축물·입목·공작물과 그 밖에 토지에 정착한 물건 즉, 지장물은 다른 지역으로 이전하는데 필요한 비용으로 보상하는 것을 원칙으로 한다(토지보상법 제75조 제1항). 이전비란 대상물건의 유용성을 동일하게 유지하면서 이를 당해 공익사업시행지구 밖의 지역으로 이전·이설 또는 이식하는 데 소요되는 비용을 말한다. 이전비에는 물건의 해체비, 건축허가에 일반적으로 소요되는 경비를 포함한 건축비와 적정거리까지의 운반비가 포함된다.

(2) 이전비 보상의 예외(물건의 가격)

사실상 이전이 어렵다고 판단되는 경우 해당 물건의 가격으로 보상하여야 한다(토지보상법 제75조 제1항 단서).

① 건축물의 이전이 물리적 또는 기술적으로 어려운 경우
② 건축물을 이전했을 때 종래의 목적대로 사용하기 어렵게 될 경우
③ 건축물을 이전하는 비용이 건축물의 가격보다도 많이 드는 경우
④ 사업시행자가 공익사업에 직접 사용할 목적으로 취득하는 경우

(3) 유형별 보상

건축물, 공작물은 그 구조·이용상태·면적·내구연한·유용성 및 이전가능성 그 밖에 가격형성에 관련되는 제요인을 종합적으로 고려하여 평가한다(토지보상법 시행규칙 제33조 제1항).

수목(과수, 관상수)은 수종·규격·수령·수량·식수면적·관리상태·수익성·이식가능성 및 이식의 난이도 그 밖에 가격형성에 관련되는 제요인을 종합적으로 고려하여 평가한다(토지보상법 시행규칙 제37조 제1항).

묘목은 상품화 가능여부, 이식에 따른 고손율, 성장정도 및 관리상태 등을 종합적으로 고려하여 평가한다(토지보상법 시행규칙 제38조 제1항).

입목은 벌기령·수종·주수·면적 및 수익성 그 밖에 가격형성에 관련되는 제요인들을 종합적으로 고려하여 평가한다.

농작물은 수확하기 전에 토지를 사용하는 경우의 농작물의 손실은 농작물의 종류 및 성숙도 등을 종합적으로 고려하여 보상하여야 한다(토지보상법 시행규칙 제41조).

파종중 또는 발아기에 있거나 묘포에 있는 농작물은 가격시점까지 소요된 비용의 현가액으로 보상한다(토지보상법 시행규칙 제41조 제1항 제1호).

분묘는 이장에 드는 비용 등을 산정하여 보상한다(토지보상법 제75조 제4항).

4) 권리의 보상

광업권·어업권·양식업권 및 물(용수시설을 포함한다) 등의 사용에 관한 권리에 대하여는 투자비용, 예상 수익 및 거래가격 등을 고려하여 평가한 적정가격으로 보상하여야 한다(토지보상법 제76조).

5) 영업손실보상

다음의 요건에 모두 해당되는 영업이 공익사업의 시행으로 영업을 폐업하거나 휴업함에 따라 영업손실에 대하여 보상한다.

① 사업인정고시일등 전부터 적법한 장소(무허가건축물등, 불법형질변경토지, 그 밖에 다른 법령에서 물건을 쌓아놓는 행위가 금지되는 장소가 아닌 곳을 말한다)에서 인적·물적시설을 갖추고 계속적으로 행하고 있는 영업. 다만, 무허가건축물등에서 임차인이 영업하는 경우에는 그 임차인이 사업인정고시일등 1년 이전부터 「부가가치세법」 제8조에 따른 사업자등록을 하고 행하고 있는 영업을 말한다.

② 영업을 행함에 있어서 관계법령에 의한 허가등을 필요로 하는 경우에는 사업인정고시일등 전에 허가등을 받아 그 내용대로 행하고 있는 영업

4. 이주대책과 생활대책

이주대책이란 공익사업의 시행에 필요한 토지 등을 제공함으로 인하여 생활근거를 상실하게 되는 자를 위하여 사업시행자가 기본적인 생활시설이 포함된 택지를 조성하거나 그 지상에 주택을 건설하여 이주자들에게 최소한의 비용만 부담하게 하고 개별적으로 공급하는 것을 말한다.

생활대책은 이주대책과는 별개로 사업시행자가 원활한 사업추진을 위하여 주어진 여건 하에서 피수용자들에게 생활안정을 위한 지원을 하는 것을 말한다.

APPENDIX

부록

감정평가에 관한 규칙

감정평가에 관한 규칙

[시행 2022. 1. 21.] [국토교통부령 제1100호, 2022. 1. 21., 일부개정]

제1조(목적) 이 규칙은 「감정평가 및 감정평가사에 관한 법률」 제3조 제3항에 따라 감정평가법인등이 감정평가를 할 때 준수해야 할 원칙과 기준을 규정함을 목적으로 한다. 〈개정 2016. 8. 31., 2022. 1. 21.〉

제2조(정의) 이 규칙에서 사용하는 용어의 뜻은 다음 각 호와 같다. 〈개정 2014. 1. 2., 2016. 8. 31., 2022. 1. 21.〉

1. "시장가치"란 감정평가의 대상이 되는 토지등(이하 "대상물건"이라 한다)이 통상적인 시장에서 충분한 기간 동안 거래를 위하여 공개된 후 그 대상물건의 내용에 정통한 당사자 사이에 신중하고 자발적인 거래가 있을 경우 성립될 가능성이 가장 높다고 인정되는 대상물건의 가액(價額)을 말한다.

2. "기준시점"이란 대상물건의 감정평가액을 결정하는 기준이 되는 날짜를 말한다.

3. "기준가치"란 감정평가의 기준이 되는 가치를 말한다.

4. "가치형성요인"이란 대상물건의 경제적 가치에 영향을 미치는 일반요인, 지역요인 및 개별요인 등을 말한다.

5. "원가법"이란 대상물건의 재조달원가에 감가수정(減價修正)을 하여 대상물건의 가액을 산정하는 감정평가방법을 말한다.

6. "적산법(積算法)"이란 대상물건의 기초가액에 기대이율을 곱하여 산정된 기대수익에 대상물건을 계속하여 임대하는 데에 필요한 경비를 더하여 대상물건의 임대료[(賃貸料), 사용료를 포함한다. 이하 같다]를 산정하는 감정평가방법을 말한다.

7. "거래사례비교법"이란 대상물건과 가치형성요인이 같거나 비슷한 물건의 거래사례와 비교하여 대상물건의 현황에 맞게 사정보정(事情補正), 시점수정, 가치형성요인 비교 등의 과정을 거쳐 대상물건의 가액을 산정하는 감정평가방법을 말한다.

8. "임대사례비교법"이란 대상물건과 가치형성요인이 같거나 비슷한 물건의 임대사례와 비교하여 대상물건의 현황에 맞게 사정보정, 시점수정, 가치형성요인 비교 등의 과정을 거쳐 대상물건의 임대료를 산정하는 감정평가방법을 말한다.

9. "공시지가기준법"이란 「감정평가 및 감정평가사에 관한 법률」(이하 "법"이라 한다) 제3조 제1항 본문에 따라 감정평가의 대상이 된 토지(이하 "대상토지"라 한다)와 가치형성요인이 같거나 비슷하여 유사한 이용가치를 지닌다고 인정되는 표준지

(이하 "비교표준지"라 한다)의 공시지가를 기준으로 대상토지의 현황에 맞게 시점 수정, 지역요인 및 개별요인 비교, 그 밖의 요인의 보정(補正)을 거쳐 대상토지의 가액을 산정하는 감정평가방법을 말한다.

10. "수익환원법(收益還元法)"이란 대상물건이 장래 산출할 것으로 기대되는 순수익 이나 미래의 현금흐름을 환원하거나 할인하여 대상물건의 가액을 산정하는 감 정평가방법을 말한다.

11. "수익분석법"이란 일반기업 경영에 의하여 산출된 총수익을 분석하여 대상물건 이 일정한 기간에 산출할 것으로 기대되는 순수익에 대상물건을 계속하여 임대 하는 데에 필요한 경비를 더하여 대상물건의 임대료를 산정하는 감정평가방법 을 말한다.

12. "감가수정"이란 대상물건에 대한 재조달원가를 감액하여야 할 요인이 있는 경 우에 물리적 감가, 기능적 감가 또는 경제적 감가 등을 고려하여 그에 해당하는 금액을 재조달원가에서 공제하여 기준시점에 있어서의 대상물건의 가액을 적정 화하는 작업을 말한다.

12의2. "적정한 실거래가"란 「부동산 거래신고 등에 관한 법률」에 따라 신고된 실 제 거래가격(이하 "거래가격"이라 한다)으로서 거래 시점이 도시지역(「국토의 계획 및 이용에 관한 법률」 제36조 제1항 제1호에 따른 도시지역을 말한다)은 3년 이내, 그 밖의 지역은 5년 이내인 거래가격 중에서 감정평가법인등이 인근지역의 지가수 준 등을 고려하여 감정평가의 기준으로 적용하기에 적정하다고 판단하는 거래 가격을 말한다.

13. "인근지역"이란 감정평가의 대상이 된 부동산(이하 "대상부동산"이라 한다)이 속한 지역으로서 부동산의 이용이 동질적이고 가치형성요인 중 지역요인을 공유하는 지역을 말한다.

14. "유사지역"이란 대상부동산이 속하지 아니하는 지역으로서 인근지역과 유사한 특성을 갖는 지역을 말한다.

15. "동일수급권(同一需給圈)"이란 대상부동산과 대체·경쟁 관계가 성립하고 가치 형 성에 서로 영향을 미치는 관계에 있는 다른 부동산이 존재하는 권역(圈域)을 말 하며, 인근지역과 유사지역을 포함한다.

제3조(감정평가법인등의 의무) 감정평가법인등은 다음 각 호의 어느 하나에 해당하는 경 우에는 감정평가를 해서는 안 된다. 〈개정 2022. 1. 21.〉

1. 자신의 능력으로 업무수행이 불가능하거나 매우 곤란한 경우

2. 이해관계 등의 이유로 자기가 감정평가하는 것이 타당하지 않다고 인정되는 경우

제4조(적용범위) 감정평가법인등은 다른 법령에 특별한 규정이 있는 경우를 제외하고는 이 규칙으로 정하는 바에 따라 감정평가해야 한다. 〈개정 2022. 1. 21.〉

제5조(시장가치기준 원칙) ① 대상물건에 대한 감정평가액은 시장가치를 기준으로 결정한다.

② 감정평가법인등은 제1항에도 불구하고 다음 각 호의 어느 하나에 해당하는 경우에는 대상물건의 감정평가액을 시장가치 외의 가치를 기준으로 결정할 수 있다. 〈개정 2022. 1. 21.〉

1. 법령에 다른 규정이 있는 경우
2. 감정평가 의뢰인(이하 "의뢰인"이라 한다)이 요청하는 경우
3. 감정평가의 목적이나 대상물건의 특성에 비추어 사회통념상 필요하다고 인정되는 경우

③ 감정평가법인등은 제2항에 따라 시장가치 외의 가치를 기준으로 감정평가할 때에는 다음 각 호의 사항을 검토해야 한다. 다만, 제2항제1호의 경우에는 그렇지 않다. 〈개정 2022. 1. 21.〉

1. 해당 시장가치 외의 가치의 성격과 특징
2. 시장가치 외의 가치를 기준으로 하는 감정평가의 합리성 및 적법성

④ 감정평가법인등은 시장가치 외의 가치를 기준으로 하는 감정평가의 합리성 및 적법성이 결여(缺如)되었다고 판단할 때에는 의뢰를 거부하거나 수임(受任)을 철회할 수 있다. 〈개정 2022. 1. 21.〉

제6조(현황기준 원칙) ① 감정평가는 기준시점에서의 대상물건의 이용상황(불법적이거나 일시적인 이용은 제외한다) 및 공법상 제한을 받는 상태를 기준으로 한다.

② 감정평가법인등은 제1항에도 불구하고 다음 각 호의 어느 하나에 해당하는 경우에는 기준시점의 가치형성요인 등을 실제와 다르게 가정하거나 특수한 경우로 한정하는 조건(이하 "감정평가조건"이라 한다)을 붙여 감정평가할 수 있다. 〈개정 2022. 1. 21.〉

1. 법령에 다른 규정이 있는 경우
2. 의뢰인이 요청하는 경우
3. 감정평가의 목적이나 대상물건의 특성에 비추어 사회통념상 필요하다고 인정되는 경우

③ 감정평가법인등은 제2항에 따라 감정평가조건을 붙일 때에는 감정평가조건의 합리성, 적법성 및 실현가능성을 검토해야 한다. 다만, 제2항제1호의 경우에는 그렇지 않다. 〈개정 2022. 1. 21.〉

④ 감정평가법인등은 감정평가조건의 합리성, 적법성이 결여되거나 사실상 실현 불가능하다고 판단할 때에는 의뢰를 거부하거나 수임을 철회할 수 있다. 〈개정 2022. 1. 21.〉

제7조(개별물건기준 원칙 등) ① 감정평가는 대상물건마다 개별로 하여야 한다.

② 둘 이상의 대상물건이 일체로 거래되거나 대상물건 상호 간에 용도상 불가분의 관계가 있는 경우에는 일괄하여 감정평가할 수 있다.

③ 하나의 대상물건이라도 가치를 달리하는 부분은 이를 구분하여 감정평가할 수 있다.

④ 일체로 이용되고 있는 대상물건의 일부분에 대하여 감정평가하여야 할 특수한 목적이나 합리적인 이유가 있는 경우에는 그 부분에 대하여 감정평가할 수 있다.

제8조(감정평가의 절차) 감정평가법인등은 다음 각 호의 순서에 따라 감정평가를 해야 한다. 다만, 합리적이고 능률적인 감정평가를 위하여 필요할 때에는 순서를 조정할 수 있다. 〈개정 2022. 1. 21.〉

1. 기본적 사항의 확정
2. 처리계획 수립
3. 대상물건 확인
4. 자료수집 및 정리
5. 자료검토 및 가치형성요인의 분석
6. 감정평가방법의 선정 및 적용
7. 감정평가액의 결정 및 표시

제9조(기본적 사항의 확정) ① 감정평가법인등은 감정평가를 의뢰받았을 때에는 의뢰인과 협의하여 다음 각 호의 사항을 확정해야 한다. 〈개정 2022. 1. 21.〉

1. 의뢰인
2. 대상물건
3. 감정평가 목적
4. 기준시점
5. 감정평가조건
6. 기준가치
7. 관련 전문가에 대한 자문 또는 용역(이하 "자문등"이라 한다)에 관한 사항

8. 수수료 및 실비에 관한 사항

② 기준시점은 대상물건의 가격조사를 완료한 날짜로 한다. 다만, 기준시점을 미리 정하였을 때에는 그 날짜에 가격조사가 가능한 경우에만 기준시점으로 할 수 있다.

③ 감정평가법인등은 필요한 경우 관련 전문가에 대한 자문등을 거쳐 감정평가할 수 있다. 〈개정 2022. 1. 21.〉

제10조(대상물건의 확인) ① 감정평가법인등이 감정평가를 할 때에는 실지조사를 하여 대상물건을 확인해야 한다. 〈개정 2022. 1. 21.〉

② 감정평가법인등은 제1항에도 불구하고 다음 각 호의 어느 하나에 해당하는 경우로서 실지조사를 하지 않고도 객관적이고 신뢰할 수 있는 자료를 충분히 확보할 수 있는 경우에는 실지조사를 하지 않을 수 있다. 〈개정 2022. 1. 21.〉

1. 천재지변, 전시·사변, 법령에 따른 제한 및 물리적인 접근 곤란 등으로 실지조사가 불가능하거나 매우 곤란한 경우

2. 유가증권 등 대상물건의 특성상 실지조사가 불가능하거나 불필요한 경우

제11조(감정평가방식) 감정평가법인등은 다음 각 호의 감정평가방식에 따라 감정평가를 한다. 〈개정 2022. 1. 21.〉

1. 원가방식: 원가법 및 적산법 등 비용성의 원리에 기초한 감정평가방식

2. 비교방식: 거래사례비교법, 임대사례비교법 등 시장성의 원리에 기초한 감정평가방식 및 공시지가기준법

3. 수익방식: 수익환원법 및 수익분석법 등 수익성의 원리에 기초한 감정평가방식

제12조(감정평가방법의 적용 및 시산가액 조정) ① 감정평가법인등은 제14조부터 제26조까지의 규정에서 대상물건별로 정한 감정평가방법(이하 "주된 방법"이라 한다)을 적용하여 감정평가해야 한다. 다만, 주된 방법을 적용하는 것이 곤란하거나 부적절한 경우에는 다른 감정평가방법을 적용할 수 있다. 〈개정 2022. 1. 21.〉

② 감정평가법인등은 대상물건의 감정평가액을 결정하기 위하여 제1항에 따라 어느 하나의 감정평가방법을 적용하여 산정(算定)한 가액[이하 "시산가액(試算價額)"이라 한다]을 제11조 각 호의 감정평가방식 중 다른 감정평가방식에 속하는 하나 이상의 감정평가방법(이 경우 공시지가기준법과 그 밖의 비교방식에 속한 감정평가방법은 서로 다른 감정평가방식에 속한 것으로 본다)으로 산출한 시산가액과 비교하여 합리성을 검토해야 한다. 다만, 대상물건의 특성 등으로 인하여 다른 감정평가방법을 적용하는 것이 곤란하거나 불필요한 경우에는 그렇지 않다. 〈개정 2022. 1. 21.〉

③ 감정평가법인등은 제2항에 따른 검토 결과 제1항에 따라 산출한 시산가액의 합리성이 없다고 판단되는 경우에는 주된 방법 및 다른 감정평가방법으로 산출한 시산가

액을 조정하여 감정평가액을 결정할 수 있다. 〈개정 2022. 1. 21.〉

제13조(감정평가서 작성) ① 감정평가법인등은 법 제6조에 따른 감정평가서(「전자문서 및 전자거래기본법」에 따른 전자문서로 된 감정평가서를 포함한다. 이하 같다)를 의뢰인과 이해관계자가 이해할 수 있도록 명확하고 일관성 있게 작성해야 한다. 〈개정 2016. 8. 31., 2022. 1. 21.〉

② 감정평가서에는 다음 각 호의 사항이 포함돼야 한다. 〈개정 2022. 1. 21.〉

 1. 감정평가법인등의 명칭

 2. 의뢰인의 성명 또는 명칭

 3. 대상물건(소재지, 종류, 수량, 그 밖에 필요한 사항)

 4. 대상물건 목록의 표시근거

 5. 감정평가 목적

 6. 기준시점, 조사기간 및 감정평가서 작성일

 7. 실지조사를 하지 않은 경우에는 그 이유

 8. 시장가치 외의 가치를 기준으로 감정평가한 경우에는 제5조 제3항 각 호의 사항. 다만, 같은 조 제2항제1호의 경우에는 해당 법령을 적는 것으로 갈음할 수 있다.

 9. 감정평가조건을 붙인 경우에는 그 이유 및 제6조 제3항의 검토사항. 다만, 같은 조 제2항제1호의 경우에는 해당 법령을 적는 것으로 갈음할 수 있다.

 10. 감정평가액

 11. 감정평가액의 산출근거 및 결정 의견

 12. 전문가의 자문등을 거쳐 감정평가한 경우 그 자문등의 내용

 13. 그 밖에 이 규칙이나 다른 법령에 따른 기재사항

③ 제2항제11호의 내용에는 다음 각 호의 사항을 포함해야 한다. 다만, 부득이한 경우에는 그 이유를 적고 일부를 포함하지 아니할 수 있다. 〈개정 2014. 1. 2., 2015. 12. 14., 2016. 8. 31., 2022. 1. 21.〉

 1. 적용한 감정평가방법 및 시산가액 조정 등 감정평가액 결정 과정(제12조 제1항 단서 또는 제2항 단서에 해당하는 경우 그 이유를 포함한다)

 2. 공시지가기준법으로 토지를 감정평가한 경우 비교표준지의 선정 내용, 비교표준지와 대상토지를 비교한 내용 및 제14조 제2항 제5호에 따라 그 밖의 요인을 보정한 경우 그 내용

 3. 재조달원가 산정 및 감가수정 등의 내용

 4. 적산법이나 수익환원법으로 감정평가한 경우 기대이율 또는 환원율(할인율)의

산출근거

5. 제7조 제2항부터 제4항까지의 규정에 따라 일괄감정평가, 구분감정평가 또는 부분감정평가를 한 경우 그 이유

6. 감정평가액 결정에 참고한 자료가 있는 경우 그 자료의 명칭, 출처와 내용

7. 대상물건 중 일부를 감정평가에서 제외한 경우 그 이유

④ 감정평가법인등은 법 제6조에 따라 감정평가서를 발급하는 경우 그 표지에 감정평가서라는 제목을 명확하게 적어야 한다. 〈개정 2022. 1. 21.〉

⑤ 감정평가법인등은 감정평가서를 작성하는 경우 법 제33조 제1항에 따른 한국감정평가사협회가 정하는 감정평가서 표준 서식을 사용할 수 있다. 〈개정 2022. 1. 21.〉

제13조의2(전자문서로 된 감정평가서의 발급 등) ① 감정평가법인등이 법 제6조 제1항에 따라 전자문서로 된 감정평가서를 발급하는 경우 같은 조 제2항에 따른 감정평가사의 서명과 날인은 「전자서명법」에 따른 전자서명의 방법으로 해야 한다.

② 감정평가법인등은 전자문서로 된 감정평가서의 위조·변조·훼손 등을 방지하기 위하여 감정평가 정보에 대한 접근 권한자 지정, 방화벽의 설치·운영 등의 조치를 해야 한다.

③ 감정평가법인등은 의뢰인이나 이해관계자가 전자문서로 된 감정평가서의 진본성(眞本性)에 대한 확인을 요청한 경우에는 이를 확인해 줘야 한다.

④ 제2항 및 제3항에 따른 전자문서로 된 감정평가서의 위조·변조·훼손 등의 방지 조치와 진본성 확인에 필요한 세부사항은 국토교통부장관이 정하여 고시한다.

제14조(토지의 감정평가) ① 감정평가법인등은 법 제3조 제1항 본문에 따라 토지를 감정평가할 때에는 공시지가기준법을 적용해야 한다. 〈개정 2016. 8. 31., 2022. 1. 21.〉

② 감정평가법인등은 공시지가기준법에 따라 토지를 감정평가할 때에 다음 각 호의 순서에 따라야 한다. 〈개정 2013. 3. 23., 2015. 12. 14., 2016. 8. 31., 2022. 1. 21.〉

1. 비교표준지 선정: 인근지역에 있는 표준지 중에서 대상토지와 용도지역·이용상황·주변환경 등이 같거나 비슷한 표준지를 선정할 것. 다만, 인근지역에 적절한 표준지가 없는 경우에는 인근지역과 유사한 지역적 특성을 갖는 동일수급권 안의 유사지역에 있는 표준지를 선정할 수 있다.

2. 시점수정: 「국토의 계획 및 이용에 관한 법률」 제125조에 따라 국토교통부장관이 조사발표하는 비교표준지가 있는 시·군·구의 같은 용도지역 지가변동률을 적용할 것. 다만, 다음 각 목의 경우에는 그러하지 아니하다.

가. 같은 용도지역의 지가변동률을 적용하는 것이 불가능하거나 적절하지 아니하다고 판단되는 경우에는 공법상 제한이 같거나 비슷한 용도지역의 지가변동률, 이용상

황별 지가변동률 또는 해당 시·군·구의 평균지가변동률을 적용할 것

나. 지가변동률을 적용하는 것이 불가능하거나 적절하지 아니한 경우에는 「한국은행법」 제86조에 따라 한국은행이 조사발표하는 생산자물가지수에 따라 산정된 생산자물가상승률을 적용할 것

3. 지역요인 비교

4. 개별요인 비교

5. 그 밖의 요인 보정: 대상토지의 인근지역 또는 동일수급권내 유사지역의 가치형성요인이 유사한 정상적인 거래사례 또는 평가사례 등을 고려할 것

③ 감정평가법인등은 법 제3조 제1항 단서에 따라 적정한 실거래가를 기준으로 토지를 감정평가할 때에는 거래사례비교법을 적용해야 한다. 〈신설 2016. 8. 31., 2022. 1. 21.〉

④ 감정평가법인등은 법 제3조 제2항에 따라 토지를 감정평가할 때에는 제1항부터 제3항까지의 규정을 적용하되, 해당 토지의 임대료, 조성비용 등을 고려하여 감정평가할 수 있다. 〈신설 2016. 8. 31., 2022. 1. 21.〉

제15조(건물의 감정평가) ① 감정평가법인등은 건물을 감정평가할 때에 원가법을 적용해야 한다. 〈개정 2022. 1. 21.〉

② 삭제 〈2016. 8. 31.〉

제16조(토지와 건물의 일괄감정평가) 감정평가법인등은 「집합건물의 소유 및 관리에 관한 법률」에 따른 구분소유권의 대상이 되는 건물부분과 그 대지사용권을 일괄하여 감정평가하는 경우 등 제7조 제2항에 따라 토지와 건물을 일괄하여 감정평가할 때에는 거래사례비교법을 적용해야 한다. 이 경우 감정평가액은 합리적인 기준에 따라 토지가액과 건물가액으로 구분하여 표시할 수 있다. 〈개정 2022. 1. 21.〉

제17조(산림의 감정평가) ① 감정평가법인등은 산림을 감정평가할 때에 산지와 입목(立木)을 구분하여 감정평가해야 한다. 이 경우 입목은 거래사례비교법을 적용하되, 소경목림(小徑木林: 지름이 작은 나무·숲)인 경우에는 원가법을 적용할 수 있다. 〈개정 2022. 1. 21.〉

② 감정평가법인등은 제7조 제2항에 따라 산지와 입목을 일괄하여 감정평가할 때에 거래사례비교법을 적용해야 한다. 〈개정 2022. 1. 21.〉

제18조(과수원의 감정평가) 감정평가법인등은 과수원을 감정평가할 때에 거래사례비교법을 적용해야 한다. 〈개정 2022. 1. 21.〉

제19조(공장재단 및 광업재단의 감정평가) ① 감정평가법인등은 공장재단을 감정평가할 때

에 공장재단을 구성하는 개별 물건의 감정평가액을 합산하여 감정평가해야 한다. 다만, 계속적인 수익이 예상되는 경우 등 제7조 제2항에 따라 일괄하여 감정평가하는 경우에는 수익환원법을 적용할 수 있다. 〈개정 2022. 1. 21.〉

② 감정평가법인등은 광업재단을 감정평가할 때에 수익환원법을 적용해야 한다. 〈개정 2022. 1. 21.〉

제20조(자동차 등의 감정평가) ① 감정평가법인등은 자동차를 감정평가할 때에 거래사례비교법을 적용해야 한다. 〈개정 2022. 1. 21.〉

② 감정평가법인등은 건설기계를 감정평가할 때에 원가법을 적용해야 한다. 〈개정 2022. 1. 21.〉

③ 감정평가법인등은 선박을 감정평가할 때에 선체·기관·의장(艤裝)별로 구분하여 감정평가하되, 각각 원가법을 적용해야 한다. 〈개정 2022. 1. 21.〉

④ 감정평가법인등은 항공기를 감정평가할 때에 원가법을 적용해야 한다. 〈개정 2022. 1. 21.〉

⑤ 감정평가법인등은 제1항부터 제4항까지에도 불구하고 본래 용도의 효용가치가 없는 물건은 해체처분가액으로 감정평가할 수 있다. 〈개정 2022. 1. 21.〉

제21조(동산의 감정평가) 감정평가법인등은 동산을 감정평가할 때에는 거래사례비교법을 적용해야 한다. 다만, 본래 용도의 효용가치가 없는 물건은 해체처분가액으로 감정평가할 수 있다. 〈개정 2022. 1. 21.〉

제22조(임대료의 감정평가) 감정평가법인등은 임대료를 감정평가할 때에 임대사례비교법을 적용해야 한다. 〈개정 2014. 1. 2., 2022. 1. 21.〉

제23조(무형자산의 감정평가) ① 감정평가법인등은 광업권을 감정평가할 때에 제19조 제2항에 따른 광업재단의 감정평가액에서 해당 광산의 현존시설 가액을 빼고 감정평가해야 한다. 이 경우 광산의 현존시설 가액은 적정 생산규모와 가행조건(稼行條件) 등을 고려하여 산정하되 과잉유휴시설을 포함하여 산정하지 않는다. 〈개정 2022. 1. 21.〉

② 감정평가법인등은 어업권을 감정평가할 때에 어장 전체를 수익환원법에 따라 감정평가한 가액에서 해당 어장의 현존시설 가액을 빼고 감정평가해야 한다. 이 경우 어장의 현존시설 가액은 적정 생산규모와 어업권 존속기간 등을 고려하여 산정하되 과잉유휴시설을 포함하여 산정하지 않는다. 〈개정 2022. 1. 21.〉

③ 감정평가법인등은 영업권, 특허권, 실용신안권, 디자인권, 상표권, 저작권, 전용측선이용권(專用側線利用權), 그 밖의 무형자산을 감정평가할 때에 수익환원법을 적용해야 한다. 〈개정 2022. 1. 21.〉

제24조(유가증권 등의 감정평가) ① 감정평가법인등은 주식을 감정평가할 때에 다음 각 호의 구분에 따라야 한다. 〈개정 2014. 1. 2., 2022. 1. 21.〉

1. 상장주식[「자본시장과 금융투자업에 관한 법률」 제373조의2에 따라 허가를 받은 거래소(이하 "거래소"라 한다)에서 거래가 이루어지는 등 시세가 형성된 주식으로 한정한다]: 거래사례비교법을 적용할 것

2. 비상장주식(상장주식으로서 거래소에서 거래가 이루어지지 아니하는 등 형성된 시세가 없는 주식을 포함한다): 해당 회사의 자산부채 및 자본 항목을 평가하여 수정재무상태표를 작성한 후 기업체의 유·무형의 자산가치(이하 "기업가치"라 한다)에서 부채의 가치를 빼고 산정한 자기자본의 가치를 발행주식 수로 나눌 것

② 감정평가법인등은 채권을 감정평가할 때에 다음 각 호의 구분에 따라야 한다. 〈개정 2014. 1. 2., 2022. 1. 21.〉

1. 상장채권(거래소에서 거래가 이루어지는 등 시세가 형성된 채권을 말한다): 거래사례비교법을 적용할 것

2. 비상장채권(거래소에서 거래가 이루어지지 아니하는 등 형성된 시세가 없는 채권을 말한다): 수익환원법을 적용할 것

③ 감정평가법인등은 기업가치를 감정평가할 때에 수익환원법을 적용해야 한다. 〈개정 2022. 1. 21.〉

제25조(소음 등으로 인한 대상물건의 가치하락분에 대한 감정평가) 감정평가법인등은 소음·진동·일조침해 또는 환경오염 등(이하 "소음등"이라 한다)으로 대상물건에 직접적 또는 간접적인 피해가 발생하여 대상물건의 가치가 하락한 경우 그 가치하락분을 감정평가할 때에 소음등이 발생하기 전의 대상물건의 가액 및 원상회복비용 등을 고려해야 한다. 〈개정 2022. 1. 21.〉

제26조(그 밖의 물건의 감정평가) 감정평가법인등은 제14조부터 제25조까지에서 규정되지 아니한 대상물건을 감정평가할 때에 이와 비슷한 물건이나 권리 등의 경우에 준하여 감정평가해야 한다. 〈개정 2022. 1. 21.〉

제27조(조언·정보 등의 제공) 감정평가법인등이 법 제10조 제7호에 따른 토지등의 이용 및 개발 등에 대한 조언이나 정보 등의 제공에 관한 업무를 수행할 때에 이와 관련한 모든 분석은 합리적이어야 하며 객관적인 자료에 근거해야 한다. 〈개정 2016. 8. 31., 2022. 1. 21.〉

제28조(그 밖의 감정평가 기준) 이 규칙에서 규정하는 사항 외에 감정평가법인등이 감정평가를 할 때 지켜야 할 세부적인 기준은 국토교통부장관이 정하여 고시한다. 〈개

정 2013. 3. 23., 2022. 1. 21.〉

부칙 ＜제1100호, 2022.1.21＞

이 규칙은 2022년 1월 21부터 시행한다.

강교식, 임호정, 부동산 가격공시 및 감정평가, 부연사, 2007.

강원철 외, 임대료조사 및 투자수익률 추계사업을 위한 선행연구, 건설교통부, 2002.

강효석, 기업가치평가론, 홍문사, 2001.

권오순, 적산법에 관한 고찰, 감정평가연구 제13집, 한국부동산연구원, 2003.

경응수, 이정국, 최신기업가치평가론, 부연사, 2007.

경응수, 감정평가론, 다산출판사, 2010.

경응수. 감정평가론, 나무미디어, 2021.

경응수, 현대감정평가원론, 교육과학사, 2011.

최경수, 일반기업회계기준해설, 삼일인포마인, 2010.

김영진, 신부동산평가론, 범론사, 1992.

김용창 외, 오피스시장 분석방법, 삼성에버랜드, 감정평가연구원, 2000.

김지현, 부동산경제학의 이해, 부연사, 2005.

김태훈, 부동산학사전, 부연사, 2003.

나상수, 감정평가 이론강의, 리북스, 2009.

노용호 외 공저, 감정평가론, 부연사, 2011.

노용호, 아카데미 부동산 감정평가론, 부연사, 2011.

민태욱, 부동산조세법, 부연사, 2010.

방경식, 장희순, 부동산학개론, 부연사, 2004.

방경식, 장희순, 해설 부동산감정평가기준, 부연사, 2011.

백영준 외, 최신감정평가론, 2002.

백일현, 최신감정평가론, 부연사, 2002.

서광채, 감정평가학원론, 부연사, 2023.

성백준, 감정평가론, 에듀컨텐츠, 2009.

안정근, 부동산평가이론, 양현사, 2009.

안정근, 부동산평가실무, 양현사, 2009.

안정근, 부동산평가강의, 양현사, 2009.

양승철, 이성원, 비주거용 부동산의 가격형성요인에 관한 연구, 한국부동산연구원, 2000.

유선종, 민규식, 부동산의 이해, 부연사, 2005.

윤동건, 서은하, 조강호, 기업가치 감정평가서 작성방안에 관한 연구, 한국감정평가연구원, 2003.

이범웅 외, 지가형성의 지역요인 및 개별요인 연구, 한국부동산연구원, 2007.

이상영, 부동산증권화에 따른 부동산투자정보 발전방안, 감정평가논집, 감정평가연구원, 2000.

이상영, 임재만, 오피스빌딩 투자지표 개발에 관한 연구, 부동산리서치, 한국감정원, 2007.

이선영, 부동산감정평가 및 가격공시법론, 리북스, 2010.

이원준, 부동산감정평가이론, 건국대학교출판부, 1999.

이재범, 임대가 비율에 관한 이론적 고찰, 토지와 건물, 국제부동산정책학회, 2008.

이재우, 토지의 적산임료 평가, 한국감정원, 2002.

이정전, 토지경제학, 박영사, 2009.

이창무 외, 보증부월세시장의 구조적 해석, 국토계획, 대한국토도시계획학회, 2002.

이창석, 부동산감정평가론, 형설출판사, 2000.

이효주, 문소연, 임료평가방법에 관한 연구, 한국부동산연구원, 2008.

임승순, 조세법, 박영사, 2011.

임재만, 정승희, 기업가치 평가방법에 관한 연구, 감정평가연구원, 1998.

정수연, 서울지역의 아파트 층별효용비율 산정에 관한 연구, 한국부동산연구원, 2007.

정영철, 감정평가사법 제정의 필요성, 지가공시 및 토지 등의 평가에 관한 법률 중심으로, 감정평가학논집, 2002.

정영철, 감정평가론, 부연사, 2000.

정운찬, 거시경제론, 율곡출판사, 2010.

조주현, 부동산학원론, 건국대학교출판부, 2010.

한국감정원, 보상평가(상, 하), 한국감정원, 2000.

한국감정원, 임료평가에 관한 연구, 1986.

홍길성, 신부동산감정평가원론, 범론사, 1990.

한국감정평가협회, 임대료조사 및 투자수익률 추계 연구사업, 2007.

한국감정평가협회, 국토해양부, 2011년 표준지공시지가 조사평가업무요령, 2011.

한국감정평가협회, 국토해양부, 2011년 개별공시지가 검증업무요령, 2011.

한국감정평가협회, 국토해양부, 2011년 표준주택가격 조사평가업무요령, 2011.

한국감정평가협회, 국토해양부, 2011년 개별주택가격 검증업무요령, 2011.

한국감정평가협회, 국토해양부, 한국토지주택공사, 2011년 지가변동률 표본지 조사평
가업무요령, 2011.

한국감정평가협회, 부동산용어대사전, 2006. 등

한국감정평가협회, 한국감정원, 감정평가 실무기준 해설서(I) 총론편, 2014.

한국감정평가협회, 한국감정원, 감정평가 실무기준 해설서(II) 보상편, 2014.

한국감정평가협회, 공용수용 및 손실보상 업무편람, 2022.

한국감정평가협회, 감정평가 심무매뉴얼(담보평가편), 2015.

한국감정평가사협회, 감정평가 실무매뉴얼(임대료 감정평가편), 2016.

한국감정평가사협회, 미국감정평가실무기준, 2017.

국제감정평가기준, 국제감정평가기준위원회 외, 2022.

日本,不動産鑑定評価基準, 国土交通省

이상훈

- 연세대학교 문과대학 심리학과
- 고려대학교 대학원 법학석사
- 고려대학교 대학원 법학박사
- 고려대학교, 단국대학교 강사

- 한국감정원(한국부동산원) 근무
- 삼창감정평가법인 근무
- 감정평가사
- 현) 명지전문대학 부동산경영과 교수

이현표

- 감정평가사
- 행정사
- 공인중개사
- 주택관리사(보)
- CCIM, AFPK

- 한국감정원(한국부동산원) 근무
- 가온감정평가법인 이사
- 전) 경산시 표준지, 표준주택 담당 감정평가사
- 현) 감정평가사사무소 대표
- 현) 의정부지방법원 고양지원 감정인
- 현) 명지전문대학 부동산경영과 강사

부동산감정평가론

초판발행	2023년 9월 5일
지은이	이상훈·이현표
펴낸이	안종만·안상준
편 집	전채린
기획/마케팅	김민규
표지디자인	Ben Story
제 작	고철민·조영환

펴낸곳   (주)**박영사**
서울특별시 금천구 가산디지털2로 53, 210호(가산동, 한라시그마밸리)
등록 1959. 3. 11. 제300-1959-1호(倫)

전 화	02)733-6771
f a x	02)736-4818
e-mail	pys@pybook.co.kr
homepage	www.pybook.co.kr
ISBN	979-11-303-1863-9 93320

정 가   28,000원